气候变化对黄土高原丘陵区红枣产业影响研究及应用

王景红 等 编著

气象出版社
China Meteorological Press

内 容 简 介

本书站在气象角度,从红枣生产需要出发,采用先进方法和技术手段,系统研究了气候变化对黄土高原丘陵区红枣产业的影响,开展了该区红枣气候适宜性区划和气象灾害风险区划,对该区未来35年的热量、降水、光照气候因素进行了预估,具体提出了红枣控墒防裂适用技术和气象配套服务方法,具有很强的科学性、先进性和实用性,文字简练、图文并茂、直观易懂、极易操作。本书可供气象、果业部门业务技术人员和枣农等参考应用。

图书在版编目(CIP)数据

气候变化对黄土高原丘陵区红枣产业影响研究及应用/
王景红主编. -- 北京 : 气象出版社,2016.11
   ISBN 978-7-5029-6394-1

   Ⅰ.①气… Ⅱ.①王… Ⅲ.①气候变化-影响-黄土
高原-枣-产业发展-研究 Ⅳ.①F326.13

中国版本图书馆 CIP 数据核字(2016)第 198685 号

出版发行:气象出版社

地　　址:北京市海淀区中关村南大街 46 号　　邮政编码:100081
电　　话:010-68407112(总编室)　010-68409198(发行部)
网　　址:http://www.qxcbs.com　　**E-mail**:qxcbs@cma.gov.cn
责任编辑:吴庭芳　隋珂珂　　　　　　终　审:邵俊年
责任校对:王丽梅　　　　　　　　　　责任技编:赵相宁
封面设计:博雅思企划
印　　刷:北京中新伟业印刷有限公司
开　　本:787 mm×1092 mm　1/16　　印　张:14
字　　数:346 千字
版　　次:2016 年 11 月第 1 版　　　　印　次:2016 年 11 月第 1 次印刷
定　　价:60.00 元

本书如存在文字不清、漏印以及缺页、倒页、脱页等,请与本社发行部联系调换

《气候变化对黄土高原丘陵区红枣产业影响研究及应用》
编 委 会

序

　　枣树原产于我国，主要分布在黄河流域，栽培历史悠久。黄土高原丘陵区红枣产业有其得天独厚的自然优势，栽培历史悠久、种质资源丰富，历史名枣种类繁多。枣树在落叶果树中抗旱性能突出又耐贫瘠，因而在梁峁起伏、沟壑纵横、十年九旱的黄土高原丘陵区栽植也能获得丰产。但随着气候变化以及产业规模的扩大，黄土高原丘陵区红枣产业出现了一些问题，如品种结构不合理、气候适宜区发生变化、主要气象灾害与病虫害影响增强等，均对红枣产业的健康、可持续发展构成了威胁。

　　陕西省经济作物气象服务台，专业从事经济林果气象服务，为了进一步开发黄土高原丘陵区优势气候资源和服务于优质红枣生产，基于历史气候数据、社会经济数据等，在多年气象服务实践基础上，深入分析了红枣主产区气候资源特征、气候变化对红枣产业的影响，开展了红枣气候适宜性区划和主要气象灾害风险区划，研究开发了红枣主要气象灾害防御技术和主要病虫害气候预测模型等。

　　本书理论体系完整、资料翔实可靠、成果应用推广性强，对指导气候变化背景下黄土高原丘陵区红枣产业结构调整、品种布局优化、灾害防御等具有重要参考作用。本书的出版，也将进一步推动红枣气象服务技术与能力提升，为黄土高原丘陵区红枣产业健康、可持续发展起到保驾护航的重要作用。

丁德平

2016 年 6 月

前　言

据考证,红枣原产于我国黄河流域,其中陕、晋黄河峡谷是最早的栽培中心,栽培历史非常悠久。经过几千年的品种演进和培育,目前,黄土高原丘陵区陕、晋黄河两岸枣树栽植品种极为繁多,主栽品种多达近百个,包含众多历史名优品种,种质资源在该区极为丰富。黄土高原地区基本地貌类型是黄土塬、梁、峁、沟4类;气候上属于温带和暖温带,春季多风少降水,气温回升快而不稳;夏季炎热多雨,降水主要集中在7—9月,多以雷阵雨、暴雨伴随阵性大风形式出现;秋季较湿润,气温下降快,常有连阴雨;冬季寒冷干燥,雨雪稀少。受地理气候条件影响,该区域农业经济一直较为落后,长期属于我国贫困地区之一。近年来,经济林果发展迅速,黄土高原地区红枣以其得天独厚的优势,成为当地农民发家致富、农村发展经济的支柱产业。目前,陕、晋黄河两岸红枣栽植面积已达440万亩,产值高达47亿元,红枣产业收益占到当地农民人均纯收益的30%～80%。

随着黄土高原地区红枣栽植面积的不断扩大和产业的快速发展,一些直接影响产业经济效益的不利因素逐渐凸显,并且呈现出逐年加重的趋势。如品种布局和结构不合理、气候变化导致适生区变化、主要气象灾害影响增强、新病虫害种类出现等问题。因而,在气候变化背景下,急需针对黄土高原丘陵区红枣产区气候资源特点及其变化情况、气象灾害发生特点等进行系统研究,基于空间分析技术对该区红枣气候适宜性及红枣主要气象灾害风险进行区划和分析,对红枣主要气象灾害的防御技术和病虫害的气候预测技术进行研究和总结,以保障当地红枣产业健康、可持续发展,保护当地农民脱贫致富的生产积极性,为该区农业经济的繁荣和发展做出积极贡献。基于此,我们根据近年来陕西省经济作物气象服务台有关红枣气象服务的技术和成果撰写成《气候变化对黄土高原丘陵区红枣生产影响研究与应用》一书。

全书共分为7章。第1章,黄土高原丘陵区红枣产业发展概述,介绍了红枣在该地区的发展历史和品种变迁,目前的产业规模、品种结构以及生产、加工等产业化现状。第2章,黄土高原丘陵区红枣主产区气候资源特征分析,详细分析了自1971年以来该地区气温、降水、光照三种重要农业气候资源的时空分布特征、变化周期、突变特征。第3章,气候变化对黄土高原丘陵区红枣生产的影响,系统分析了最近40多年来该地区红枣物候期的变化趋势,关键物候期变化与积温、平均气温、降水三项气候因子的响应关系;分析了不同生育期关键气象要素对红枣产量波动的影响,并采用积分回归方法进行评估。第4章,黄土高原丘陵区红枣气候适宜性区划,以该地区主栽品种——木枣的气候适宜性指标为依据,基于地理信息系统及精细的气候资源空间插值方法,对该地区红枣在不同历史时期的气候适宜性进行了区划并对比分析,揭示了气候变化背景下红枣适宜区的空间变化特征。第5章,黄土高原丘陵区红枣主要气象灾害变化特征及风险区划,着重分析了历史时期该地区常见的三种主要气象灾害的变化特征,在此基础上,对近年来较为多发的四种主要气象灾害进行了风险区划与评估。第6章,未来黄土高原丘陵区红枣气候资源及气象灾害风险预估,基于RCP4.5和RCP8.5两种未来气候情景数据,对该地区未来35年的热量、降水资源变化特征进行了分析,研制了未来该地区红枣气候适宜性分布图和主要气象灾害风险分布图,并和历史时期进行对比。第 7 章,黄土高原丘陵区红枣气象服务技术研究与应用,介绍了陕西省经济作物气象服务台当前已开展的红枣气象观测、预报、预警业务;分析总结了该地区红枣五种常见病虫害暴发流行的气候成因,建立了其中两种病虫害的气候预测模型;详细叙述了红枣控墒防裂适用技术的试验方案、效果及示范推广操作规程;列举了当前有关红枣气象服务的方式、方法、案例及周年服务方案。

本书站在气象服务角度,从红枣生产需要出发,采用先进方法和技术手段,系统研究了气候变化对黄土高原丘陵区红枣产业的影响,开展了该区红枣气候适宜性区划和气象灾害风险区划,对该区未来 35 年的热量、降水、光照气候因素进行了预估,具体提出了红枣控墒防裂适用技术和气象配套服务方法,具有很强的科学性、先进性和实用性,文字简练、图文并茂、直观易懂。

本书在编写过程中得到了陕西省气象局刘耀武研究员、陕西省果业管理局郭民主研究员、陕西省林业厅晏正明正研级高级工程师、西北农林科技大学李新岗教授的支持,并提出宝贵意见,在此一并致谢。

该书可供气象、果业部门业务技术人员和枣农等参考应用。希望本书能为黄土高原丘陵区红枣产业经济效益提升和枣农脱贫致富有所帮助;能为黄土高原丘陵区红枣产业的健康、可持续发展和生态环境保护有所贡献。由于水平有限,书中不妥之处,敬请予以指正。

编者
2015 年 4 月

目　　录

第 1 章　黄土高原丘陵区红枣产业发展概述

1.1　栽植历史与品种变迁

枣树原产于我国,主要分布在黄河流域,是我国人工栽培最早的果树之一,栽培历史非常悠久。近代考古资料表明,我国枣树的栽培最早始于 7000 年前;5000 年前,枣已是人们食物的组成部分,因此桃、李、杏、栗、枣在我国古代被并称为五果;文字史料中可见的有关枣树栽培信息,至少有 3000 年。关于枣树栽培的文字记载,最早出现于《诗经》(公元前 10 世纪),其中载有"八月剥枣、十月获稻"的诗句。到春秋战国时期,枣树的栽培地域和规模都有很大的发展,《战国策》上记载:"苏秦说燕文侯曰'北有枣、栗之利,民虽不由佃作,枣栗之实,足食于民。'"另《史记·货殖列传》、《汉书·地理志》、《三国·魏志》等历史典籍上都有有关枣树或枣果的描述。这些说明在当时枣已成为较为主要的产业和国家赋税的重要来源。近几百年来,枣树在我国栽培地域继续扩大,边远和南方地区相继从中原地区引种。如辽宁在 300 年前由河北、山东胶州半岛引进木枣;贵州在 200 年前由陕西引进;新疆在乾隆时期(200 年前)由北京引进长枣、小圆枣;另宁夏、青海、四川从陕西、甘肃引进;湖南从河南引进;内蒙古从山西引进等。1950 年以后,新疆、辽宁等省份进一步从河南、河北、山西、山东等省份引进多个品种,至此,我国枣树的栽培又进入一个新的历史发展高潮阶段。

关于我国枣树的最早栽培中心,经多方考证,现认为是在黄河中下游一带,且以陕、晋黄河峡谷栽培较早,渐及河南、河北、山东等地。我国的主要枣树品种均是由野生酸枣演进而来的。酸枣在古代称为棘,古书中常常见到"荆棘遍野"之说,可见当时的自然条件适于酸枣的遍地繁衍。由于酸枣的类型极多,发展成枣树的品种也繁多。最早记载枣树品种的是《尔雅》(公元前 6—公元前 2 世纪),共有品种名 11 个。到汉代以后,枣树栽培扩大,对品种的选育更进一步,新的良种不断出现,如郭义恭的《广志》、贾思勰的《齐民要术》、陶谷的《清异录》等古籍中均有描述。及至元代,柳贯所著《打枣谱》中收录的枣树品种已有 73 个之多。以后,明、清的《本草纲目》、《农政全书》等均有枣品种的记载,而以清朝王灏编《广群芳谱》和吴其濬著《植物实名图考》叙述枣的品种最多,达 87 种,且记载详确,可谓集前人之大成矣。到现代,我国枣树栽培品种总计达 700 多个,据河北农业大学(1962、1980、1983 年)调查搜集到全国枣品种目录,品种分布最多的省份有陕西、山西、山东、河南、河北等。目前,全国枣树主栽品种有 10 个左右:分别是分布在河北和山东环渤海湾盐碱区的金丝小枣,河北太行山、干旱、土壤瘠薄山区的婆枣和赞皇大枣,山西和陕西黄河两岸的木枣,河南中部平原的灰枣和扁核枣,山东的圆铃枣和长红枣以及山西的临猗梨枣,河北、山东的冬枣。

1.2　栽植规模与品种结构

近年来,黄土高原丘陵区红枣栽植经历了大约 3 次发展高潮阶段,形成了我国红枣栽植集中、规模大、具有防护林兼经济林性质的区域特色经济林果作物带。据统计,截至 2013 年,陕西省红枣种植面积已达 317 万亩,其中黄河沿岸占 300 多万亩,种植面积最大的有佳县、清涧、延川、大荔 4 县;山西省红枣种植面积 501 万亩,其中挂果面积 347 万亩,主要分布在山西中西部的吕梁山区,其中黄河东岸的临县、兴县、柳林、石楼 4 个县栽植集中、面积较大。下表给出 2011—2013 年陕西省黄河沿岸 8 个红枣产业县红枣栽植面积、产量、产值(表 1.1),及 2014 年山西省黄河沿岸 4 个红枣产业县的红枣栽植面积和产量(表 1.2)。

表 1.1　陕西黄河沿岸 8 个红枣产业县 2011—2013 年红枣栽植面积、产量、产值

县名	面积(万亩)			产量(万吨)			产值(亿元)		
	2011	2012	2013	2011	2012	2013	2011	2012	2013
延川	39.4	41.9	42	8	6.17	6.4	5	2.95	3.6
延长	1.5	2.3	2.29	4.8	6.5	6	3.12	4	3.7
清涧	65	70	86	20	14	4.8	7	8	2.4
佳县	52	60	68	22	15	5	8.4	9.4	2.5
吴堡	12	12	11.02	0.416	0.64	2.19	1.13	0.193	0.46
神木	22.5	24.05	25	4.9	5	4	0.98	0.9	0.08
绥德	11	12	13	15	15	15	3.957	2.721	2.85
府谷	8.73	9.23	9.73	0.25	0.3	0.1	0.08	0.09	0.016

表 1.2　山西省黄河沿岸 4 个红枣产业县 2014 年红枣栽植面积、产量和产值

县名	面积 (万亩)	产量 (万吨)	产值 (亿元)	县名	面积 (万亩)	产量 (万吨)	产值 (亿元)
兴县	16.6	3.5	不详	柳林	29.1	3.9	0.99
临县	91	23	6.0	石楼	27.2	5.4	不详

注:兴县、临县、石楼红枣面积、产量数据为 2014 年实地调查所得,柳林为 2013 年统计数据。

目前,黄土高原丘陵区陕、晋黄河两岸红枣栽植的品种极为繁多,其中陕西省主栽品种有:蜂蜜罐、大荔圆枣、晋枣、延川狗头枣、大荔水枣、大荔龙枣、牙枣、磨盘枣、柿顶枣、辣角枣、羊奶枣、中阳木枣。山西省主栽品种有:柳林木枣、中阳木枣、保德油枣、保德小枣、壶瓶枣、骏枣、郎枣、临汾团枣、官滩枣、襄汾圆枣、板枣、相枣、临猗梨枣、灵宝大枣、永济蛤蟆枣、俊枣、黎城小枣、条枣、脆枣、灰枣、团枣、梨枣、赞皇大枣、帅枣、油枣。其中栽植规模较大的品种有:木枣、狗头枣、油枣、壶瓶枣、骏枣、团枣、灰枣、条枣、相枣、牙枣等,尤以木枣占比例最大。下面将黄土高原丘陵区陕、晋黄河两岸目前红枣各主栽品种的用途、主要分布地、规模等简要叙述如下。

木枣,又名中阳木枣、柳林木枣、吕梁木枣、绥德木枣,一般归类于制干品种。主要分布在山西吕梁地区的中阳、柳林、临县、石楼等市、县和陕西榆林地区的佳县、清涧、米脂等黄河中游沿岸,为当地主栽品种,也是山西、陕西的主栽品种,为全国仅次于金丝小枣的第二主要品种。

木枣在黄土高原丘陵区黄河两岸栽培历史非常悠久,陕西清涧县王宿里村等地至今尚有千年生以上的古老枣树林。

油枣,归类于鲜食、制干兼用品种。主要分布于黄河中游沿岸的陕西府谷、佳县,山西保德、兴县等地,为当地主栽品种;以保德、兴县、佳县栽培最为集中,其中以"佳县油枣"最为有名。油枣在当地是古老名优品种,栽培历史 3000 多年。佳县泥河沟村现在仍有唐代老枣树园,最粗的一株干周 3.2 米,树冠完整,生长旺盛,每年仍可产鲜枣 50 千克左右。2013 年"佳县油枣"被评为"中国著名品牌",2014 年 5 月佳县千年古枣园被联合国粮农组织评为"全球重要农业文化遗产"。

狗头枣,又名延川狗头枣,归类于鲜食、制干兼用品种。主要分布于黄河中游的陕西延川县张家河乡庄头村一带。据当地技术人员调查考证,延川红枣栽培历史已有 4000 多年,"延川狗头枣"是由西北农林科技大学和延川县枣业局从延川县庄头村地方品种"狗头枣"中优选而来,于 2001 年通过陕西省林木良种审定委员会审定并命名。

团枣,又分临汾团枣和榆次团枣。归类于鲜食、制干兼用品种。临汾团枣原产于山西临汾县南永安、北永安、东张村、西张村、东孔郭、西孔郭等地,为当地主栽品种。榆次团枣主要分布于山西榆次的东赵乡东赵、训峪等村,为当地主栽品种,约占当地枣树总数的 50%。栽培历史不详,现有 200～300 年生大树,尚正常结果,有一定产量。目前,黄河西岸的延川县有较大面积团枣栽培,据当地技术人员统计,团枣栽培面积占全县红枣栽培面积 30% 左右。

相枣,归类于制干品种。原产于山西运城市(原安邑县)北相镇一带,故名"相枣"。据说,古时候曾作贡品,因而也称"贡枣"。据《安邑县志》记载,相枣在当地已有 3000 年栽培历史,目前仍是当地主栽品种;后引进到黄河西岸的延川等地,因而目前两岸均有一定规模的栽植。

骏枣,归类于鲜食、制干兼用品种。原产于山西交城县边山一带,以瓦窑、磁窑、坡底、广兴等村栽培较为集中,目前仍为当地主栽品种,栽培历史有 1000 多年,历史上是山西四大名枣之一。目前,黄河西岸地区已有多个县具有一定面积的骏枣栽培。

壶瓶枣,与骏枣齐名,是古老的地方名优品种,历史上的山西四大名枣之一,归类于鲜食、制干兼用品种。主要分布在山西太谷县、清徐县、祁县、榆次区及太原市郊区等地。以太谷和清徐栽培较多,太谷里美庄出产的壶瓶枣最著名。目前黄河西岸的延川等地有一定面积的壶瓶枣,因而两岸均有一定规模的栽植。

条枣,又名永和条枣,归类于制干品种。主要分布于山西永和县,是当地古老品种和主栽品种之一,全县 11 个乡镇 80 个村庄都有栽培,其中以阁底、南庄、打石嶐 3 个乡镇栽培集中,为主产区。目前,在黄河西岸的延川等县也有一定规模的栽培。

灰枣,又名大枣,归类于制干品种。品种起源于河南新郑,距今已有 2700 年栽培历史。主要分布在河南新郑市、中牟县、西华县和郑州市郊,为当地主栽品种。目前,陕西佳县、延川县等地引进该品种后有一定面积栽培。

牙枣,又名榆次牙枣,归类于鲜食品种。原产于山西榆次东赵、西赵、小白、训峪等地。目前,陕西延川县引进该品种后有一定面积栽培。

1.3　产业发展现状与问题

近年来,黄土高原丘陵区黄河两岸红枣产业发展迅猛,已成为黄河沿岸农民脱贫致富的

"铁杆庄稼",红枣种植规模在不断扩大;同时,相关的下游红枣加工、贮藏、销售产业链也逐渐发展壮大,并形成一定的规模。但该区红枣生产、管理技术方面,以及相关产业链还很不完善、存在诸多问题。

栽植规模扩大迅猛,生产管理水平较低,自然灾害频繁发生

据 2012 年调查数据,陕西全省红枣面积已达 302.7 万亩,产量 83.6 万吨,产值 22.1 亿元,红枣产业主要集中在陕北黄河沿岸优生区和关中沿泾、渭、黄、洛河流域,前者以制干枣为主,后者以鲜食为主。陕西红枣树龄结构:5 年以下的幼园占全省枣园面积近 30%,5~7 年的初挂果枣园占全省枣园面积近 33%,7 年以上盛果期枣园占近 37%。根据现在红枣产业情况和未来发展规划,共有 9 个重点生产县:佳县、清涧、延川、绥德、吴堡、府谷、神木、延长、大荔,其中佳县、清涧、大荔、延川 4 个县红枣面积、产量、产值均较大,总计占全省面积的 70%,产量的 64%,产值的 86%。2012 年,山西红枣产量 57.8 万吨,其中吕梁地区红枣产量和面积最大,以制干木枣为主。吕梁全市现有枣林 200 万亩,产量约 21 万吨,年产量约占全省的 50%,全国的 13.4%,主要产区有临县、柳林、兴县、石楼、离石、交城等县(区),涉及 60 个乡镇、1300 个村、70 万人。其中临县产量最多,现有红枣 80 万亩,正常年景产量达 10 万吨,产值 1.3 亿元,全县农民纯收入的 43% 来自红枣;另外柳林县、石楼县枣林面积均达 28 万亩左右。

另据对黄河两岸红枣主产县 9 个红枣示范园的调查,各红枣示范园生产、管理水平相对较高,多采用矮化密植高效栽培模式、红枣大棚设施栽培、无公害红枣栽培、新型节水灌溉技术、枣园套种、红枣病虫害物理防治等先进栽培管理技术,较普通枣园丰产、稳产,同时示范园的发展既为红枣先进技术研究、试验示范和合作交流提供了一个创新的平台,又为红枣产业发展提供了科技支撑。但红枣示范园面积规模、数量,相比较沿黄两岸红枣栽植规模来说,比例偏小,因而起到的科技、示范带动引领作用有限。

据调查,影响黄土高原丘陵区黄河两岸红枣的气象灾害基本一致,主要包括 6 月花期阴雨、秋季连阴雨、大风、暴雨、冰雹、高温等。影响该区枣树的虫害主要有枣尺蠖、桃小食心虫、枣飞象、枣黏虫、红蜘蛛,另外,近年来由于春季阴雨影响还造成枣树绿盲蝽害虫爆发流行。影响该区枣树的病害主要有枣锈病、枣疯病、缩果病、炭疽病、斑点病、裂果病等,近年来由于降水持续增多,枣锈病、裂果病等病害有所加重。

黄河两岸红枣生产规模迅速扩大的同时,生产管理水平却没有相应的大幅提高,造成这一现实问题的主要原因大致有以下几个方面。①劳动力严重缺乏,枣林撂荒面积大。由于农业经济效益一直偏低,农民收入没有保障等客观原因,农村人口大量外流,青壮年劳动力严重缺乏,直接导致了枣林撂荒面积比例极高,有管理者的枣园也因劳力缺乏而经营管理不善,各类病虫灾害、气象灾害等防御和控制不力,枣园单产一直偏低。例如,据有关部门对清涧县双庙河乡前惠家河等 6 个村的随机调查,户籍人口 2447 人,在家 408 人,占当地户籍人口不到五分之一,且平均年龄在 60 岁左右;清涧县石盘乡现有红枣面积 28366 亩,撂荒面积达 20401 亩,撂荒面积约占 72%。②管理粗放,单产水平低。据对陕西省佳县、清涧、延川等县的调查,由于管理粗放,普通枣园平均亩产只有 300 多千克,而同期的标准示范园亩产至少在 500 千克以上。许多枣园至今仍然是传统务作,基本不施肥,修剪不到位,管理水平低,致使枣树营养不良,枣果品质低劣。③基础设施薄弱,抵御灾害能力差。部分枣园立地条件较差,枣园坡度大、干旱缺水、没有灌溉设施,干旱年份减产显著。近年来,黄土高原沿黄两岸红枣脆熟—采收期,连阴雨天气增多,常常造成即将成熟的枣果裂果霉烂,多雨的年份灾害损失更为惨重,有些产

地甚至绝收。另外,病虫害灾害发生也非常严重,沿黄两岸尤其以枣锈病、枣桃小食心虫、枣疯病危害最为严重,劳动力缺乏又加剧了灾害的损失。④社会经济条件差,缺乏有力的财政支持。黄土高原丘陵区红枣产区大都处在经济不发达的地区,自然条件恶劣,除了少量土壤瘠薄的田地、荒坡石洼地外,农民没有更为有利的资源可依靠,县域经济也得不到较快的发展,因而,财政上对红枣产业的支持和扶持力度非常有限,基本处于杯水车薪的状态,几乎在生产指导、技术帮扶等方面都捉襟见肘,更不用说在加工、贮藏和销售等产业后续环节的配套支持和帮扶。

加工企业规模小且分散,龙头带动作用不强

随着黄土高原丘陵区红枣栽植面积的扩大,沿黄两岸部分红枣产业大县均发展起来了多家红枣产品加工企业,呈现出了企业数目不少、规模不大、经营分散,缺乏龙头带动的特征。

黄河东岸山西省红枣产业配套的加工企业发展相对较早,随着近年来山西省枣树栽培面积的扩大,产量的增加,一批红枣加工企业迅速崛起。目前,山西省红枣加工企业大户已达500多个,其中年销售收入在 500 万元以上的枣加工企业有 50 余家。主产区红枣加工企业优势群体已初步形成,如以吕梁、晋中为主的山西中部红枣加工企业群,代表企业有交城"天骄枣业"、临县"天渊枣业"、太谷"天山斗枣业"、榆次区"宏大枣业"等。加工产品主要有蜜枣、酒枣、玉枣、枣泥、枣脯、枣汁、枣酱、枣醋、枣饴糖、枣酒、枣香精、红枣冻干食品等。据统计,山西全省每年枣加工品约 30 万吨,产值约 10 亿元,每加工 1 吨约增值 2000 元左右。但总体而言,山西省红枣加工仍处于滞后状态,大型龙头企业为数不多,大部分企业是季节性生产,能维持全年生产的寥寥无几,因而,红枣加工对红枣的消化、增值作用还不够显著。以经济条件较好的柳林县为例,基础设施发展较为完善,红枣加工业比较发达,现有加工企业 200 多家;近年来,部分企业建造了烘干房、购买了除尘机、清洗机、风干机、分级机等设备。但相对产业规模,与省外红枣加工企业对比,仍然处于加工技术落后、企业带动力不强的状态,红枣加工量仅占当地红枣产量的 24.1%,还远远不能满足红枣加工量需求。山西临县全县现有 10 家红枣经销加工贸易企业,4 个大型红枣烘干园区,100 多家红枣加工企业,221 个红枣营销大户,全县 70% 的红枣能及时进行初级加工。山西石楼县经济条件、基础设施一般,红枣种植积极性较高,但红枣加工、销售、品牌营销等方面能力均不足,石楼红枣经常以较低的价格卖到柳林的三交镇,然后再以柳林红枣的牌子销往全国。

沿黄西岸的陕西境内,相关的红枣加工、包装、贮藏等后续产业均起步较晚,发展缓慢,规模有限,加工能力和工艺水平均较低,科技含量和科技附加值不高。其中品牌知名度较高的"巨鹰红枣",其加工能力和产品知名度也仍远远小于河南、新疆等地的品牌。如陕西清涧县,全县共有红枣注册企业 145 家,规模较大、有一定知名度的企业有 6 家,分别是巨鹰、人和仙、千年秀、枣生堂、红双喜、黄河枣园,其中巨鹰牌福枣被评为陕西省名牌产品。陕西佳县,2013年底有红枣加工注册公司 52 个,小型红枣加工点 500 多个,其中红枣果酒加工企业 2 个,红枣饮料加工企业 1 个,红枣醋加工企业 1 个;主要产品有"佳州油枣"等制干品、红枣饮料、红酒、干红、白兰地、白酒等系列产品。陕西延川全县有红枣深加工企业 8 家,初加工企业 25 家,季节性加工点 11 个;规模较大的企业仅有 5 家,其资产规模均不超过 1 亿元,且存在恶性竞争现象。

红枣产品档次低,销售渠道落后,丰产年份常滞销

随着黄土高原丘陵区沿黄两岸红枣产业规模的迅速扩大,相关的红枣加工、销售等配套产业发展极为滞后,目前已经严重影响了当地红枣产业经济效益。如 2015 年,沿黄两岸红枣丰收,多地出现滞销问题,红枣价格极低;对枣农来说,综合计算枣园投资、人工费用等生产成本后,亩均实际收入反而比减产年份还要少,甚至亏本。造成这一问题的根本原因仍然是红枣的市场销售问题。有关沿黄两岸红枣的销售现状,及存在的具体问题主要有以下几个方面。

(1)品种结构不合理

红枣品种结构很不合理,优质果率不高。一方面鲜食品种和制干品种之间结构搭配不合理,另一方面,优质品种和一般品种之间结构不合理。目前,沿黄两岸红枣制干品种产量偏大,鲜食和专用加工品种产量偏小;鲜食枣品种中,优质品种栽植面积不足,品质中上的木枣品种栽植面积过大。另外由于管理不善、病虫和气象灾害等影响,单产偏低,优果率不到 30%。

(2)贮藏保鲜技术落后

产品贮藏保鲜科技含量低。就市场而言,鲜枣需求量更大,应市期长,但红枣保鲜期很短,成熟期相对集中,采收后不久就会变软,因此采后的贮藏保鲜技术尤为重要。但目前,先进的贮藏保鲜技术——冷链技术,并未广泛运用到红枣保鲜中。经过冷链贮藏和运输的红枣在物流环节的损耗率仅为 1%～2%,最高不超过 5%;另外,采用冷链贮藏技术的鲜枣能由原来的 5～7 天的保鲜期延长到 90～120 天,可满足较长时间市场对鲜枣的需求,最大限度地延长了鲜枣的保鲜期和应市期。而没有经过冷链贮藏和运输的红枣在物流环节的损耗率高达 25%～30%。因此,红枣贮藏技术不过关,缺少冷链贮藏和运输的红枣不仅增加了运输过程中的损耗,影响了鲜果品质,同时也造成了终端市场短时间的激烈竞争和价格的不合理。

(3)加工产品档次偏低

首先,产品深加工技术落后,加工品档次低。以山西省为例,全省红枣深加工业消化的红枣产量不到总产量的 1/3,制干仍是最主要的初级加工方式,所延伸加工的枣产品以蜜枣、熏枣、酒枣、玉枣、枣泥等传统种类较多,处于改善颜色、风味、形状等较低的加工层次,加工附加值也偏低,仅有 1∶1.5～5,低于国内平均水平 1∶7.5,加工深度明显不足。目前,仅有少数企业进行红枣酒、红枣休闲食品及功能食品的开发,且产品品种少,产量低,尚未形成有效的红枣资源转化能力。

(4)销售主体组织化程度低,销售渠道落后

首先是营销主体组织化程度低。目前,沿黄两岸红枣的营销主体仍然主要是农户和农产品批发零售商,规模较小、实力较弱、交易量低、市场基础设施差、功能不完善、技术手段落后。组织化程度较低的营销主体,其相应的渠道支配和经营能力也较弱,很难适应产品规模化生产的需求,不能有效解决销售环节中存在的小生产与大市场之间的矛盾,无法满足广大消费者对红枣产品的需求。由此导致,沿黄两岸红枣市场竞争力不强,资源优势没有很好地转化为市场竞争力。其次是现有销售网络不够完善,虽然部分产区已经建立了一些大型红枣生产基地和销售市场,使红枣市场各自为政的局面得到一定的改善,但仍缺乏通过与代理商、专卖店、大型超市等终端零售业共同合作来完成流通和销售的有效网络。

第 2 章　黄土高原丘陵区红枣主产区
气候资源特征分析

2.1　热量资源时空变化特征分析

　　1971—2010 年,黄土高原丘陵区红枣种植热量资源各要素空间上由北向南、由东向西呈递增式分布,中部地区高于其他区域,极端最高气温东西分布较南北明显。黄河西岸陕西枣区热量资源好于东岸山西枣区。热量资源多数要素呈上升趋势,其中年极端最高气温上升趋势最显著,其次是年平均气温、生长期平均气温,年极端最低气温呈弱下降趋势。红枣萌芽期、开花期、幼果期、脆熟—采收期、落叶期、休眠期气温呈上升趋势,休眠期增温幅度最大,其次分别为萌芽期、幼果期、落叶期、脆熟—采收期、开花期。≥0℃、5℃、10℃积温呈增加趋势,≥5℃积温增温幅度最大,其次为≥0℃、≥10℃积温,负积温呈减少趋势。各红枣种植县之间,神木年/生长期平均气温上升趋势最明显,府谷年极端最高气温上升趋势最明显,柳林年极端最低气温下降趋势最明显;神木各生育期气温升温趋势均最明显。在年代际变化中,20 世纪 70、80 年代热量资源相对较差,21 世纪前 10 年相对较好。

　　热量资源大部分要素突变点出现在 20 世纪 80 年代后期和 90 年代。年平均气温、负积温、休眠期平均气温突变点出现较早,集中在 80 年代后期;生长期平均气温、年极端最高气温、≥0℃、5℃、10℃积温,萌芽展叶期/开花期/幼果生长期/落叶期平均气温突变均发生在 90 年代;年极端最低气温和脆熟—采收期气温没有明显突变点。热量资源各要素存在多时间尺度的周期变化特征,年/生长期平均气温、开花期/幼果生长期/休眠期气温、年极端最低气温、≥0℃、5℃、10℃积温以 31～33 a 的特征时间尺度为第一主周期,年极端最高气温、负积温、萌芽展叶期/脆熟—采收期/落叶期气温的第一主周期分别为 3 a、11 a、16 a、10 a、6 a(表 2.1)。

表 2.1　红枣种植区热量资源气候倾向率、年代距平值、主周期、突变点

热量资源	气候倾向率 (℃/10a, ℃·d/10a)	距平值(℃)				主周期 (a)	突变点
		1971— 1980 年	1981— 1990 年	1991— 2000 年	2001— 2010 年		
年平均气温	0.298***	−0.3	−0.3	0.3	0.4	31	1989 年
生长期平均气温	0.227**	−0.3	−0.9	0.2	0.9	32	1994 年
年极端最高气温	0.466**	0.2	0.6	0.1	−0.9	3	1998 年
年极端最低气温	−0.272	−0.3	−0.3	0.2	0.3	32	无

续表

热量资源	气候倾向率（℃/10a，℃·d/10a）	距平值（℃）				主周期（a）	突变点
		1971—1980年	1981—1990年	1991—2000年	2001—2010年		
≥0℃积温	64.557***	−63	−93.6	52.1	104.6	33	1995年
≥5℃积温	66.235***	−77	−68.3	42.1	103.2	33	1996年
≥10℃积温	48.023*	−32.3	−59.8	23.2	79.6	31	1996年
负积温	−33.759*	46.8	22.7	−33.1	−35.2	11	1986年
萌芽期气温	0.292	−0.5	−0.1	0	0.5	16	1993年
开花期气温	0.167	0	−0.5	0.2	0.3	32	1996年
幼果期气温	0.235*	−0.3	−0.4	0.5	0.3	31	1993年
脆熟—采收期气温	0.199	−0.3	0.2	−0.1	0.2	10	无
落叶期气温	0.200	0	−0.2	−0.3	0.5	6	1994年
休眠期气温	0.374**	−0.4	−0.5	0.4	0.5	32	1988年

注：***为通过0.001显著性检验，**为通过0.01显著性检验，*为通过0.05显著性检验。

2.1.1　热量资源空间分布特征

　　1971—2010年，红枣种植区年/生长期平均气温、年极端最低气温、萌芽期/开花期/幼果期/脆熟—采收期/落叶期/休眠期平均气温、≥0℃、5℃、10℃积温各要素在空间分布上基本一致，即由北向南、由东向西呈递增式分布，中部地区高于其他区域，吴堡为高值区域，神木、兴县、临县一带为低值区域。年极端最高气温空间分布与其他要素略有不同，西高东低分布较南高北低分布明显（图2.1）。黄河两岸间，黄河西岸红枣种植区热量资源总体好于黄河东岸。

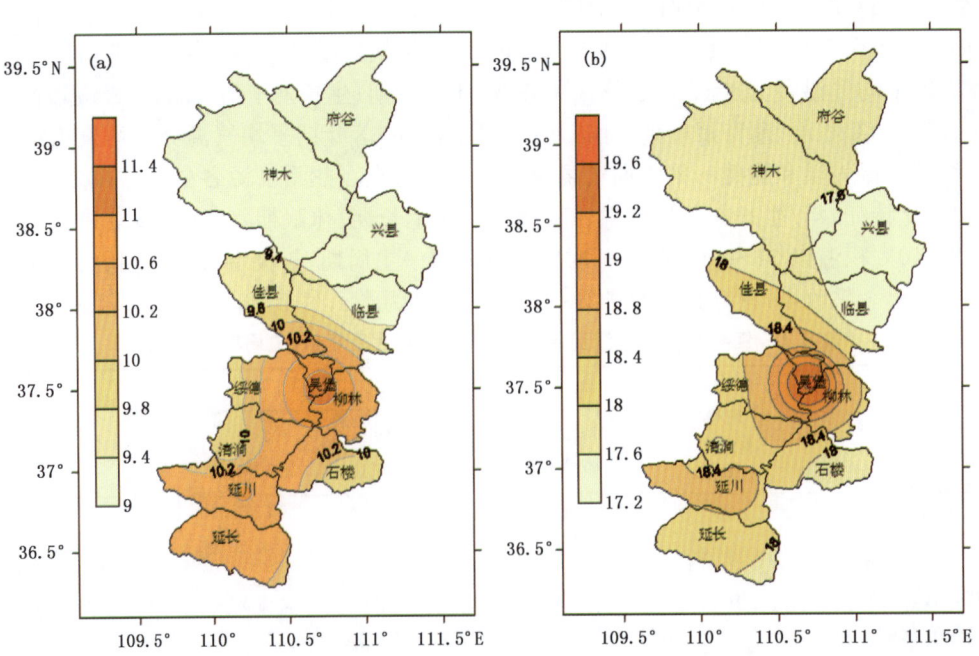

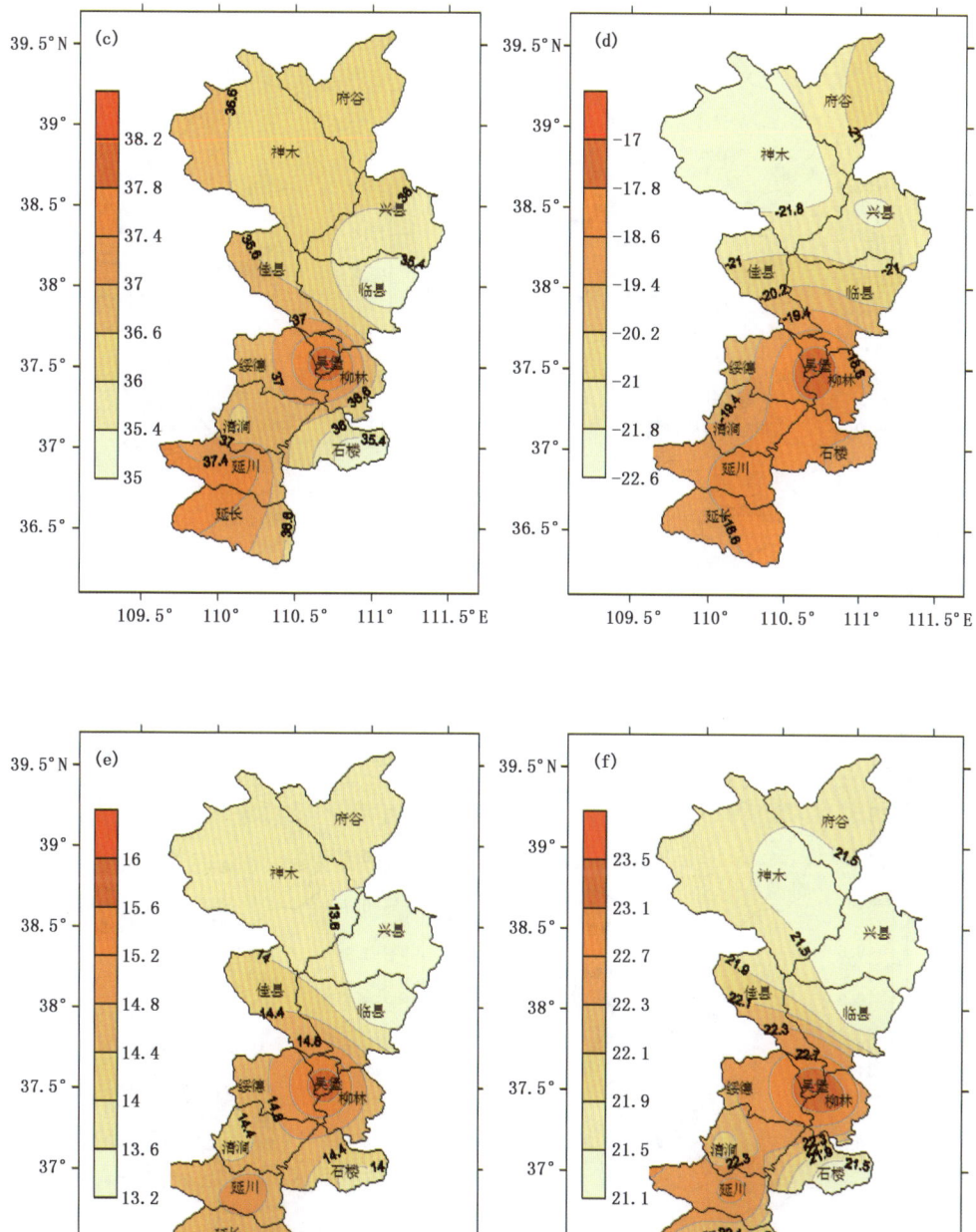

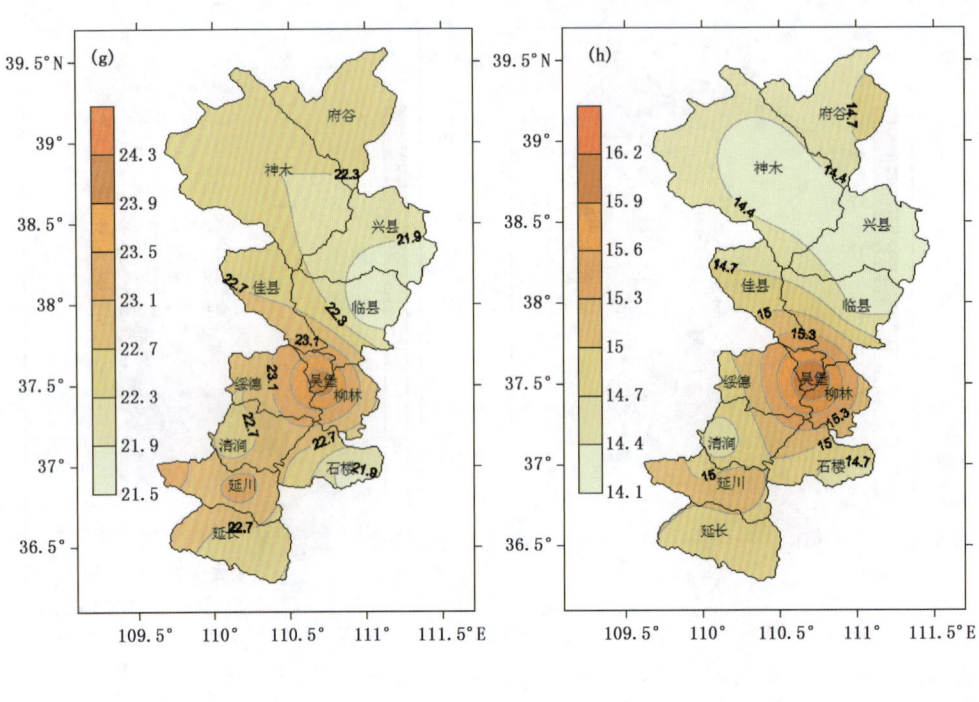

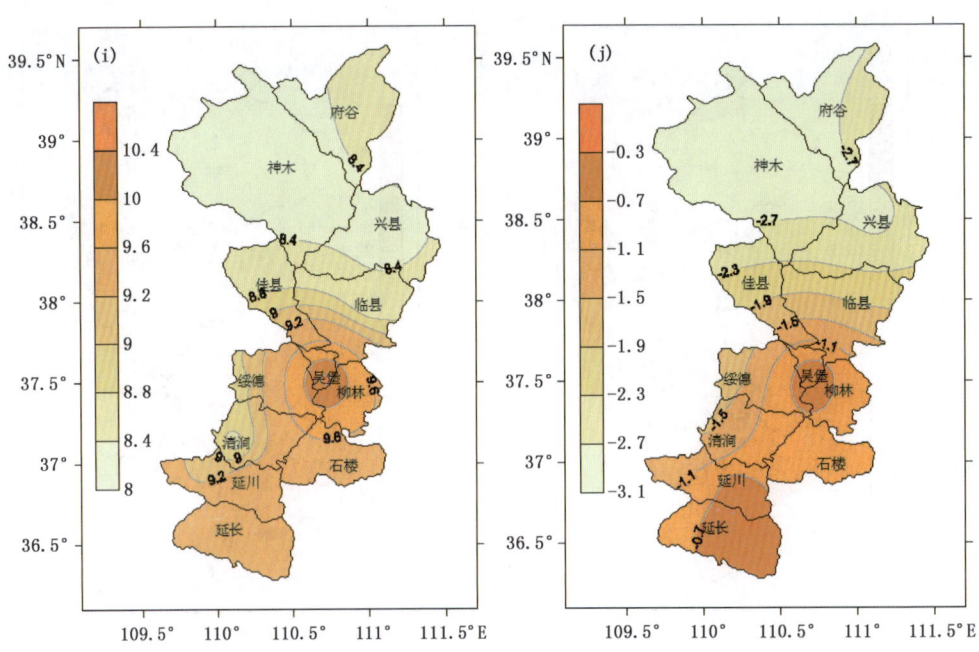

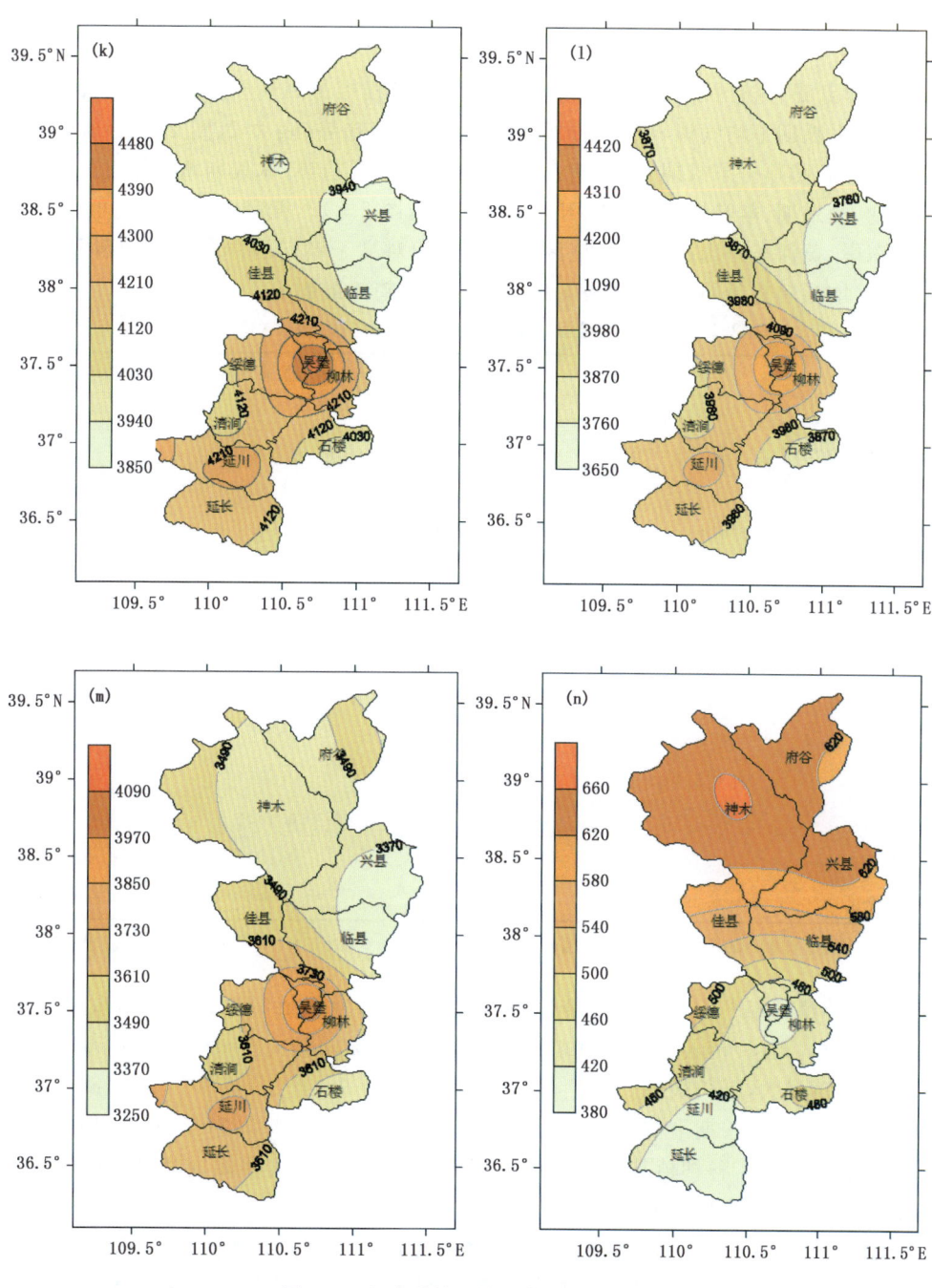

图 2.1　红枣种植区热量资源空间分布

［(a)为年平均气温,(b)为生长期平均气温,(c)为年极端最高气温,(d)为年极端最低气温,(e)为萌芽期气温,(f)为开花期气温,(g)为幼果期气温,(h)为脆熟—采收期气温,(i)为落叶期气温,(j)为休眠期气温,(k)为≥0℃积温,(l)为≥5℃积温,(m)为≥10℃积温,(n)为负积温。气温单位:℃,积温单位:℃・d］

2.1.2　热量资源年际及年代际变化特征

2.1.2.1　气温年际变化特征

黄河沿岸红枣种植区多数气温要素呈上升趋势,年极端最高气温上升趋势最显著,其次是年平均气温、生长期平均气温,年极端最低气温呈弱下降趋势(表2.2,图2.2)。红枣萌芽期、开花期、幼果期、脆熟—采收期、落叶期、休眠期气温呈上升趋势,休眠期增温幅度最大,其次分别为萌芽期、幼果期、落叶期、脆熟期、开花期(表2.3,图2.3)。黄河西岸陕西红枣种植区热量资源好于东岸,黄河东岸山西红枣种植区增温幅度相对高于黄河西岸陕西红枣种植区。各县间神木、府谷增温趋势最明显,柳林极端最低气温降温趋势最明显。

表2.2　红枣种植全区及各县气温气候倾向率(单位:℃/10a)

地区	年平均气温	生长期平均气温	年极端最高气温	年极端最低气温
临县	0.277＊＊＊	0.183＊	0.3	−0.463
兴县	0.444＊＊＊	0.353＊＊＊	0.532＊＊	0.064
柳林	0.221＊	0.14	0.379	−0.549
石楼	0.454＊＊＊	0.395＊＊＊	0.528＊＊	−0.101
府谷	0.256＊＊	0.216＊	0.668＊＊	−0.63
佳县	0.188＊	0.117	0.417＊	−0.498
清涧	0.200＊＊	0.151＊	0.421＊	−0.395
神木	0.569＊＊＊	0.449＊＊＊	0.509＊	0.381
绥德	0.258＊＊	0.193＊	0.375	−0.302
吴堡	0.294＊＊	0.255＊＊	0.565＊＊	−0.279
延川	0.181＊	0.107	0.522＊	−0.372
延长	0.141	0.09	0.419＊	−0.457
种植全区	0.298＊＊＊	0.227＊＊	0.466＊＊	−0.272

注:＊＊＊为通过0.001显著性检验,＊＊为通过0.01显著性检验,＊为通过0.05显著性检验。

(1)红枣种植区年平均气温呈上升趋势,气候倾向率为0.298℃/10a,其中东岸升温趋势较西岸更为明显。各种植县年平均气温均呈上升趋势,气候倾向率0.141～0.569℃/10a,其中神木增温幅度最大,延长最小。

(2)红枣种植区生长期平均气温呈上升趋势,气候倾向率为0.227℃/10a,其中东岸升温趋势较西岸更为明显。各种植县生长期平均气温呈上升趋势,气候倾向率0.090～0.449℃/10a,绥德增温幅度最大,吴堡最小。

(3)红枣种植区年极端最高气温呈上升趋势,气候倾向率为0.466℃/10a,其中西岸升温趋势较东岸更为明显。各种植县年极端最高气温呈上升趋势,气候倾向率0.300～0.668℃/10a,府谷增温幅度最大,临县最小。

(4)红枣种植区年极端最低气温呈下降趋势,气候倾向率为−0.272℃/10a,其中西岸比东岸下降趋势更为明显。各种植县年极端最低气温除兴县、神木呈上升趋势外,其余均呈下降趋势,气候倾向率−0.630～−0.101℃/10a,府谷降温幅度最大,石楼最小。

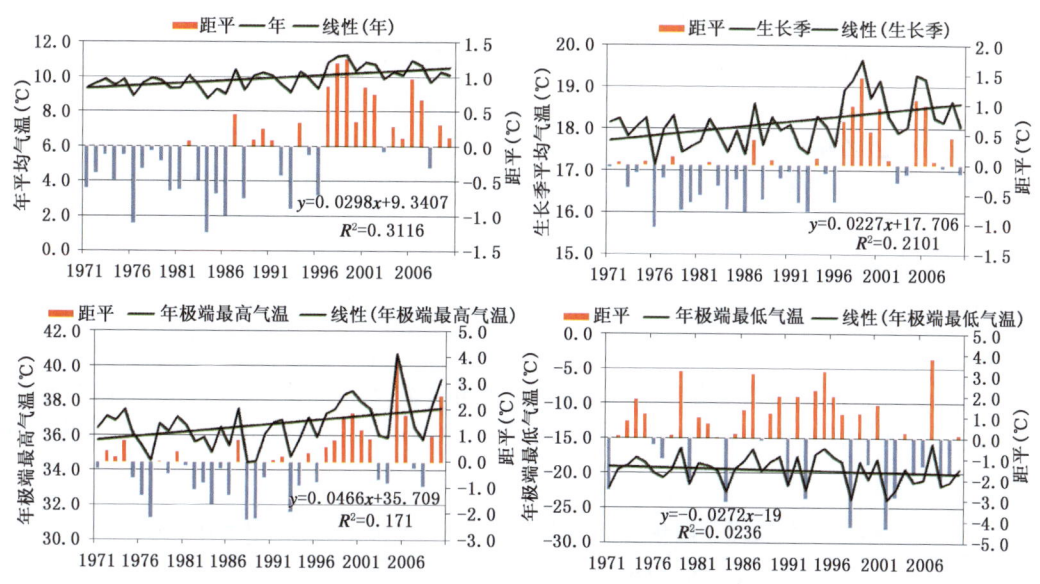

图 2.2　红枣种植区气温年际变化趋势及距平分布情况

表 2.3　红枣种植全区及各县各生育期气温气候倾向率(单位:℃/10a)

地区	萌芽期	开花期	幼果期	脆熟—采收期	落叶期	休眠期
临县	0.262	0.121	0.167	0.146	0.213	0.378**
兴县	0.362*	0.269*	0.357**	0.43**	0.363	0.555***
柳林	0.363	0.016	0.192	−0.01	−0.127	0.326*
石楼	0.451*	0.326*	0.428***	0.338*	0.368	0.511***
府谷	0.27	0.197	0.194	0.238	0.164	0.284*
佳县	0.217	0.089	0.112	0.018	0.087	0.258*
清涧	0.221	0.098	0.173	0.082	0.094	0.229*
神木	0.448**	0.377**	0.447**	0.546***	0.44*	0.688***
绥德	0.298	0.151	0.197	0.098	0.152	0.324**
吴堡	0.354*	0.208	0.304*	0.12	0.128	0.331**
延川	0.169	0.014	0.131	0.086	0.102	0.252*
延长	0.145	0.02	0.092	0.098	0.083	0.235*
种植全区	0.292	0.167	0.235*	0.199	0.2	0.374**

注:***为通过 0.001 显著性检验,**为通过 0.01 显著性检验,*为通过 0.05 显著性检验。

　　(5)红枣种植区萌芽期气温呈上升趋势,气候倾向率为 0.292℃/10a,其中东岸增温趋势较西岸明显。各种植县萌芽期气温呈上升趋势,气候倾向率 0.145～0.448℃/10a,石楼增温幅度最大,延长最小。

　　(6)红枣种植区开花期气温呈上升趋势,气候倾向率为 0.167℃/10a,其中东岸增温趋势较西岸明显。各种植县开花期气温呈上升趋势,气候倾向率 0.014～0.377℃/10a,神木增温幅度最大,延川最小。

（7）红枣种植区幼果期气温呈上升趋势，气候倾向率为 0.235℃/10a，其中黄河东岸增温趋势较西岸明显。各种植县幼果期气温呈上升趋势，气候倾向率 0.092～0.447℃/10a，神木增温幅度最大，延长最小。

（8）红枣种植区脆熟—采收期气温呈上升趋势，气候倾向率为 0.199℃/10a，黄河东岸增温趋势较西岸明显。各种植基地中除柳林外，其余各县均呈增温趋势，气候倾向率 0.018～0.546℃/10a，神木增温幅度最大，佳县最小。

（9）红枣种植区落叶期气温呈上升趋势，气候倾向率为 0.20℃/10a，黄河东岸增温趋势较西岸明显。各种植县中除柳林外，其余各县均呈增温趋势，气候倾向率 0.083～0.440℃/10a，神木增温幅度最大，延长最小。

（10）红枣种植区休眠期气温呈上升趋势，气候倾向率为 0.374℃/10a，黄河东岸增温趋势较西岸明显。各种植县呈增温趋势，气候倾向率 0.229～0.0.688℃/10a，神木增温幅度最大，清涧最小。

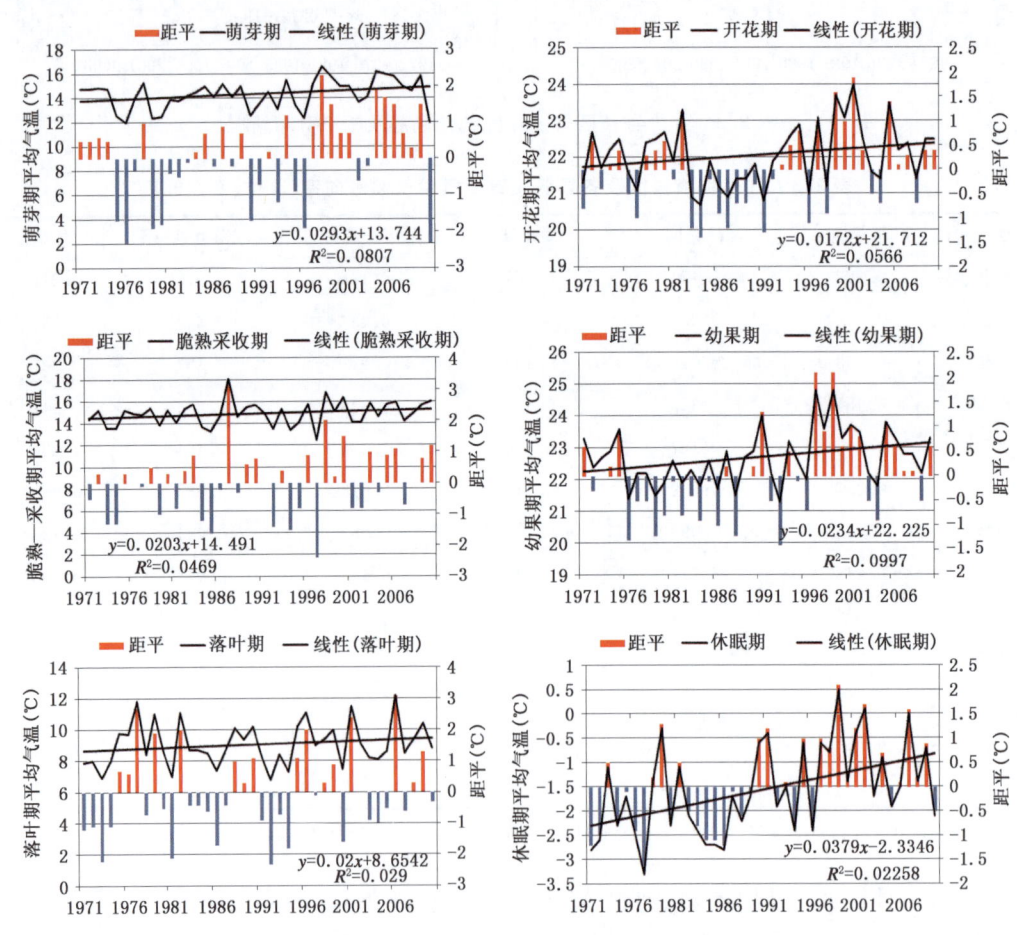

图 2.3 红枣种植区各生育期年际气温变化趋势及距平分布

2.1.2.2 气温年代际变化特征

（1）红枣种植区年平均气温年代际变化呈上升趋势，与年代均值相比，20 世纪 70、80 年代气温偏低 0.4℃,90 年代和 21 世纪前 10 年气温分别偏高 0.2℃、0.4℃,21 世纪前 10 年偏高幅度最大。各种植县 20 世纪 70、80 年代偏低,且石楼、神木偏低明显,90 年代和 21 世纪前 10 年偏高,石楼、兴县和神木偏高明显(表 2.4)。

表 2.4　红枣种植全区及各县年平均气温年代际变化情况(单位:℃)

地区	40 年平均	年平均气温				距平			
		1971—1980	1981—1990	1991—2000	2001—2010	1971—1980	1981—1990	1991—2000	2001—2010
临县	9.2	8.9	8.9	9.4	9.6	−0.3	−0.3	0.2	0.4
兴县	9.0	8.5	8.5	9.3	9.7	−0.5	−0.5	0.3	0.7
柳林	10.7	10.4	10.5	10.9	11.0	−0.3	−0.2	0.2	0.2
石楼	9.8	9.2	9.4	10.1	10.5	−0.6	−0.4	0.3	0.7
府谷	9.4	9.1	9.1	9.6	9.7	−0.3	−0.3	0.2	0.4
佳县	10.2	10.0	10.0	10.5	10.5	−0.2	−0.3	0.2	0.2
清涧	9.8	9.6	9.5	10.0	10.1	−0.3	−0.3	0.2	0.3
神木	9.0	8.4	8.3	9.3	9.9	−0.6	−0.7	0.3	0.9
绥德	10.0	9.7	9.8	10.4	10.5	−0.3	−0.2	0.4	0.4
吴堡	11.4	10.9	11.3	11.7	11.7	−0.5	−0.1	0.3	0.3
延川	10.7	10.6	10.3	10.9	11.0	−0.1	−0.4	0.2	0.3
延长	10.3	10.2	10.0	10.6	10.5	−0.1	−0.3	0.2	0.2
种植全区	10.0	9.6	9.6	10.2	10.4	−0.4	−0.4	0.2	0.4

(2)红枣种植区生长期平均气温年代际变化呈上升趋势,与年代均值相比,20 世纪 70、80 年代气温偏低 0.2℃、0.3℃,90 年代和 21 世纪前 10 年气温分别偏高 0.2℃、0.3℃,21 世纪前 10 年偏高幅度最大。各种植县 20 世纪 70 年代、80 年代生长期平均气温均低于 40 年均值,吴堡和石楼 70 年代偏低明显,神木 80 年代偏低明显;20 世纪 90 年代和 21 世纪前 10 年偏高,其中吴堡、延长 90 年代偏高明显,神木 21 世纪前 10 年偏高明显(表 2.5)。

表 2.5　红枣种植全区及各县生长期平均气温年代际变化情况(单位:℃)

地区	40 年平均	生长期平均气温				距平			
		1971—1980	1981—1990	1991—2000	2001—2010	1971—1980	1981—1990	1991—2000	2001—2010
临县	17.2	17.0	17.0	17.3	17.5	−0.2	−0.2	0.1	0.3
兴县	17.4	17.0	17.0	17.6	18.0	−0.4	−0.4	0.2	0.6
柳林	18.9	18.7	18.9	19.1	19.0	−0.2	−0.1	0.1	0.1
石楼	17.6	17.1	17.2	17.8	18.2	−0.5	−0.3	0.2	0.6
府谷	17.9	17.6	17.7	18.0	18.2	−0.3	−0.2	0.1	0.3
佳县	18.7	18.6	18.6	18.9	18.9	−0.1	−0.2	0.2	0.1
清涧	17.9	17.7	17.6	18.0	18.1	−0.2	−0.3	0.2	0.2
神木	17.6	17.2	16.9	17.7	18.4	−0.4	−0.7	0.2	0.8

续表

地区	40 年平均	生长期平均气温				距平			
		1971—1980	1981—1990	1991—2000	2001—2010	1971—1980	1981—1990	1991—2000	2001—2010
绥德	18.2	18.0	18.0	18.4	18.5	−0.2	−0.3	0.2	0.3
吴堡	19.8	19.3	19.8	20.1	20.0	−0.5	0.0	0.3	0.2
延川	18.8	18.8	18.4	19.0	19.0	0.0	−0.4	0.2	0.2
延长	18.1	18.1	17.8	18.4	18.2	0.0	−0.3	0.3	0.1
种植全区	18.2	17.9	17.9	18.4	18.5	−0.2	−0.3	0.2	0.3

(3)红枣种植区年极端最高气温年代际变化呈上升趋势,与年代均值相比,20 世纪 70、80 年代气温分别偏低 0.3℃、0.9℃,90 年代和 21 世纪前 10 年气温分别偏高 0.2℃、0.9℃,21 世纪前 10 年偏高幅度最大。各种植县 20 世纪 70 年代、80 年代年极端最高气温大部分偏低,府谷 70 年代偏低明显,绥德 80 年代偏低明显;20 世纪 90 年代和 21 世纪前 10 年大部分偏高,其中 90 年代神木偏高明显,21 世纪前 10 年府谷偏高明显(表 2.6)。

表 2.6　红枣种植全区及各县年极端最高气温年代际变化情况(单位:℃)

地区	40 年平均	年极端最高气温				距平			
		1971—1980	1981—1990	1991—2000	2001—2010	1971—1980	1981—1990	1991—2000	2001—2010
临县	35.0	35.2	34.2	34.9	35.9	0.1	−0.9	−0.1	0.9
兴县	36.0	35.6	35.0	36.4	37.0	−0.4	−1.0	0.4	1.0
柳林	37.3	37.0	37.0	37.5	37.9	−0.3	−0.3	0.1	0.5
石楼	35.0	34.9	34.1	35.0	36.1	−0.1	−0.9	0.0	1.1
府谷	36.3	35.4	35.7	36.7	37.5	−0.9	−0.6	0.4	1.2
佳县	37.4	37.3	36.4	37.4	38.3	−0.1	−1.0	0.1	1.0
清涧	36.5	36.4	35.4	36.6	37.4	0.0	−1.1	0.2	1.0
神木	36.4	36.1	35.2	37.0	37.4	−0.3	−1.2	0.6	0.9
绥德	36.6	36.8	35.3	36.6	37.7	0.2	−1.3	0.0	1.1
吴堡	38.4	37.8	37.8	39.2	−0.6	−0.6	0.4	0.8
延川	37.7	37.2	36.8	38.1	38.5	−0.4	−0.9	0.4	0.9
延长	37.4	37.2	36.4	37.8	38.2	−0.2	−1.0	0.4	0.8
种植全区	36.7	36.4	35.8	36.9	37.6	−0.3	−0.9	0.2	0.9

(4)红枣种植区年极端最低气温年代际变化呈下降趋势,与年代均值相比,20 世纪 70、80、90 年代的年极端最低气温分别偏高 0.1℃、0.5℃、0.1℃,21 世纪前 10 年偏低 0.9℃。各种植县年极端最低气温 20 世纪 70 年代除兴县、石楼、神木偏低外其余均偏高,府谷偏高最明显;80 年代偏高,其中吴堡、柳林、神木、府谷均偏高较为明显;20 世纪 90 年代除府谷、清涧、神木、延川偏低外,其余各种植县均偏高,石楼偏高明显;21 世纪前 10 年年极端最低气温大部偏低,府谷偏低明显(表 2.7)。

表 2.7　红枣种植全区及各县年极端最低气温年代际变化情况(单位:℃)

地区	40 年平均	年极端最低气温				距平			
		1971—1980	1981—1990	1991—2000	2001—2010	1971—1980	1981—1990	1991—2000	2001—2010
临县	−20.5	−19.9	−20.3	−20.2	−21.7	0.6	0.3	0.3	−1.2
兴县	−22.0	−22.2	−21.7	−21.7	−22.6	−0.2	0.3	0.3	−0.5
柳林	−18.2	−17.9	−17.4	−18.2	−19.2	0.3	0.8	0.0	−1.0
石楼	−18.7	−18.9	−18.5	−18.1	−19.5	−0.2	0.3	0.6	−0.7
府谷	−20.4	−19.6	−19.7	−20.5	−21.8	0.8	0.7	−0.1	−1.4
佳县	−19.5	−18.9	−18.8	−19.5	−20.6	0.6	0.6	0.0	−1.2
清涧	−19.3	−19.0	−18.7	−19.5	−20.2	0.4	0.6	−0.2	−0.8
神木	−22.6	−23.5	−21.9	−22.7	−22.5	−0.9	0.7	−0.1	0.2
绥德	−19.8	−19.6	−19.2	−19.5	−20.7	0.1	0.6	0.3	−1.0
吴堡	−16.8	−16.8	−16.0	−16.6	−17.8	0.0	0.8	0.2	−1.0
延川	−18.0	−17.7	−17.2	−18.2	−18.7	0.2	0.7	−0.2	−0.7
延长	−18.7	−18.4	−18.1	−18.6	−19.8	0.3	0.6	0.1	−1.1
种植全区	−19.5	−19.4	−19.0	−19.4	−20.4	0.1	0.5	0.1	−0.9

(5)红枣种植区萌芽期气温年代际变化呈上升趋势,与年代均值相比,20 世纪 70、80 年代气温偏低 0.6℃、0.1℃,90 年代气温偏高 0.1℃,21 世纪前 10 年气温偏高 0.4℃。各种植县 20 世纪 70、80 年代萌芽期气温大部分低于 40 年均值,70 年代柳林偏低明显,80 年代神木、延川和石楼偏低明显;90 年代和 21 世纪前 10 年各种植县萌芽期气温均高于 40 年均值,90 年代延长偏高明显,21 世纪前 10 年神木偏高明显(表 2.8)。

表 2.8　红枣种植全区及各县萌芽期气温年代际变化情况(单位:℃)

地区	40 年平均	萌芽期气温				距平			
		1971—1980	1981—1990	1991—2000	2001—2010	1971—1980	1981—1990	1991—2000	2001—2010
临县	13.3	12.8	13.2	13.3	13.8	−0.5	−0.1	0.0	0.5
兴县	13.4	12.8	13.2	13.6	14.1	−0.6	−0.2	0.1	0.7
柳林	15.1	14.0	15.2	15.3	15.4	−1.1	0.1	0.2	0.3
石楼	13.9	13.1	13.6	14.0	14.6	−0.7	−0.3	0.2	0.7
府谷	13.8	13.2	13.8	13.9	14.3	−0.6	0.0	0.1	0.5
佳县	14.8	14.4	14.8	14.9	15.2	−0.4	0.0	0.1	0.4
清涧	14.1	13.8	13.9	14.3	14.5	−0.3	−0.2	0.1	0.4
神木	13.6	12.9	13.3	13.7	14.4	−0.7	−0.3	0.1	0.8
绥德	14.5	14.0	14.4	14.7	15.0	−0.5	−0.1	0.2	0.5
吴堡	16.1	15.3	16.2	16.3	16.5	−0.8	0.1	0.2	0.4
延川	15.1	14.9	14.8	15.2	15.5	−0.2	−0.3	0.1	0.3
延长	14.6	14.4	14.4	14.9	14.8	−0.2	−0.2	0.3	0.2
种植全区	14.4	13.8	14.2	14.5	14.8	−0.6	−0.1	0.1	0.4

（6）红枣种植区开花期气温年代际变化呈上升趋势，与年代均值相比，20 世纪 70 年代偏低 0.6℃，80 年代偏高 0.1℃，90 年代偏高 0.3℃，21 世纪前 10 年持平。各种植县 20 世纪 70 年代开花期气温低于 40 年均值，其中柳林、清涧偏低明显，80、90 年代偏高，90 年代石楼偏高明显（表 2.9）。

表 2.9　红枣种植全区及各县开花期气温年代际变化情况（单位：℃）

地区	40 年平均	开花期气温				距平			
		1971—1980	1981—1990	1991—2000	2001—2010	1971—1980	1981—1990	1991—2000	2001—2010
临县	21.1	20.4	20.9	21.3	20.9	−0.7	−0.2	0.2	0.2
兴县	21.2	21.0	21.6	21.9	21.4	−0.2	0.4	0.7	0.2
柳林	23.3	22.5	22.9	23.0	22.9	−0.8	−0.4	−0.3	−0.4
石楼	21.1	20.5	21.2	21.9	21.2	−0.6	0.1	0.8	0.1
府谷	21.6	21.6	22.1	22.2	21.9	0.0	0.5	0.6	0.3
佳县	22.9	22.2	23.0	22.9	22.8	−0.7	0.1	0.0	−0.1
清涧	21.9	21.1	21.9	22.0	21.7	−0.8	0.0	0.1	−0.2
神木	21.4	20.9	21.9	22.4	21.6	−0.5	0.5	1.0	0.2
绥德	22.3	21.6	22.4	22.5	22.2	−0.7	0.1	0.2	−0.1
吴堡	23.6	23.5	24.1	24.0	23.8	−0.1	0.5	0.4	0.2
延川	23.0	21.9	22.8	22.8	22.7	−1.1	−0.2	−0.2	−0.3
延长	22.0	21.1	22.1	21.8	21.7	−0.9	0.1	−0.2	−0.3
种植全区	22.1	21.5	22.2	22.4	22.1	−0.6	0.1	0.3	0.0

（7）红枣种植区幼果期气温年代际变化呈上升趋势，与年代均值相比，20 世纪 70、80 年代分别偏低 0.3℃、0.4℃，80 年代偏低较多；90 年代和 21 世纪前 10 年气温偏高 0.5℃、0.2℃，90 年代偏高较多。各种植县 20 世纪 70、80 年代幼果期气温低于 40 年均值，70 年代石楼、吴堡偏低明显，80 年代神木偏低明显；90 年代和 21 世纪前 10 年偏高，90 年代延川、吴堡、延长偏高明显，21 世纪前 10 年神木偏高明显（表 2.10）。

表 2.10　红枣种植全区及各县幼果期气温年代际变化情况（单位：℃）

地区	40 年平均	幼果期气温				距平			
		1971—1980	1981—1990	1991—2000	2001—2010	1971—1980	1981—1990	1991—2000	2001—2010
临县	21.5	21.4	21.2	21.9	21.7	−0.1	−0.3	0.4	0.2
兴县	22.0	21.6	21.3	22.4	22.5	−0.4	−0.7	0.4	0.5
柳林	23.4	23.0	23.2	23.9	23.4	−0.4	−0.2	0.5	0.0
石楼	21.8	21.1	21.3	22.3	22.2	−0.7	−0.5	0.5	0.4
府谷	22.5	22.3	22.1	22.9	22.8	−0.2	−0.4	0.4	0.3
佳县	23.4	23.2	23.1	23.8	23.4	−0.2	−0.3	0.4	0.0
清涧	22.4	22.2	22.0	22.9	22.6	−0.2	−0.4	0.5	0.2

续表

地区	40 年平均	幼果期气温				距平			
		1971—1980	1981—1990	1991—2000	2001—2010	1971—1980	1981—1990	1991—2000	2001—2010
神木	22.3	22.1	21.3	22.7	23.2	−0.2	−1.0	0.4	0.9
绥德	22.7	22.5	22.3	23.2	22.9	−0.2	−0.4	0.5	0.2
吴堡	24.3	23.7	24.2	24.9	24.4	−0.6	−0.1	0.6	0.1
延川	23.4	23.4	22.9	24.0	23.5	0.0	−0.5	0.6	0.1
延长	22.6	22.5	22.2	23.2	22.6	−0.1	−0.4	0.6	0.0
种植全区	22.7	22.4	22.3	23.2	22.9	−0.3	−0.4	0.5	0.2

(8)红枣种植区脆熟—采收期气温年代际变化呈上升趋势,与年代均值相比,20 世纪 70、90 年代分别偏低 0.2℃、0.1℃,80 年代和 21 世纪前 10 年气温偏高 0.2℃。各种植县 20 世纪 70 年代、90 年代大部分低于 40 年均值,70 年代兴县、石楼和神木偏低明显,80 年代和 21 世纪前 10 年大部分偏高,其中 80 年代吴堡偏高明显,21 世纪前 10 年兴县和神木偏高明显(表 2.11)。

表 2.11　红枣种植全区及各县脆熟—采收期气温年代际变化情况(单位:℃)

地区	40 年平均	脆熟—采收期气温				距平			
		1971—1980	1981—1990	1991—2000	2001—2010	1971—1980	1981—1990	1991—2000	2001—2010
临县	14.3	14.0	14.6	14.1	14.5	−0.3	0.3	−0.2	0.2
兴县	14.1	13.6	14.2	14.0	14.8	−0.5	0.1	−0.1	0.7
柳林	15.6	15.6	16.0	15.4	15.6	0.0	0.4	−0.2	0.0
石楼	14.6	14.1	14.8	14.6	15.1	−0.5	0.2	0.0	0.5
府谷	14.8	14.4	15.1	14.6	15.2	−0.4	0.3	−0.2	0.4
佳县	15.4	15.3	15.8	15.3	15.3	−0.1	0.4	−0.1	−0.1
清涧	14.4	14.4	14.6	14.2	14.5	0.0	0.2	−0.2	0.1
神木	14.2	13.7	13.8	14.1	15.2	−0.5	−0.4	−0.1	1.0
绥德	14.9	14.7	15.1	14.8	14.9	−0.2	0.2	−0.1	0.0
吴堡	16.4	16.0	17.0	16.4	16.3	−0.4	0.6	0.0	−0.1
延川	15.3	15.4	15.4	15.2	15.4	0.1	0.1	−0.1	0.1
延长	14.8	14.7	14.8	14.7	14.8	−0.1	0.0	−0.1	0.0
种植全区	14.9	14.7	15.1	14.8	15.1	−0.2	0.2	−0.1	0.2

(9)红枣种植区落叶期气温年代际变化呈上升趋势,与年代均值相比,20 世纪 70 年代偏高 0.1℃,80、90 年代分别偏低 0.1℃、0.3℃,21 世纪前 10 年气温偏高 0.4℃。各种植县 20 世纪 90 年代落叶期气温均低于 40 年均值,柳林偏低明显,21 世纪前 10 年高于 40 年均值,神木偏高明显(表 2.12)。

表 2.12　红枣种植全区及各县落叶期气温年代际变化情况（单位：℃）

地区	40 年平均	落叶期气温				距平			
		1971—1980	1981—1990	1991—2000	2001—2010	1971—1980	1981—1990	1991—2000	2001—2010
临县	8.6	8.7	8.5	8.3	9.1	0.1	−0.1	−0.3	0.5
兴县	8.2	8.0	8.0	7.9	9.0	−0.2	−0.2	−0.3	0.8
柳林	9.9	10.7	9.8	9.4	10.0	0.8	−0.1	−0.5	0.1
石楼	9.3	9.1	9.0	9.0	10.0	−0.2	−0.3	−0.3	0.7
府谷	8.7	8.7	8.7	8.3	9.1	0.0	0.0	−0.4	0.4
佳县	9.3	9.4	9.4	9.2	9.5	0.1	0.1	−0.1	0.2
清涧	8.7	8.7	8.7	8.4	8.9	0.0	0.0	−0.3	0.2
神木	8.0	7.7	7.5	7.7	8.9	−0.3	−0.5	−0.3	0.9
绥德	9.0	9.0	9.0	8.8	9.3	0.0	0.0	−0.2	0.3
吴堡	10.5	10.4	10.6	10.4	10.6	−0.1	0.1	−0.1	0.1
延川	9.5	9.7	9.4	9.2	9.9	0.2	−0.1	−0.3	0.4
延长	9.2	9.3	9.2	8.8	9.4	0.1	0.0	−0.4	0.2
种植全区	9.1	9.1	9.0	8.8	9.5	0.1	−0.1	−0.3	0.4

（10）红枣种植区休眠期气温年代际变化呈上升趋势，与年代均值相比，20 世纪 70、80 年代偏低 0.5℃，90 年代和 21 世纪前 10 年气温偏高 0.3℃、0.4℃。各种植县 20 世纪 70、80 年代气温偏低，神木偏低明显；90 年代和 21 世纪前 10 年偏高，兴县、神木偏高明显（表 2.13）。

表 2.13　红枣种植全区及各县休眠期气温年代际变化情况（单位：℃）

地区	40 年平均	休眠期气温				距平			
		1971—1980	1981—1990	1991—2000	2001—2010	1971—1980	1981—1990	1991—2000	2001—2010
临县	−1.9	−2.4	−2.4	−1.4	−1.5	−0.5	−0.5	0.5	0.4
兴县	−2.8	−3.5	−3.5	−2.2	−2.1	−0.6	−0.7	0.6	0.7
柳林	−0.8	−1.2	−1.1	−0.4	−0.4	−0.5	−0.4	0.3	0.3
石楼	−1.1	−1.8	−1.6	−0.6	−0.4	−0.7	−0.5	0.5	0.7
府谷	−2.5	−2.8	−3.0	−2.0	−2.2	−0.3	−0.5	0.5	0.3
佳县	−1.7	−2.0	−2.1	−1.3	−1.4	−0.3	−0.4	0.4	0.3
清涧	−1.4	−1.7	−1.8	−1.2	−1.1	−0.3	−0.3	0.3	0.3
神木	−3.1	−3.9	−3.9	−2.6	−2.1	−0.8	−0.8	0.5	1.0
绥德	−1.6	−2.0	−2.1	−1.2	−1.2	−0.4	−0.5	0.4	0.4
吴堡	−0.3	−0.9	−0.5	0.0	0.0	−0.5	−0.2	0.4	0.3
延川	−0.6	−0.9	−1.0	−0.4	−0.2	−0.2	−0.4	0.1	0.5
延长	−0.6	−0.9	−1.0	−0.4	−0.2	−0.2	−0.4	0.2	0.5
种植全区	−1.5	−2.0	−2.0	−1.2	−1.1	−0.5	−0.5	0.3	0.4

2.1.2.3　积温年际变化特征

黄河沿岸红枣种植区积温年际变化呈上升趋势,负积温呈下降趋势,其中,≥5℃积温增温幅度最大,其次为≥0℃、≥10℃积温。黄河西岸陕西枣区积温好于东岸山西枣区,黄河东岸山西枣区增温幅度相对高于黄河西岸陕西枣区。各种植县中,神木积温增温趋势最为明显,负积温减少趋势最明显(表 2.14,图 2.4)。

表 2.14　红枣种植全区及各县积温气候倾向率(单位:℃·d/10a)

地区	≥0℃积温	≥5℃积温	≥10℃积温	负积温
临县	57.931**	44.895*	56.109	−34.283*
兴县	96.888***	84.621***	102.75***	−59.311***
柳林	44.341	47.605	19.937	−19.624
石楼	110.62***	106.41***	97.935**	−40.951**
府谷	59.762**	66.282**	48.767	−26.324
佳县	35.53	38.889	19.568	−21.057
清涧	41.828*	41.597	25.303	−19.538
神木	119.71***	122.5***	105.73***	−76.567***
绥德	57.626**	49.977*	39.183	−27.782*
吴堡	72.81**	98.85***	41.821	−25.848
延川	34.509	44.874*	−6.02	−21.839
延长	26.76	27.276	3.339	−14.326
种植全区	64.557***	66.235***	48.023*	−33.759*

注:***为通过0.001显著性检验,**为通过0.01显著性检验,*为通过0.05显著性检验。

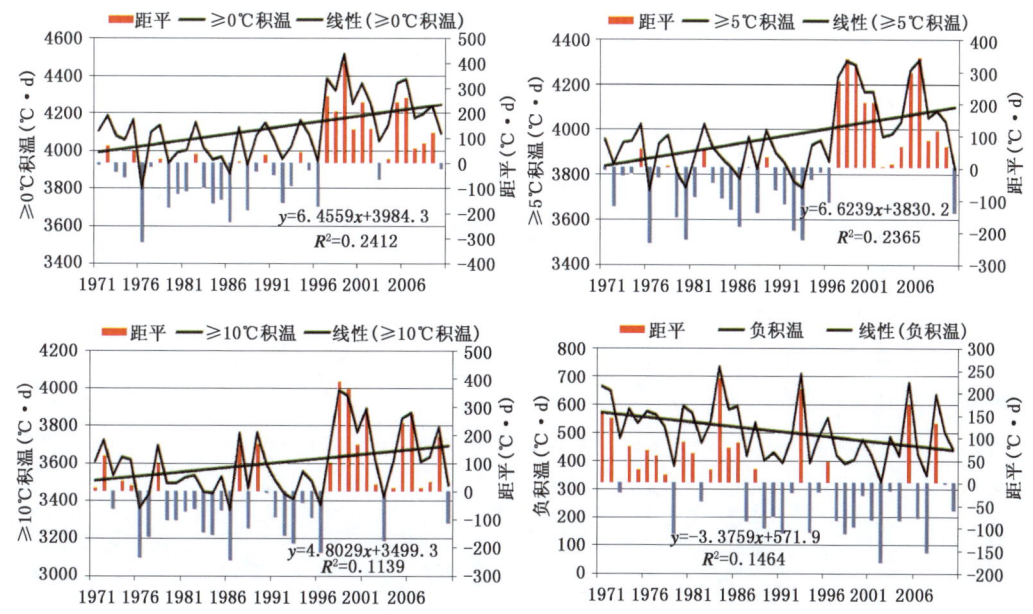

图 2.4　红枣种植区积温年际变化趋势及距平分布

(1)红枣种植区≥0℃积温呈上升趋势,气候倾向率为64.557℃·d/10a,其中东岸红枣种植县的上升趋势较西岸更为明显。各种植县呈上升趋势,气候倾向率26.760~119.710℃·d/10a,神木气候倾向率最大,增温幅度最大,延长最小。

(2)红枣种植区≥5℃积温呈上升趋势,气候倾向率为66.235℃·d/10a,东岸红枣种植县的上升趋势较西岸更为明显。各种植县呈上升趋势,气候倾向率27.28~122.5℃·d/10a,神木增温幅度最大,延长最小。

(3)红枣种植区≥10℃积温呈上升趋势,气候倾向率为48.023℃·d/10a,东岸红枣种植县的上升趋势较西岸更为明显。各种植县除延川呈下降趋势外,其余均呈上升趋势,气候倾向率3.339~105.73℃·d/10a,神木增温幅度最大,延长最小。

(4)红枣种植区负积温呈下降趋势,气候倾向率为-33.759℃·d/10a,东岸红枣种植县的下降趋势较西岸更为明显。各种植县负积温呈下降趋势,气候倾向率-76.567~-14.326℃·d/10a,神木降温幅度最大,延长最小。

2.1.2.4　积温年代际变化特征

(1)红枣种植区≥0℃积温年代际变化呈上升趋势,与年代均值相比,20世纪70年代、80年代偏低59.5℃·d、95.4℃·d,90年代和21世纪前10年积温分别偏高50.3℃·d、102.8℃·d,其中21世纪前10年偏高幅度最大。20世纪70年代,各种植县除延川、延长高于40年均值外,其余各县均低于均值,吴堡偏低明显;80年代各种植县均偏低,神木、延川偏低最明显。20世纪90年代、21世纪前10年各种植县≥0℃积温均高于40年均值,20世纪90年代吴堡偏高明显,21世纪前10年神木、石楼偏高明显(表2.15)。

表2.15　红枣种植全区及各县≥0℃积温年代际变化情况(单位:℃·d)

地区	40年平均	≥0℃积温				距平			
		1971—1980	1981—1990	1991—2000	2001—2010	1971—1980	1981—1990	1991—2000	2001—2010
临县	3864.6	3820.2	3779.2	3881.1	3977.8	-44.4	-85.3	16.5	113.2
兴县	3896.7	3792.2	3776.6	3951.5	4066.4	-104.5	-120.1	54.9	169.7
柳林	4317.1	4263.8	4263.4	4359.7	4360.3	-53.3	-53.7	42.6	43.1
石楼	3983.5	3860.8	3863.5	4040.3	4169.4	-122.7	-120.0	56.8	185.9
府谷	4018.9	3948.6	3944.9	4062.9	4119.4	-70.3	-74.1	44.0	100.4
佳县	4241.4	4211.9	4171.8	4292.3	4289.5	-29.4	-69.6	50.9	48.2
清涧	4042.8	4015.5	3958.0	4087.0	4110.7	-27.3	-84.8	44.2	67.9
神木	3933.2	3833.0	3748.7	3988.2	4162.9	-100.2	-184.5	55.0	229.7
绥德	4124.6	4071.4	4025.3	4185.6	4215.9	-53.2	-99.3	61.1	91.4
吴堡	4546.4	4417.7	4527.6	4624.0	4616.2	-128.7	-18.7	77.6	69.8
延川	4301.7	4317.1	4173.8	4339.7	4376.2	15.4	-127.9	38.0	74.5
延长	4150.2	4155.0	4043.5	4212.3	4190.2	4.8	-106.8	62.1	39.9
种植全区	4118.4	4058.9	4023.0	4168.7	4221.2	-59.5	-95.4	50.3	102.8

（2）红枣种植区≥5℃积温年代际变化呈上升趋势,与年代均值相比,20 世纪 70、80 年代偏低 73.2℃·d、70.4℃·d,90 年代和 21 世纪前 10 年积温分别偏高 40.1℃·d、101.1℃·d,21 世纪前 10 年偏高幅度最大。20 世纪 70 年代各种植县中除延川偏高外,其余均偏低,吴堡偏低最明显;80 年代各种植县均低于 40 年均值,神木偏低最明显;90 年代各种植县均偏高,兴县偏高明显;21 世纪前 10 年各种植县均偏高,神木偏高明显(表 2.16)。

表 2.16　红枣种植全区及各县≥5℃积温年代际变化情况(单位:℃·d)

地区	40 年平均	≥5℃积温				距平			
		1971—1980	1981—1990	1991—2000	2001—2010	1971—1980	1981—1990	1991—2000	2001—2010
临县	3696.3	3647.9	3654.7	3714.2	3768.5	−48.5	−41.6	17.9	72.1
兴县	3732.8	3620.9	3655.8	3804.9	3849.5	−111.8	−77.0	72.1	116.7
柳林	4172.1	4098.9	4131.9	4198.9	4229.5	−73.2	−40.2	26.8	57.4
石楼	3808.3	3678.6	3731.6	3834.3	3988.6	−129.7	−76.7	26.1	180.3
府谷	3862.8	3764.7	3815.1	3916.9	3954.5	−98.2	−47.7	54.1	91.7
佳县	4094.8	4041.7	4070.1	4121.3	4146.2	−53.1	−24.7	26.5	51.4
清涧	3900.9	3863.4	3839.6	3930.6	3970.1	−37.5	−61.3	29.6	69.2
神木	3785.3	3673.4	3613.6	3849.8	4004.3	−111.9	−171.7	64.5	219.0
绥德	3978.9	3919.1	3922.1	4021.1	4053.2	−59.8	−56.8	42.2	74.3
吴堡	4406.5	4244.7	4384.2	4472.3	4524.9	−161.8	−22.3	65.8	118.3
延川	4172.0	4180.4	4040.9	4187.2	4279.5	8.4	−131.1	15.2	107.5
延长	4006.7	4005.5	3913.2	4046.6	4061.6	−1.2	−93.5	39.9	54.9
种植全区	3968.1	3894.9	3897.7	4008.2	4069.2	−73.2	−70.4	40.1	101.1

（3）红枣种植区≥10℃积温年代际变化呈上升趋势,与年代均值相比,20 世纪 70、80 年代分别偏低 32.4℃·d、56.3℃·d,90 年代和 21 世纪前 10 年积温分别偏高 23.2℃·d、79.6℃·d,21 世纪前 10 年偏高幅度相对较大。20 世纪 70 年代各种植县除清涧、延川、延长偏高外,其余均偏低,吴堡偏低最明显;80 年代除柳林、吴堡偏高外,其余种植县均偏低,神木偏低最明显;90 年代除临县、石楼外均偏高,吴堡偏高明显;21 世纪前 10 年除吴堡、延长偏低外其余种植县均偏高,神木偏高明显(表 2.17)。

表 2.17　红枣种植全区及各县≥10℃积温年代际变化情况(单位:℃·d)

地区	40 年平均	≥10℃积温				距平			
		1971—1980	1981—1990	1991—2000	2001—2010	1971—1980	1981—1990	1991—2000	2001—2010
临县	3293.7	3237.6	3267.6	3267.0	3402.8	−56.2	−26.1	−26.7	109.1
兴县	3348.8	3231.6	3272.1	3370.0	3521.5	−117.2	−76.7	21.2	172.7
柳林	3778.8	3778.3	3829.1	3844.9	3833.1	−0.5	7.8	66.2	54.3
石楼	3388.1	3307.8	3302.5	3381.5	3560.6	−80.3	−85.6	−6.6	172.5
府谷	3505.6	3459.2	3450.1	3514.2	3598.9	−46.4	−55.5	8.6	93.3

地区	40年平均	≥10℃积温				距平			
		1971—1980	1981—1990	1991—2000	2001—2010	1971—1980	1981—1990	1991—2000	2001—2010
佳县	3762.5	3750.0	3715.7	3791.5	3792.7	−12.5	−46.8	29.0	30.2
清涧	3491.5	3517.0	3420.1	3495.9	3532.9	25.6	−71.4	4.4	41.5
神木	3428.7	3358.5	3274.1	3431.6	3650.5	−70.2	−154.6	2.9	221.8
绥德	3598.2	3578.7	3521.3	3620.0	3673.0	−19.6	−76.9	21.8	74.7
吴堡	4077.3	3947.8	4143.8	4154.5	4063.0	−129.5	66.5	77.2	−14.3
延川	3821.5	3892.6	3723.6	3845.5	3824.9	71.0	−98.3	23.9	3.4
延长	3650.9	3698.5	3550.7	3707.5	3646.8	47.6	−100.2	56.6	−4.1
种植全区	3595.5	3563.1	3539.2	3618.7	3675.1	−32.4	−56.3	23.2	79.6

(4)红枣种植区负积温年代际变化呈下降趋势,与年代均值相比,20世纪70、80年代分别偏多46.8℃·d、22.7℃·d,90年代和21世纪前10年积温分别偏少33.1℃·d、35.2℃·d,90年代偏少明显。20世纪70年代各种植县负积温高于40年均值,神木偏高明显;80年代除吴堡外其余种植县均偏高,神木偏高明显;90年代和21世纪前10年各种植县负积温均低于40年均值,90年代兴县偏低明显,21世纪前10年神木偏低明显(表2.18)。

表 2.18　红枣种植全区及各县负积温年代际变化情况(单位:℃·d)

地区	40年平均	负积温				距平			
		1971—1980	1981—1990	1991—2000	2001—2010	1971—1980	1981—1990	1991—2000	2001—2010
临县	542.5	596.2	565.8	496.8	511.1	53.7	23.3	−45.7	−31.4
兴县	644.2	716.5	701.3	589.4	569.7	72.3	57.1	−54.8	−74.5
柳林	424.7	460.9	437.5	403.4	411.4	36.3	12.8	−21.3	−13.3
石楼	465.9	529.1	490.3	421.8	422.3	63.3	24.4	−44.0	−43.6
府谷	609.0	639.6	635.5	573.5	587.4	30.6	26.5	−35.5	−21.6
佳县	523.0	554.7	537.4	492.6	507.2	31.7	14.4	−30.4	−15.8
清涧	464.1	495.5	476.2	441.2	443.6	31.3	12.1	−22.9	−20.6
神木	666.2	762.1	726.2	620.6	556.0	95.9	60.0	−45.6	−110.2
绥德	501.6	543.2	522.5	467.2	473.6	41.5	20.9	−34.4	−28.0
吴堡	390.4	442.8	382.5	359.4	376.8	52.4	−7.9	−31.0	−13.6
延川	396.8	426.5	413.1	384.0	363.6	29.7	16.4	−12.8	−33.2
延长	387.3	410.4	400.1	368.3	370.5	23.1	12.7	−19.0	−16.8
种植全区	501.3	548.1	524.0	468.2	466.1	46.8	22.7	−33.1	−35.2

2.1.3　热量资源变化周期特征

2.1.3.1　气温变化周期特征

红枣种植区年平均气温序列主要存在 31 a、10 a、4 a 和 2 a 左右的振荡周期。31 a 的振荡周期从 70 年代一直持续到 2010 年非常明显,具有全域性,存在"暖—冷—暖"交替的 3 个循环,即大约每 15 年出现一次更替,31 a 振荡周期闭合中心数值较大能量最大,为近 40 年的主周期。10 a 振荡周期有明显冷暖交替特征,气温经历了"冷—暖"8 个循环交替;20 世纪 80 年代以后等值线较之前密集气温的变化剧烈。2 a,4 a 振荡周期波数多,频率高,分布复杂,冷暖交替频繁。年平均气温小波方差图存在 3 个明显的峰值,31 a 对应第一主周期;10 a、4 a 分别对应第二、第三主周期(图 2.5)。

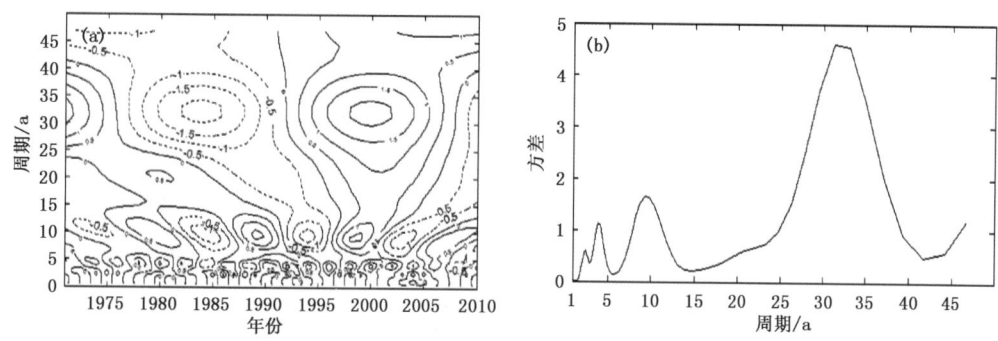

图 2.5　红枣种植区年平均气温变化小波变换系数图(a)、小波方差(b)

生长期平均气温序列主要存在 32 a、9 a、4 a、2 a 左右的振荡周期。32 a 的振荡周期变化具有全域性,存在"暖—冷—暖"交替的 3 个循环。9 a 振荡周期从 80 年代中期开始比较明显,周期振荡比较明显。4 a 振荡周期 70 年代到 80 年代中期以及 90 年代较为明显,2 a 振荡周期从 80 年代中期以后开始比较明显,且 4 a、2 a 振荡周期波数多、频率高,分布复杂。小波方差图存在 3 个明显的峰值,32 a、9 a、4 a 分别为第一、二、三主周期(图 2.6)。

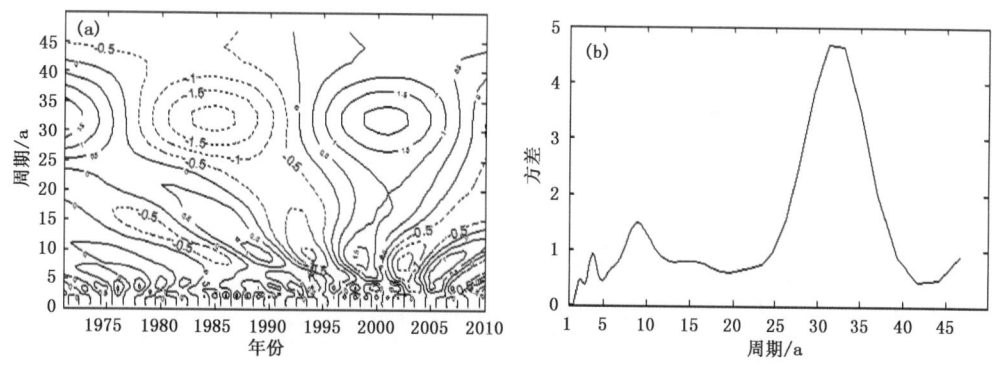

图 2.6　红枣种植区生长期平均气温变化小波变换系数(a)、小波方差(b)

年极端最高气温序列存在 32 a、20 a、5~8 a、3 a 左右的振荡周期。20~32 a 的周期振荡变化具有全域性,存在"暖—冷"交替的 4 个循环。5~8 a 周期振荡 80 年代中期以后表现较为明显,经历了"暖—冷"5 个循环。3 a 振荡周期具有全域性,80 年代开始表现明显。小波方差图显示 3 a 为第一主周期;5~8 a、32 a 为第二、三主周期(图 2.7)。

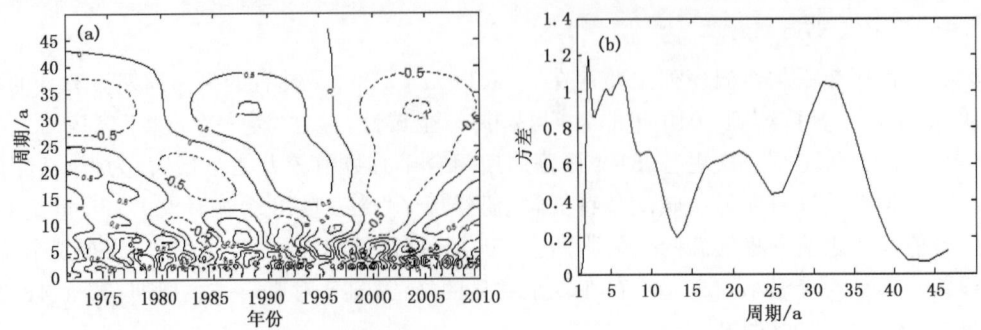

图 2.7　红枣种植区年极端最高气温小波变换系数(a)、小波方差(b)

年极端最低气温序列存在 32 a、5~7 a、3 a 左右的振荡周期。32 a 的周期振荡变化具有全域性,经历了"暖—冷"交替的 3 个循环。5~7 a 周期振荡 2000 年以后等值线较为密集,极端最低气温变化剧烈。3 a 周期振荡 80 年代开始表现明显,且分布较为复杂。小波方差图存在 3 个较为明显的峰值,依次对应 32 a、5~7 a、3 a 的时间尺度,分别为第一、二、三主周期(图 2.8)。

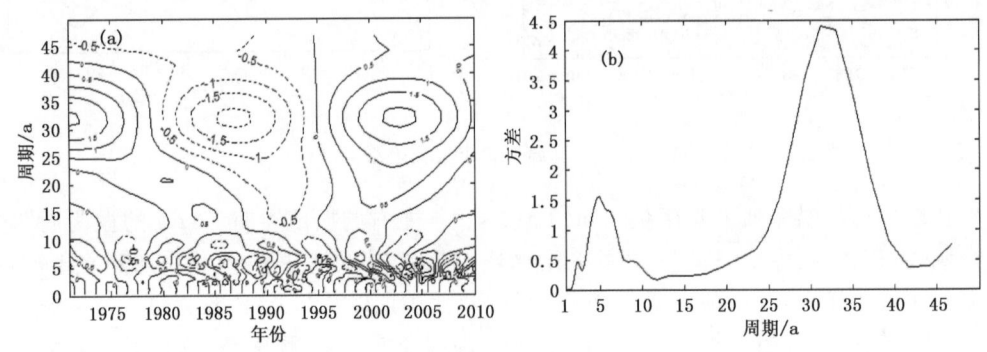

图 2.8　红枣种植区年极端最低气温小波变换系数(a)、小波方差(b)

萌芽期气温序列存在 33 a、16 a、5 a、3 a 左右的振荡周期。33 a 的周期振荡变化具有全域性,经历了"暖—冷"交替的 3 个循环。16 a 周期振荡经历了"暖—冷"交替的 6 个循环。5 a、3 a 周期振荡 80 年代中后期开始表现明显。小波方差图存在 3 个明显的峰值,依次对应 16 a、33 a、5 a,分别为第一、二、三主周期(图 2.9)。

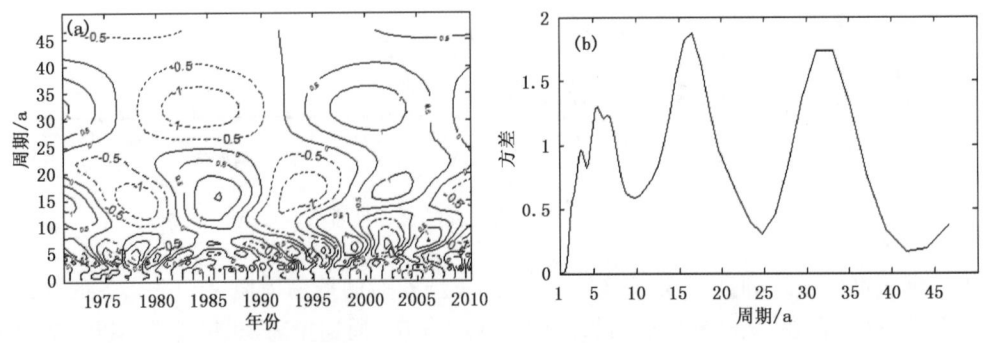

图 2.9　红枣种植区萌芽期气温小波变换系数(a)、小波方差(b)

开花期气温序列存在 32 a、21 a、6 a、2~4 a 左右的振荡周期。32 a 的周期振荡变化具有全域性,经历了"暖—冷"交替的 3 个循环。21 a 周期振荡经历了"暖—冷"交替的 4 个循环。6 a 周期振荡 90 年代中后期开始表现明显。2~4 a 周期时序上分布较为复杂。小波方差图存在 3 个明显峰值,依次对应 32 a、21 a、6 a 分别为第一、二、三主周期(图 2.10)。

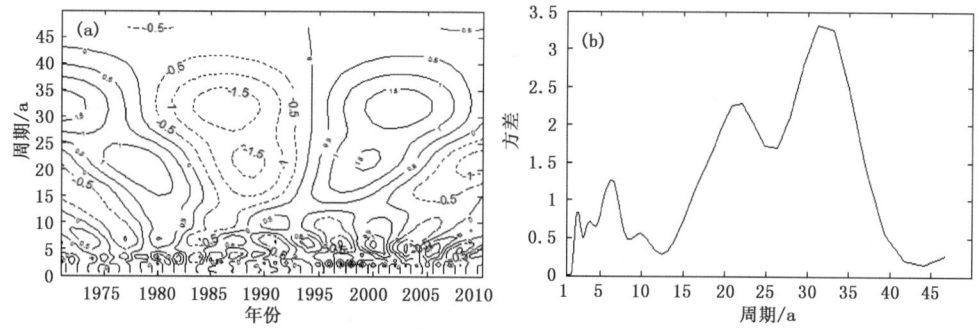

图 2.10　红枣种植区开花期气温小波变换系数(a)、小波方差(b)

幼果期气温序列存在 31 a、9 a、2~4 a 左右的振荡周期。31 a 的周期振荡变化具有全域性,经历了"暖—冷"交替的 4 个循环。9 a 周期振荡 80 年代后期和 90 年代等值线较为密集,气温变化剧烈,经历了"暖—冷"交替的 9 个循环。2~4 a 周期振荡 80 年代、90 年代表现明显。小波方差图存在 3 个较为明显的峰值,依次对应 31 a、9 a、2~4 a 的时间尺度,分别为第一、二、三主周期(图 2.11)。

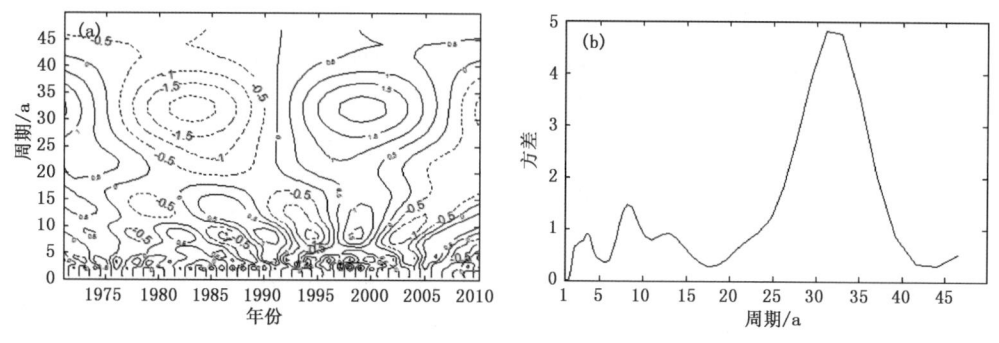

图 2.11　红枣种植区幼果期气温小波变换系数(a)、小波方差(b)

脆熟—采收期气温序列主要存在 10 a、6 a、3 a 左右的振荡周期。10 a 的周期振荡变化具有全域性,经历了"冷—暖"交替的 8 个循环。6 a、3 a 左右周期振荡时序上冷暖交替频繁,80 年代和 90 年代等值线较为密集,气温变化剧烈。小波方差图存在 3 个明显峰值,依次对应 10 a、3 a、6 a 时间尺度,分别为第一、二、三主周期(图 2.12)。

落叶期气温序列存在 10 a、6 a、2~4 a 左右的振荡周期。10 a 的周期振荡变化具有全域性,经历了"冷—暖"交替的 8 个循环。6 a 周期振荡 80 年代和 90 年代等值线较为密集,气温变化剧烈。2~4 a 周期振荡 70 年代后期开始表现明显且分布复杂。小波方差图存在 3 个较为明显的峰值,依次对应 6 a、10 a、2~4 a 的时间尺度,分别为第一、二、三主周期(图 2.13)。

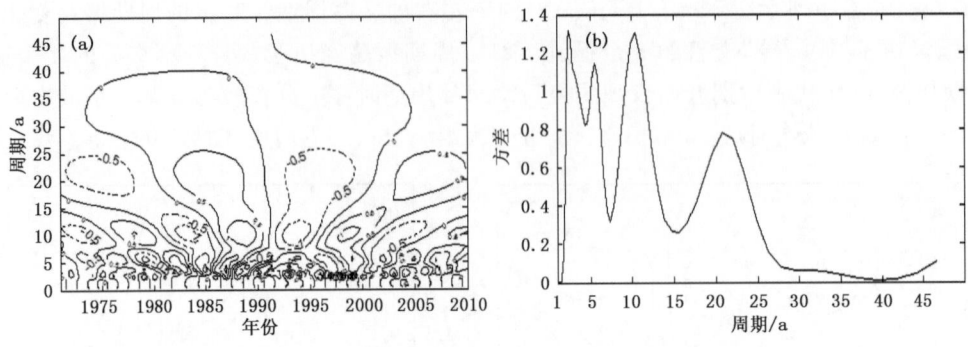

图 2.12　红枣种植区脆熟—采收期气温小波变换系数(a)、小波方差(b)

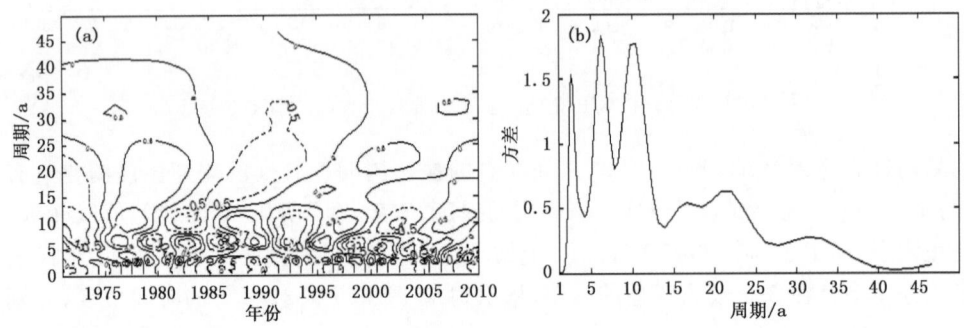

图 2.13　红枣种植区落叶期气温小波变换系数(a)、小波方差(b)

休眠期气温序列存在 32 a、10 a、2～4 a 左右的振荡周期。32 a 的周期振荡变化具有全域性,经历了"暖—冷"交替的 4 个循环。10 a 周期振荡 80 年代中后期和 90 年代等值线较为密集,气温变化剧烈,经历了"冷—暖"交替的 8 个循环。2～4 a 周期振荡 90 年代中厚期表现明显。小波方差图存在 3 个明显的峰值,依次对应 32 a、10 a、2～4 a 时间尺度,分别为第一、二、三主周期(图 2.14)。

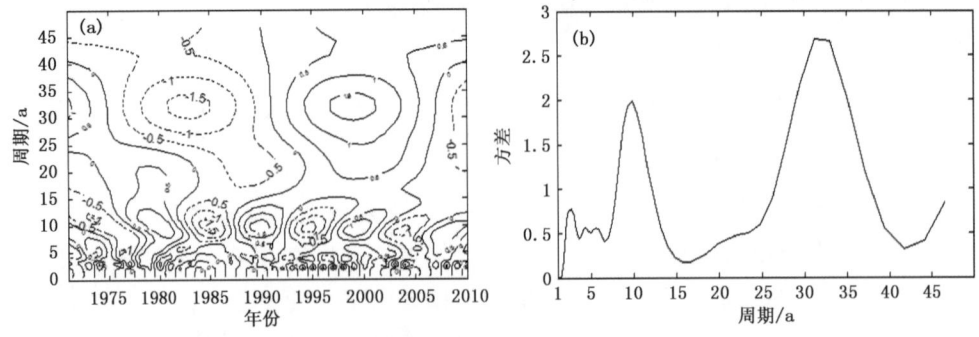

图 2.14　红枣种植区休眠期气温小波变换系数(a)、小波方差(b)

2.1.3.2　积温变化周期特征

红枣种植区≥0℃积温序列存在 33 a、9 a、2～4 a 左右的振荡周期。33 a 的振荡周期具有全域性,存在"暖—冷"交替的 3 个循环。9 a 振荡周期经历了"冷—暖"8 个循环交替,20 世纪 90 年代以后等值线较之前密集积温变化剧烈。2～4 a 振荡周期波数多、频率高,分布复杂,冷暖交替频繁。小波方差图存在 3 个明显峰值,依次对应 33 a、9 a、2～4 a 的时间尺度,分别为第一、二、三主周期(图 2.15)。

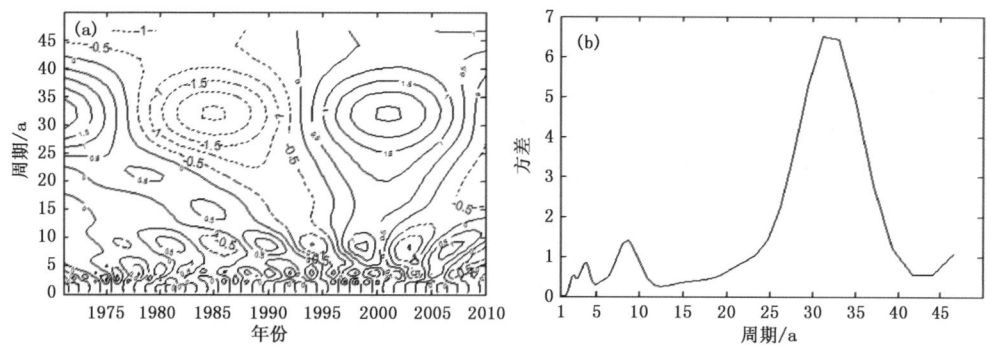

图 2.15　红枣种植区≥0℃积温小波变换系数(a)、小波方差(b)

≥5℃积温序列主要存在 33 a、9 a、4 a 左右的振荡周期。33 a 的振荡周期变化非常明显,具有全域性,存在"暖—冷"交替的 3 个循环。9 a 振荡周期从 80 年代开始较为明显,经历了"冷—暖"8 个循环交替,90 年代以后等值线较之前密集积温变化剧烈。4 a 振荡周期波数多、频率高,冷暖交替频繁。小波方差图存在 3 个较为明显的峰值,依次对应 33 a、9 a、4 a 的时间尺度,分别为第一、二、三主周期(图 2.16)。

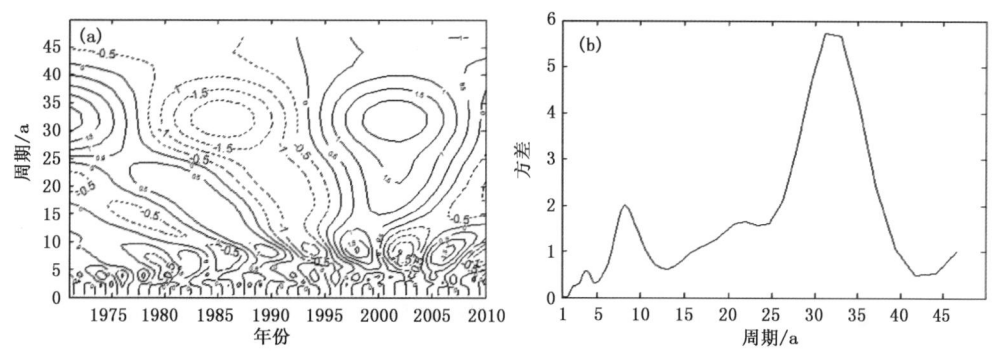

图 2.16　红枣种植区≥5℃积温小波变换系数(a)、小波方差(b)

≥10℃积温序列主要存在 31 a、9 a、3 a 左右的振荡周期。31 a 的振荡周期变化非常明显,具有全域性,存在"暖—冷"交替的 3 个循环。9 a 振荡周期经历了"暖—冷"9 个循环交替,80 年代以后等值线较之前密集,积温变化剧烈。4 a 振荡周期波数多、频率高,冷暖交替频繁。小波方差图存在 3 个较为明显的峰值,依次对应 31 a、9 a、4 a 的时间尺度,分别为第一、二、三主周期(图 2.17)。

负积温序列主要存在 32 a、11 a 、4 a 左右的振荡周期。32 a 的周期振荡变化具有全域性,经历了"暖—冷"交替的 3 个循环。11 a 周期振荡 80 年代中后期和 90 年代等值线较为密集变化剧烈,经历了"暖—冷"交替的 7 个循环。4 a 周期振荡分布较为复杂,冷暖交替频繁。小波方差图存在 3 个较为明显的峰值,依次对应 11 a、32 a、4 a 的时间尺度,分别为第一、二、三主周期(图 2.18)。

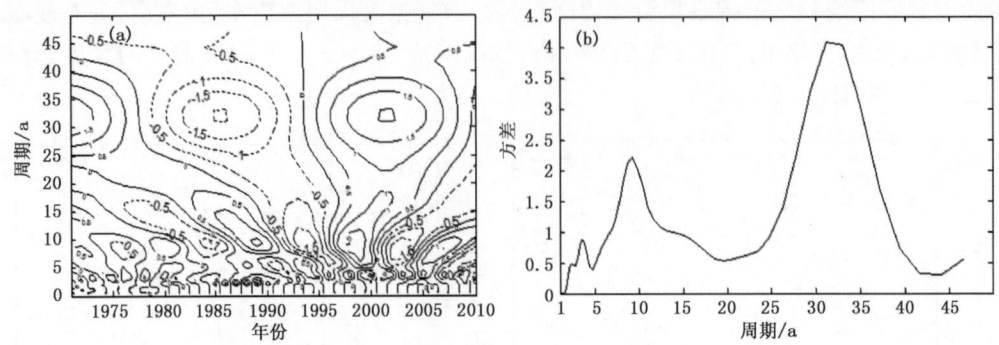

图 2.17　红枣种植区≥10℃积温小波变换系数(a)、小波方差(b)

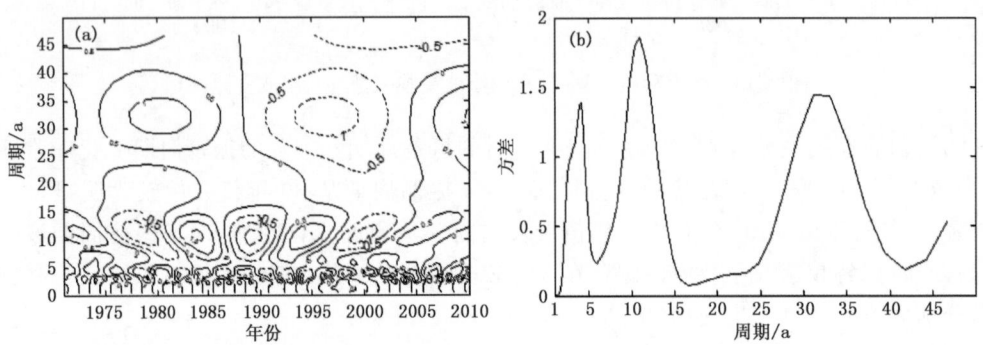

图 2.18　红枣种植区负积温小波变换系数(a)、小波方差(b)

2.1.4　热量资源突变特征

2.1.4.1　气温突变检验

利用 M-K 突变检验方法对红枣种植区年平均气温进行突变检验,结果发现年平均气温 1971—1983 年呈增加趋势,1984—1988 年呈减少趋势,1989—2010 年呈增加趋势,且在 1998 年后超过了信度线,年平均气温开始显著上升。UF 和 UB 曲线交于 1989 年,位于两条信度线以内,由此确定年平均气温 1989 年出现了从低到高的突变,1999 年以后这种增暖趋势均大大超过显著性水平 0.05 临界线。突变前(1971—1989 年)年平均气温多年均值为 9.6℃,突变后(1990—2010 年)为 10.3℃,突变后比突变前增加了 0.7℃(图 2.19)。

生长期平均气温在 20 世纪 90 年代初期开始呈上升趋势,2000 年以后 UF 曲线超出显著性水平 0.05 临界线,开始显著上升。UF 和 UB 曲线交于 1994 年,生长期平均气温 1994 年出现了从低到高的突变,2000 年以后这种增暖趋势均超过显著性水平 0.05 临界线。突变前(1971—1994 年)主产区生长期平均气温多年平均值为 17.9℃,突变后(1994—2010 年)为 18.6℃,突变后比突变前增加了 0.7℃(图 2.20)。

年极端最高气温在 1971—1975 年呈上升趋势,1976—1997 年呈下降趋势,1998—2010 年呈上升趋势,2006 年以后个别年份 UF 曲线超出显著性水平 0.05 临界线,极端最高气温显著上升。UF 和 UB 曲线交于 1998 年,年极端最高气温 1998 年出现了从低到高的突变。突变前

(1971—1998 年)极端最高气温多年均值为 36.2℃,突变后(1999—2010 年)为 37.7℃,突变后比突变前增加了 1.5℃(图 2.21)。

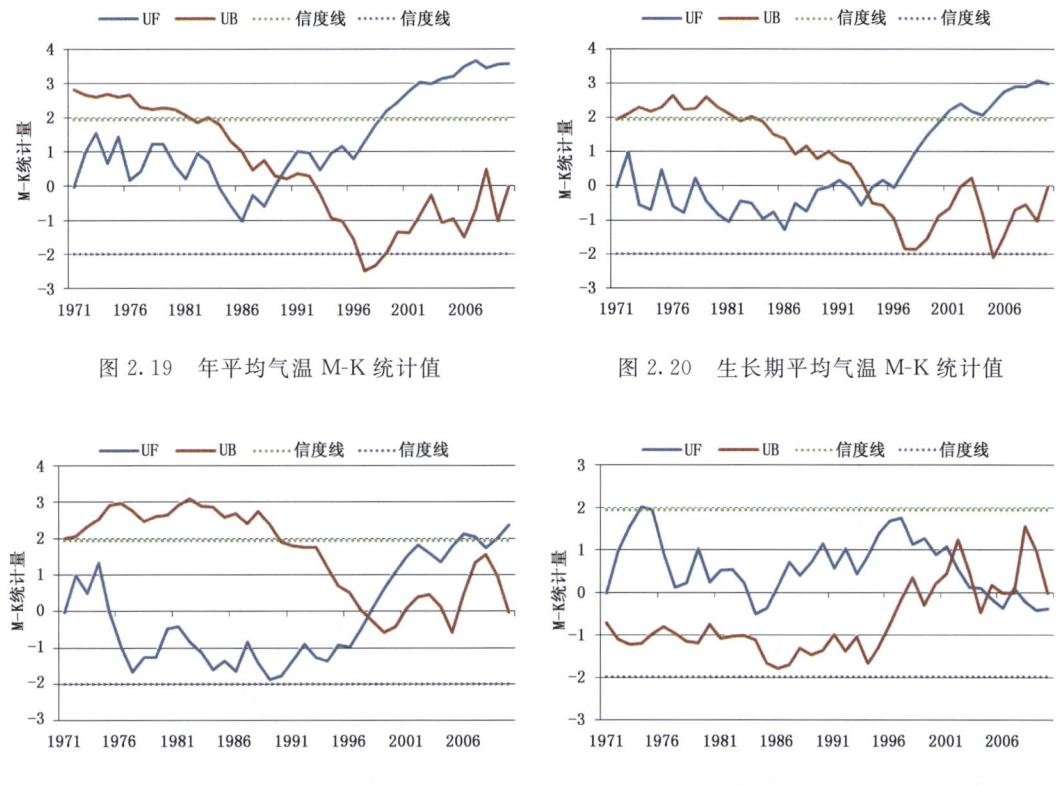

图 2.19　年平均气温 M-K 统计值　　　　　　图 2.20　生长期平均气温 M-K 统计值

图 2.21　年极端最高气温 M-K 统计值　　　　图 2.22　年极端最低气温 M-K 统计值

年极端最低气温 1971—1983 年、1986—2004 年呈上升趋势,1984—1985 年、2005—2006 年、2008—2010 年呈下降趋势,这些阶段变化均未达到显著性水平。UF 和 UB 曲线在信度线之间出现了多个交点,且波动较大,说明年极端最低气温突变并不明显,用滑动 t 检验方法进行进一步的判断,结果与 M-K 一致,年极端最低气温并未出现突变点(图 2.22,表 2.19)。

表 2.19　各时间尺度气温突变检验情况

热量资源	M-K 检验突变年	不同步长 t 检验结果				
		$n=5$	$n=7$	$n=10$	$n=13$	$n=15$
年极端最低气温	2002		0.20			
	2004					
	2005					
	2007					
负积温	1977	0.98	0.74			
	1980	−0.84	−0.42	0.69		
	1986	2.83*	1.90	1.72	2.75*	3.16**

热量资源	M-K检验突变年	不同步长 t 检验结果				
		$n=5$	$n=7$	$n=10$	$n=13$	$n=15$
萌芽期气温	1989	1.44	2.22*	−0.08	−0.42	−1.24
	1992	0.05	−0.60	−0.59	−1.61	−2.00
	1993	−0.98	−1.26	−1.04	−2.13*	−2.78**
开花期气温	1994	−0.84	−1.99	−2.17*	−2.57*	−2.30*
	1996	−1.53	−1.75	−2.41*	−2.84**	
幼果期气温	1990	−0.58	−1.11	−2.19*	−2.98**	−3.21**
	1993	−0.96	−1.84	−2.54*	−2.84**	−3.26**
落叶期气温	1986	−0.61	−0.38	0.12	−0.01	−0.53
	1991	0.61	0.06	−0.03	0.14	0.05
	1994	−2.57*	−1.66	−1.65	−1.46	−2.01
	2003	−0.10	−0.26			
	2004	−0.96				

注：＊＊表示极显著($p<0.01$)，＊表示显著($p<0.05$)，没有标志表示不显著。

萌芽期气温 1971—1975 年呈上升趋势，1976—1977 年下降趋势，1979—1984 年下降趋势，1985—2010 年上升趋势。UF 和 UB 曲线交于 1989、1992、1993 年，且位于两条信度线以内，2005 年以后 UF 曲线超过信度线，表明萌芽期气温显著增加。结合滑动 t 检验进行分析，结果表明 1993 年为距现在最近的突变点。突变前(1971—1993 年)萌芽期气温多年平均值为14.0℃，突变后(1994—2010 年)为 14.8℃，突变后比突变前增加了 0.8℃(图 2.23、表 2.19)。

开花期气温 1971—1976 年、1979—1983 年、1997—2010 年呈上升趋势，1977—1978 年、1984—1994 年呈下降趋势。UF 和 UB 曲线交于 1972、1994、1996 年，且均位于两条信度线以内。结合滑动 t 检验进行分析判断，结果表明 1996 年为距现在最近的突变点。突变前(1971—1996 年)开花期气温多年平均值为 21.8℃，突变后(1997—2010 年)为 22.5℃，突变后比突变前增加了 0.7℃(图 2.24、表 2.19)。

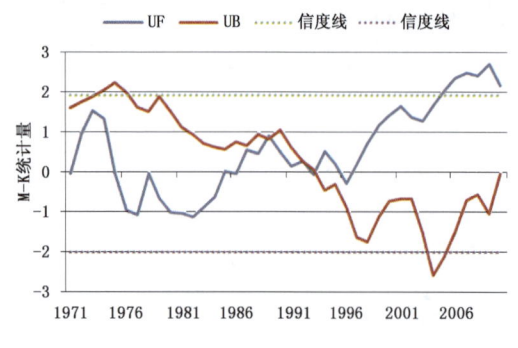

图 2.23　萌芽期气温 M-K 统计值

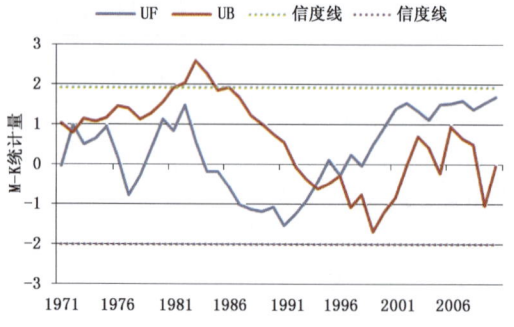

图 2.24　开花期气温 M-K 统计值

幼果期气温 1972—1973 年、1976—1990 年呈下降趋势，1991—1992 年、1994—2010 年呈上升趋势。UF 和 UB 曲线交于 1990、1993 年。结合滑动 t 检验进行分析判断，结果一致，说

明幼果期气温在 20 世纪 90 年代前期发生了突变,1993 年为距现在最近的突变点。突变前
(1971—1993 年)幼果期气温多年平均值为 22.4℃,突变后(1994—2010 年)为 23.2℃,突变后
比突变前增加了 0.8℃(图 2.25、表 2.19)。

脆熟—采收期气温 M-K 突变检验结果显示,近 40 年来脆熟—采收期 UF 曲线经历了以
下阶段:1971—1972 年呈上升趋势,1974—1975 年呈下降趋势,1975—2010 年呈上升趋势。
UF 和 UB 曲线交点过多,且均位于两条信度线以内,UF 曲线未超过信度线(图 2.26)。结合
滑动 t 检验进行分析判断,结果表明脆熟—采收期平均气温未出现明显突变。

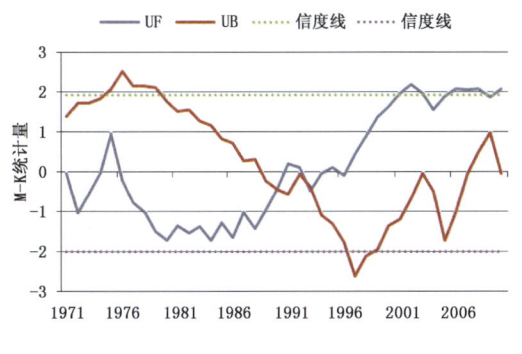

图 2.25　幼果期气温 M-K 统计值　　　　　图 2.26　脆熟—采收期气温 M-K 统计值

落叶期气温 UF 和 UB 曲线交点于 1987 年,结合滑动 t 检验进行分析判断,结果表明落叶
期气温在 1994 年发生了突变。突变前(1971—1994 年)落叶期气温多年均值为 8.8℃,突变后
(1995—2010 年)为 9.5℃,突变后比突变前增加了 0.7℃(图 2.27)。

休眠期气温 1971—1976 年、1978—1985 年、1988—2010 年呈上升趋势,1986—1987 年呈
下降趋势。UF 和 UB 曲线交于 1988 年,且均位于两条信度线以内,1998 年 UF 曲线超过信
度线,1988 年休眠期气温发生了由低到高的突变,且从 1998 年以后升温显著。突变前
(1971—1988 年)休眠期气温多年平均值为 −2.1℃,突变后(1989—2010 年)为 −1.1℃,突变
后比突变前增加了 1.0℃(图 2.28)。

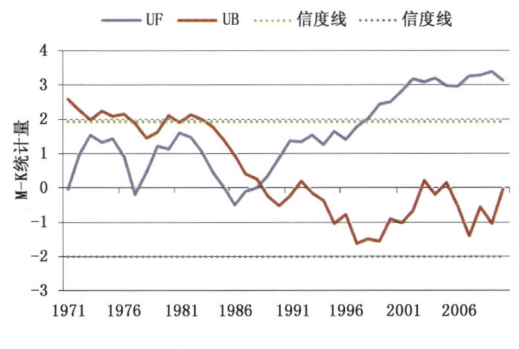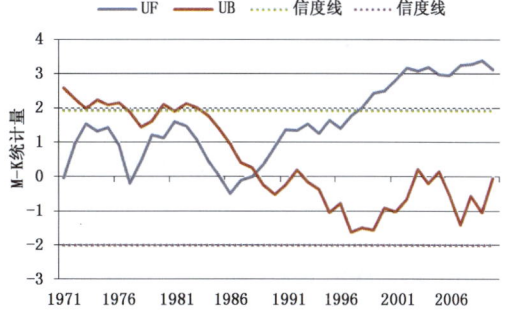

图 2.27　落叶期气温 M-K 统计值　　　　　图 2.28　休眠期气温 M-K 统计值

2.1.4.2　积温突变检验

≥0℃积温在 1971—1972 年、2005—2010 年呈增加趋势,1973—1997 年呈减少趋势。UF 和
UB 曲线交于 1995 年,位于两条信度线以内,≥0℃积温 1995 年出现了从低到高的突变,2005 年

以后这种增暖趋势更加显著。突变前(1971—1995年)≥0℃积温多年平均值为4042.1℃·d,突变后(1996—2010年)为4240.9℃·d,突变后比突变前增加了198.8℃·d(图2.29)。

≥5℃积温在1972—1973年、1976—1977年、1979—1997年呈减少趋势,1974—1975年、1998—2010年呈增加趋势。UF和UB曲线交于1996年,位于两条信度线以内,≥5℃积温1996年发生突变,2005年以后这种增暖趋势更加显著。突变前(1971—1996年)≥5℃积温多年平均值为3883.1℃·d,突变后(1997—2010年)为4120.0℃·d,突变后比突变前增加了236.9℃·d(图2.30)。

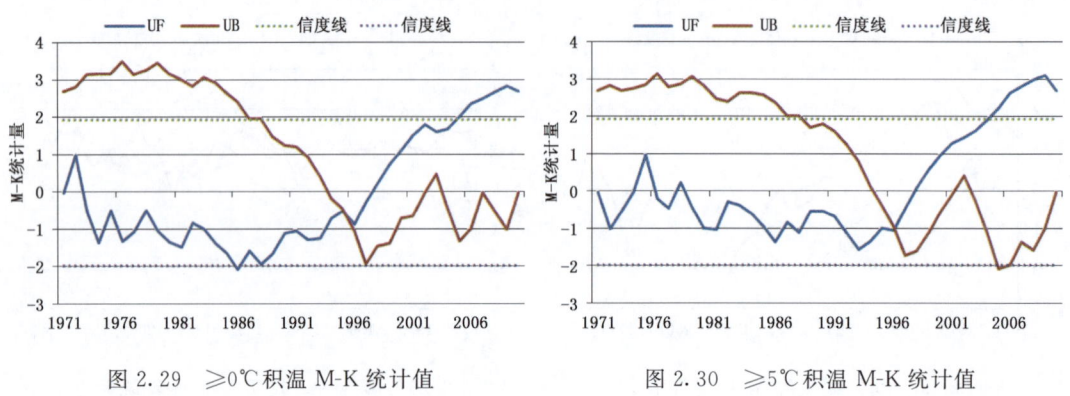

图2.29 ≥0℃积温 M-K统计值　　　　图2.30 ≥5℃积温 M-K统计值

≥10℃积温1999—2010年呈增加趋势,1976—1998年呈减少趋势。UF和UB曲线交于1996年,位于两条信度线以内,≥10℃积温1996年出现了从低到高的突变。突变前(1971—1996年)≥10℃积温多年均值为3529.2℃·d,突变后(1997—2010年)为3725.1℃·d,突变后比突变前增加了195.9℃·d(图2.31)。

负积温UF值均为负,说明负积温一直在减少。UF和UB曲线交于1977、1980年,且位于两条信度线以内。滑动t检验结果表明1986年负积温发生突变,结合全国负积温突变情况,最终确定1986年为负积温突变年份。突变前(1971—1986年)负积温多年平均值为561.9℃·d,突变后(1987—2010年)为463.2℃·d,突变后比突变前减少了98.7℃·d(图2.32)。

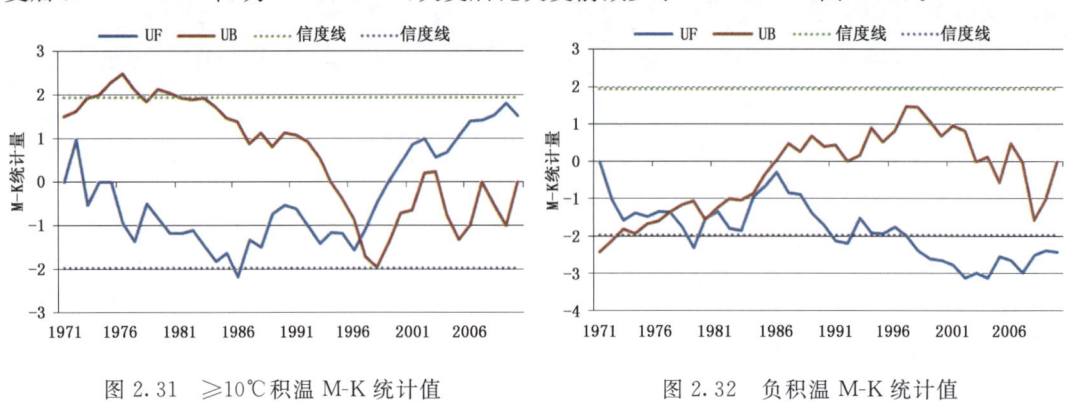

图2.31 ≥10℃积温 M-K统计值　　　　图2.32 负积温 M-K统计值

2.2 降水资源时空变化特征分析

红枣种植区降水资源总体上东部多于西部,南部多于北部。近40年全区年、萌芽、脆熟—

采收、休眠期等时段降水量均呈增加趋势,其中以脆熟—采收期降水量增加较为明显,气候倾向率为 9.035 mm/10a,此时段降水多以连阴雨形式出现,对红枣产量和品质有不利影响;红枣生长期、花期、幼果期和落叶期降水量呈减少趋势,其中幼果生长期降水量减少明显,气候倾向率为 −12.938 mm/10a,易导致幼果期干旱灾害。在近 40 年各时段降水量波动变化中,降水量突变出现年不同,大部集中在 20 世纪 90 年代末至 21 世纪初;降水量的周期变化,生长期、萌芽期、落叶期、休眠期降水量均以 8～10 a 小尺度周期为主,年、幼果期降水量以 15 a 左右的中尺度周期为主,开花期、脆熟—采收期降水量以 30 a 左右的大尺度周期为主。

近 40 年各时段降水量的年代际变化有明显差异,幼果期、落叶期经历了先增后减的波动变化,至 2000 年以后,各时段降水量减少 1～2 成;而萌芽期、脆熟—采收期、休眠期则呈先减后增的变化,尤以脆熟—采收期降水量增加显著,2000 年以后降水量较常年偏多近 5 成,(表 2.20),成熟期因阴雨导致的灾害损失增大。

表 2.20　红枣种植区降水资源气候倾向率、年代际距平百分率、主周期、突变点

降水资源	气候倾向率 (mm/10a)	年代际距平百分率(%)				主周期 (a)	突变点 (a)
		70 年代	80 年代	90 年代	2000 年以后		
年降水量	0.445	1	2	−5	2	15	1996
生长期降水量	−3.109	3	2	−6	2	8	1996
萌芽期降水量	3.487	−22	10	4	7	8	1981
开花期降水量	−0.874	−9	21	−12	0	31	2001
幼果期降水量	−12.938	13	−2	−4	−7	15	1996
脆熟—采收期降水量	9.035	−12	−21	−16	45	31	1999
落叶期降水量	−1.820	2	24	−12	−18	9	2005
休眠期降水量	3.554	−19	1	8	12	10	1988

2.2.1　降水资源空间分布特征

1971—2010 年红枣种植区各时段降水量空间分布大同小异,总体上降水资源东部多于西部,南部多于北部(表 2.21)。年降水量为 447.8 mm,范围为 387.7(佳县)～487.7 mm(延长),67% 的县年降水量在红枣适宜性区划范围内(红枣种植气候适宜性区划指标:年降水量430～580 mm),山西枣区年降水量略大于陕西枣区,东、西两区降水量差值 30 mm 左右(图2.33a);生长期降水量为 413.5 mm,范围为 358.2(佳县)～450.9 mm(延长)。该时段降水量约占年降水量的 92%,空间分布与年降水基本一致,等值线以东北—西南走向为主,东部降水量大于西部(图 2.33b);萌芽期降水量为 40.9 mm(占年降水的 9% 左右),范围为 34.5(绥德)～48 mm(延长);山西枣区基本在 40 mm 以上,陕西枣区为 35～50 mm,南部的延长县是降水较为集中地区(图 2.33c);开花期降水量值为 69 mm(占年降水 15%),范围为 58.2(神木)～80.8 mm(延长),其中山西枣区降水量略多于陕西枣区,平均降水量均在 70 mm 以上(图2.33d);幼果期降水量为 233.1 mm(占年降水 52%),范围为 196.7(佳县)～247.9 mm(清涧),等值线呈经向分布,东部高于西部,其中东部的兴县、柳林、石楼、清涧、延长等县降水量基本在 240 mm 以上,等值线由东向西递减,西部的佳县为降水量低值区,降水量不足 200 mm

（图 2.33e）；脆熟—采收期降水量为 53.6 mm（占年降水总量 12%），范围为 42.8（神木）～ 62.9 mm（清涧），等值线基本呈纬向分布，南部降水量大于北部，南部的延长、延川、清涧等县是降水量高值区，成熟期阴雨灾害风险较高，北部的府谷、神木县是降水量低值区，受成熟期阴雨影响较小（图 2.33f）；落叶期、休眠期两个时段降水的量级和比例均较小，时段降水量分别为 16.8 mm、34.3 mm，分别占年降水量的 4% 和 8%，空间分布基本一致，神木、府谷为降水量低值区，向南逐渐增加（图 2.33g、图 2.33h）。

表 2.21　红枣种植全区及各县各时间段降水量统计（单位：mm）

地区	年	生长期	萌芽期	开花期	幼果期	脆熟—采收期	落叶期	休眠期
临县	478.2	436.0	44.0	77.3	238.5	57.6	18.7	42.2
兴县	466.8	428.2	45.0	71.6	244.7	50.3	16.7	38.6
柳林	468.5	430.8	42.1	72.5	242.1	55.5	18.6	37.7
石楼	476.4	437.2	41.7	70.5	247.3	58.1	19.6	39.2
府谷	404.5	380.5	36.0	63.7	224.4	42.9	13.5	24.0
佳县	387.7	358.2	38.6	62.3	196.7	45.9	14.6	29.5
清涧	482.4	444.8	44.9	71.7	247.9	62.9	17.4	37.6
神木	401.7	377.3	34.8	58.2	229.4	42.8	12.1	24.3
绥德	411.4	381.0	34.5	62.8	216.7	51.4	15.6	30.4
吴堡	445.0	409.0	38.5	68.5	230.4	54.6	17.5	35.5
延长	487.7	450.9	48.0	80.8	241.2	62.1	18.9	36.8
延川	463.3	428.0	43.2	68.3	238.4	59.3	18.8	35.3
种植区	447.8	413.5	40.9	69.0	233.1	53.6	16.8	34.3

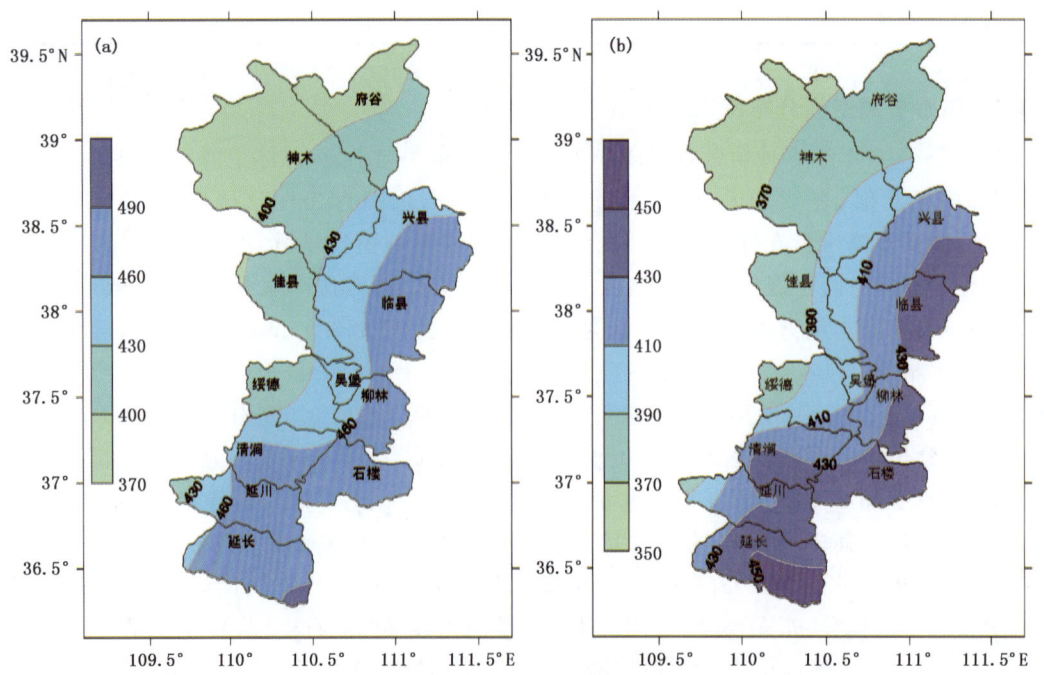

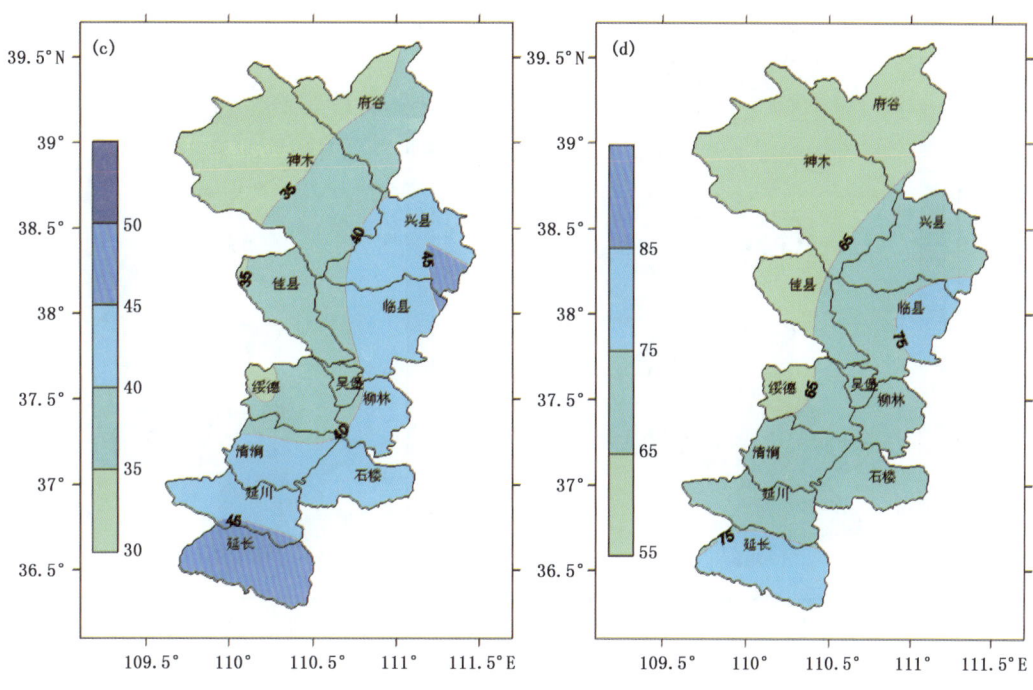

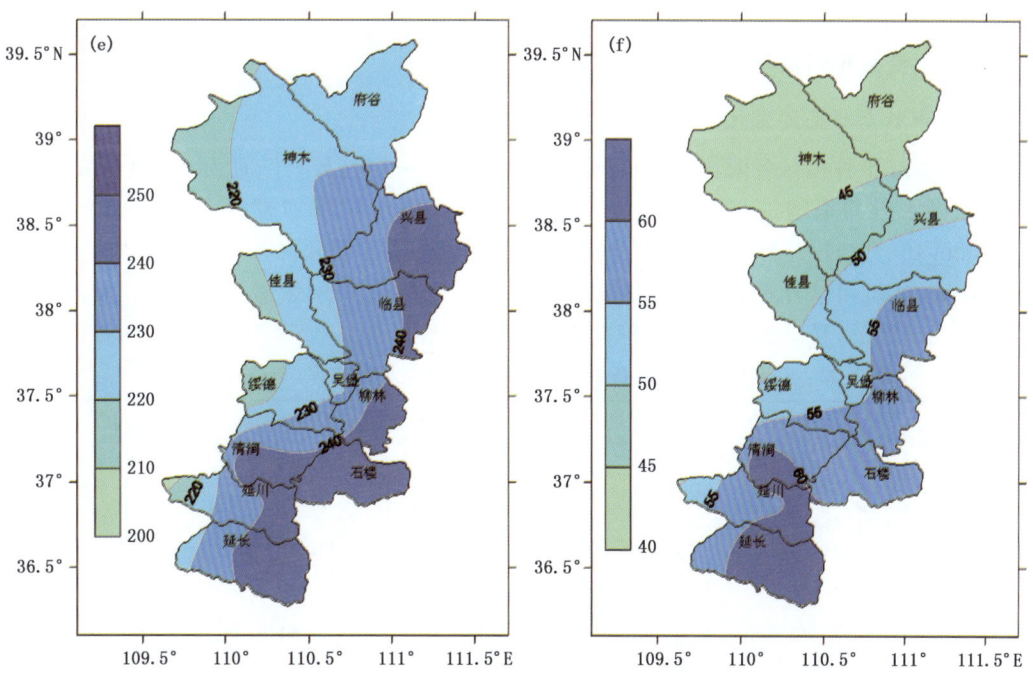

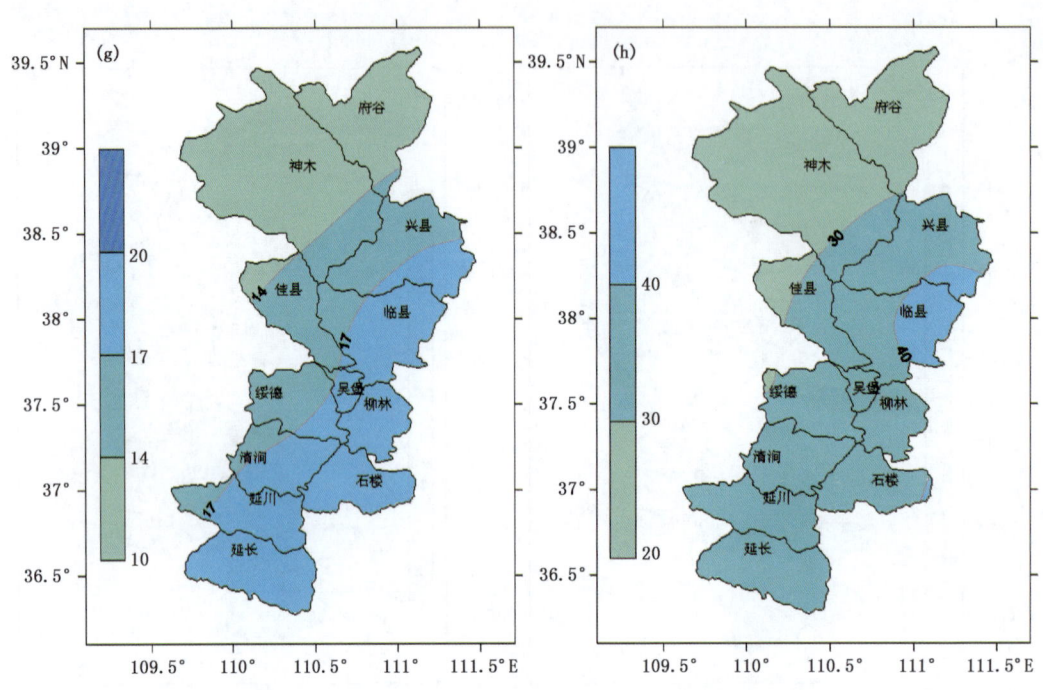

图 2.33　红枣种植区各时间段降水资源分布(单位:mm)

[(a)为年降水量;(b)为生长期降水量;(c)为萌芽期降水量;(d)为开花期降水量;(e)为幼果期降水量;

(f)为脆熟—采收期降水量;(g)为落叶期降水量;(h)为休眠期降水量]

2.2.2　降水资源年际及年代际变化特征

2.2.2.1　降水资源年际变化趋势

近 40 年红枣种植区各时段降水变化趋势及幅度有一定差异,年、萌芽、脆熟—采收、休眠期等时段降水量均呈增加趋势,其中以脆熟—采收期降水量增加较为明显,气候倾向率为 9.035 mm/10a,此时段降水多以连阴雨形式出现,对红枣产量和品质有不利影响;红枣生长期、花期、幼果期和落叶期降水量呈减少趋势,其中幼果期降水量减少明显,气候倾向率为 −12.938 mm/10a,易导致幼果期干旱灾害(表 2.22、图 2.34)。

表 2.22　红枣种植全区及各县各时间段降水量气候倾向率(单位:mm/10a)

地区	年	生长期	萌芽期	开花期	幼果期	脆熟—采收期	落叶期	休眠期
临县	13.525	12.468	4.384	2.798	−4.771	11.986*	−1.929	0.106
兴县	2.827	4.743	6.575**	6.655	−10.983	5.643	−3.147	−1.915
柳林	−19.463	−20.155	1.66	−1.361	−31.595*	14.368*	−3.227	0.692
石楼	−9.024	−8.263	2.896	−3.763	−17.359	12.31	−2.346	−0.761
府谷	7.333	3.326	3.656	−3.415	2.94	2.069	−1.924	4.007*
佳县	14.12	7.372	5.311	−4.393	−1.906	9.797*	−1.436	6.748**
清涧	−9.077	−14.305	2.618	−0.792	−24.672*	11.091	−2.55	5.228

续表

地区	年	生长期	萌芽期	开花期	幼果期	脆熟—采收期	落叶期	休眠期
神木	4.478	0.592	3.812	1.124	−6.701	3.452	−1.096	3.887
绥德	−8.706	−13.893	1.759	−3.797	−17.725	7.762	−1.892	5.187
吴堡	7.476	1.639	4.056	−0.025	−14.934	14.326*	−1.784	5.837*
延长	−18.305	−23.812	0.58	−5.233	−26.890*	8.848	−1.116	5.507*
延川	4.386	−1.729	2.638	−1.398	−11.339	9.587	−1.217	6.115*
种植全区	0.445	−3.109	3.487	−0.874	−12.938	9.035	−1.82	3.554

注：＊＊为通过 0.01 显著性检验，＊为通过 0.05 显著性检验。

（1）红枣种植区年降水量呈弱增加趋势，气候倾向率为 0.445 mm/10a。各种植县中年降水量呈增加趋势的县数略多于呈减少趋势的县数，枣区中北部大部县降水量呈增加趋势，其中以临县、佳县增加趋势更为明显，枣区中南部大部县呈减少趋势，其中柳林、延长 2 县减少趋势明显。

（2）红枣种植区生长期降水量呈减少趋势，气候倾向率为 −3.109 mm/10a。各种植县中，生长期降水量呈增加和减少趋势的县数一样多，柳林、石楼、清涧、绥德、延长、延川等 6 县降水量呈减少趋势，其中柳林、延长 2 县减少明显，其余 6 县降水量呈略增趋势，其中临县增势明显，气候倾向率为 12.468 mm/10a。

（3）红枣种植区萌芽期降水量呈增加趋势，气候倾向率为 3.487 mm/10a。降水量年际波动较大，降水量偏少显著的年份，降水偏少达 6 成，降水量偏多显著的年份，降水偏多近 8 成，该时段降水的增加有利于果树的萌芽生长。各分县趋势变化中，全区 12 县均呈增加趋势，其中兴县降水增加明显，气候倾向率为 6.575 mm/10a。

（4）红枣种植区开花期降水量呈略减趋势，气候倾向率为 −0.874 mm/10a。各年际之间振幅较大，特别是 1980 年以后，降水量的增减率基本在 50% 以上，特别是 1991 年降水量偏多达 1 倍多。各县的趋势变化中除临县、兴县、神木 3 县降水量呈增加趋势外，其余 9 县降水量均呈减少趋势。

（5）红枣种植区幼果期降水量呈明显减少趋势，气候倾向率为 −12.938 mm/10a。特别是 1995 年以后，降水量持续性减少，在 1996—2010 年的 14 年中，除 2009 年降水量有 50% 的增幅外，其余年份降水量均偏少。近 40 年枣区各县趋势变化，除府谷降水量呈小幅增加外，其余各县均呈减少趋势，其中柳林、清涧、延长等 4 县降水量减少趋势明显。

（6）红枣种植区脆熟—采收期降水量呈明显增加趋势，气候倾向率为 9.035 mm/10a。种植全区 12 个县均呈一致的增加趋势，其中以中部的临县、柳林、石楼、佳县、吴堡等 5 县降水量增加显著，气候倾向率基本在 10 mm/10a 以上。

（7）红枣种植区落叶期降水量呈下降趋势，气候倾向率为 −1.820 mm/10a。由于此时段降水量的绝对值较小，不足 20 mm，各年份降水量偏多或偏少的相对值（距平百分率）较大，大部在 50% 以上，因此近 40 年降水量曲线变化表现为剧烈的波动变化。全区 12 县均呈减少趋势，其中兴县、柳林、石楼、清涧等县减少趋势相对较明显。

（8）红枣种植区休眠期降水量呈增加趋势，气候倾向率为 3.554 mm/10a。12 个种植县中除兴县、石楼 2 县呈减少趋势外，其余 10 县均呈增加趋势，其中府谷、佳县、吴堡、延长、延川等县降水量增加显著。整个区域在1989—1994年降水量偏多显著,距平百分率50%～150%。

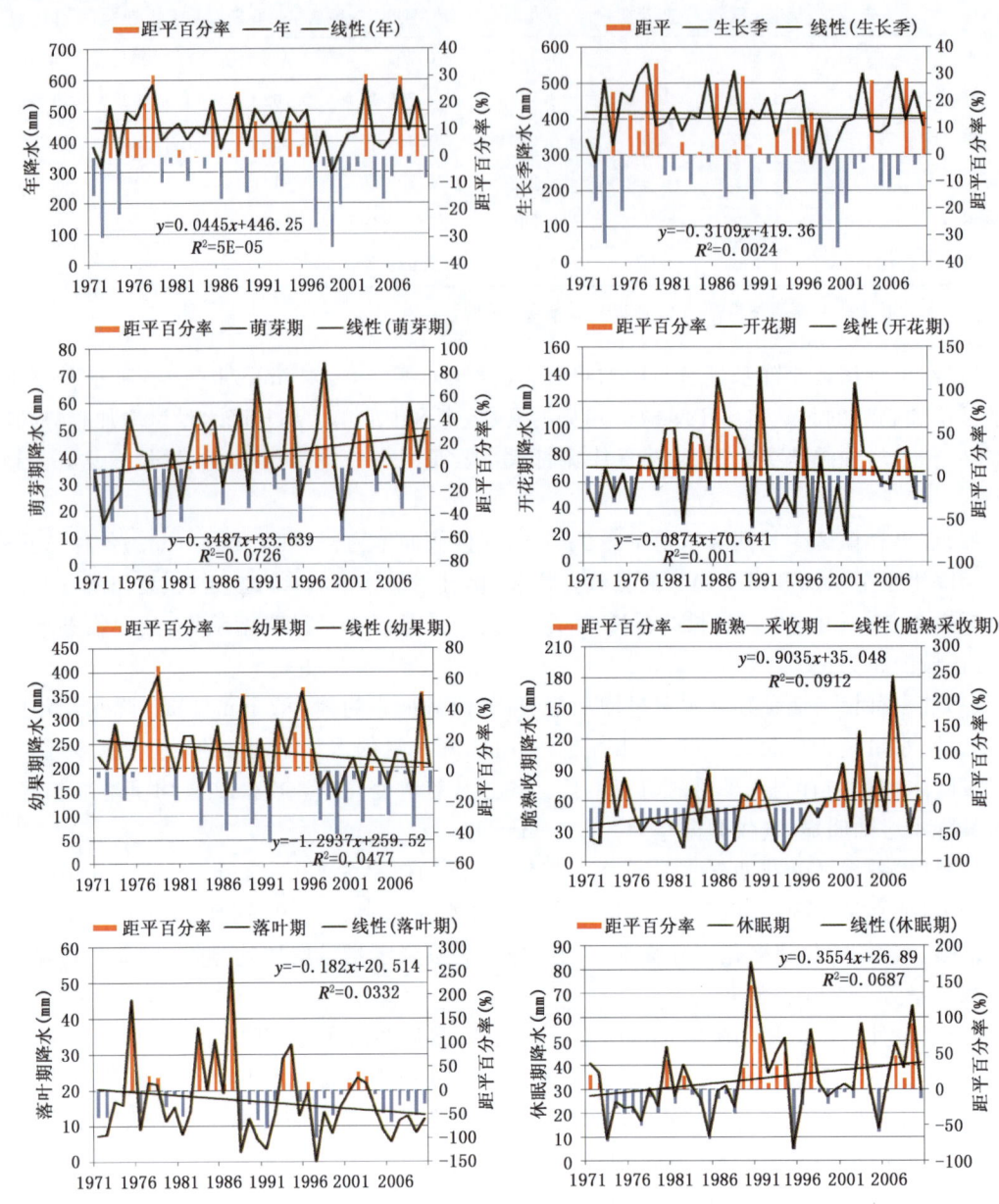

图2.34　红枣种植区各时间段降水量年际变化趋势及距平分布

2.2.2.2　降水资源年代际变化趋势

近40年红枣种植区各时段降水量的年代际变化有明显差异,幼果期、落叶期经历了先增后减的波动变化,至21世纪前10年,各时段降水量减少达1～2成;而萌芽期、脆熟—采收期、休眠期则呈先减后增的变化,尤以脆熟—采收期降水量增加显著,2000年以后降水量较常年偏多近5成;年、生长期变化相对较稳定,90年代降水量略偏少,其余年代降水量基本持平略偏多;开花期增减波动较大,70—90年代各年代际之间均以1成左右的振幅呈"减—增"循环震荡,2000 年以后基本持平(表 2.20)。

(1)红枣种植区年降水量呈"增—增—减—增"的年代际变化趋势。全区除 20 世纪 90 年代降水量明显偏少外(较 1971—2010 年 40 年均值偏少 22.7 mm),其他年代降水量均偏多,特别是 2000 年以后,降水量偏多明显,较 40 年均值偏多 11 mm。从分县的降水量变化来看,90 年代除兴县、府谷、佳县降水量略偏多外,其余县降水量偏少 4.4～58.8 mm,且 6 县近 40 年年降水量极小值年均出现在 90 年代;21 世纪前 10 年大部县降水量偏多 4.4～38.6 mm,兴县、绥德、延长 3 县降水量持平或略偏少。整个区域年降水量极大值为 583.5 mm(1978 年),降水量极小值为 296.7 mm(1999 年)(表 2.23)。

表 2.23　红枣种植全区及各县年降水量年代际变化情况(单位:mm)

地区	40 年平均	年降水量				距平				极值			
		1971—1980	1981—1990	1991—2000	2001—2010	1971—1980	1981—1990	1991—2000	2001—2010	极小	出现年份	极大	出现年份
临县	478.2	463.4	480.0	459.2	510.2	−14.8	1.8	−19.0	32.0	310.9	1999	662.9	2007
兴县	466.8	473.3	462.0	474.6	457.4	6.5	−4.8	7.8	−9.5	266.5	1972	689.4	2007
柳林	468.5	545.6	463.4	423.1	473.0	77.1	−5.2	−45.5	4.5	242.1	1999	680.6	2003
石楼	476.4	515.0	452.1	455.0	483.3	38.6	−24.2	−21.3	6.9	317.3	1982	693.5	2003
府谷	404.5	400.1	394.8	412.8	410.4	−4.4	−9.7	8.3	5.9	194.9	1972	678.4	1995
佳县	387.7	360.8	387.8	392.7	409.5	−26.9	0.1	5.0	21.8	213.2	1972	581.7	2007
清涧	482.4	506.2	483.2	453.2	486.8	23.9	0.8	−29.2	4.4	247.1	1999	702.9	1978
神木	401.7	375.9	425.5	397.4	408.0	25.8	23.8	−4.4	6.3	220.7	1972	646.5	1995
绥德	411.4	417.4	442.1	386.9	399.2	6.0	30.7	−24.5	−12.2	277.6	2000	588.2	1978
吴堡	445.0	447.6	444.4	408.0	479.8	2.6	−0.5	−37.0	34.9	277.1	1999	653.3	2009
延长	487.7	508.7	521.9	433.9	486.4	21.0	34.2	−53.8	−1.3	288.2	1997	764.1	1975
延川	463.3	442.1	504.8	404.6	502.0	−21.2	41.4	−58.8	38.6	270.2	1999	632.7	2003
种植全区	447.8	454.7	455.2	425.1	458.8	6.9	7.4	−22.7	11.0	296.7	1999	583.5	1978

(2)红枣种植区生长期降水量呈"增—增—减—增"的年代际变化趋势。仅 20 世纪 90 年代降水量明显减少(距平值为−25.3 mm),其余年代降水量均偏多,尤以 70 年代降水量偏多较明显,距平值为 13.3 mm;分县年际变化中,90 年代大部分县降水量显著偏少,除兴县、府谷、佳县 3 县降水量略偏多外,其余 9 县降水量均偏少,其中清涧(217.8 mm,1999 年)、延川(245.5 mm,1999 年)、延长(236.4 mm,1997)、吴堡(220.5 mm,1997)、柳林(221.9 mm,1999年)5 县 90 年代中红枣生长期降水量出现了近 40 年极小值(表 2.24)。

表 2.24　红枣种植全区及各县生长期降水量年代际变化情况(单位:mm)

地区	40 年平均	生长期降水量				距平				极值			
		1971—1980	1981—1990	1991—2000	2001—2010	1971—1980	1981—1990	1991—2000	2001—2010	极小	出现年份	极大	出现年份
临县	436.0	419.6	441.5	418.9	464.2	−16.4	5.5	−17.2	28.1	267.6	1972	606.4	2007
兴县	428.2	428.3	428.0	435.8	420.9	0.0	−0.2	7.6	−7.4	205.0	1972	646.1	2007
柳林	430.8	503.1	429.8	385.1	434.3	72.2	−1.1	−45.7	3.5	221.9	1999	634.2	2003

续表

地区	40年平均	生长期降水量				距平				极值			
		1971—1980	1981—1990	1991—2000	2001—2010	1971—1980	1981—1990	1991—2000	2001—2010	极小	出现年份	极大	出现年份
石楼	437.2	471.6	417.2	415.9	444.1	34.4	−20.0	−21.3	6.9	277.0	1982	641.3	2003
府谷	380.5	385.2	369.4	385.4	382.1	4.7	−11.1	4.8	1.6	170.6	1972	675.2	1995
佳县	358.2	344.0	357.4	358.7	372.7	−14.2	−0.8	0.5	14.5	195.1	1972	528.7	2007
清涧	444.8	479.2	443.2	412.6	444.0	34.5	−1.5	−32.2	−0.8	217.8	1999	674.2	1973
神木	377.3	360.7	398.2	370.3	380.2	−16.7	20.9	−7.0	2.9	201.1	1972	644.6	1995
绥德	381.0	400.2	406.9	351.6	365.2	19.2	25.9	−29.4	−15.7	255.6	2000	560.6	1978
吴堡	409.5	422.3	410.6	368.5	436.5	12.8	1.2	−41.0	27.0	220.5	1997	618.4	1985
延长	450.9	486.4	480.3	391.1	446.0	35.4	29.4	−59.9	−4.9	236.4	1997	750.5	1975
延川	428.0	421.0	465.3	365.0	460.8	−7.1	37.3	−63.0	32.8	245.5	1999	583.8	2003
种植全区	413.5	426.8	420.7	388.2	420.9	13.2	7.1	−25.3	7.4	269.8	1999	553.1	1978

（3）红枣种植区萌芽期降水量呈先减后增的年代际变化趋势。20世纪70年代降水量普遍偏少，距平值为−8.6 mm，12个县除柳林时段降水量较常年持平外，其余县降水量偏少5.7～14.8 mm，其中临县、兴县、佳县、神木4县降水量偏少达10 mm以上，较常年偏少2成左右，且90%以上的县40年降水量极小值年份均出现在70年代；70年代以后降水量普遍略偏多，距平值为1.4～6.8 mm，偏多近1成。整个区域40年降水量极小值为15.0 mm（1972年），降水量极大值为74.5 mm（1998年）（表2.25）。

表2.25　红枣种植全区及各县萌芽期降水量年代际变化情况（单位：mm）

地区	40年平均	苗芽期降水量				距平				极值			
		1971—1980	1981—1990	1991—2000	2001—2010	1971—1980	1981—1990	1991—2000	2001—2010	极小	出现年份	极大	出现年份
临县	44.0	29.9	53.9	44.9	47.2	−14.1	9.9	0.9	3.2	10.9	1978	89.4	1984
兴县	45.0	31.7	46.4	50.0	51.8	−13.3	1.5	5.0	6.8	12.8	1972	79.6	1998
柳林	42.1	42.6	41.0	38.1	47.1	0.4	−1.2	−4.0	4.9	8.0	1978	90.1	2008
石楼	41.7	33.7	45.3	45.3	42.4	−8.0	3.6	3.7	0.7	10.1	1972	88.4	1994
府谷	36.0	28.8	38.2	35.7	41.4	−7.3	2.2	−0.3	5.4	6.0	1972	86.1	1990
佳县	38.6	23.8	44.8	44.0	41.8	−14.8	6.2	5.4	3.2	10.0	1979	137.8	1998
清涧	44.9	38.3	46.9	48.0	46.4	−6.6	2.0	3.1	1.5	16.9	1979	93.9	1994
神木	34.8	23.8	42.8	31.4	41.1	−11.0	8.0	−3.4	6.3	3.7	1995	74.1	1998
绥德	34.5	28.8	37.6	35.7	36.0	−5.7	3.1	1.2	1.4	6.3	1972	64.8	1994
吴堡	38.5	31.2	39.9	38.8	44.0	−7.3	1.4	0.3	5.5	7.6	1978	100.5	2008
延长	48.0	40.9	54.7	53.1	43.2	−7.1	6.7	5.2	−4.8	14.9	2007	122.1	1983
延川	43.2	34.6	49.1	46.2	42.9	−8.5	5.9	3.0	−0.3	10.4	1979	106.1	1994
种植全区	40.9	32.3	45.0	42.6	43.8	−8.6	4.1	1.7	2.8	15.0	1972	74.5	1998

(4)红枣种植区开花期降水量呈"减—增—减—平"的变化特点。20 世纪 70 年代降水量偏少近 1 成,80 年代降水量普遍偏多,其中佳县、神木、绥德等县偏多明显,距平值达 20 mm以上,偏多 3 成以上;90 年代 12 个县降水量均偏少,整个区域偏少 1 成多;2000 年以后降水量在骤减骤增的剧烈波动后趋于缓和,该阶段降水总量较常年基本持平。近 40 年种植区红枣开花期降水量高值年为 1991 年,降水量 145.0 mm,降水量低值年为 1997 年,降水量 11.7 mm(表 2.26)。

表 2.26　红枣种植全区及各县开花期降水量年代际变化情况(单位:mm)

地区	40 年平均	开花期降水量				距平				极值			
		1971—1980	1981—1990	1991—2000	2001—2010	1971—1980	1981—1990	1991—2000	2001—2010	极小	出现年份	极大	出现年份
临县	77.3	63.8	92.6	67.9	84.8	−13.5	15.3	−9.4	7.5	11.4	2001	179.8	1991
兴县	71.6	57.8	82.3	55.8	90.7	−13.9	10.7	−15.9	19.1	13.0	1999	139.3	1991
柳林	72.5	59.6	87.5	65.1	72.5	−12.9	15.1	−7.4	0.1	9.0	1997	160.9	1991
石楼	70.5	76.7	73.4	64.9	67.0	6.2	2.9	−5.6	−3.5	10.6	1997	192.2	2002
府谷	63.7	70.1	71.0	53.5	60.0	6.5	7.3	−10.2	−3.6	19.7	2001	137.3	1991
佳县	62.3	53.0	87.8	54.0	54.4	−9.4	25.5	−8.3	−7.8	5.5	2001	171.7	1991
清涧	71.7	64.9	81.9	69.3	70.7	−6.8	10.2	−2.4	−1.0	10.5	1997	163.6	1996
神木	58.2	46.3	79.1	46.6	60.9	−11.9	20.9	−11.6	2.6	10.3	2001	170.1	1986
绥德	62.8	49.7	92.4	58.6	50.7	−13.2	29.5	−4.2	−12.1	4.7	1997	157.9	1981
吴堡	68.5	59.6	80.7	62.3	71.4	−8.9	12.2	−6.2	2.9	3.2	1997	174.3	1991
延长	80.8	88.5	89.8	66.3	78.4	7.8	9.1	−14.5	−2.4	2.1	1997	190.7	1983
延川	68.5	63.8	80.6	62.8	66.2	−4.5	12.2	−5.6	−2.1	6.7	1997	137.3	1983
种植全区	69.0	62.8	83.3	60.6	69.0	−6.2	14.2	−8.4	0.0	11.7	1997	145.0	1991

(5)红枣种植区幼果期降水量年代际变化呈先增后减的变化趋势。20 世纪 70 年代降水量偏多明显,距平为 33.5 mm,6 县降水量极大值年出现在 70 年代;70 年代以后降水量持续性偏少,其中 80 年代降水量虽略偏少(距平−4.5 mm),但波动明显;90 年代降水量偏少较 80年代略明显,距平−8.4 mm,90 年代前 5 年降水量大部偏多,后 5 年降水量偏少;2000 年以后降水量偏少尤为明显,年均偏少达 17.4 mm,其中兴县、柳林、石楼、清涧、绥德、延长等县偏少20 mm 以上。近 40 年全种植区红枣幼果期降水量极小值出现在 1991 年,降水量 125.9 mm,极大值出现在 1978 年,为 393.6 mm(表 2.27)。

表 2.27　红枣种植全区及各县幼果期降水量年代际变化情况(单位:mm)

地区	40 年平均	幼果期降水量				距平				极值			
		1971—1980	1981—1990	1991—2000	2001—2010	1971—1980	1981—1990	1991—2000	2001—2010	极小	出现年份	极大	出现年份
临县	238.5	259.2	221.0	244.4	229.5	20.7	−17.5	5.9	−9.1	100.9	1991	474.1	1995
兴县	244.7	264.5	245.6	270.6	198.0	19.8	0.9	25.9	−46.7	105.5	2002	413.9	1996
柳林	242.1	336.9	234.1	221.9	213.4	94.8	−8.0	−20.2	−28.7	109.9	1998	490.7	1978
石楼	247.3	292.9	233.2	235.9	227.0	45.6	−14.0	−11.3	−20.3	113.5	2002	407.4	1977

地区	40年平均	幼果期降水量				距平				极值			
		1971—1980	1981—1990	1991—2000	2001—2010	1971—1980	1981—1990	1991—2000	2001—2010	极小	出现年份	极大	出现年份
府谷	224.4	217.2	219.4	246.5	214.7	−7.3	−5.1	22.1	−9.7	103.4	2006	582.3	1995
佳县	196.7	212.6	171.8	205.8	196.5	15.9	−24.9	9.1	−0.2	84.9	1986	365.3	1978
清涧	247.9	308.6	235.0	226.2	221.6	60.8	−12.8	−21.7	−26.3	117.3	1999	492.8	1978
神木	229.4	227.4	235.5	241.8	212.9	−2.1	6.1	12.4	−16.5	82.6	1999	576.6	1995
绥德	216.7	263.0	206.1	204.2	193.4	46.3	−10.5	−12.5	−23.3	66.3	1991	479.4	1978
吴堡	230.4	270.7	227.9	206.8	216.0	40.3	−2.5	−23.6	−14.3	90.2	1991	506.7	1978
延长	241.2	289.5	254.2	201.5	219.5	48.3	13.0	−39.6	−21.7	114.6	1989	426.4	1981
延川	238.4	257.3	259.1	191.0	246.0	19.0	20.8	−47.4	7.7	97.2	1999	376.5	1988
种植全区	233.1	266.6	228.6	224.7	215.7	33.5	−4.5	−8.4	−17.4	125.9	1991	393.6	1978

(6)红枣种植区脆熟—采收期降水量呈先减后增的年代际变化趋势。2000年以前，各年代降水量均偏少，其中以20世纪80年代降水偏少明显，降水距平值为−10.9 mm，较常年偏少2成多，70年代偏少1成多，90年代偏少近2成；2000年以后，降水量显著偏多，距平值为24.9 mm，偏多近5成，其中临县、柳林、石楼、佳县、清涧、吴堡、延川等县降水量偏多达5~7成。近40年各县红枣脆熟—采收期降水量极大值年除神木出现在1973年以外，其余11县均出现在2007年，降水量极大值为114.8~233.3 mm，较常年同期偏多3~4倍(表2.28)。

表2.28 红枣种植全区及各县脆熟—采收期降水量年代际变化情况(单位:mm)

地区	40年平均	脆熟—采收期降水量				距平				极值			
		1971—1980	1981—1990	1991—2000	2001—2010	1971—1980	1981—1990	1991—2000	2001—2010	极小	出现年份	极大	出现年份
临县	57.6	46.6	51.3	46.5	86.1	−11.0	−6.4	−11.2	28.5	7.2	1994	233.3	2007
兴县	50.3	53.6	34.2	45.0	68.4	3.3	−16.1	−5.3	18.1	11.1	1982	206.7	2007
柳林	55.5	42.7	44.4	43.4	86.4	−12.9	−11.1	−12.1	30.9	5.4	1994	173.5	2007
石楼	58.1	48.2	41.1	51.3	91.8	−9.9	−17.0	−6.8	33.7	7.4	1994	218.1	2007
府谷	42.9	53.9	24.9	37.5	55.4	11.0	−18.0	−5.4	12.5	3.1	1982	114.8	2007
佳县	45.9	39.2	35.7	41.3	67.6	−6.8	−10.2	−4.7	21.7	7.1	1972/1994	205.1	2007
清涧	62.9	50.1	55.3	53.8	92.5	−12.8	−7.7	−9.1	29.6	2.7	1987	211.6	2007
神木	42.8	49.8	26.9	39.6	55.1	6.9	−15.9	−3.2	12.2	6.8	1988	131.2	1973
绥德	51.4	43.3	48.7	40.3	73.2	−8.1	−2.7	−11.1	21.9	1.7	1987	173.1	2007
吴堡	54.6	43.3	39.2	45.2	90.9	−11.3	−15.5	−9.5	36.3	5.3	1994	183.1	2007
延长	62.1	50.2	58.5	53.3	86.4	−11.9	−3.6	−8.8	24.3	1.3	1987	161.1	2007
延川	59.3	48.7	52.5	48.0	88.1	−10.7	−6.9	−11.3	28.8	3.9	1987	180.9	2007
种植全区	53.6	47.4	42.7	45.4	78.5	−6.2	−10.9	−8.2	24.9	10.6	1994	180.7	2007

(7)红枣种植区落叶期降水量呈先增后减的年代际变化趋势。20 世纪 70 年代各地降水量基本持平,80 年代降水量偏多明显,平均偏多 2 成以上,其中 1883—1987 年连续 5 年降水量显著偏多,特别是 1983、1987 年降水量偏多达 1~2 倍,整个种植区 12 县中 10 县近 40 年降水量极大值年均出现在 1987 年;80 年代末开始降水量减少,尤以 21 世纪前 10 年减少明显,降水量距平值为－2.9 mm,偏少近 2 成(表 2.29)。

表 2.29　红枣种植全区及各县落叶期降水量年代际变化情况(单位:mm)

| 地区 | 40 年平均 | 落叶期降水量 | | | | 距平 | | | | 极值 | |
		1971—1980	1981—1990	1991—2000	2001—2010	1971—1980	1981—1990	1991—2000	2001—2010	极大	出现年份
临县	18.7	20.1	22.8	15.3	16.6	1.4	4.1	－3.4	－2.1	65.7	1987
兴县	16.7	20.8	19.5	14.5	12.0	4.1	2.8	－2.2	－4.7	57.6	1987
柳林	18.6	21.4	22.8	16.6	14.9	2.8	4.1	－2.0	－3.8	61.4	1987
石楼	19.6	20.1	24.2	18.4	15.9	0.4	4.5	－1.3	－3.7	55.5	1994
府谷	13.5	15.2	16.1	12.2	10.6	1.7	2.5	－1.3	－2.9	35.9	1975
佳县	14.6	15.4	17.3	13.6	12.2	0.8	2.7	－1.0	－2.4	56.8	1987
清涧	17.4	17.4	24.1	15.3	12.9	0.0	6.7	－2.1	－4.6	57.4	1987
神木	12.1	13.4	13.9	10.8	10.2	1.3	1.8	－1.3	－1.8	33.3	1987
绥德	15.6	15.5	22.1	12.8	11.9	－0.1	6.5	－2.8	－3.6	86.7	1987
吴堡	17.5	17.5	23.0	15.4	14.1	0.0	5.5	－2.1	－3.4	70.0	1987
延长	18.9	17.3	23.1	16.7	18.5	－1.6	4.2	－2.2	－0.4	57.8	1987
延川	18.8	16.6	24.1	17.1	17.6	－2.3	5.3	－1.8	－1.2	59.8	1987
种植全区	16.8	17.5	21.1	14.9	13.9	0.7	4.2	－2.0	－2.9	56.9	1987

(8)红枣种植区休眠期降水量呈先减后增的年代际变化趋势。20 世纪 70 年代降水量偏少明显,距平值为－6.4 mm,平均偏少 2 成多,70 年代以后降水量缓慢增加,至 80 年代中期降水量较常年基本持平,80 年代末开始降水量猛增,大部分县近 40 年降水量极大值均出现在 1990 年,当年降水量较常年偏多近 1.5 倍,90 年代末以后,降水量在减增波动中逐渐增加,至 21 世纪前 10 年降水量较常年偏多 1 成多(表 2.30)。

表 2.30　红枣种植全区及各县休眠期降水量年代际变化情况(单位:mm)

| 地区 | 40 年平均 | 休眠期降水量 | | | | 距平 | | | | 极值 | |
		1971—1980	1981—1990	1991—2000	2001—2010	1971—1980	1981—1990	1991—2000	2001—2010	极大	出现年份
临县	42.2	43.8	38.5	40.4	46.1	1.6	－3.7	－1.8	3.9	102.0	1990
兴县	38.6	45.0	34.0	38.9	36.5	6.4	－4.6	0.3	－2.1	90.4	1990
柳林	37.7	42.5	33.6	38.0	38.7	4.8	－4.1	0.3	1.0	84.3	1990
石楼	39.2	43.4	34.9	39.1	39.2	4.3	－4.2	0.0	0.0	79.9	2009
府谷	24.0	14.9	25.4	27.4	28.3	－9.1	1.4	3.4	4.3	68.1	1990
佳县	29.5	16.8	30.4	34.0	36.8	－12.7	0.9	4.5	7.3	89.1	1990

续表

地区	40年平均	休眠期降水量				距平				极值	
		1971—1980	1981—1990	1991—2000	2001—2010	1971—1980	1981—1990	1991—2000	2001—2010	极大	出现年份
清涧	37.6	27.1	40.0	40.6	42.8	−10.5	2.4	3.0	5.2	83.5	1990
神木	24.3	15.3	27.3	27.0	27.8	−9.1	3.0	2.7	3.5	76.8	1990
绥德	30.4	17.2	35.2	35.3	34.0	−13.2	4.8	4.9	3.5	86.9	1990
吴堡	35.5	25.3	33.8	39.5	43.4	−10.2	−1.7	4.0	7.9	91.7	1990
延长	36.8	22.3	41.6	42.8	40.4	−14.5	4.8	6.1	3.6	82.1	2009
延川	35.3	21.1	39.4	39.6	41.2	−14.2	4.1	4.3	5.8	82.2	1990
种植全区	34.3	27.9	34.5	36.9	37.9	−6.4	0.2	2.6	3.7	83.1	1990

2.2.3　降水资源变化周期特征

运用小波分析方法和 M-K 突变检验方法分别对红枣种植区近40年各时段降水量的周期特征和突变年进行了分析,结果发现:生长期、萌芽期、落叶期、休眠期降水量均以 8~10 a 小尺度周期为主,年、幼果期降水量以 15 a 左右的中尺度周期为主,开花期、脆熟—采收期降水量以 30 a 左右的大尺度周期为主(表 2.20)。

年降水量在 10 a 以下尺度上,周期震荡剧烈,表现为没有明显的规律。但是随着时间尺度的增加,在 12 a 以上尺度周期震荡趋于平稳,且规律比较清晰。14~17 a 周期表现为"多—少"5 个循环交替,且到 2010 年后降水量增多趋势还将继续;在 30~33 a 的周期表现为先增后减的趋势,降水量增加的趋势与中小尺度周期表现一致。从小波方差图可看出,在 15 a 上出现了第一主周期,周期性表现最为明显(图 2.35)。

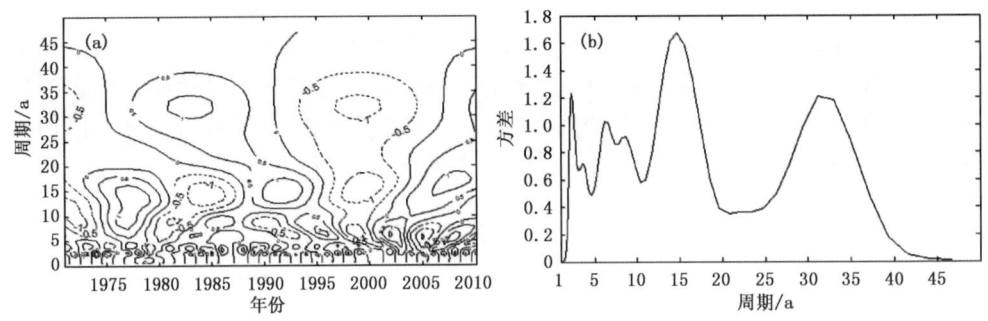

图 2.35　红枣种植区年降水量小波变化系数图（a）、小波方差图（b）

生长期降水量存在多重时间尺度上的嵌套复杂结构现象,在 5~10 a 时间尺度周期震荡剧烈,表现为"少—多"交替的 8.5 个循环,在 2010 年小波系数为负值,表明在该时间尺度上降水量持续偏少;在 15 a 左右时间尺度上表现为"多—少"交替的 5 个循环,在 31 a 左右时间尺度上规律较为清晰,降水先增后减,且在 2010 年后降水量增多的趋势还将继续。从小波方差图可看出,在 8 a 上出现了第一主周期,周期性表现最为明显,是生长期降水量的主要控制周期(图 2.36)。

萌芽期降水量明显地存在 2~3 a、7~8 a 的短期震荡周期和 20 a、30 a 左右的中长期震荡

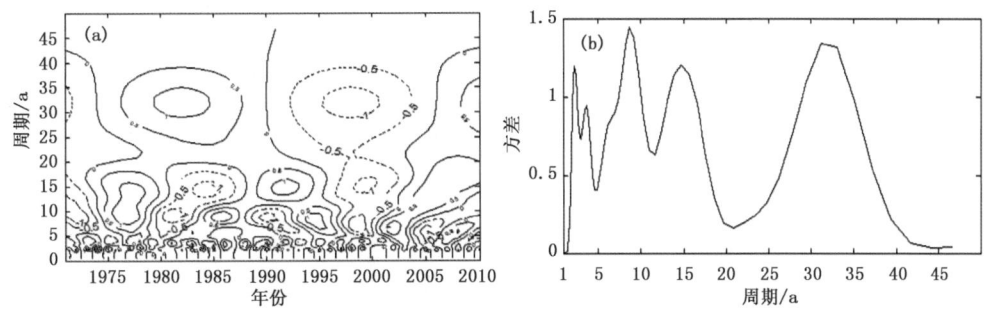

图 2.36　红枣种植区生长期降水量小波变化系数图（a）、小波方差图（b）

周期。在短期震荡周期中降水量增减变化较为剧烈，在中长期周期震荡中降水量变化趋于平缓，30 a 左右的周期表现为"少—多"交替的 3 个循环，7～8 a 的短周期降水量增减剧烈，规律明显，至 2010 年，降水量处于增多趋势，与近 40 年萌芽期降水量增加的趋势一致。从小波方差图可看出，8 a 左右的周期震荡最强，为该时段降水量变化的第一主周期（图 2.37）。

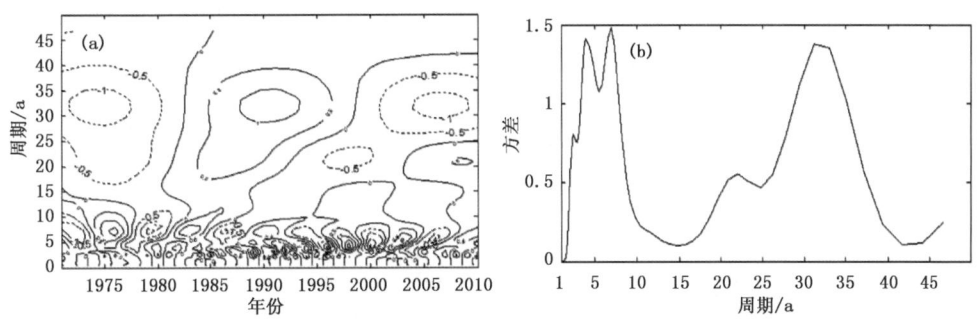

图 2.37　红枣种植区萌芽期降水量小波变化系数图（a）、小波方差图（b）

开花期降水量受多重周期性规律控制，明显存在着 2～3 a 的短期震荡周期，21 a 和 31 a 左右的中期震荡周期。从震荡的剧烈程度来看 31 a 左右的中期变化是该时段降水量的主要控制周期，但 2～3 a 的短周期和 21 a 的中周期变化也对降水量有较大影响（图 2.38）。

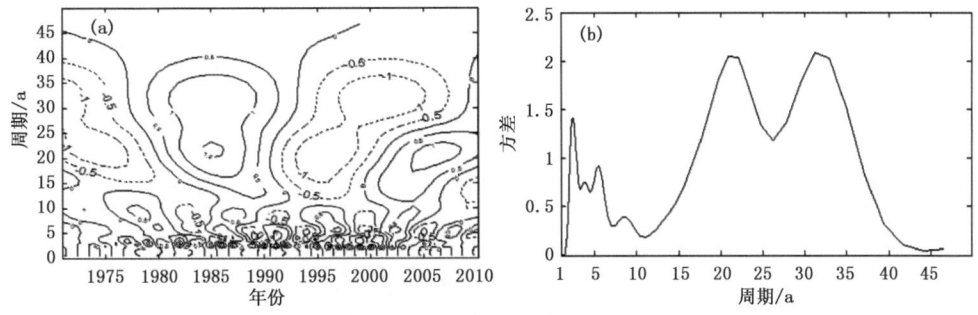

图 2.38　红枣种植区开花期降水量小波变化系数图（a）、小波方差图（b）

从震荡的剧烈程度来看 15 a 左右的中期变化是幼果期降水量的主要控制周期，在 15 a 左右的周期变化中表现为降水量"多—少"交替的 4 个明显的循环，在 2010 年降水量减少的等值线闭合,说明在 2010 年前后降水量将以偏少为主,之后在 15 a 左右的周期中幼果期降水量将以偏多为主(图 2.39)。

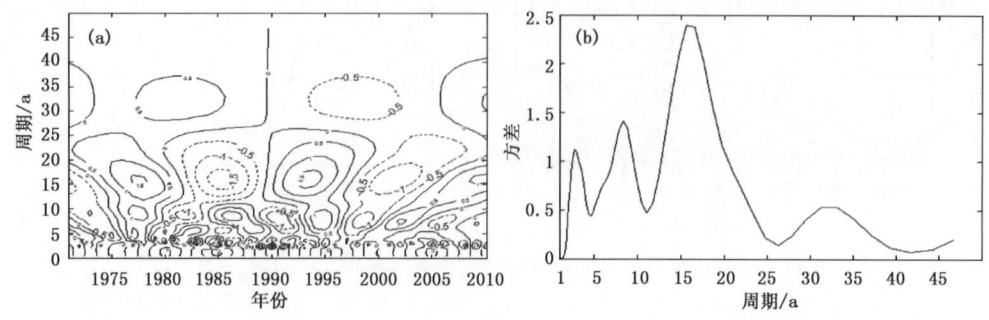

图 2.39　红枣种植区幼果期降水量小波变化系数图 (a)、小波方差图(b)

脆熟—采收期降水量在 10 a 以下尺度周期震荡剧烈,表现为增减的剧烈变化,在 13 a 以上尺度中规律比较清晰,特别是在 30 a 以上的大尺度上,规律性最明显,并在 31 a 的时间尺度上出现第一主周期,表现为降水量"多—少"交替的 3 个循环,在 2010 年降水量增多的等值线即将闭合但还没有闭合,说明在未来一段时间内种植区红枣脆熟—采收期仍将处于多雨时期(图 2.40)。

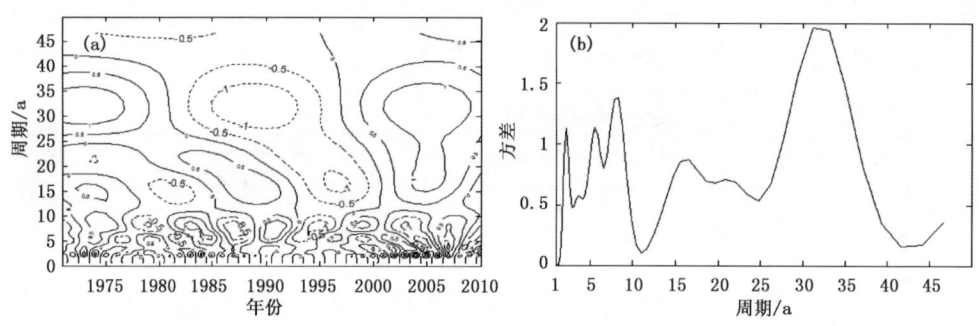

图 2.40　红枣种植区脆熟—采收期降水量小波变化系数图 (a)、小波方差图(b)

落叶期降水量在 9 a 左右的时间尺度上出现第一主周期,规律比较明显,表现为降水量"多—少"交替的 8 个循环,在 2010 年前后红枣落叶期降水量基本以偏少为主,在未来 9 a 左右的周期变化中,此时段降水量将逐渐增加(图 2.41)。

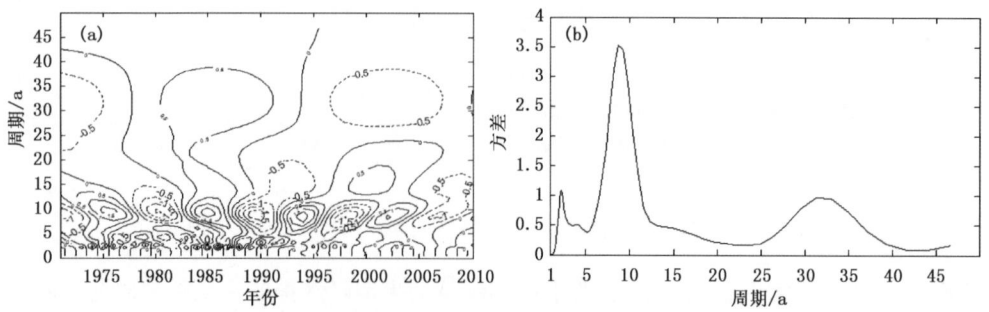

图 2.41　红枣种植区落叶期降水量小波变化系数图 (a)、小波方差图(b)

休眠期降水量在 10 a 左右的时间尺度上出现第一主周期,规律比较明显,表现为降水量 "少—多"交替的 8 个循环,在 2010 年小波系数正等值线尚未闭合,说明在 2010 年以后的一段时间内红枣休眠期降水量仍降继续偏多(图 2.42)。

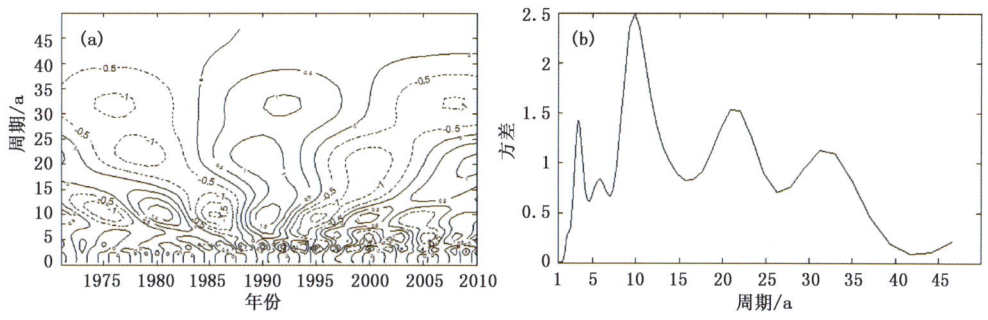

图 2.42　红枣种植区休眠期降水量小波变化系数图（a）、小波方差图(b)

2.2.4　降水资源突变特征

在近 40 年各时间尺度降水量波动变化中,各时段降水量突变出现年不同,大部集中在 20 世纪 90 年代末至 21 世纪初,其中年、落叶期、萌芽期、幼果期等时段降水量在突变年前后发生降水减少的变化,其余时间尺度突变年后降水量均是显著增加。

年降水量在 70 年代初期略减,之后较长一段时间降水量均呈增加趋势,特别是 1978 年前后降水量增加显著,从 1999 年开始降水量呈减少趋势,减少趋势未达到显著水平。UF 和 UB 在信度线之间有多个交点,对交点进滑动 t 检验,1996 年分别通过了 $n=5$ 和 $n=10$ 的显著性检验,说明年降水量在 1996 年前后发生了由丰到枯的突变现象(图 2.43)。

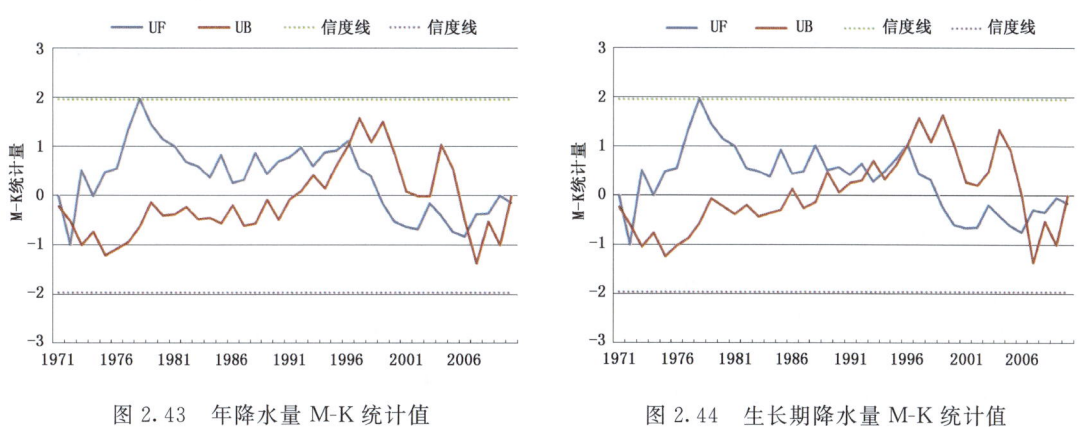

图 2.43　年降水量 M-K 统计值　　　　图 2.44　生长期降水量 M-K 统计值

生长期降水量在 1973 年以前呈短期略减趋势后,至 1998 年较长时间均维持增加趋势,且在 1978 年前后增加显著,1999 年之后呈减少趋势。用滑动 t 检验对交点区域进行可靠性诊断,1996 年分别通过了 $n=5$ 和 $n=10$ 的显著性检验,说明年降水量在 1996 年前后发生了减少的突变现象(图 2.44)。

萌芽期降水量在 1973 年以前呈短期略减后,从 1974 年开始至 2010 年均呈增加趋势,且在 1985—1999 年较长的时间段中,降水量增加显著,M-K 正向序列 UF 曲线超过 0.05 显著性水平的信度线。用滑动 t 检验对 M-K 交点区域进行可靠性诊断,1981、1982 年分别通过了

$n=5$ 和 $n=10$ 的显著性检验,说明年降水量在 1981 年前后发生了增加的突变现象(图 2.45)。

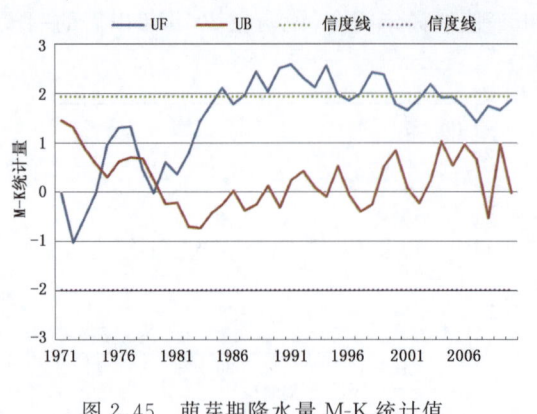

图 2.45　萌芽期降水量 M-K 统计值

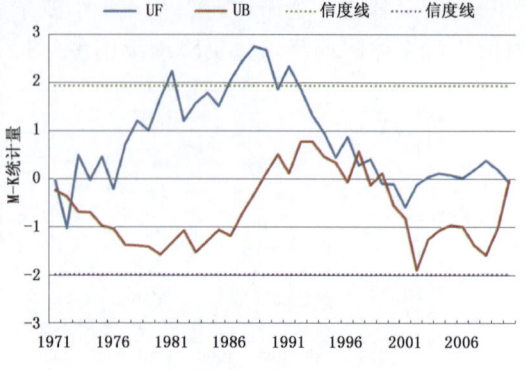

图 2.46　开花期降水量 M-K 统计值

　　近 40 年种植区红枣开花期降水量趋势变化主要有四个时段:1971—1972 年降水量减少、1973—1998 年增加、1999—2002 年减少、2003 年以后逐渐增加。其中在 1981 年和 1986—1991 年两个时间段降水量增加显著。用滑动 t 检验对 M-K 突变检验图交点区域进行步长分别为 5 和 10 的可靠性诊断,2001 年通过了 0.05 显著性水平的步长为 5 的显著性检验,说明开花期降水量在 2001 年前后发生了由少变多的突变现象(图 2.46)。

　　幼果期降水量在 1976 年以前以减少趋势为主,1977—1983 年大幅增加,1984—1994 年降水量逐渐减少,1995—1997 年小幅增加,1997 年以后呈持续性减少趋势。用滑动 t 检验对交点区域进行可靠性诊断,1996 年通过了 0.05 显著性水平的步长为 5、10 和 0.01 显著性水平的步长为 5 的显著性检验,说明幼果期降水量在 1996 年前后发生了由多到少的突变现象(图 2.47)。

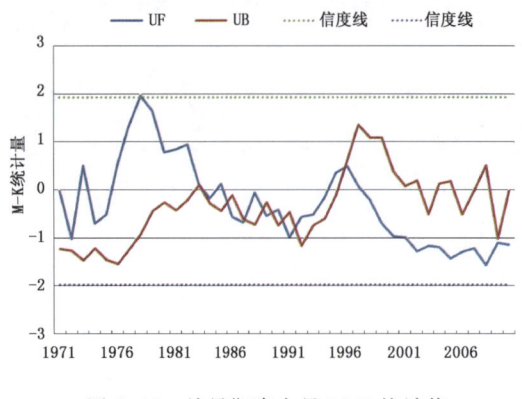

图 2.47　幼果期降水量 M-K 统计值

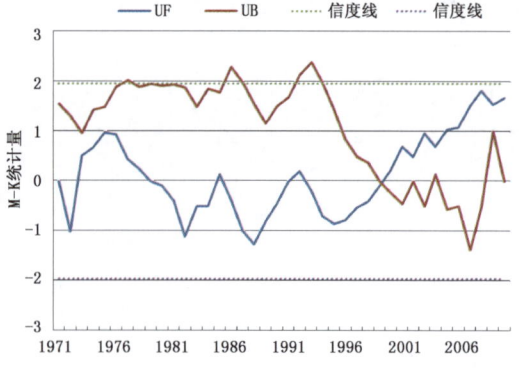

图 2.48　脆熟—采收期降水量 M-K 统计值

　　脆熟—采收期降水量在 70 年代初期偏少,1973—1979 年有所增加,1980—1999 年呈波动式减少趋势,1999 年以后降水量呈直线式增加趋势。M-K 的两条统计量曲线 UF、UB 在 1999 年前后相交,用滑动 t 检验对交点区域进行可靠性诊断,1999 年通过了 $n=10$ 的显著性检验,说明脆熟—采收期降水量在 1999 年前后发生了由少到多的突变现象,且这种增加趋势仍在持续(图 2.48)。

　　落叶期降水量 M-K 突变图中正向序列 UF 曲线在 1990 年以前均大于 0,且靠近 0.05 显著性水平的信度线,在 1978 年超过信度线,表明在 1990 年以前降水量呈明显的增加趋势;1990 年以后 UF 曲线在 0 值线附近以 3～4 年的周期上下波动,表明降水量的小幅增减波动,2006 年以后降水量呈下降趋势。在信度线之间,M-K 的两条统计量曲线 UF、UB 在 2005、2008 年前后相交,用滑动 t 检验对交点区域进行可靠性诊断,2004、2005 年通过了 $n=5$ 的显著性检验,说明落叶期降水量在 2005 年前后发生了由多到少的突变现象,且这种少雨状况仍将持续(图 2.49)。

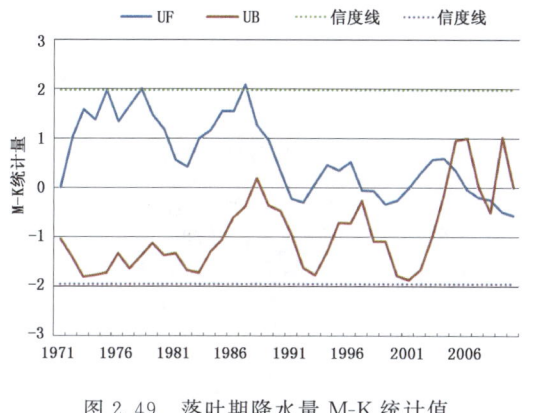 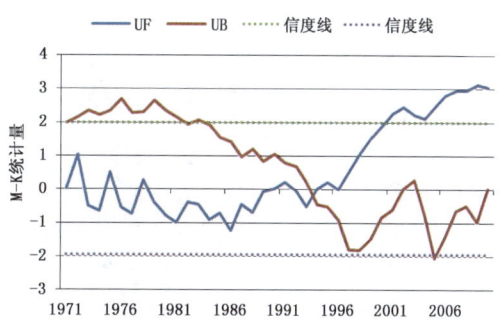

图 2.49　落叶期降水量 M-K 统计值　　　　图 2.50　休眠期降水量 M-K 统计值

　　休眠期降水量 M-K 突变图中正向序列 UF 曲线变化比较简单,在 1979 年以前,曲线主要集中在负值区,表明该时段降水量偏少,1979 年以后 UF 曲线逐年上升,且在 1993 年超过了信度线,表明 1979 年以后降水量呈明显的增加趋势,在 1993 年降水量增加显著。在信度线之间,M-K 的两条统计量曲线有两个交点:1982、1987 年,用滑动 t 检验对交点区域进行可靠性诊断,1988 年通过了 $n=5$ 的 0.05 显著性检验,说明休眠期降水量在 1988 年前后发生了由少到多的突变现象(图 2.50)。

2.3　光资源时空变化特征分析

　　受光资源数据限制,本研究中,以日照数据为代表,分析黄土高原丘陵区红枣种植区光资源的变化情况。

　　1971—2010 年黄河沿岸红枣种植区各时段日照资源空间分布总体呈自北向南逐渐递减的分布特征,其中府谷北部日照时数最多,延川及延长中南部日照时数最少,黄河两岸间,黄河西岸红枣种植区的日照时数总体好于黄河东岸红枣种植区。

　　黄河沿岸红枣种植区各生育期日照时数整体呈下降趋势,其中生长期日照时数下降最显著,其次是休眠期,萌芽期至开花期日照时数下降趋势最弱,且部分县呈现略增趋势。黄河两岸间,黄河东岸红枣种植县的下降趋势较西岸红枣种植县的下降趋势明显。各种植县间,临县与石楼两县各生育期日照时数下降趋势最为明显,其次是佳县,而柳林的日照时数增加趋势最明显。日照时数的减少,总体上不利于黄河沿岸红枣产业的健康发展。此外,在各年代际变化中,各地区 20 世纪 70 年代的日照资源普遍为最佳,基本均超过 40 年平均值,80 年代的日照资源普遍偏差,大部分地区日照时数均低于 40 年平均值。

　　利用 M-K 突变检验法和滑动 t 检验法对黄土高原丘陵区红枣不同时段的日照时数进行

突变分析,发现除年、生长期和脆熟—采收期日照时数发生突变外,其余时段的日照时数均未发生突变,发生突变的三个时段,突变时间集中在 20 世纪 80 年代初和 90 年代末。

2.3.1　日照时数空间分布特征

1971—2010 年,红枣种植区各时间尺度的日照时数空间分布大都呈自北向南、自西向东逐渐递减的分布特征,除休眠期外,府谷中北部日照时数普遍最多,延长中南部以及柳林中东部地区日照时数普遍最少。黄河两岸间,西岸红枣种植区的日照时数总体好于东岸红枣种植区(图 2.51)。

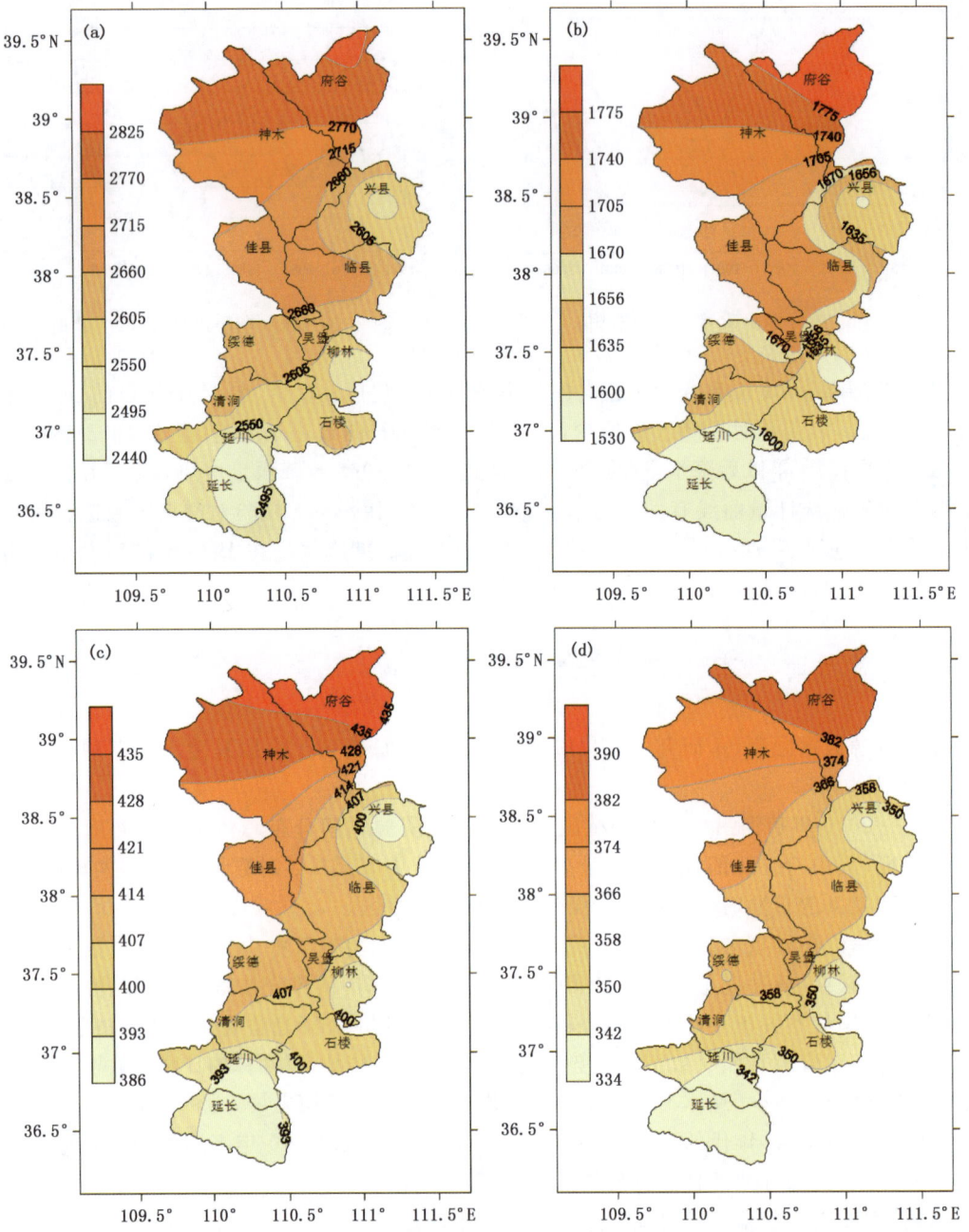

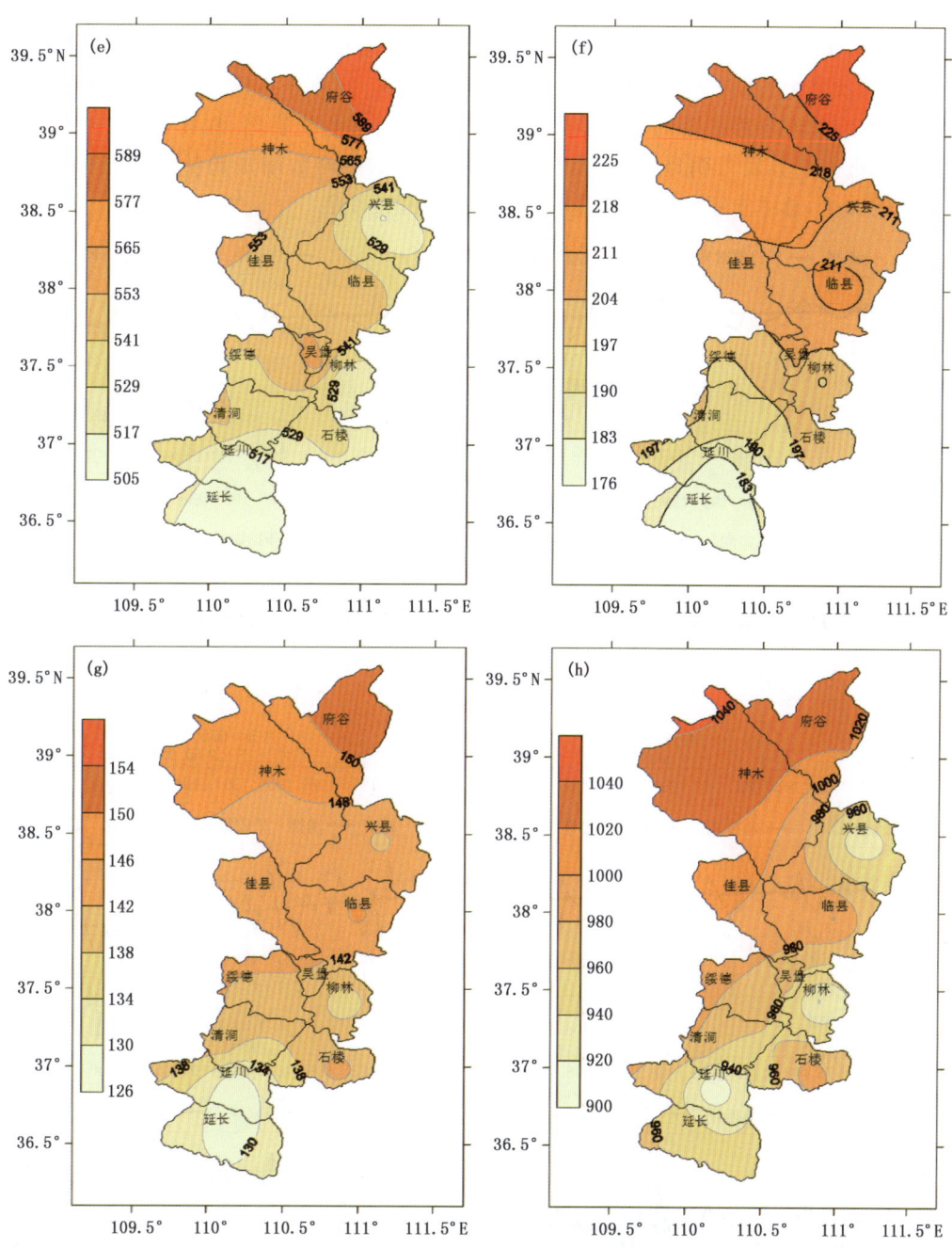

图 2.51　红枣种植区各时间尺度日照时数空间分布(单位:h)

〔(a)为年日照时数,(b)为生长期日照时数,(c)为萌芽期日照时数,(d)为开花期日照时数,(e)为幼果期日照时数,(f)为脆熟—采收期日照时数,(g)为落叶期日照时数,(h)为休眠期日照时数〕

2.3.2 日照时数年际及年代际变化特征

2.3.2.1 日照时数年际变化趋势

近40年,黄河沿岸红枣种植区各时间尺度日照时数整体呈下降趋势,其中年日照时数下降最显著,其次是生长期,落叶期日照时数下降趋势最弱,且部分县呈现略增趋势(图2.52)。黄河两岸间,东岸红枣种植县的下降趋势较西岸的明显。各种植县间,临县与石楼两县各生育期日照时数下降趋势最为明显,其次是佳县,而柳林的日照时数增加趋势最明显(表2.31)。日照资源的减少,总体上不利于黄河沿岸红枣产业的健康发展。

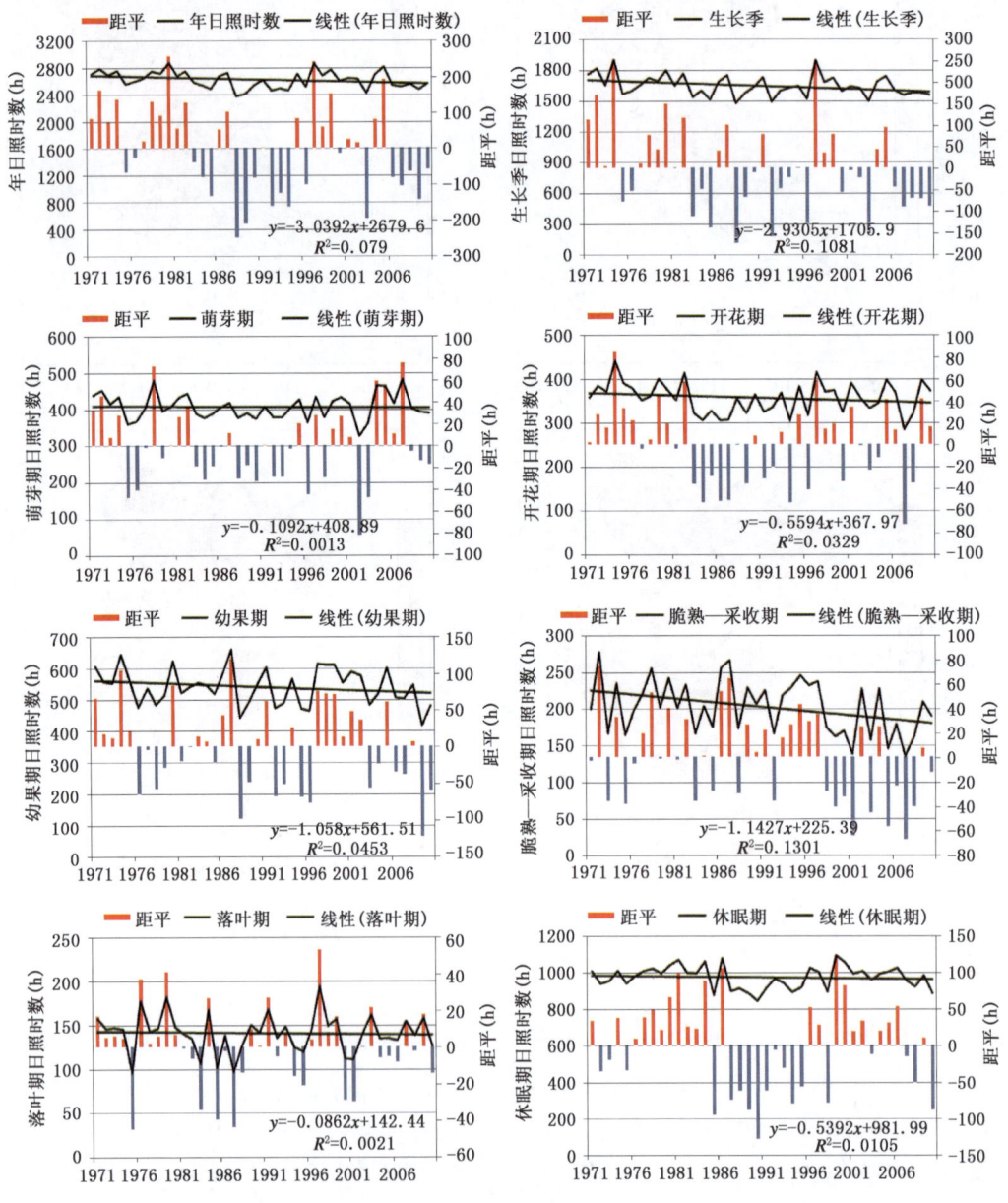

图 2.52　红枣种植区各时间段日照时数年际变化趋势及距平分布

表 2.31　红枣种植全区及各县各时间段日照时数气候倾向率(单位:h/10a)

地区	全年	生长期	萌芽期	开花期	幼果期	脆熟—采收期	落叶期	休眠期
临县	−68.29***	−51.56***	−5.89	−9.18	−19.80*	−13.70**	−2.97	−21.37*
兴县	−27.21	−17.56	1.12	−4.03	−3.18	−9.59	−1.86	−12.72
柳林	44.61	21.03	13.79*	1.59	7.85	−6.67	4.47	20.07
石楼	−58.57**	−55.50**	−6.67	−15.30*	−22.46	−10.76	−0.28	−6.82
府谷	−11.47	−33.34	−1.61	1.55	0.39	−8.28	0.62	−10.86
佳县	−58.54*	−47.16*	−7.20	−4.48	−18.22	−15.48**	−1.77	−15.89
清涧	−59.62**	−51.58***	−7.01	−11.74	−17.82	−13.28*	−1.70	−12.17
神木	−45.14	−34.21	−5.36	−5.22	−13.76	−9.76*	−0.10	−14.14
绥德	14.49	−1.14	6.29	4.02	−1.65	−13.16*	0.35	10.15
吴堡	−28.87	−28.68	2.82	3.55	−1.56	−13.99**	−2.39	−4.64
延长	−21.00	−18.69	4.94	−5.71	−6.79	−10.64	−0.48	12.71
延川	−22.14	−31.10	1.21	−8.18	−12.41	−10.48	−1.23	5.85
种植全区	−30.39	−29.30*	−1.09	−5.59	−10.58	−11.42*	−0.86	−5.39

注:*** 为通过 0.001 显著性检验,** 为通过 0.01 显著性检验,* 为通过 0.05 显著性检验。

(1)红枣种植区年日照时数呈下降趋势,气候倾向率为−30.39 h/10a 其中东岸红枣种植县的下降趋势较西岸红枣种植县的下降趋势更为明显。各种植县中,除柳林、绥德 2 县年日照时数为增加趋势外,其余种植县年日照时数均为下降趋势,其中临县下降趋势最为明显。

(2)红枣种植区生长期日照时数呈下降趋势,气候倾向率为−29.30 h/10a,其中东岸红枣种植县的下降趋势较西岸红枣种植县的下降趋势更为明显。各种植县中,除柳林红枣生长期日照时数为增加趋势外,其余种植县生长期日照时数均为下降趋势,其中石楼下降趋势最为明显。

(3)红枣种植区萌芽期日照时数呈下降趋势,气候倾向率为−1.09 h/10a,其中西岸红枣种植县的下降趋势较东岸红枣种植县的下降趋势更为明显。各种植县中,萌芽期日照时数呈增加和减少趋势的县数相同,其中增加趋势最显著的为柳林,下降趋势最显著的为佳县。

(4)红枣种植区开花期日照时数呈下降趋势,气候倾向率为−5.59 h/10a,其中东岸红枣种植县的下降趋势较西岸红枣种植县的下降趋势更为明显。各种植县中,开花期日照时数呈减少趋势的县数略多于呈增加趋势的县数,其中增加趋势最显著的为绥德,下降趋势最显著的为石楼。

(5)红枣种植区幼果期日照时数呈下降趋势,气候倾向率为−10.58 h/10a,其中东岸红枣种植县的下降趋势较西岸红枣种植县的下降趋势更为明显。各种植县中,除柳林、府谷红枣幼果期日照时数为增加趋势外,其余种植县幼果期日照时数均为下降趋势,其中石楼下降趋势最为明显。

(6)红枣种植区脆熟—采收期日照时数呈下降趋势,气候倾向率为−11.42 h/10a,其中西岸红枣种植县的下降趋势较东岸红枣种植县的下降趋势更为明显。各种植县中,柳林红枣脆熟—采收期日照时数的下降趋势最为缓慢,佳县日照时数的下降趋势最为显著。

(7)红枣种植区落叶期日照时数呈下降趋势,气候倾向率为−0.86 h/10a,其中东岸红枣种植县的下降趋势较西岸红枣种植县的下降趋势更为明显。各种植县中,除柳林、府谷和绥德红枣落叶期日照时数为增加趋势外,其余种植县落叶期日照时数均为下降趋势,其中临县下降趋势最为明显。

(8)红枣种植区休眠期日照时数呈下降趋势,气候倾向率为 -5.39 h/10a,其中东岸红枣种植县的下降趋势较西岸红枣种植县的下降趋势更为明显。各种植县中,除柳林、绥德、延长和延川红枣休眠期日照时数为增加趋势外,其余种植县休眠期日照时数均为下降趋势,其中临县下降趋势最为明显。

2.3.2.2　日照时数年代际变化趋势

(1)红枣种植区年日照资源随纬度升高而增加。近 40 年(1971—2010),年日照时数为 2440 h(延川)～2817 h(府谷),年日照时数随纬度升高而增加。在各年代际变化中,各县 1971—1980 的年日照资源为最佳,基本均超过 40 年平均值,1981—1990 和 2001—2010 两个时间段的日照资源为最差,大部分县日照均低于 40 年平均值(表 2.32)。

表 2.32　红枣种植全区及各县年日照时数年代际变化情况(单位:h)

地区	40 年平均	年日照时数				距平			
		1971—1980	1981—1990	1991—2000	2001—2010	1971—1980	1981—1990	1991—2000	2001—2010
临县	2692.9	2807.8	2704.3	2694.9	2564.6	114.9	11.4	2.0	-128.3
兴县	2515.9	2559.7	2535.4	2477.4	2491.0	43.8	19.5	-38.5	-24.8
柳林	2501.1	2487.7	2419.8	2519.7	2571.9	-13.4	-81.4	18.6	70.8
石楼	2627.6	2811.0	2548.8	2542.3	2608.1	183.5	-78.8	-85.2	-19.4
府谷	2817.1	2819.8	2823.1	2842.7	2782.8	2.7	6.0	25.6	-34.3
佳县	2664.9	2742.9	2671.3	2718.4	2527.2	78.0	6.3	53.5	-137.8
清涧	2615.3	2744.9	2580.5	2617.6	2518.4	129.6	-34.9	2.3	-96.9
神木	2757.8	2888.3	2729.9	2641.0	2771.8	130.5	-27.8	-116.7	14.0
绥德	2623.5	2634.7	2504.1	2751.9	2603.5	11.2	-119.4	128.3	-20.1
吴堡	2637.1	2743.9	2547.0	2648.2	2609.5	106.9	-90.2	11.1	-27.7
延长	2491.0	2523.8	2440.6	2514.0	2485.7	32.8	-50.4	23.0	-5.3
延川	2440.0	2562.6	2341.8	2397.0	2458.4	122.7	-98.2	-42.9	18.4
种植全区	2615.4	2693.9	2570.5	2613.8	2582.7	78.6	-44.8	-1.6	-32.6

(2)红枣种植区生长期日照资源随纬度升高而增加。近 40 年(1971—2010),生长期日照时数为 1538 h(延川)～1798 h(府谷),日照时数随纬度升高而增加。在各年代际变化中,各县 1971—1980 的日照资源为最佳,基本均超过 40 年平均值,1981—1990 和 2001—2010 两个时间段的日照资源为最差,大部分县日照均低于 40 年平均值(表 2.33)。

(3)红枣种植区萌芽期日照资源随纬度升高而增加。近 40 年(1971—2010),萌芽期日照时数为 387 h(延川)～436 h(府谷),日照时数随纬度升高而增加。在各年代际变化中,各县 1971—1980 和 2000—2010 的日照资源为最佳,基本均超过 40 年平均值,1981—1990 的日照资源为最差,大部分县日照均低于 40 年平均值(表 2.34)。

表 2.33　红枣种植全区及各县生长期日照时数年代际变化情况（单位：h）

地区	40 年平均	生长期日照时数				距平			
		1971—1980	1981—1990	1991—2000	2001—2010	1971—1980	1981—1990	1991—2000	2001—2010
临县	1691.0	1773.9	1702.5	1695.6	1591.9	83.0	11.5	4.6	−99.1
兴县	1590.9	1622.6	1604.9	1558.9	1577.3	31.7	14.0	−32.0	−13.6
柳林	1582.7	1572.9	1545.9	1598.4	1609.7	−9.8	−36.8	15.7	27.0
石楼	1636.3	1776.5	1595.1	1579.4	1594.0	140.3	−41.2	−56.8	−42.2
府谷	1798.1	1795.3	1800.3	1814.9	1781.7	−2.7	2.2	16.8	−16.3
佳县	1668.6	1738.8	1660.6	1713.2	1562.1	70.1	−8.1	44.5	−106.5
清涧	1641.9	1738.1	1626.0	1655.1	1548.6	96.1	−16.0	13.2	−93.3
神木	1726.9	1822.3	1705.8	1649.7	1729.7	95.4	−21.1	−77.2	2.8
绥德	1640.4	1666.6	1549.6	1738.0	1607.4	26.2	−90.8	97.6	−33.0
吴堡	1675.8	1752.2	1613.4	1703.6	1633.8	76.5	−62.4	27.9	−41.9
延长	1539.2	1580.7	1515.3	1563.4	1497.2	41.5	−23.8	24.2	−41.9
延川	1538.3	1647.0	1473.9	1508.8	1523.5	108.7	−64.4	−29.5	−14.8
种植全区	1644.2	1707.2	1616.1	1648.2	1604.7	63.1	−28.1	4.1	−39.4

表 2.34　红枣种植全区及各县萌芽期日照时数年代际变化情况（单位：h）

地区	40 年平均	萌芽期日照时数				距平			
		1971—1980	1981—1990	1991—2000	2001—2010	1971—1980	1981—1990	1991—2000	2001—2010
临县	413.9	424.7	416.5	408.9	405.7	10.7	2.6	−5.1	−8.2
兴县	387.2	389.2	385.7	376.6	397.5	1.9	−1.5	−10.6	10.2
柳林	392.2	376.7	380.6	392.1	413.3	−15.5	−11.6	−0.1	21.0
石楼	407.0	432.7	395.6	390.1	409.8	25.7	−11.5	−17.0	2.8
府谷	436.3	434.9	440.1	437.5	432.8	−1.5	3.8	1.2	−3.6
佳县	407.9	419.5	404.6	412.1	395.4	11.7	−3.3	4.2	−12.5
清涧	406.1	424.6	399.5	402.3	397.8	18.6	−6.6	−3.8	−8.2
神木	429.0	444.9	428.8	408.0	434.2	15.9	−0.2	−21.0	5.2
绥德	408.9	405.4	390.3	422.6	417.3	−3.5	−18.6	13.7	8.4
吴堡	409.3	415.1	391.7	409.9	420.7	5.8	−17.7	0.6	11.3
延长	390.9	389.5	382.0	387.6	404.4	−1.4	−8.8	−3.3	13.5
延川	386.9	398.9	370.9	377.1	400.5	12.1	−15.9	−9.8	13.7
种植全区	406.3	413.0	398.9	402.1	410.8	6.7	−7.4	−4.2	4.5

　　(4)红枣种植区开花期日照资源随纬度升高而增加。近 40 年(1971—2010)，开花期日照时数为 335 h(延长)～389 h(府谷)，日照时数随纬度升高而增加。在各年代际变化中，各县1971—1980 的日照资源为最佳，基本均超过 40 年平均值，1981—1990 的日照资源为最差，大

部分县日照均低于 40 年平均值(表 2.35)。

表 2.35 红枣种植全区及各县开花期日照时数年代际变化情况(单位:h)

地区	40 年平均	开花期日照时数				距平			
		1971—1980	1981—1990	1991—2000	2001—2010	1971—1980	1981—1990	1991—2000	2001—2010
临县	364.9	391.1	354.9	356.8	356.9	26.2	−10.0	−8.1	−8.0
兴县	340.0	355.7	332.7	328.6	343.2	15.6	−7.3	−11.4	3.1
柳林	339.4	357.7	322.2	334.8	350.2	18.3	−17.1	−4.6	10.8
石楼	352.9	399.9	331.3	333.1	347.4	47.0	−21.6	−19.8	−5.5
府谷	388.7	390.5	383.3	391.1	389.9	1.8	−5.4	2.4	1.2
佳县	358.7	373.8	341.3	368.0	351.8	15.1	−17.4	9.3	−6.9
清涧	359.3	396.8	336.3	356.9	347.2	37.5	−23.0	−2.4	−12.1
神木	373	395.7	359.5	364.6	377.5	21.4	−14.8	−9.8	3.2
绥德	357.5	368.3	323.4	373.4	365.2	10.7	−34.1	15.8	7.6
吴堡	364.5	394.5	332.7	357.0	374.0	29.9	−31.8	−7.5	9.4
延长	334.5	360.2	318.4	323.1	336.5	25.6	−16.1	−11.4	2.0
延川	338.3	377.3	307.6	328.4	340.0	38.9	−30.6	−10.0	1.7
种植全区	356.1	380.1	337.0	351.3	356.6	24.0	−19.1	−4.8	0.5

(5)红枣种植区幼果期日照资源随纬度升高而增加。近 40 年(1971—2010),幼果期日照时数为 507 h(延川)~593 h(府谷),日照时数随纬度升高而增加。在各年代际变化中,各县 1971—2000 的日照资源较好,基本均超过 40 年平均值,2001—2010 的日照资源为最差,大部分县日照均低于 40 年平均值(表 2.36)。

表 2.36 红枣种植全区及各县幼果期日照时数年代际变化情况(单位:h)

地区	40 年平均	幼果期日照时数				距平			
		1971—1980	1981—1990	1991—2000	2001—2010	1971—1980	1981—1990	1991—2000	2001—2010
临县	552.2	572.7	567.9	561.2	507.1	20.5	15.7	9.0	−45.1
兴县	515.3	516.2	528.3	504.2	512.5	0.9	13.0	−11.1	−2.8
柳林	518.9	497.5	515.4	531.4	522.8	−21.4	−3.5	12.5	3.8
石楼	531.9	572.3	533.4	512.5	509.5	40.4	1.5	−19.4	−22.5
府谷	592.7	580.7	593.0	598.5	598.7	−12.0	0.3	5.8	6.0
佳县	550.3	571.5	557.5	562.6	509.5	21.2	7.3	12.4	−40.8
清涧	541.3	557.8	554.6	550.1	503.0	16.4	13.2	8.7	−38.4
神木	561.1	595.5	554.1	534.8	560.2	34.4	−7.0	−26.4	−1.0
绥德	535.7	535.1	515.1	575.2	517.5	−0.6	−20.6	39.4	−18.2
吴堡	556.7	570.5	547.6	576.7	531.9	13.8	−9.2	20.1	−24.7
延长	507.7	507.7	513.0	529.5	480.8	−0.1	5.3	21.8	−27.0
延川	506.9	535.2	497.8	498.2	496.4	28.3	−9.1	−8.7	−10.5
种植全区	539.2	551.0	539.8	544.6	520.8	11.8	0.6	5.3	−18.4

(6)红枣种植区脆熟—采收期日照资源随纬度升高而增加。近 40 年(1971—2010),脆熟—采收期日照时数为 177 h(延长)～228 h(府谷),日照时数随纬度升高而增加。在各年代际变化中,各县 1971—1990 的日照资源为最佳,基本均超过 40 年平均值,2001—2010 的日照资源为最差,大部分县日照均低于 40 年平均值(表 2.37)。

表 2.37 红枣种植全区及各县脆熟—采收期日照时数年代际变化情况(单位:h)

地区	40 年平均	脆熟—采收期日照时数				距平			
		1971—1980	1981—1990	1991—2000	2001—2010	1971—1980	1981—1990	1991—2000	2001—2010
临县	213.3	228.0	225.3	219.0	180.7	14.7	12.0	5.8	−32.5
兴县	207.1	212.9	223.2	207.8	184.6	5.8	16.0	0.7	−22.6
柳林	196.4	201.9	203.9	199.9	181.9	5.6	7.6	3.5	−14.4
石楼	201.2	218.9	205.8	197.9	182.0	17.8	4.6	−3.2	−19.2
府谷	228.2	233.1	239.6	234.1	205.9	4.9	11.4	5.9	−22.3
佳县	207.5	224.7	219.4	216.2	169.9	17.1	11.8	8.7	−37.6
清涧	195.5	211.3	205.6	198.8	166.3	15.8	10.1	3.3	−29.2
神木	216.5	230.2	227.5	203.4	204.8	13.7	11.0	−13.1	−11.7
绥德	194.6	211.4	194.7	210.6	161.8	16.8	0.0	16.0	−32.8
吴堡	204.1	220.5	212.1	213.5	170.2	16.4	8.0	9.4	−33.8
延长	177.1	187.7	184.8	186.3	149.5	10.6	7.8	9.2	−27.5
延川	179.9	198.8	182.9	176.6	161.2	18.9	3.0	−3.3	−18.7
种植全区	201.8	215.0	210.4	205.4	176.6	13.2	8.6	3.6	−25.2

(7)红枣种植区落叶期日照资源随纬度升高而增加。近 40 年(1971—2010),落叶期日照时数为 126 h(延川)～152 h(府谷),日照时数随纬度升高而增加。在各年代际变化中,各县 1971—1980 和 1991—2000 的日照资源为最佳,基本均超过 40 年平均值,1981—1990 的日照资源为最差,大部分县日照均低于 40 年平均值(表 2.38)。

表 2.38 红枣种植全区及各县落叶期日照时数年代际变化情况(单位:h)

地区	40 年平均	落叶期日照时数				距平			
		1971—1980	1981—1990	1991—2000	2001—2010	1971—1980	1981—1990	1991—2000	2001—2010
临县	146.6	157.5	138.0	149.7	141.4	10.9	−8.7	3.0	−5.2
兴县	141.2	148.6	135.0	141.7	139.6	7.4	−6.2	0.4	−1.7
柳林	135.8	139.1	123.7	140.2	141.6	3.2	−12.1	4.4	5.8
石楼	143.2	152.7	129.1	145.8	145.4	9.5	−14.2	2.6	2.2
府谷	152.2	156.2	144.4	153.6	154.5	4.0	−7.8	1.4	2.4
佳县	144.2	149.3	137.8	154.2	135.6	5.1	−6.4	10.0	−8.7
清涧	139.7	147.6	130.0	147.1	134.3	7.8	−9.7	7.3	−5.4

续表

地区	40年平均	落叶期日照时数				距平			
		1971—1980	1981—1990	1991—2000	2001—2010	1971—1980	1981—1990	1991—2000	2001—2010
神木	145.9	155.9	135.9	138.9	153.0	10.0	−10.1	−7.0	7.1
绥德	141.4	146.5	126.2	156.3	136.6	5.1	−15.2	14.9	−4.8
吴堡	141.2	151.7	129.4	146.5	137.0	10.6	−11.7	5.3	−4.1
延长	128.9	135.7	117.1	136.9	126.0	6.8	−11.9	8.0	−2.9
延川	126.3	136.8	114.5	128.6	125.4	10.5	−11.9	2.2	−0.9
种植全区	140.6	148.1	130.1	144.9	139.2	7.6	−10.5	4.4	−1.4

(8)红枣种植区休眠期日照资源随纬度升高而增加。近40年(1971—2010),休眠期日照时数为901 h(延川)～1030 h(神木),日照时数随纬度升高而增加。在各年代际变化中,各县1971—1980的日照资源为最佳,基本均超过40年平均值,1981—1990的日照资源为最差,大部分县日照均低于40年平均值(表2.39)。

表2.39　红枣种植全区及各县生长休眠期时数年代际变化情况(单位:h)

地区	40年平均	休眠期日照时数				距平			
		1971—1980	1981—1990	1991—2000	2001—2010	1971—1980	1981—1990	1991—2000	2001—2010
临县	1002.0	1033.5	1008.0	1001.6	964.8	31.5	6.0	−0.4	−37.2
兴县	924.8	936.4	935.4	921.4	905.9	11.6	10.6	−3.4	−18.9
柳林	917.5	909.8	879.0	921.2	956.1	−7.7	−38.5	3.7	38.6
石楼	990.0	1028.8	960.1	965.9	1005.2	38.8	−29.9	−24.1	15.2
府谷	1019.6	1026.5	1026.6	1029.2	996.2	6.9	6.9	9.5	−23.4
佳县	995.7	1003.8	1013.1	1007.8	958.1	8.1	17.4	12.1	−37.7
清涧	973.1	1005.1	959.3	965.2	962.8	32.0	−13.8	−7.9	−10.3
神木	1030.3	1062.7	1029.7	994.3	1034.7	32.3	−0.6	−36.0	4.3
绥德	982.1	969.8	955.5	1015.1	988.1	−12.3	−26.7	33.0	5.9
吴堡	959.2	986.5	940.7	945.5	964.3	27.2	−18.6	−13.8	5.1
延长	950.0	939.8	931.9	949.0	979.4	−10.2	−18.1	−1.0	29.3
延川	900.8	912.3	874.2	889.1	927.5	11.5	−26.6	−11.7	26.8
种植全区	970.4	984.6	959.4	967.1	970.2	14.2	−11.0	−3.3	−0.2

2.3.3　日照时数变化周期特征

通过小波分析方法,年日照时数的周期为21～22 a、32～33 a、8～9 a。在10 a以上的年代际尺度上,20世纪70年代后期到80年代初、90年代中期到21世纪初期这两个时间段10～20 a时间尺度的能量密度较强,即振荡较强。对应20～30 a时间尺度,在20世纪70年代中期、21世纪前10 a的振荡较强(图2.53)。

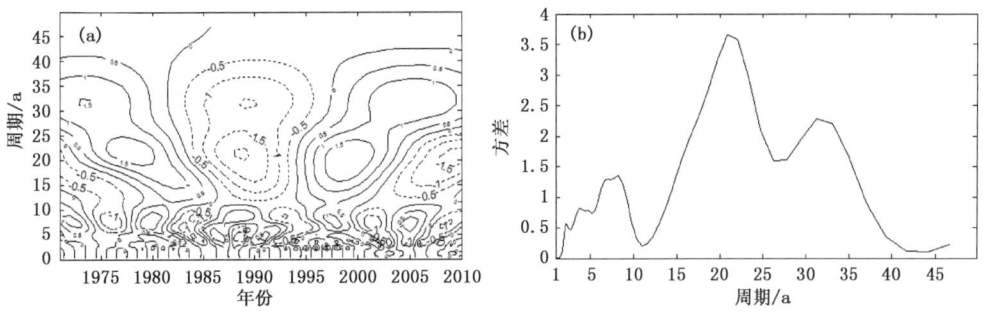

图 2.53　红枣种植区年日照时数小波变换系数图(a)、小波方差图(b)

通过小波分析方法,生长期日照时数的周期为 7~8 a、21~23 a、31~33 a。在 10 年以上的年代际尺度上,20 世纪 70 年代中期到 80 年代初、20 世纪 90 年代初期到 21 世纪初这两个时间段 20~30 a 时间尺度的能量密度较强,即振荡较强(图 2.54)。

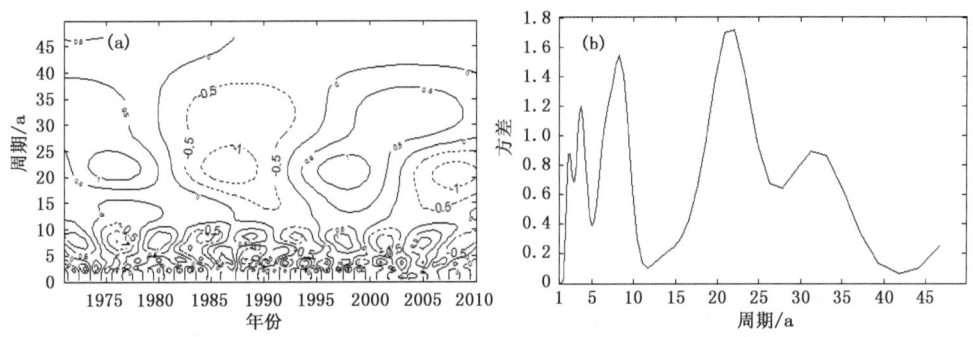

图 2.54　红枣种植区生长期日照时数小波变换系数图(a)、小波方差图(b)

通过小波分析方法,萌芽期日照时数的周期为 7~8 a、31~33 a。在 10 a 以上的年代际尺度上,20 世纪 70 年代中期、21 世纪 2005 年前后这两个时间段 20~30 a 时间尺度的能量密度较强,即振荡较强(图 2.55)。

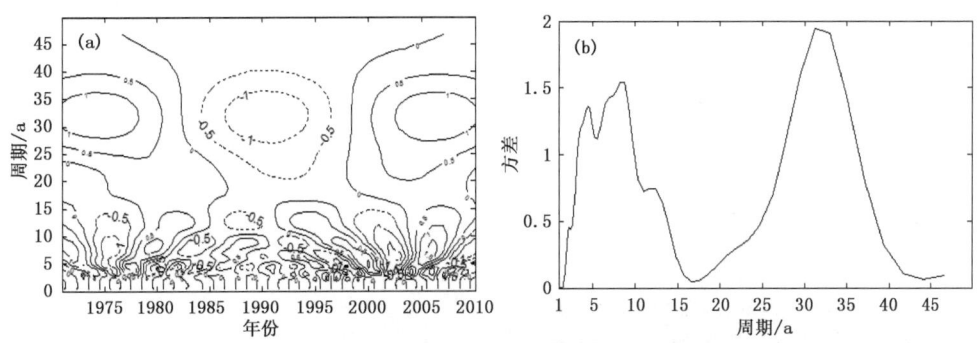

图 2.55　红枣种植区萌芽期日照时数小波变换系数图(a)、小波方差图(b)

通过小波分析方法,开花期日照时数的周期为 7~8 a、20~23 a、32~33 a。在 10 年以上的年代际尺度上,20 世纪 70 年代中后期、20 世纪 90 年代中期到 21 世纪初这两个时间段 10

～30 a 时间尺度的能量密度较强,即振荡较强(图 2.56)。

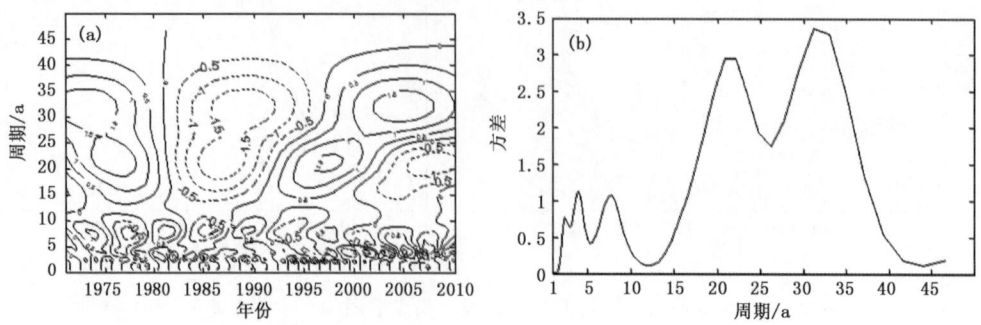

图 2.56　红枣种植区开花期日照时数小波变换系数图(a)、小波方差图(b)

通过小波分析方法,幼果期日照时数的周期为 2～3 a、7～8 a、15～16 a。在 10 a 以上的年代际尺度上,20 世纪 70 年代中期、21 世纪初这两个时间段 10～20 a 时间尺度的能量密度较强,即振荡较强(图 2.57)。

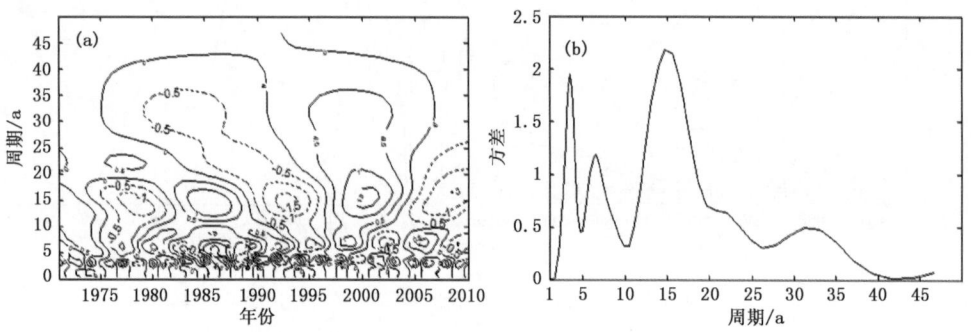

图 2.57　红枣种植区幼果期日照时数小波变换系数图(a)、小波方差图(b)

通过小波分析方法,脆熟—采收期日照时数的周期为 7～8 a、21～23 a、31～33 a。在 10 a 以上的年代际尺度上,20 世 80 年代中期到 90 代初 20～30 a 时间尺度的能量密度较强,即振荡较强(图 2.58)。

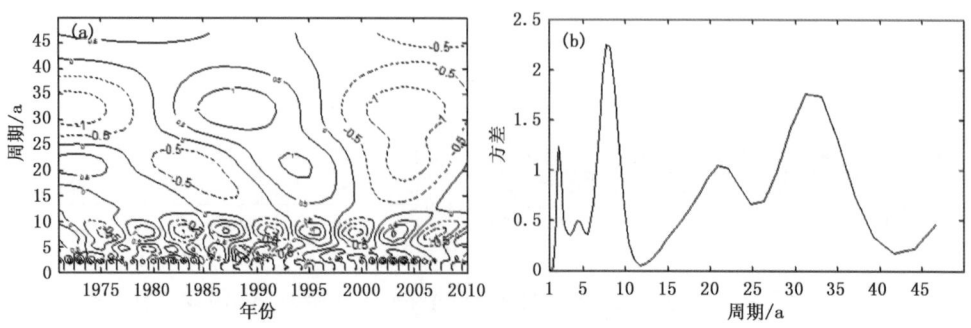

图 2.58　红枣种植区脆熟—采收期日照时数小波变换系数图(a)、小波方差图(b)

通过小波分析方法,落叶期日照时数的周期为 6～7 a、15～17 a、32～33 a。在 10 a 以上的年代际尺度上,20 世纪 70 年代后期到 80 年代初、20 世纪 90 年代中期这两个时间段 10～20 a 时间尺度的能量密度较强,即振荡较强。对应 20～30 a 时间尺度,在 21 世纪前 10 a 的振荡较强(图 2.59)。

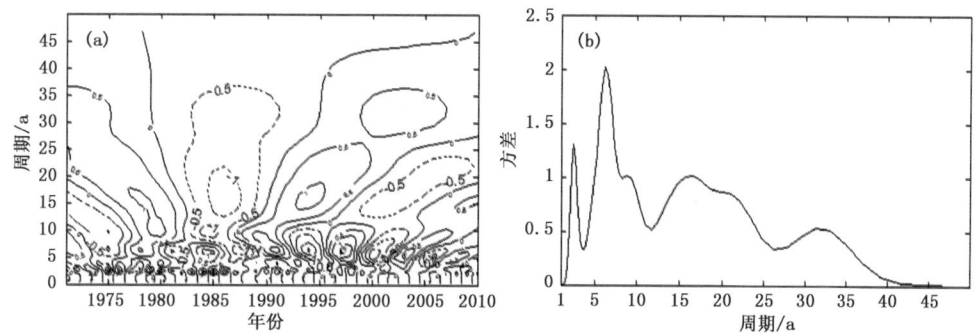

图 2.59　红枣种植区落叶期日照时数小波变换系数图(a)、小波方差图(b)

通过小波分析方法,休眠期日照时数的周期为 21～22 a、33～34 a。在 10 a 以上的年代际尺度上,20 世纪 70 年代后期到 80 年代初、20 世纪 90 年代中后期到 21 世纪初这两个时间段 10～20 a 时间尺度的能量密度较强,即振荡较强。对应 20～30 a 时间尺度,在 20 世纪 70 年代中期、2005—2010 年时间段的振荡较强(图 2.60)。

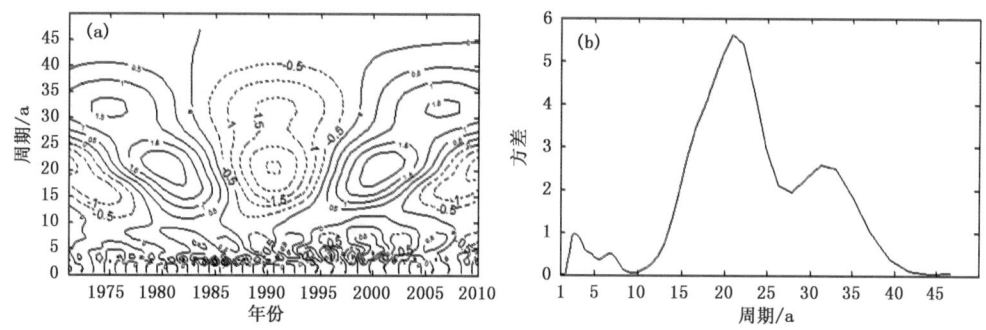

图 2.60　红枣种植区休眠期日照时数小波变换系数图(a)、小波方差图(b)

2.3.4　日照时数突变特征

利用 M-K 突变检验对 1971—2010 年黄河沿岸红枣种植区年日照时数进行检验,发现在 20 世纪 80 年代初期日照时数开始呈减少趋势,80 年代末期至 90 年代末期,UF 曲线超出显著性水平 0.05 临界线,年日照时数开始显著减少(图 2.61)。UF 和 UB 曲线交点位于两条信度线以内,相交于 1975、1977 和 1982 年,利用滑动 t 检验方法对这三年进行补充检验,发现 1982 年 t 检验结果可以通过显著性水平 0.05($n=5$)和 0.01($n=10$)的检验,说明红枣种植区年日照时数在 1982 年发生了突变(表 2.40)。对比突变点前后日照时数差异,突变前(1971—1981 年)种植区年日照时数多年平均值为 2699.3h,突变后(1982—2010 年)为 2586.1 h,突变后比突变前减少了 113.2 h。

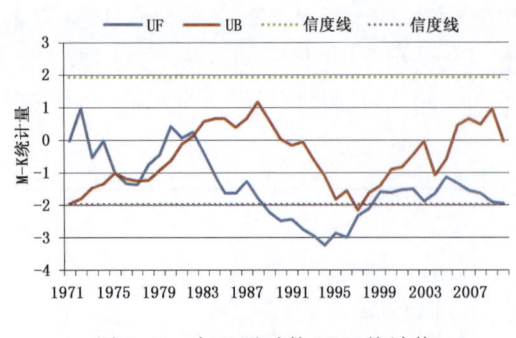

图 2.61 年日照时数 M-K 统计值

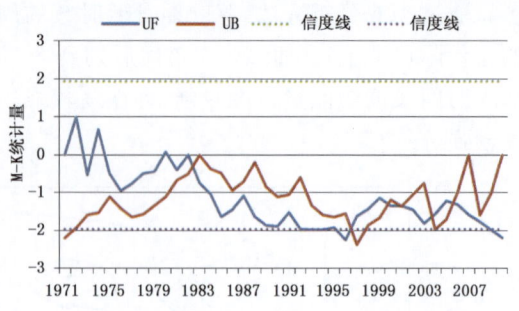

图 2.62 生长期日照时数 M-K 统计值

表 2.40 年日照时数突变检验情况

M-K 检验突变年	不同步长 t 检验结果	
	$n=5$	$n=10$
1975	−0.27	/
1977	−2.13	/
1982	2.78*	3.47**

注:表中 * 代表通过显著性水平为 0.05 的检验, * * 代表通过显著性水平为 0.01 的检验。

利用 M-K 突变检验对 1971—2010 年黄河沿岸红枣种植区生长期日照时数进行突变检验,发现在 20 世纪 70 年代中期日照时数开始呈减少趋势, 90 年代中期,UF 曲线超出显著性水平 0.05 临界线,生长期日照时数显著减少(图 2.62)。UF 和 UB 曲线交点位于两条信度线以内,相交于 1983、1997、2000、2004 和 2006 年,利用滑动 t 检验方法这些年进行补充检验,发现这些年的 t 检验结果均未能通过显著性水平为 0.05($n=5$)的检验,说明红枣种植区生长期日照时数在 1971—2010 年未发生突变(表 2.41)。

表 2.41 生长期日照时数突变检验情况

M-K 检验突变年	不同步长 t 检验结果	
	$n=5$	$n=10$
1983	1.20	1.78
1997	0.06	−0.35
2000	0.58	1.00
2004	−0.06	/
2006	/	/

利用 M-K 突变检验对 1971—2010 年黄河沿岸红枣种植区萌芽期日照时数进行检验,发现自 20 世纪 70 年代初期后日照时数一直处于减少趋势(图 2.63)。UF 和 UB 曲线交点位于两条信度线以内,相交于 1973 和 2004 年利用滑动 t 检验方法这两年进行补充检验,发现这两年的 t 检验结果未能通过显著性水平为 0.05 的检验,说明红枣种植区开花期日照时数在 1971—2010 年未发生突变(表 2.42)。

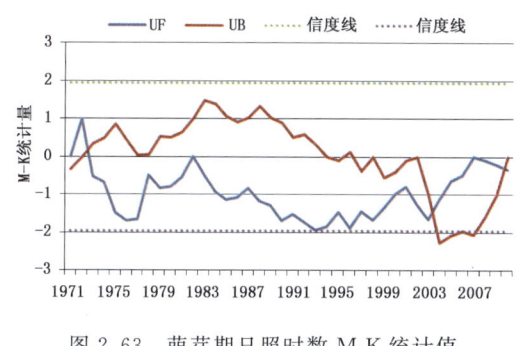

图 2.63　萌芽期日照时数 M-K 统计值

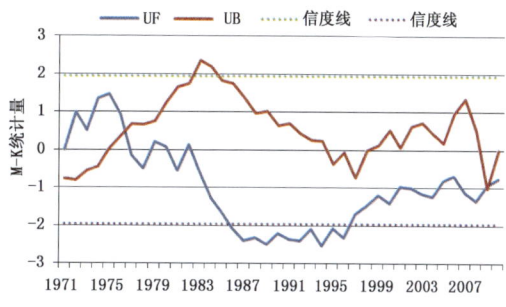

图 2.64　开花期日照时数 M-K 统计值

表 2.42　萌芽期日照时数突变检验情况

M-K 检验突变年	不同步长 t 检验结果	
	$n=5$	$n=7$
1973	/	/
2004	-1.02	/

利用 M-K 突变检验对 1971—2010 年黄河沿岸红枣种植区开花期日照时数进行检验,发现自 20 世纪 80 年代初期后日照时数一直处于减少趋势,其中在 90 年代,UF 曲线超出显著性水平 0.05 临界线,开花期日照时数显著减少(图 2.64)。UF 和 UB 曲线交点位于两条信度线以内,相交于 1976 和 2009 年,利用滑动 t 检验方法这两年进行补充检验,发现这两年的 t 检验结果均未能通过显著性水平为 0.01 和 0.05 的检验,说明红枣种植区开花期日照时数在 1971—2010 年未发生突变(表 2.43)。

表 2.43　开花期日照时数突变检验情况

M-K 检验突变年	不同步长 t 检验结果	
	$n=5$	$n=7$
1976	1.62	/
2009	/	/

利用 M-K 突变检验对 1971—2010 年黄河沿岸红枣种植区幼果期日照时数进行突变检验,发现在 20 世纪 70 年代初期后日照时数一直处于减少趋势(图 2.65)。UF 和 UB 曲线交点位于两条信度线以内,相交于 1974、1976、1981、1983、1986、1988 和 1992 年,利用滑动 t 检验方法这些年进行补充检验,发现这些年的 t 检验结果均未能通过显著性水平为 0.05($n=5$)的检验,说明红枣种植区幼果期日照时数在 1971—2010 年未发生突变(表 2.44)。

利用 M-K 突变检验对 1971—2010 年黄河沿岸红枣种植区脆熟—采收期日照时数进行突变检验,发现从 20 世纪 70 年代末期至 90 年代末日照时数一直处于增加趋势,21 世纪后,日照时数处于减少趋势(图 2.66)。UF 和 UB 曲线交点位于两条信度线以内,相交于 1999 年说明红枣种植区脆熟—采收期日照时数在 1999 年发生突变。对比突变前后脆熟—采收期日照时数的变化,发现突变前日照时数的多年平均值为 213.6 h,突变后日照时数的多年平均值为 174.7 h,突变后比突变前日照时数减少了 38.9 h。

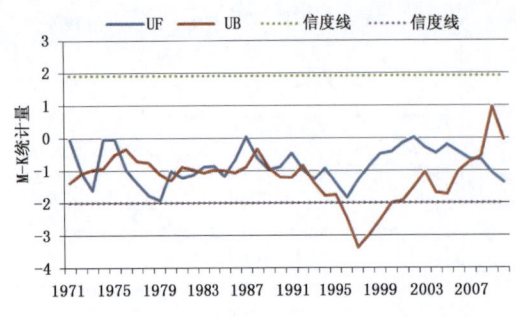

图 2.65　幼果期日照时数 M-K 统计值

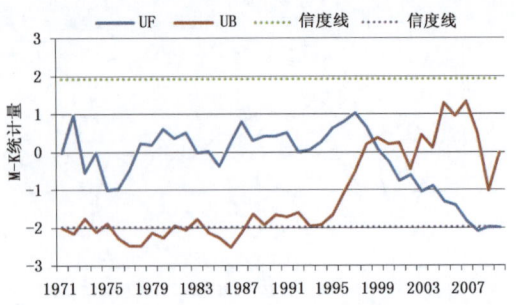

图 2.66　脆熟—采收期日照时数 M-K 统计值

表 2.44　幼果期日照时数突变检验情况

M-K 检验突变年	不同步长 t 检验结果		
	$n=5$	$n=7$	$n=10$
1974	/	/	/
1976	0.64	/	/
1981	-0.52	-0.61	0.09
1983	0.00	-0.11	0.35
1986	-0.01	0.79	0.82
1988	0.67	0.92	0.61
1992	-0.22	-0.09	-0.45

　　利用 M-K 突变检验对 1971—2010 年黄河沿岸红枣种植区落叶期日照时数进行突变检验,发现初 20 世纪 80 年代初期日照时数短暂出现增加趋势外,其余时期一直处于减少趋势(图 2.67)。UF 和 UB 曲线交点位于两条信度线以内,相交于 1980、1998 和 2003 年,利用滑动 t 检验方法这些年进行补充检验,发现这些年的 t 检验结果均未能通过显著性水平为 0.05 (n＝5)的检验,说明红枣种植区落叶期日照时数在 1971—2010 年未发生突变(表 2.45)。

　　利用 M-K 突变检验对 1971—2010 年黄河沿岸红枣种植区休眠期日照时数进行检验,发现在 20 世纪 70 年代中期到 80 年代末日照时数一直处于增加趋势,其中 80 年代初期,UF 曲线超出显著性水平 0.05 临界线,休眠期日照时数增加显著;90 年代初期至 21 世纪初,日照时数处于减少趋势(图 2.68)。UF 和 UB 曲线交点位于两条信度线以内,相交于 1985、1987 和

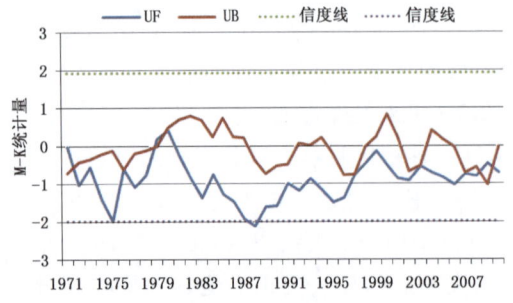

图 2.67　落叶期日照时数 M-K 统计值

图 2.68　休眠期日照时数 M-K 统计值

表 2.45　落叶期日照时数突变检验情况

M-K 检验突变年	不同步长 t 检验结果		
	$n=5$	$n=7$	$n=10$
1980	2.00	1.50	1.79
1998	0.58	0.79	1.12
2003	−0.24	0.53	/

1996 年,利用滑动 t 检验方法对这三年进行补充检验,发现 1985 和 1996 年 t 检验结果可以通过显著性水平为 0.01($n=10$)的检验,说明红枣种植区年日照时数在 1985 和 1996 年发生了突变(表 2.46)。对比突变点前后日照时数差异,第一次突变前(1971—1984 年)种植区休眠期日照时数多年平均值为 998.8 h,第一次突变后(1985—1995 年)为 918.1 h,突变后比突变前减少了 80.7 h,第二次突变后(1996—2010 年)为 979.5 h,突变后比突变前增加了 61.4 h。

表 2.46　休眠期日照时数突变检验情况

M-K 检验突变年	不同步长 t 检验结果	
	$n=5$	$n=10$
1985	1.46 * *	3.08
1987	1.72 *	2.67
1996	−1.43 * *	−3.62

注:表中 * * 代表通过显著性水平为 0.01 的检验。

第3章　气候变化对黄土高原丘陵区红枣生产的影响

3.1　气候变化对红枣物候期的影响

　　采用陕西佳县(1994—2013年)和山西临县(2000—2013年)红枣主要物候期资料和气象资料,利用线性回归分析法和趋势线分析法分析了两个代表县主要物候期的变化规律,发现佳县红枣萌芽期、坐果期和落叶期呈弱提前趋势,初花期和成熟期呈推迟趋势,全生育期长度呈弱延长趋势,速率为0.80 d/10a;临县盛花期、坐果初期、果实膨大期、着色初期和成熟期均呈提前趋势,且果实膨大期的提前趋势最显著,其他物候期均呈推迟趋势,且始花期推迟趋势最显著,全生育期长度呈弱延长趋势,速率为2.95 d/10a,延长速率略大于佳县。整体上,佳县和临县红枣各物候期变化基本一致,且趋势线分析法分析结果与线性回归分析结果相近。

　　通过对两个县红枣主要物候期与热量、降水资源的相关性进行分析,结果显示,两个县的红枣物候期与物候期间以及稳定通过0℃和10℃的各种积温组合没有显著的相关性,且临县的物候期与物候期间的平均气温同样缺乏相关性关系,但佳县的初花期—坐果期和坐果期—成熟期的平均气温与坐果期和成熟期的时间呈显著负相关关系,说明这两个时段的平均气温越高,坐果期和成熟期的时间越早。

3.1.1　物候变化气候倾向率分析

　　(1)佳县物候期气候倾向率分析。佳县红枣5个主要物候期中,萌芽展叶期、坐果期和落叶期为提前趋势,提前幅度分别为−0.36 d/10a、−0.27 d/10a和−0.17 d/10a,均未通过显著性检验;初花期和成熟期为推迟趋势,推迟幅度为1.88 d/10a和2.55 d/10a,均未通过显著性检验(图3.1,表3.1)。整体上,初花期和成熟期的推迟趋势更为显著,受此影响,展叶期到初花期的时间变长,开花期到坐果期的时间变短,坐果期到成熟期的时间变长,成熟期到落叶期的时间变短。

　　(2)临县物候期气候倾向率分析。临县红枣13个主要物候期中,盛花期、坐果初期、果实膨大期、着色初期和成熟期为提前趋势,提前幅度分别为−4.02 d/10a、−2.61 d/10a、−6.50 d/10a、−1.01 d/10a和−0.59 d/10a;其余物候期为推迟趋势,推迟幅度为0.19 d/10a～8.70 d/10a,其中抽枝展叶期和末花期的推迟趋势最为显著。此外,抽枝展叶到果实膨大期,以及落叶期,共7个主要物候期的变化趋势通过了显著性水平为0.05的检验,说明这几个物候期的变化趋势最显著,从它们之间的提前与推迟的变化,可以发现:抽枝展叶、始花期与盛花期的时间缩短,盛花期到末花期的时间延长,且末花期的推迟幅度达8.70 d/10a,说明临县红枣花期时间延长;末花期到坐果期和果实膨大期的时间缩短,说明果实生长初期的速度加快;最后抽枝展叶期和落叶盛期的推迟,说明果实主要生育期整体推后(图 3.2,表 3.2)。

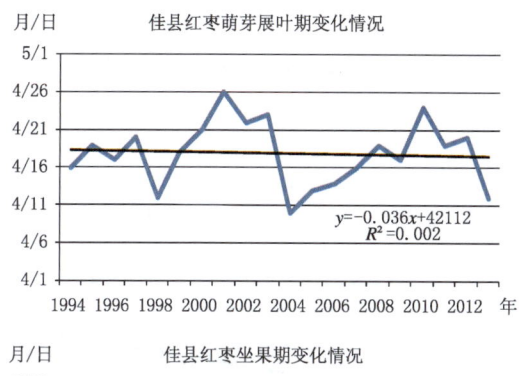

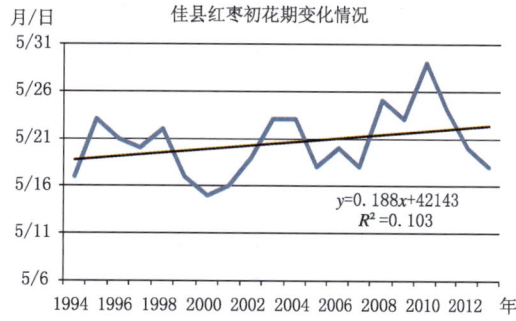

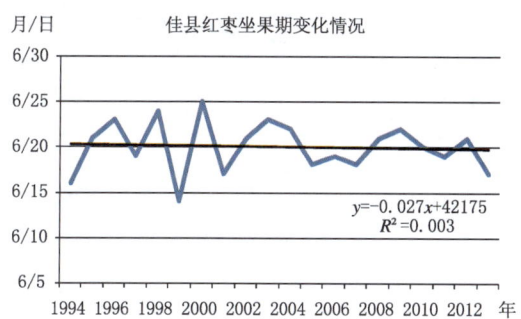

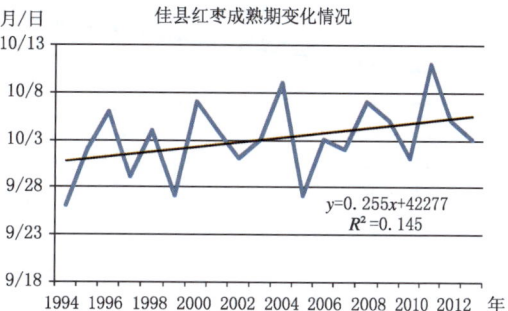

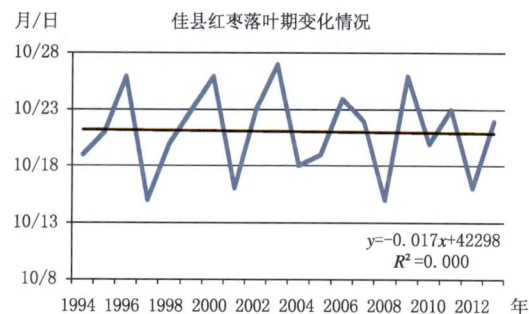

图 3.1　佳县红枣各物候期变化趋势情况

表 3.1　佳县红枣各物候期气候倾向率

物候期	气候倾向率 （单位:d/10a）	R^2	显著性检验
萌芽展叶期	−0.36	0.002	0.911
初花期	1.88	0.103	0.164
坐果期	−0.27	0.003	0.851
成熟期	2.55	0.145	0.115
落叶期	−0.17	0.000	0.929

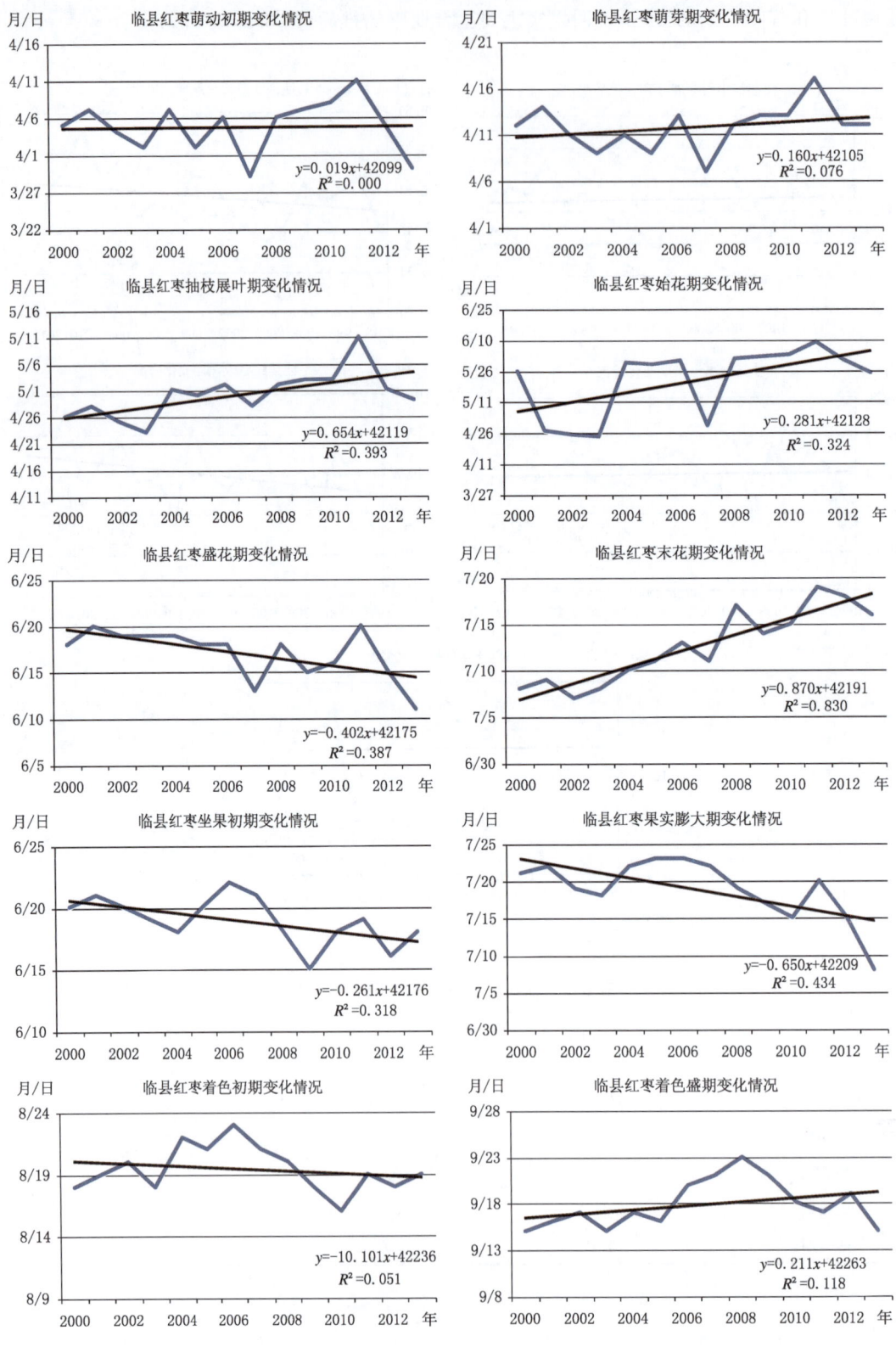

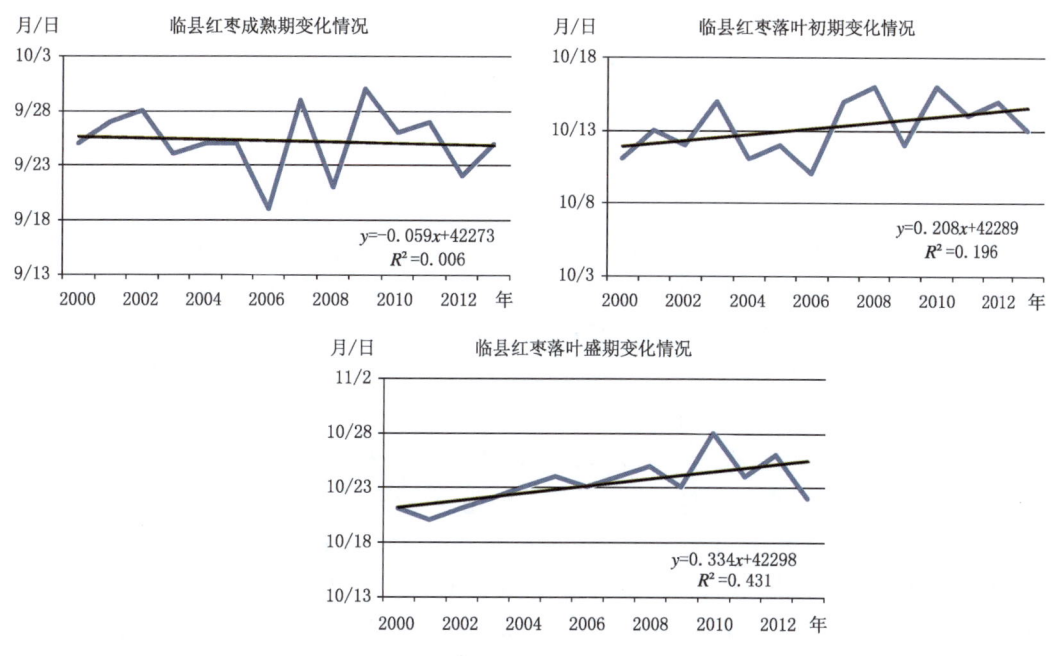

图 3.2　临县红枣各物候期变化趋势情况

表 3.2　临县红枣各物候期变化的气候倾向率

物候期	气候倾向率 （单位：d/10a）	R^2	显著性检验
萌动初期	0.19	0.000	0.966
芽期	1.60	0.076	0.374
抽枝展叶	6.54	0.393	0.019*
始花期	2.81	0.324	0.036*
盛花期	−4.02	0.387	0.019*
末花期	8.70	0.830	0.000***
坐果初期	−2.61	0.318	0.020*
果实膨大	−6.50	0.434	0.010**
着色初期	−1.01	0.051	0.141
着色盛期	2.11	0.118	0.273
成熟期	−0.59	0.006	0.736
落叶初期	2.08	0.196	0.143
落叶盛期	3.34	0.431	0.021*

注：＊＊＊为通过 0.001 的显著性检验，＊＊为通过 0.01 的显著性检验，＊为通过 0.05 的显著性检验。

3.1.2　趋势线分析法在红枣物候期研究中的应用

本研究在利用线性回归方法分析红枣物候期变化趋势的同时，还采用趋势线分析方法，分析了佳县和临县主要物候期变化特征。该方法可以定量评估研究期间各统计项的整体倾向

度,能够反映种植区主要物候期的变化趋势。其计算公式为:

$$\theta_i = \frac{n \times \sum\limits_{j=1}^{n}(j \times P_{i,j}) - \sum\limits_{j=1}^{n}j \times \sum\limits_{j=1}^{n}P_{ij}}{n \times \sum\limits_{j=1}^{n}j^2 - (\sum\limits_{j=1}^{n})^2} \qquad (3.1)$$

其中,n 为分析时段的年数,P_{ij} 为第 i 项统计特征第 j 年的值,θ_i 为第 i 项统计特征趋势线的斜率,如果 $\theta_i > 0$,则表示物候期的变化趋势是推后或延长,反之则是提前或缩短。

经过计算,佳县萌芽期、初花期、坐果期、成熟期、落叶期的变化速率分别为 -0.09 d/a、0.19 d/a、-0.02 d/a、0.26 d/a 和 -0.01 d/a。其中,萌芽期、坐果期和落叶期呈弱提前趋势,初花期和成熟期呈推迟趋势,推迟趋势程度均明显大于呈提前趋势的物候期。此外,全生育期长度呈弱延长趋势,速率为 0.08 d/a。

临县萌芽初期、萌芽期、抽枝展叶期、初花期、盛花期、末花期、坐果初期、果实膨大期、着色初期、着色盛期、成熟期、落叶初期和落叶盛期的变化速率分别为 0.03 d/a、0.15 d/a、0.65 d/a、2.27 d/a、-0.41 d/a、0.86 d/a、-0.27 d/a、-0.66 d/a、-0.11 d/a、0.20 d/a、-0.07 d/a、0.20 和 0.33 d/a。其中盛花期、坐果初期、果实膨大期、着色初期和成熟期均呈提前趋势,且果实膨大期的提前趋势最显著,其余物候期均呈推迟趋势,且始花期推迟趋势最显著。此外,全生育期长度呈弱延长趋势,速率为 0.29 d/a,延长速率略大于佳县。

整体上,佳县和临县红枣各物候期变化基本一致,且趋势线分析法分析结果与线性回归分析结果相近。

3.1.3　红枣物候期与积温

佳县萌芽期、初花期、坐果期、成熟期和落叶期与物候期间及稳定通过 0℃ 到该物候期的 $\geqslant 0℃$ 积温和 $\geqslant 0℃$ 积温的累积量均未通过显著性检验,说明佳县红枣主要物候期由于其他因素的影响,对 0℃ 积温变化的响应不明显(表 3.3)。

表 3.3　佳县物候期变化与 $\geqslant 0℃$ 积温相关性分析结果

积温	萌芽期		初花期		坐果期		成熟期		落叶期	
	Pearson 相关性	显著性检验	Pearson 相关性	显著性检验	Pearson 相关性	显著性检验	Pearson 相关性	显著性检验	Pearson 相关性	显著性检验
$\geqslant 0℃$ 积温	0.175	0.461	0.442	0.051	0.271	0.248	-0.352	0.129	0.442	0.051
$\geqslant 0℃$ 积温累积	0.175	0.461	0.263	0.263	0.257	0.274	-0.244	0.300	-0.022	0.925

在临县可通过显著性水平为 0.05 以上检验的七个物候期中,挑选具有代表性的三个物候期,进行其与物候期间及稳定通过 0℃ 到该物候期的 $\geqslant 0℃$ 积温的相关性分析。发现临县盛花期、成熟期和落叶期与 $\geqslant 0℃$ 积温和 $\geqslant 0℃$ 积温的累积量均未通过显著性检验,说明临县红枣盛花期、成熟期和落叶期由于其他因素的影响,对 $\geqslant 0℃$ 积温变化的响应不明显(表 3.4)。

表 3.4　临县主要物候期变化与 $\geqslant 0℃$ 积温相关性分析结果

积温	盛花期		成熟期		落叶期	
	Pearson 相关性	显著性检验	Pearson 相关性	显著性检验	Pearson 相关性	显著性检验
$\geqslant 0℃$ 积温	-0.177	0.544	0.323	0.261	0.381	0.179
$\geqslant 0℃$ 积温累积	-0.177	0.544	0.318	0.268	-0.043	0.883

分析发现,除成熟期与≥10℃有效积温呈显著负相关外,佳县萌芽期、初花期、坐果期、成熟期和落叶期与物候期间及稳定通过 10℃到该物候期的≥10℃活动积温、≥10℃活动积温的累积量、≥10℃有效积温以及≥10℃有效积温的累积量均未通过显著性检验,说明佳县红枣主要物候期由于其他因素的影响,对≥10℃积温变化的响应不明显(表 3.5)。

表 3.5　佳县物候期变化与 10℃积温相关性分析结果

积温	萌芽期		初花期		坐果期		成熟期		落叶期	
	Pearson相关性	显著性检验	Pearson相关性	显著性检验	Pearson相关性	显著性检验	Pearson相关性	显著性检验	Pearson相关性	显著性检验
≥10℃活动积温	−0.056	0.844	0.354	0.125	0.072	0.249	−0.404	0.077	0.213	0.368
≥10℃活动积温累积	−0.056	0.844	0.326	0.161	0.337	0.147	0.247	0.294	−0.206	0.383
≥10℃有效积温	0.040	0.886	0.273	0.243	0.132	0.580	−0.640	0.002**	−0.203	0.391
≥10℃有效积温累积	0.040	0.886	0.279	0.234	0.262	0.265	−0.197	0.405	−0.329	0.156

同样在临县可通过显著性水平为 0.05 以上检验的七个物候期中,挑选具有代表性的三个物候期,进行与≥10℃积温的相关性分析。分析发现临县盛花期、成熟期和落叶期与物候期间及稳定通过 10℃到该物候期的≥10℃活动积温、≥10℃活动积温的累积量、≥10℃有效积温以及≥10℃有效积温的累积量均未通过显著性检验,说明临县红枣盛花期、成熟期和落叶期由于其他因素的影响,对≥10℃积温变化的响应并不明显(表 3.6)。

表 3.6　临县主要物候期变化与≥10℃积温相关性分析结果

积温	盛花期		成熟期		落叶期	
	Pearson 相关性	显著性检验	Pearson 相关性	显著性检验	Pearson 相关性	显著性检验
≥10℃活动积温	0.498	0.070	0.279	0.333	0.364	0.201
≥10℃活动积温累积	0.498	0.070	0.321	0.263	0.013	0.964
≥10℃有效积温	0.372	0.190	0.109	0.710	−0.144	0.624
≥10℃有效积温累积	0.372	0.190	0.175	0.549	−0.139	0.636

3.1.4　红枣物候期与平均气温

佳县红枣萌芽期到初花期、初花期到坐果期、坐果期到成熟期和成熟期到落叶期的 pearson 检验结果和显著性水平分别为 −0.220、0.352,−0.583、0.007,−0.778、0.000 和 −0.145、0.542,其中初花期到坐果期和坐果期到成熟期的平均气温与坐果期和成熟期的时间呈显著负相关关系,说明这两个时段的平均气温越高,坐果期和成熟期的时间越早。而另两个生育期时间段平均气温和生育期时间未通过显著性检验,说明佳县红枣萌芽期到初花期和坐果期到成熟期的平均气温对初花期和落叶期的影响不明显。

对临县红枣盛花期、成熟期和落叶期三个物候期,进行与生育期期间平均气温的相关性分析,发现临县红枣萌芽期到盛花期、坐果期到成熟期和成熟期到落叶期的 pearson 检验结果和显著性水平分别为 −0.393、0.165,−0.163、0.577 和 −0.232、0.425,均未通过显著性检验,说明临县红枣萌芽期到盛花期、坐果期到成熟期和成熟期到落叶期的平均气温对盛花期、成熟期和落叶期的影响不明显。

3.1.5　红枣物候期与降水

利用偏最小二乘法(Partial Least Square regression,PLS)对佳县红枣物候与降水指标进行相关分析。PLS分析主要应用于化学计量学及高光谱遥感研究中,对自变量高度相关或自变量数目显著多于因变量的情况特别适用。最近研究证明,此方法在分析物候对气候变化响应研究中也得到了很好应用。PLS分析主要产生 2 个结果,分别为变量重要性指标(VIP)和标准化模型系数。前者反映了自变量在解释因变量变化时的重要性,通常采用 0.8 作为鉴定某自变量重要性与否的标准,标准化模型系数体现了自变量与因变量作用的方向与强度。

利用 PLS 方法,将 1994—2013 年佳县日平均气温、日最低气温、日最高气温、气温日较差、日平均湿度和日降水量,共 6 个要素对红枣各生育期分布的影响进行分析,共得到 30 个分析结果。结果发现在萌芽、初花、坐果、成熟和落叶期 5 个生育期中,除初花期到 9 月上旬的降水量对成熟期有明显的影响作用外,其他物候期与气温和降水的相关性均不明显(图 3.3)。

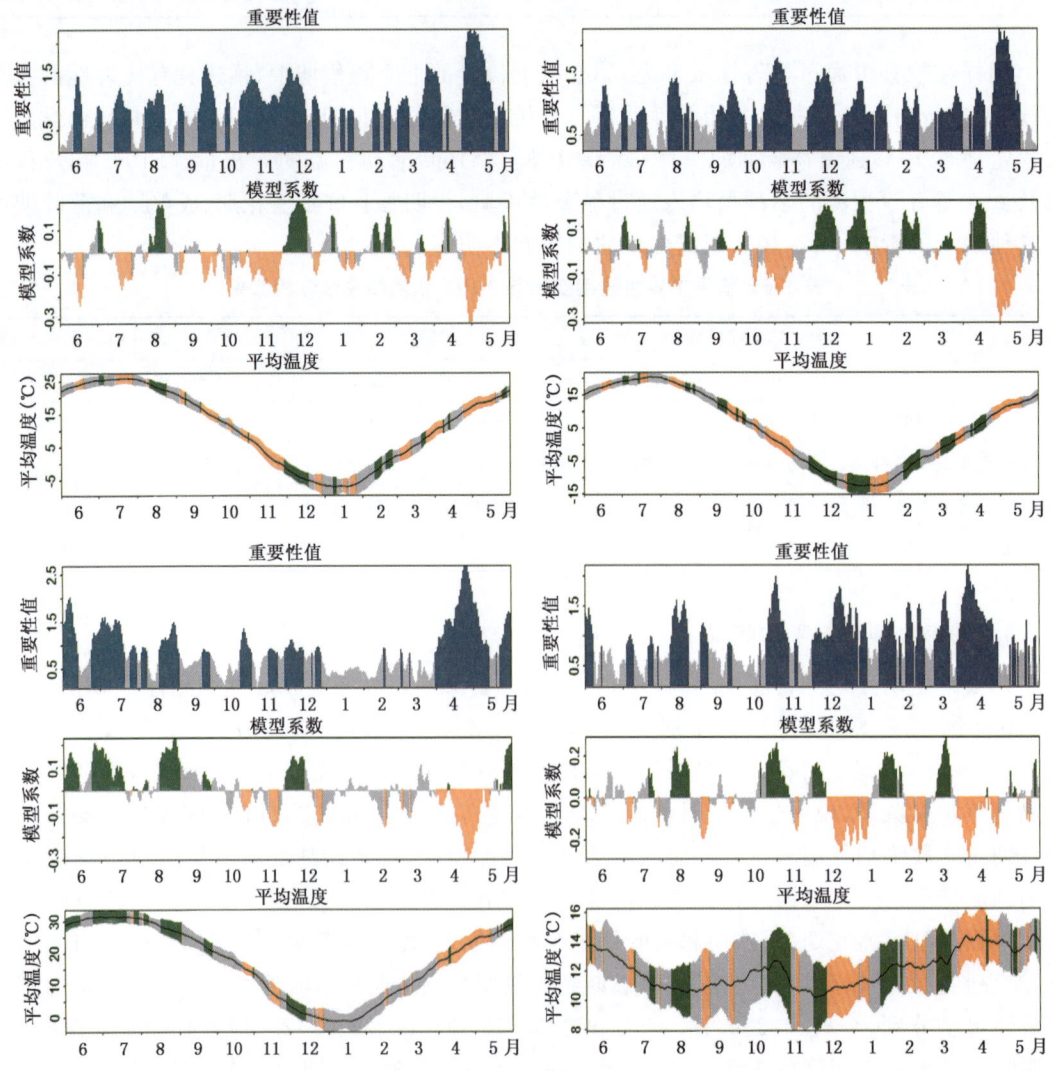

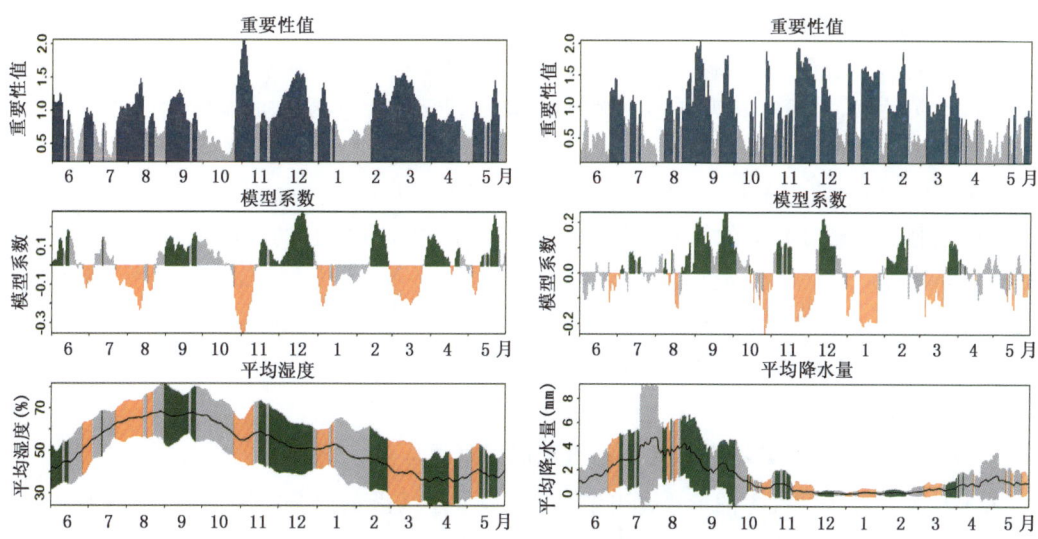

图 3.3　佳县各气象要素对物候期的影响作用分析(以开花期为例)
(按顺序依次为日平均气温、日最低气温、日最高气温、气温日较差、日平均湿度和日降水量)

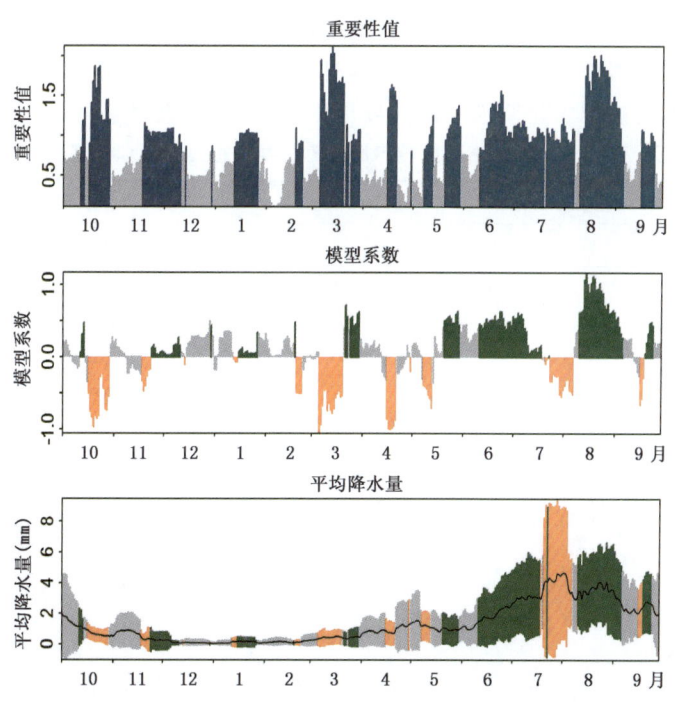

图 3.4　佳县初花期到 9 月上旬的降水量对成熟期的影响作用分析

5 月中旬花期后到 7 月中旬降水量和成熟期为负相关关系,这是因为 5 月中旬至 6 月下旬为红枣开花期,花期降水量偏大,较易影响红枣授粉坐果及幼果发育,从而推迟红枣的生育时间,造成成熟期推迟;7 月上旬至中旬为红枣坐果期,该生育期内降水偏多,造成温度偏低和日照偏少,直接影响细胞分裂的时间和数量,不利于红枣幼果膨大增重,进而造成成熟期推迟。随后,7 月下旬至 8 月上旬降水量和成熟期为正相关关系,即随降水量的增加,红枣的成熟期随之提前,主要因为这段时间为红枣的白熟期,也是佳县日降水量最大的时期,充沛的降水,有利于红枣果实膨大增重,进而缩短生育期时间,使成熟期提前。8月中旬至9月初降水量和成熟期为负相关关系,这段时间为红枣的脆熟期,该时段降水偏多易造成温度偏低和日照偏少,不利于红枣着色成熟和质量提高,故造成成熟期推迟(图3.4)。

综上所述,物候期与积温、平均气温和降水的相关性并不十分显著。分析其主要原因,一方面是受资料序列长度较短的影响,另一方面,可能是物候期资料的日期记录存在误差,进而影响了分析结果。

3.2　气候变化对红枣产量波动的影响和评估

3.2.1　黄土高原丘陵区红枣产量波动的气象原因概述

黄土高原丘陵区是红枣的原产地和栽植中心,主产区沿黄河分布在陕西、山西两省,陕北枣区以清涧、佳县、延川为中心,包括绥德、吴堡、神木、府谷、延长;山西包括临县、柳林、石楼、兴县等。2012年陕西红枣栽植面积达到302.7万亩,红枣产量达83.6万吨,山西红枣产量达57.8万吨,两省种植规模还在不断扩大。由黄土高原丘陵枣区红枣主要种植县面积和产量基本情况(表3.7,由于红枣产量时间序列数据限制,只列出4年数据),可以看出红枣种植区面积虽有不同程度扩大,但产量波动却很大,尤其是2013年红枣减产明显,考虑社会因素短期内不会出现剧烈波动,自然因素是其波动的主要原因,尤其是气象因素。

表 3.7　黄土高原丘陵枣区红枣主要种植县面积和产量

地区	面积(万亩)				产量(万吨)			
	2010	2011	2012	2013	2010	2011	2012	2013
延川	37.35	39.4	41.9	42	5	8	6.17	6.4
延长	1.10	1.5	2.3	2.29	3.5	4.8	6.5	6
清涧	53	65	70	86	12.5	20	14	4.8
佳县	46	52	60	68	12.4	22	15	5
吴堡	12	12	12	11.02	1.35	0.416	0.64	2.19
神木	21	22.5	24.05	25	4.85	4.9	5	4
绥德	10	11	12	13	14.7	15	15	15
府谷	8.23	8.73	9.23	9.73	0.23	0.25	0.3	0.1
临县	/	/	/	85	/	15.14	10.01	/
兴县	/	/	/	16.5	/	1.90	1.71	/
柳林	/	/	/	29.1	/	1.0	0.32	/
石楼	/	/	/	27	/	1.08	0.73	/

注:由于资料限制,"/"表示数据缺失。

根据前期调研结果,随着气候变化加剧,气象因素对红枣产量和品质的影响日益显著,减产和品质下降的风险明显增加。尤其是2000年以来,种植区降水增多,成熟期连阴雨、花期阴雨等气象灾害有加重趋势,红枣产量波动剧烈,减产趋势明显,气候变化对红枣产量的不利影响表现明显。由于气候资源的改变,因气候变化引起的次生危害也明显加重。冬季气温偏高,病虫害越冬基数偏大,加之春季阴雨对病虫害发生有利,病虫害呈频繁暴发趋势,绿盲蝽、枣锈病等病虫害已成为枣区红枣生产的重大威胁之一。传统的管理技术和种植模式、病虫害防治办法已经和当前气候条件不相适应,也是造成红枣减产的重要因素。此外,新疆红枣产业对黄土高原丘陵区红枣产业造成挤压,红枣种植收益的下降也成为红枣产业面临的挑战。

利用红枣产量历史数据,分析其历史产量波动的影响因素,并考虑面积和单产变化对产量波动的贡献;将红枣单产分解,分离出趋势产量和气象产量,进一步分析气象因素对红枣产量波动的影响;采用积分回归方法,分析光、温、水等气象因子对红枣气象产量的影响,并采用产量影响指数来衡量气象因子在各关键生育期对最终气象产量形成的影响程度。通过研究气象因子对红枣产量的影响规律,揭示红枣对这些因子的敏感期和敏感程度,以期为红枣产业趋利避害、挖掘气候资源潜力、适应气候变化提供参考。

红枣作为经济林果,相比较传统农业人们对其关注度一直较小,与其相关的产量和种植面积数据往往极度缺乏。通过前期调研发现,黄土高原丘陵区红枣面积和产量数据来源不一,统计方法也不尽相同,数据缺失严重。为了方便研究工作的开展,本文选取红枣主产县清涧1961—1990 年共 30 年的红枣历史产量数据作为代表进行研究,资料来源于陕西省榆林市清涧地方志。清涧气象资料来源于陕西省气象信息中心,包括清涧县气象站 1961—1990 年共30 年的旬降水量、气温、日照数据。本研究旨在通过清涧县红枣产量波动的影响因素分析,了解黄土高原丘陵枣区红枣产量波动的影响因素,研究气象因子对红枣产量的影响规律,为黄土高原丘陵区红枣适应气候变化提供参考。

3.2.2　清涧县红枣产量和面积变化特征

构成红枣产量的主要因素包括单产和面积。其中,红枣单产又是在各种自然和非自然因素的综合影响下形成的。本研究首先从红枣单产和种植面积角度分析两者对红枣总产波动的影响,确定红枣单产和种植面积对总产的贡献,再分析红枣单产的影响因素,以确定影响红枣产量波动的关键因子。

3.2.2.1　单产和结果面积及其变化对总产波动的影响

由于红枣树为多年生落叶乔木,从幼苗期到挂果期需要 3～7 年,栽植品种和技术不同,结果年限也不同。为了消除未结果幼树面积的影响,本研究根据种植专家意见,将红枣种植面积采用 5 年步长向后递推的方法,模拟计算红枣实际结果面积,并利用结果面积和总产量相除求出红枣单产。

红枣总产量是由结果面积和单产水平共同决定的,即 $TY(i) = Y(i) \cdot S(i)$,其中 $TY(i)$为 i 年的总产,$Y(i)$ 和 $S(i)$ 分别为同年的单产和结果面积。以 $\Delta TY(i)$、$\Delta Y(i)$ 和 $\Delta S(i)$ 分别表示第 i 年与第 $i-1$ 年总产、单产和结果面积的年际变化,即:$\Delta TY(i) = TY(i) - TY(i-1)$;$\Delta Y(i) = Y(i) - Y(i-1)$;$\Delta S(i) = S(i) - S(i-1)$。由此可将红枣总产的年际变化简化为单产变化的影响（假定种植面积不变）、种植面积变化的影响（假定单产不变）及其相互作用三部分,即:$\Delta TY(i) = \Delta Y(i) \cdot S(i-1) + Y(i-1) \cdot \Delta S(i) + \Delta Y(i) \cdot \Delta S(i)$。参照张宇(1995) 的方法,分别计算单产变化、结果面积变化及其相互作用对陕北 30 年红枣产量年际波动的影响。

3.2.2.2　红枣产量和面积变化的特征分析

红枣树作为多年生落叶乔木,从初结果到盛果期需要时间积累。分析红枣产量和面积的变化特征,既要考虑单产、总产、结果面积、总面积及其相互作用对产量的影响,又要了解红枣产业发展的技术水平和规模。如图 3.5(a)和图 3.5(b)所示,1961—1990 年清涧县红枣除单产外,总产、结果面积、总面积均呈显著线性上升趋势(均通过 0.001 水平的 t 检验),线性倾向率分别为 138.81、187.92 和 214.96。1961—1990 年清涧县红枣单产、总产、结果面积、总面积的年际变化见图 3.5(c)和图 3.5(d),1961—1990 年清涧县红枣总产年际波动影响因素的分析结果(表 3.8)。可以看出,清涧县红枣种植面积的增加趋势要大于总产的增加趋势;虽然红

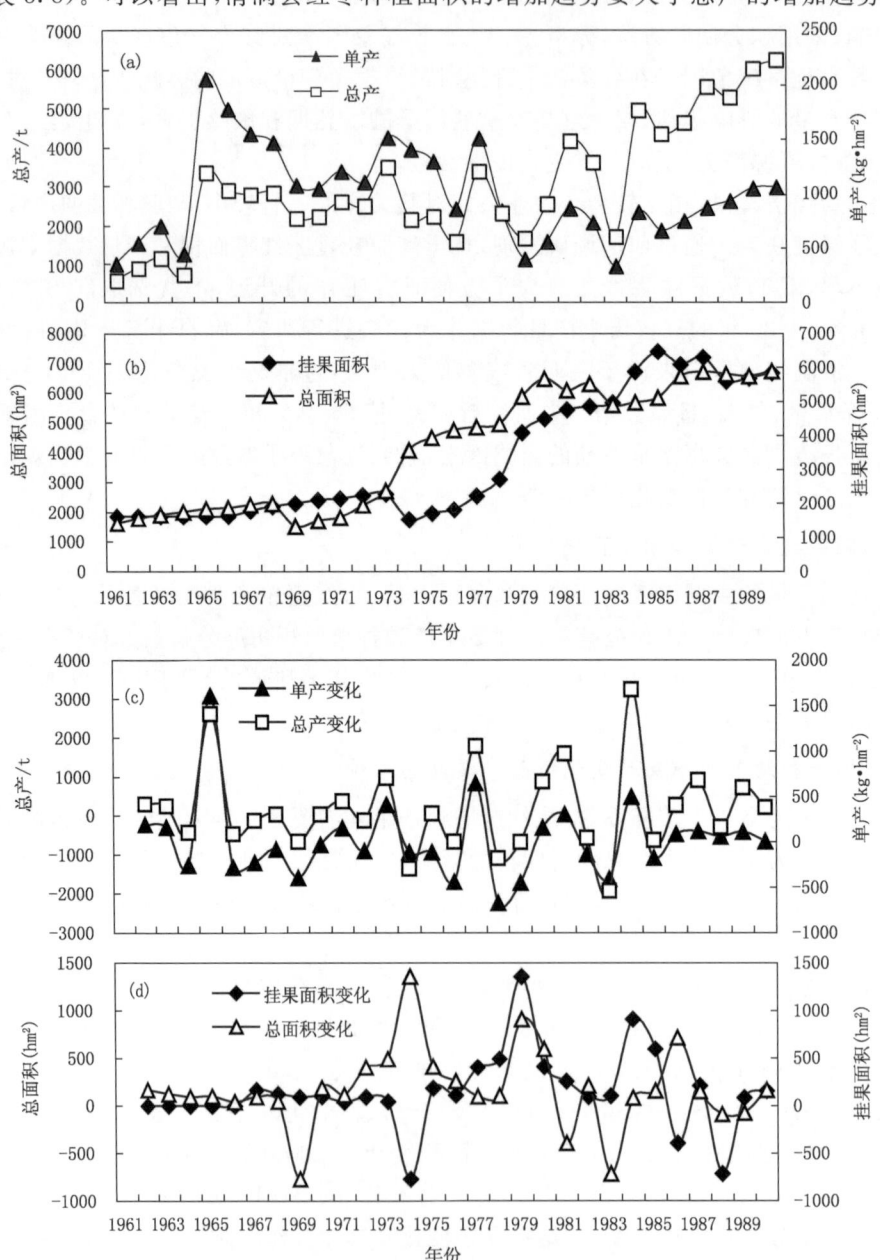

图 3.5　1961—1990 年清涧县红枣单产、总产、结果面积、总面积(变化)动态图
[(a)为红枣单产和总产,(b)为红枣结果面积和总面积,(c)为红枣单产和总产变化,
(d)为红枣结果面积和总面积变化]

枣单产是总产波动的主要决定因素(30 年红枣单产变化平均作用的贡献占总产年际波动的近70%),但其并未表现出显著的增加趋势且振荡明显(见图 3.5)。年际变化上,可大体分为三个阶段:1965 年以前红枣单产变化幅度较小,种植面积和总产比较稳定;1965 年后红枣单产显著提高,至 20 世纪 70 年代后期单产水平处于 30 年高位,种植面积稳定增加,总产随之也增加明显;1977 年红枣单产显著降低后至 1990 年,红枣单产水平缓慢增加,面积持续快速增加,面积增加对总产增加的贡献也明显增强(图 3.5),表 3.8 的结果(70 年代单产贡献对总产的贡献最高,80 年代最低,结果面积则相反)也支持上述观点。上述结论说明 1961—1990 年清涧县红枣总产和种植面积的增加显著,单产没有显著增加且振荡明显,说明了红枣产业总体生产、管理技术水平并没有显著提高,产量增加仍以规模扩张为主,70 年代红枣总产增加主要来自于单产增加的贡献,80 年代较 60、70 年代单产的贡献有所减小,种植面积的贡献逐步增大。

表 3.8　红枣单产和结果面积对总产波动的贡献率(%)

时段	单产的贡献率	结果面积的贡献率	相互作用的贡献率
1961—1970 年	69.7	23.0	7.3
1971—1980 年	86.7	11.9	1.4
1981—1990 年	55.8	32.9	11.3
1961—1990 年	75.2	18.6	6.2

3.2.3　气象因素对清涧红枣单产波动的影响

为了进一步确定影响红枣产量波动的主要因素,分析气象因素对红枣产量的波动变化的影响,需将红枣单产进行分解。在农业气象研究中,作物实际产量通常分解成三部分,即趋势产量、气象产量和随机误差,可表示为 $Y = Y_t + Y_w + \Delta Y$,Y 为实际单产,Y_t 为趋势产量,Y_w 为气象产量。趋势产量反映社会因素影响,体现了一段历史时期社会生产力的变化;气象产量反映气候因素影响,体现气象因素对实际产量波动的影响;随机误差为其他偶然因素对实际产量可能产生的影响,一般不予考虑。因此,作物实际产量变化最终可归为趋势产量变化和气候波动影响两大部分。

3.2.3.1　红枣单产的分解

采用线性滑动平均模拟法,分离红枣趋势产量。线性滑动平均模拟法是一种直线回归与滑动平均相结合的模拟方法。这种方法的特点是不需要预先假定趋势产量模拟曲线的类型,也不损失样本。只要首先确定滑动时段的长度即步长 k,使得 k 小于样本长度 N,用最小二乘法分别建立各滑动时段的直线方程 $Y_j(t)$,然后算出各个方程在 t 点上的函数值 $Y_j(t)$,在任意年 t 处共有 n_t($1 \leqslant n_t \leqslant k$)个函数值,再算出该点上 nt 个函数值 $Y_j(t)$ 的平均值。公式如下:

$$\overline{Y_j}(t) = \frac{1}{n_t} \sum_{j=1}^{n_t} Y_j(t) \tag{3.2}$$

式中 $Y_j(t)$ 为第 t 年的直线滑动平均值,可作为第 t 年的趋势产量值。然后连接各点(年)的 $Y_j(t)$ 值,可得到产量的时间趋势曲线。k 的取值大小是时间趋势曲线优劣的关键,根据我们的样本长度和经验,经反复计算调试,取 $k = 11$。

相对气象产量:$Y_{wr} = Y_w / Y_t$,以 $Y_{wr} < -0.1$ 为气象减产年,$Y_{wr} > 0.1$ 为气象丰产年,介于两者之间为平年。

3.2.3.2　红枣气象产量变化的特征分析

　　由 1961—1990 年清涧县红枣气象产量、趋势产量、相对气象产量(图 3.6),可以看出,红枣趋势产量呈周期波动变化趋势,周期大致为 10 年左右,20 世纪 60 年代至 70 年代初红枣趋势产量呈增加趋势,70 年代至 80 年代初呈降低趋势,80 年代初至 90 年代初呈缓慢增加趋势。红枣气象产量变化振荡明显与单产变化趋势基本一致,缺乏连续性。单产的年际波动主要由气象因素决定,年际间气候条件变化对红枣单产波动的影响占整个单产波动的 81.8%(表 3.9)。通过 M-K 分析也发现红枣气象产量时间序列未有显著突变,也未有显著性的增加或下降趋势。相对气象产量的变化趋势基本和气象产量基本一致。1961—1990 年清涧县红枣气象丰产、减产、平年分布如表 3.9 所示。可以看出,30 年中清涧县红枣气象减产年和丰产年比例持平,平年比例偏少,气象减产年主要集中在 60 年代中后期、70 年代中后期和 80 年代初,且易连续出现。

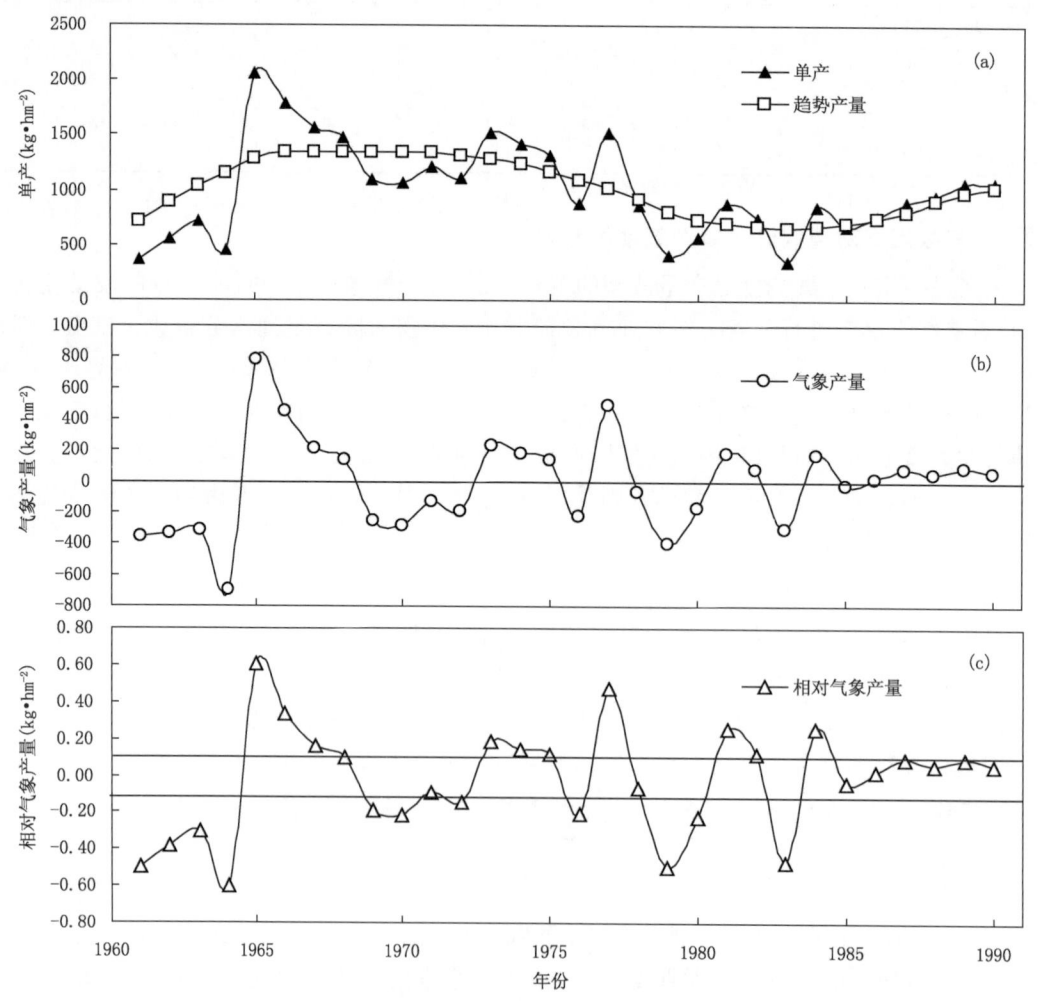

图 3.6　1961—1990 年清涧县红枣趋势产量、气象产量、相对气象产量动态图

表 3.9　红枣气象产量和趋势产量对单产波动的贡献率(%)

时段	气象产量的贡献率	趋势产量的贡献率
1961—1970 年	82.3	17.7
1971—1980 年	82.9	17.1
1981—1990 年	79.2	20.8
1961—1990 年	81.8	18.2

表 3.10　1961—1990 年清涧县红枣气象丰产、减产、平年分布表

时段	气象丰产年	气象减产年	气象平年
1961—1990 年	1965* 1966 1967 1968 1973 1974 1975 1977 1981 1982 1984	1961 1962 1963 1964* 1969 1970 1972 1976 1979 1980 1983	1971 1978 1985 1986 1987 1988 1990

注：* 为极值年。

3.2.4　用积分回归方法评估气象因子对红枣产量的影响

研究气候因子本身在不断变化情形下对目标变量的影响，可以采用由 Fisher 提出的积分回归(Integral regression)方法。积分回归的基本原理是假设农作物气象产量 y 的形成是整个生育期($t=0-\tau$)内由于气象条件影响的结果，将影响气象产量的因素如光照、温度和降水等 k 个气象要素作为自变量 X_i，将关键生育期分为 n 个时段，把某个时段、某个气象要素值作为一个变量。y 对 X_i 的回归方程，其表达式为：

$$y = c + \sum_{i=1}^{k} \sum_{t=1}^{n} a_{it} X_{it} \tag{3.3}$$

式中，c 为常数项；a_{it} 为第 t 个时段第 i 个气象要素的偏回归系数；X_{it} 为第 t 个时段第 i 个气象要素值。假如将 a_{it}、X_{it} 均看成随时间 t 变化的函数，将作物整个生育期分成若干个无穷小的时段，则(3.3)式的多元回归方程可用积分回归形式表示：

$$y = c + \sum_{i=1}^{k} \int_{0}^{\tau} a_i(t) X_i(t) \mathrm{d}t \tag{3.4}$$

式中，$X_i(t)$ 为 $t+\Delta t$ 时刻的第 i 个气象要素值；$a_i(t)$ 是 $t+\Delta t$ 时刻的第 i 个气象要素每变化一个单位时对作物产量的影响效果，称为偏回归系数。$a_i(t)$ 是时间 t 的函数，用 5 阶正交多项式函数将其展开：

$$a_i(t) = \sum a_{ij} \varphi_{ij}(t) \tag{3.5}$$

式中，$\varphi_{ij}(t)$ 为时间的正交多项式，a_{ij} 为回归系数，正交多项式取 5 次项，$j=0,1,2,3,4,5$。将(3.5)式代入(3.4)式得：

$$y = c + \sum_{i=0}^{k} \int_{0}^{\tau} \left\{ a_{i0} \int \varphi_{i0}(t) X_i(t) + a_{i1} \int \varphi_{i1}(t) X_i(t) + \cdots + a_{i5} \int \varphi_{i5} X_i(t) \mathrm{d}t \right\} \tag{3.6}$$

若令 $\rho_{ij} = \int_{0}^{\tau} \varphi_{ij}(t) X_i(t) \mathrm{d}t \qquad j=0,1,2,3,4,5$

在实际计算中,将 ρ_{ij} 化为求和形式,即 $\rho_{ij} = \sum X_i(t)\varphi_{ij}(t)$,$\varphi_{ij}(t)$ 可通过正交多项式表查到。则(3.3)式写成回归方程为:

$$y = c + \sum_{i=0}^{k} (a_{i0}\rho_{i0} + a_{i1}\rho_{i1} + \cdots + a_{i5}\rho_{i5}) \tag{3.7}$$

由于气象要素的随时间不同,每组 ρ_{ij} 值也不会相同,当然 y 值就会不同,$a_i(t)$ 就是第 i 个要素在 t 时段对作物气象产量影响的重要程度,即敏感指数,代表某气象要素每变化一个单位对气象产量的减少值或增加值。产量影响指数是指某阶段的积分回归系数与该阶段气象要素的均方差乘积的绝对值。产量影响指数可用来衡量红枣生育期内各阶段气候因子对最终气象产量形成的影响程度。

结合陕北红枣关键生育期情况,选取 4 月上旬枣树萌芽到 10 月中旬红枣成熟共 20 个旬作为积分回归时段,建立积分回归模型,计算不同时段光、温、水资源对陕北红枣气象产量的敏感指数,并求产量影响指数,以进一步分析其与气象产量的关系。

3.2.5　不同生育期平均气温对红枣产量的影响

从清涧县红枣平均气温积分回归系数变化(图 3.7),可以看出平均气温上升在关键生育期的正效应要多于负效应,负效应主要集中在 7 月下旬至 8 月下旬,气温偏高对红枣萌芽幼果期生长发育不利,易造成高温热害。

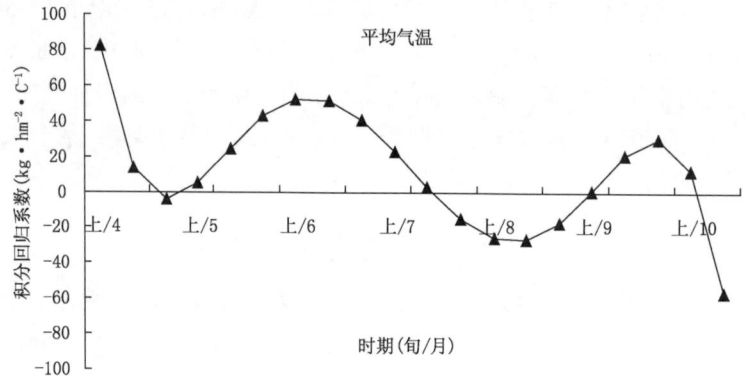

图 3.7　清涧县红枣平均气温积分回归系数变化

(1)萌芽—展叶期:4 月下旬至 5 月上旬是红枣萌芽—展叶期,在此阶段气温对红枣气象产量的影响相对较小,正效应并不显著。5 月上旬气温每升高 1℃,清涧县红枣的气象产量增加 5.24 kg/hm²,可见正效应并不显著。

(2)花期:花期温度对清涧红枣气象产量的影响很大,红枣开花对热量资源的需求旺盛,气温偏高有利于红枣开花、坐果,正效应十分显著。尤其是 6 月红枣始花期和盛花期,气温每升高 1℃,清涧县红枣的气象产量增加 121.02~156.33 kg/hm²,可见正效应十分显著。

(3)幼果期:红枣幼果期对温度的要求比较严格,气温偏高易造成落果,温度升高的负效应比较显著。7 月至 9 月上旬红枣幼果期,气温每升高 1℃,清涧县红枣的气象产量减少 74.65~128.70 kg/hm²,可见负效应比较显著。

(4)成熟期:该期气温对红枣气象产量的影响由负效应转为正效应。气温偏高有利于红枣产量形成。9 月上旬至 10 月上旬红枣成熟期,气温每升高 1℃,清涧县红枣的气象产量增加

$36.51 \sim 89.36 \ kg/hm^2$，正效应比较明显。

3.2.6　不同生育期降水量对红枣产量的影响

红枣属于耐旱的经济林果作物，在其生长发育过程中，对水分的需求并不十分强烈。从清涧县红枣降水量积分回归系数变化(图 3.8)，可以看出降水量对红枣气象产量的影响波动比较平缓。降水量对红枣气象产量影响的负效应主要集中在 8 月下旬至 10 月下旬，正效应主要集中在 4 月中旬至 5 月下旬。

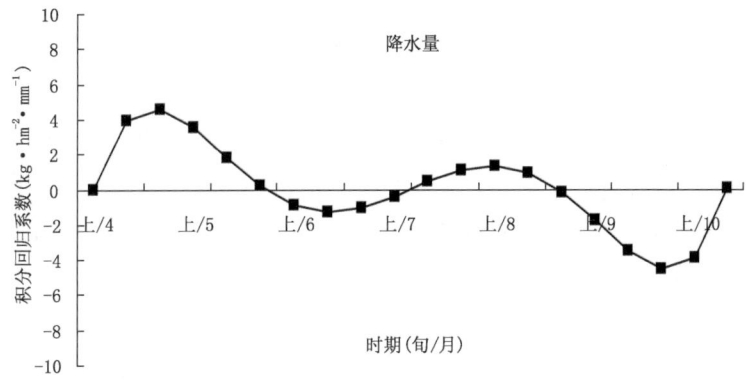

图 3.8　清涧县红枣降水量积分回归系数变化

(1)萌芽—展叶期：在此阶段降水量对红枣气象产量的影响较大，正效应比较明显。降水增加有利于红枣萌芽—展叶和中期生长需要。降水量每增加 1 mm，清涧县红枣的气象产量增加 $3.89 \sim 4.57 \ kg/hm^2$，正效应比较显著。

(2)花期：花期降水量对红枣气象产量的影响由正效应转为负效应。降水量增加不利于红枣开花、授粉和坐果，负效应比较明显。尤其是 6 月红枣始花期和盛花期，降水量每增加 1 mm，清涧县红枣的气象产量减少 $0.92 \sim 1.31 \ kg/hm^2$，负效应比较明显。

(3)幼果期：红枣幼果期对降水量的需求较为旺盛，降水量增加总体有利于红枣果实膨大，前期降水量对红枣气象产量的正效应较为明显，但后期逐步过渡为负效应。7 月中旬至 8 月中旬红枣幼果期，降水量每增加 1 mm，清涧县红枣的气象产量增加 $0.41 \sim 1.31 \ kg/hm^2$，正效应较为明显。

(4)脆熟—采收期：脆熟—采收期降水量对红枣气象产量的影响较大，负效应比较明显。红枣成熟期对水分的需求逐步转小，降水量增加易造成落果、裂果。9 月中旬至 10 月上旬红枣成熟期，降水量每增加 1 mm，清涧县红枣的气象产量减少 $3.49 \sim 4.57 kg/hm^2$，负效应比较明显，尤其是红枣脆熟期负效应十分明显。

3.2.7　不同生育期日照时数对红枣产量的影响

从清涧县红枣日照时数积分回归系数变化(图 3.9)，可以看出日照时数对红枣气象产量的影响波动比较平缓，说明清涧县的光照资源能满足红枣的生长发育需要。日照时数对红枣气象产量影响的负效应主要集中在 9 月上旬至 10 月上旬，正效应主要集中在 7 月上旬至 8 月下旬。

(1)萌芽—展叶期：在此阶段日照时数对红枣气象产量的影响为正效应。充足的光照有利于红枣萌芽，展叶。日照时数每增加 1 h，清涧县红枣的气象产量增加 $0.75 \sim 1.96 \ kg/hm^2$。

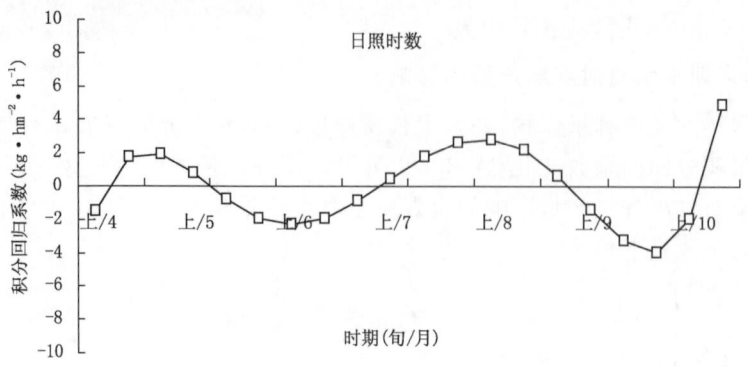

图 3.9　清涧县红枣日照时数积分回归系数变化

（2）花期：花期日照时数对红枣气象产量的影响由正效应转为负效应。日照时数过多增加不利于红枣开花、授粉和坐果。5 月中旬至 6 月下旬，日照时数每增加 1 h，清涧县红枣的气象产量减少 0.76～2.29 kg/hm²。

（3）幼果期：幼果期日照时数对红枣气象产量的影响为正效应。7 月上旬至 8 月下旬红枣幼果期，日照时数每增加 1 h，清涧县红枣的气象产量增加 0.42～2.82 kg/hm²，正效应较为明显。

（4）脆熟—采收期：脆熟—采收期日照时数对红枣气象产量的影响为负效应。9 月上旬至 10 月上旬红枣成熟期，日照时数每增加 1 h，清涧县红枣的气象产量减少 1.38～3.98 kg/hm²，负效应较为明显。

由图 3.10 可见，对清涧红枣气象产量影响最大的是 9 月下旬的降水量，其影响指数达 147.85 kg/(hm². mm)，这一时期是红枣脆熟期，是红枣成熟的关键期，对降水最为敏感的时期，降水过多易造成红枣裂果、落果。

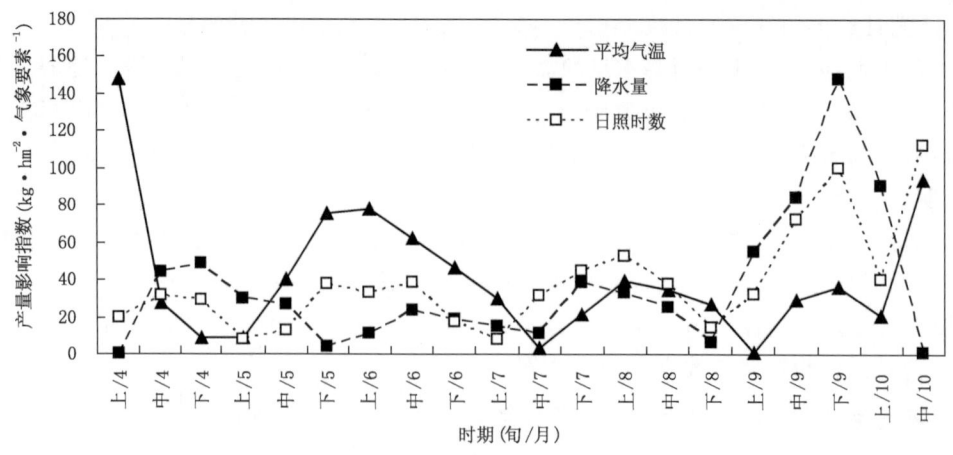

图 3.10　清涧县气象因子对红枣气象产量的影响指数

3.2.8　积分回归方法在清涧县红枣产量预测中的应用

选取 4 月上旬红枣萌芽到 10 月中旬红枣成熟采摘共 20 个旬作为积分回归时段，建立清涧县红枣气象产量模型，方程通过 0.001 的显著性水平检验。方程如下：

$$y = 4276.66 + 12.702 \times \rho12 - 1.458 \times \rho13 - 0.022 \times \rho21 + 0.024 \times \rho25$$
$$+ 0.001 \times \rho34 + 0.002 \times \rho35 \tag{3.8}$$

其中
$$\rho_{ij} = \int_0^\tau \varphi_{ij}(t) X_i(t) \mathrm{d}t$$

式中 $\varphi_{ij}(t)$ 为时间的正交多项式,正交多项式取 5 项,$j = 0,1,2,3,4,5$;$i = 1,2,3$,具体可查正交多项式表得到。$i = 1$ 代表平均气温要素;$i = 2$ 代表降水量;$i = 3$ 代表日照时数。

第4章　黄土高原丘陵区红枣气候适宜性区划

4.1　红枣栽植区气候适宜性分析与区划指标选取

4.1.1　气候适宜性分析

陕晋黄河沿岸是我国红枣的主要发源地,也是我国优质制干枣的主产区。2012年,仅陕西红枣栽植面积达到18.0万 hm²,吕梁晋陕峡谷红枣栽植面积12.5万 hm²,其中,中阳木枣的栽植面积约占70%以上,是该区域的最主要制干红枣种植品种,其产量和栽植面积在黄土高原丘陵区均占主导地位。中阳木枣对气温适应范围广,冬季能耐−30℃短时低温,夏季能耐36℃的高温,其生长期对气温要求较高,日平均气温13℃时开始萌芽,日平均气温19℃左右时开始开花,花期气温要求稳定在22~25℃以上,北方枣区由于干旱少雨,空气湿度小,花期若遇到36℃以上的高温,易出现焦花。枣树较耐旱,年降水量200~800 mm 地域枣树都能生长,但从萌芽到幼果期需要较充足的水分供应,花期适宜降水量25~60 mm,花期降水量偏多易造成枣花授粉与坐果不良,也会导致枣树病虫害发生,幼果发育期需水量为200 mm,采摘期若遇连阴雨或降水量大于45 mm,易造成裂果、烂果,损失严重。红枣属喜光树种,制干品种对日照的要求高于鲜食品种,优良的制干红枣品种要求年日照在2300 h 以上。

据李新岗等(2000)研究结果,中阳木枣在年平均气温9.6~11.1℃,年降水量430~580 mm,≥10℃积温3000~3200℃·d,年日照时数2400~3400 h,无霜期165~180 d,花期平均气温22~24℃,花期降水量25~65 mm,花期空气相对湿度40%~80%,幼果期降水量大于200 mm,成熟—采摘期降水量小于45 mm 的地区种植,产量最高,品质最好;其中前5项为年度气象因子,提供了枣区大的气候背景,它决定了优生枣区地位,后5项为花果期气象因子,决定了红枣的品质和丰产水平。中阳木枣适宜北方凉爽气候,较其他枣区气温偏低。在影响红枣生长发育的众多气象因子中,温度对红枣地域分布影响最大,热量不足,生育期短,红枣过早干瘪,干物质积累少,制干率下降,品质差。优质制干红枣要求生长期积温较高,果实有效生长期较长。花期气温低于22℃,花粉不能正常发育,导致授粉受精不良,坐果率下降,造成减产;花期温度过高,对于北方枣区,由于降水偏少,不能满足花期授粉受精需求同样造成减产。花期空气相对湿度与红枣产量呈极显著的正相关,沿黄河两岸,由于河水蒸发,空气相对湿度较大,生产的红枣果个大、含糖量高,制干率高,表皮红光油亮。

陕晋黄河两岸红枣主产区12个代表县气象站前30年(1971—2000)和最新30年(1985—2014)两个时段红枣生长主要气候资源条件,统计结果表明,近30年黄河两岸的红枣主产区年平均气温升高了0.1~0.7℃,≥10℃积温除南部延长、延川、吴堡和柳林持平外,大部产区增加了 22.6~155.7℃ · d,近 30 a 大部分地区,尤其中北部地区红枣生长的热量较前 30a 均有不同程度的增加;年降水量除绥德、延长持平外,大部分产区增多了 6.3~40.4 mm;脆熟—采收期降水量增多了 4.7~22.3 mm;花期降水量除神木和兴县略有增加外,大部分地区持平或略减,气候总体呈现暖湿化特征(表 4.1)。热量增加有利于北部地区红枣生长,但对南部地区红枣生长产生不利影响,同时越冬期气温变高,不利于枣树休眠,增加了越冬病虫基数;水分的增加主要出现在 4 月、5 月、9 月和 10 月,春季降水增多易导致红枣病虫害发生率增加,脆熟—采收期降水增多常常造成红枣裂果、烂果,对红枣产量和品质的形成造成明显影响。

表 4.1　红枣主产区代表县前后 30 a 红枣生长气候条件比较

地区	年平均气温 (℃)		≥10℃积温 (℃ · d)		年降水量 (mm)		脆熟—采收期 降水量(mm)		花期降水量 (mm)	
	1971— 2000	1985— 2014	1971— 2000	1985— 2014	1971— 2000	1985— 2014	1971— 2000	1985— 2014	1971— 2000	1985— 2014
延长	10.3	10.4	3652	3653	497	491	54.0	71.7	81.6	73.5
延川	10.6	10.8	3820	3804	458	490	49.7	65.8	69.0	68.8
清涧	9.7	9.9	3478	3520	485	492	53.1	70.5	72.0	74.6
吴堡	11.3	11.6	4082	4094	442	466	42.5	64.8	67.5	71.4
绥德	9.9	10.2	3573	3636	429	429	44.1	61.7	66.9	63.0
佳县	10.2	10.3	3752	3775	387	427	38.7	53.4	64.9	65.1
神木	8.7	9.4	3355	3489	406	422	38.8	46.4	57.4	65.6
府谷	9.3	9.6	3474	3560	409	423	38.7	43.5	64.9	64.1
临县	9.1	9.4	3257	3337	468	497	48.1	66.2	74.8	79.3
兴县	8.8	9.3	3291	3447	470	487	44.3	54.6	65.3	77.8
柳林	10.7	10.9	3823	3837	467	474	43.6	62.6	72.4	76.1
石楼	9.6	10.1	3331	3459	474	494	46.9	66.9	71.7	69.7

4.1.2　红枣气候适宜性区划指标的选取

根据主导因子原则和农业气候相似原理,选取对红枣生育、产量形成关系密切,且地域差异规律明显的热量、降水和光照条件等为主导因子,结合果树关键生育期及全生育期对气候因子组合匹配需求,同时参考限制性因子影响和危害确定黄土高原丘陵区制干红枣气候适宜性区划指标。

通过分析陕晋黄河两岸红枣主产区 12 个县气象站 1971—2014 年,逐年和分年代际日照时数,发现种植区域光照资源情况优越,完全可以满足红枣生长需求,因此,此次区划中未考虑日照资源。通过查阅已有文献研究成果,在综合分析陕晋黄河两岸红枣主产区气候条件和影响该区枣树生育的关键气象因子的基础上,结合陕晋两地红枣实地调查结果,本研究选取年平均气温、≥10℃的积温、年降水量、脆熟—采收期降水量和花期降水量 5 个因子作为黄土高原丘陵区红枣气候适宜性区划指标,前 3 项决定了红枣正常生长发育的基本气候条件,后 2 项为影响红枣丰产优质的重要因子。各指标适宜范围参考已有文献和研究成果,结合陕晋黄河两岸 12 个红枣主产县红枣典型丰产年和受灾年的关键生育期气象因子分析的基础上确定(表 4.2)。

表 4.2　黄土高原丘陵区红枣气候适宜性区划指标

适宜等级	年平均气温 （℃）	≥10℃积温 （℃·d）	年降水量 （mm）	花期降水量 （mm）	脆熟采收期降水量 （mm）
适宜	9.7～11.1	＞3200	431～580	≤60	≤45
次适宜	6.9～9.6 或11.2～14.0	3001～3200	351～430 或581～679	61～80	46～65
不适宜	≤7.0 或＞14.0	≤3000	≤350 或＞680	＞81	＞66

4.2　分时段红枣气候区划指标空间网格化模型

本研究分 1971—1980（以下简称 70 年代）、1981—1990（以下简称 80 年代）、1991—2000（以下简称 90 年代）、2001—2010（以下简称 21 世纪前 10 年）、1971—2000（以下简称前 30年）、1981—2010（以下简称近 30 年）、1985—2014（以下简称最新 30 年）共 7 个时间段，开展黄土高原丘陵区红枣气候适宜性区划研究。

4.2.1　热量资源区划指标空间网格化模型

由于大地形因子（经度、纬度、高度）与热量资源有较好的线性关系，可建立各指标因子的空间分布模型，其表达式为：

$$Y = f(\varphi, \lambda, h) + \varepsilon$$

Y 为热量估算值，λ 为经度，φ 为纬度，h 为海拔高度（m），函数 $f(\varphi, \lambda, h)$ 为气候学方程，ε 为残差项，可视为小地形因子（坡度、坡向等）及下垫面对气候的影响。

选取晋陕红枣主产区 12 个气象站以及周边县 20 个气象站，通过对 1971—1980、1981—1990、1991—2000、2001—2010、1971—2000、1981—2010、1985—2014 共 7 个时段的年平均气温、≥10℃积温 2 项热量因子，分别与经度、纬度、高度做线性回归分析，建立研究区域 7 个不同时段各热量因子的空间网格化推算模型（表 4.3），各气候学方程均通过了信度 $\alpha = 0.05$ 的显著性检验。

表 4.3　热量资源指标的空间网格化推算模型

热量资源	时段	模型	相关系数
年平均 气温 （℃）	1971—1980	$Y = 50.737 - 0.2206\lambda - 0.322\varphi - 0.005h$	0.90
	1981—1990	$Y = 45.467 - 0.166\lambda - 0.3376\varphi - 0.005h$	0.88
	1991—2000	$Y = 53.697 - 0.255\lambda - 0.282\varphi - 0.005h$	0.88
	2001—2010	$Y = 66.970 - 0.407\lambda - 0.193\varphi - 0.005h$	0.89
	1971—2000	$Y = 49.277 - 0.207\lambda - 0.315\varphi - 0.005h$	0.90
	1981—2010	$Y = 55.378 - 0.276\lambda - 0.271\varphi - 0.005h$	0.89
	1985—2014	$Y = 58.097 - 0.311\lambda - 0.239\varphi - 0.005h$	0.89

续表

热量资源	时段	模　型	相关系数
≥10℃积温	1971—1980	$Y=15039.955-95.0135\lambda+18.2065\varphi-1.889h$	0.89
	1981—1990	$Y=8587.101-39.025\lambda+24.302\varphi-1.859h$	0.88
	1991—2000	$Y=12856.913-80.606\lambda+35.901\varphi-1.870h$	0.91
	2001—2010	$Y=15756.236-118.0856\lambda+66.054\varphi-1.694h$	0.90
	1971—2000	$Y=11919.587-69.263\lambda+25.728\varphi-1.866h$	0.90
	1981—2010	$Y=12400.083-79.240\lambda+42.085\varphi-1.808h$	0.90
	1985—2014	$Y=13098.180-87.780\lambda+49.963\varphi-1.817h$	0.91

注：λ、φ、h 分别表示经度(°)、纬度(°)和海拔高度(m)。

对各站点的实测值减去气候学方程的计算值得到的残差项 ε，运用反距离权重法进行空间插值得到各因子的残差项栅格数据。将依据各气候学方程逐项计算各热量因子栅格数据 Y 与残差项 ε 相加得到模拟的各时段的热量因子栅格数据，完成研究区域 7 个不同时段年平均气温和≥10℃积温的空间化处理。

4.2.2　降水资源区划指标空间网格化模型

地形对降水资源空间分布影响很大，地形的存在对降水落区分布、降水强度、强降水中心的位置等影响显著，中小尺度地形通常对降水中心的落区、落点有着显著的影响，将年降水空间分布可表示为：

$$Y=f(\lambda,\varphi,h)+\varepsilon$$

式中，Y 为降水估算值，λ 为经度，φ 为纬度，h 为海拔高度。$f(\lambda,\varphi,h)$ 为降水的趋势项，由宏观地理因子经度、纬度、海拔高度决定，它反映了降水的区域分布特征，可通过趋势面分析、逐步回归分析建立降水与宏观地理因子的计算模型进行计算；而 ε 表现了小地形因子（坡度、坡向、遮蔽度）和一些非地理因子对降水的影响，称为残差项，表现了降水地区分布特征。将 $f(\lambda,\varphi,h)$ 展成三维二次趋势面方程：

$$f(\lambda,\varphi,h)=b_0+b_1\lambda+b_2\varphi+b_3h+b_4\lambda\varphi+b_5\varphi h+b_6\lambda h+b_7\lambda^2+b_8\varphi^2+b_9h^2$$

式中，$b_{0\sim9}$ 为待定系数，利用逐步回归优化回归模型，模拟降水宏观趋势项。

选取陕晋红枣主产区 12 个气象站以及周边县 20 个气象站，通过对 1971—1980、1981—1990、1991—2000、2001—2010、1971—2000、1981—2010、1985—2014 共 7 个时段的年降水量、脆熟—采收期降水量、花期降水量共 3 项降水量因子，分别用 $F(\lambda,\varphi,h)$ 展成三维二次趋势面展开项进行逐步回归分析，建立研究区域 7 个不同时段各降水量因子的空间网格化推算模型（表 4.4），各气候学方程均通过了信度 $\alpha=0.05$ 的显著性检验。

对各站点的实测值减去气候学方程的计算值得到的残差项 ε，运用反距离权重法进行空间插值得到各因子的残差项栅格数据。将依据各气候学方程逐项计算各降水因子栅格数据 Y 与残差项 ε 相加得到模拟的各时段的降水因子栅格数据，完成研究区域 7 个不同时段年降水量、脆熟—采收期降水量和花期降水量的空间化处理。

表 4.4 降水资源指标的空间网格化推算模型

降水资源	时段	模型	相关系数
年降水量 （mm）	1971—1980 年	$Y = 36169.991 - 317.236\lambda - 1229.618\varphi + 7.051h + 10.954\lambda\varphi - 0.046\varphi h - 0.047\lambda h$	0.83
	1981—1990 年	$Y = 84256.117 - 766.8827\lambda - 1775.679\varphi - 13.752h + 16.277\lambda\varphi - 0.074\varphi h + 0.150\lambda h$	0.85
	1991—2000 年	$Y = 105052.716 - 943.869\lambda - 2999.401\varphi + 6.3141h + 27.037\lambda\varphi - 0.028\varphi h - 0.047\lambda h$	0.85
	2001—2010 年	$Y = 33147.889 - 289.970\lambda - 1045.753\varphi + 6.343h + 9.277\lambda\varphi - 0.032\varphi h - 0.045\lambda h$	0.85
	1971—2000 年	$Y = 81170.712 - 728.994\lambda - 2157.773\varphi - 0.253h + 19.466\lambda\varphi - 0.044\varphi h + 0.018\lambda h$	0.86
	1981—2010 年	$Y = 74152.240 - 666.907\lambda - 1940.277\varphi - 0.365h + 17.530\lambda\varphi - 0.0444\varphi h + 0.019\lambda h$	0.87
	1985—2014 年	$Y = 40459.760 - 359.152\lambda - 1067.898\varphi - 0.0808h + 9.5638\lambda\varphi - 0.0368\varphi h + 0.0148\lambda h$	0.85
脆熟— 采收期 降水量 （mm）	1971—1980 年	$Y = 36804.583 - 326.351\lambda - 1145.215\varphi + 4.845h + 10.197\lambda\varphi + 0.014\varphi h - 0.049\lambda h$	0.81
	1981—1990 年	$Y = -9043.073 + 87.520\lambda + 308.456\varphi - 2.406h - 2.932\lambda\varphi + 0.006\varphi h + 0.020\lambda h$	0.86
	1991—2000 年	$Y = 3689.790 - 29.763\lambda - 113.994\varphi + 0.386h + 0.943\lambda\varphi + 0.002\varphi h - 0.004\lambda h$	0.92
	2001—2010 年	$Y = -23183.714 + 213.3464\lambda + 601.958\varphi + 0.274h - 5.527\lambda\varphi - 0.006\varphi h - 0.001\lambda h$	0.86
	1971—2000 年	$Y = 9075.103 - 77.858\lambda - 257.195\varphi + 0.290h + 2.223\lambda\varphi + 0.004\varphi h - 0.004\lambda h$	0.89
	1981—2010 年	$Y = -9512.333 + 90.368\lambda + 265.4738\varphi - 0.582h - 2.506\lambda\varphi + 0.001\varphi h + 0.005v\lambda h$	0.90
	1985—2014 年	$Y = -12268.548 + 115.174\lambda + 339.384\varphi - 0.603h - 3.170\lambda\varphi + 0.001\varphi h + 0.006\lambda h$	0.89
花期降水量 （mm）	1971—1980 年	$Y = 26458.4356347875 - 221.533456707615\lambda - 858.937141434067\varphi + 3.01590170631527h + 7.30780487017814\lambda\varphi + 0.0394865869162566\varphi h - 0.0405510062794436\lambda h$	0.74
	1981—1990 年	$Y = -925.829 + 4.514\lambda + 214.140\varphi - 5.702h - 1.818\lambda\varphi - 0.016\varphi h + 0.058\lambda h$	0.73
	1991—2000 年	$Y = 25393.141 - 226.230\lambda - 649.301\varphi - 1.034h + 5.794\lambda\varphi + 0.001\varphi h + 0.009\lambda h$	0.79

续表

降水资源	时段	模　　型	相关系数
花期降水量（mm）	2001—2010 年	$Y = 32598.494 - 292.3104\lambda - 927.939\varphi + 1.8464h + 8.336\lambda\varphi - 0.001\varphi h - 0.0164\lambda h$	0.74
	1971—2000 年	$Y = 14114.356 - 124.322\lambda - 319.766\varphi - 2.244h + 2.816\lambda\varphi + 0.001\varphi h + 0.0201\lambda h$	0.84
	1981—2010 年	$Y = 19021.935 - 171.342\lambda - 454.367\varphi - 1.630h + 4.104\lambda\varphi - 0.005\varphi h + 0.017\lambda h$	0.82
	1985—2014 年	$Y = 14445.496 - 129.5956\lambda - 369.0676\varphi - 0.519h + 3.323\lambda\varphi - 0.003\varphi h + 0.006\lambda h$	0.78

注：λ、φ、h 分别表示经度（°）、纬度（°）和海拔高度（m）。

4.3　红枣气候适宜性区划方法和结果

4.3.1　区划指标归一化处理和区划方法

4.3.1.1　区划指标归一化处理方法

利用综合评判的方法进对红枣的气候适宜性进行划分时，由于各项单因子评价指标的栅格数据层之间的量纲存在差异，故采用模糊集线性隶属函数的方法对各单项评价指标进行处理，计算得到单项指标的评判值，以模糊评判值进行分区，据此建立各区划因子气候适宜性隶属函数模型，利用 GIS 技术实现各单项区划指标的归一化处理。

$$\mu(x_1) = \begin{cases} 1 & 9.6 < x_1 \leqslant 11.1 \\ \dfrac{14.0 - x_1}{2.9}, \dfrac{x_1 - 7.0}{2.6} & 7.0 < x_1 \leqslant 9.6, 11.1 < x_1 \leqslant 14.0 \\ 0 & x_1 \leqslant 7.0, x_1 > 14.0 \end{cases}$$

$$\mu(x_2) = \begin{cases} 1 & x_2 > 3400 \\ \dfrac{x_2 - 3000}{400} & 3000 < x_2 \leqslant 3400 \\ 0 & x_2 \leqslant 3000 \end{cases}$$

$$\mu(x_3) = \begin{cases} 1 & 430 < x_3 \leqslant 580 \\ \dfrac{x_3 - 350}{80}, \dfrac{680 - x_3}{100} & 350 < x_3 \leqslant 430, 580 < x_3 \leqslant 680 \\ 0 & x_3 \leqslant 350, x_3 > 680 \end{cases}$$

$$\mu(x_4) = \begin{cases} 1 & x_4 \leqslant 45 \\ \dfrac{70 - x_4}{25} & 45 < x_4 \leqslant 70 \\ 0 & x_4 > 70 \end{cases}$$

$$\mu(x_5) = \begin{cases} 1 & x_5 \leqslant 60 \\ \dfrac{90 - x_5}{30} & 60 < x_5 \leqslant 90 \\ 0 & x_5 > 90 \end{cases}$$

上述隶属函数模型中，x_1 为年平均气温，x_2 为 $\geqslant 10$℃积温，x_3 为年降水量，x_4 为脆熟—采收期降水量，x_5 为花期降水量。利用 GIS 技术，在实现区划指标空间化的基础上，根据各区划要素隶属函数模型，建立单因子评价栅格图层。

4.3.1.2　区划方法

根据区划对象中不同气候因子对其产量、品质的影响程度，确定红枣气候区划中各因子的权重集，分别为 $\alpha = \{0.3, 0.2, 0.2, 0.2, 0.1\}$。利用 GIS 技术，依据各评价因子的权重，采用综合评判的方法，将各区划指标的单因子评价栅格图进行叠加分析，得到红枣气候适宜性评价栅格图。

$$P = \sum_{i=1}^{n} \alpha_i \mu(x_i)$$

式中 P 为综合评判值，$\mu(x_i)$ 为第 i 指标气候隶属度，$i = 1, 2, \cdots 5$，α_i 为相对应该指标权重，n 为评判指标个数，$0 < \alpha_i < 1$，$\sum \alpha_i = 1$。计算后的综合评判值 P 是位于 $0 \sim 1$ 之间的一个数值，表示区划对象的气候综合条件的优劣。依据综合评分值 $P \geqslant 0.8$，$0.6 \leqslant P < 0.8$，$P < 0.6$ 将 7 个不同时段黄土高原丘陵区红枣气候适宜性区划分为适宜、次适宜和不适宜三个等级，分别得到 7 个不同时间段黄土高原丘陵区红枣气候适宜性区划图。

4.3.1.3　气候资源空间化结果

（1）年平均气温

从 7 个时段年平均气温分布研究结果可以看出，黄土高原丘陵区年平均气温大致呈现出北低南高、沿黄河两岸向东向西逐渐递减、随海拔高度升高而逐渐降低的基本特点（图 4.1）。由图可见，7 个时间段的年平均气温总体呈现增温趋势，90 年代增幅明显。80 年代与 70 年代相比大部地区呈持平或略增趋势，中部地区增温趋势明显，除清涧以南为负增温外，增温幅度 $-0.4 \sim -0.2$℃，其他产区为 $0.0 \sim 0.5$℃。90 年代与 80 年代相比，整个研究区域均呈现大幅增加趋势，增幅为 $0.3 \sim 1.0$℃。21 世纪前 10 年与 90 年代相比呈持平或略增趋势，增幅为 $0.0 \sim 0.7$℃。近 30 年与前 30 年相比，年平均气温呈现增加趋势，增幅为 $0.1 \sim 0.5$℃。最新 30 年与近 30 年相比大部地区呈基本持平或略增趋势。

（2）$\geqslant 10$℃积温

从 7 个时段 $\geqslant 10$℃积温分布研究结果可以看出，黄土高原丘陵区红枣 $\geqslant 10$℃积温基本呈现出北低南高、沿黄河两岸向东向西逐渐递减、随海拔高度逐渐降低的基本特点（图 4.2）。由图可见，7 个时间段的 $\geqslant 10$℃积温除 80 年代为减少趋势外，其他时段总体呈增加趋势，90 年代增幅明显。80 年代与 70 年代相比大部地区呈持平或减少趋势，减幅为 $5 \sim 169$℃·d，仅中部兴县、临县、吴堡、柳林部分县区呈增温趋势，增幅为 $30 \sim 196$℃·d。90 年代与 80 年代相比，除柳林、临县、吴堡 3 个县持平外，其他产区呈明显增加趋势，增幅为 $64 \sim 157$℃·d。21 世纪前 10 年与 90 年代相比，除延长、延川、柳林、吴堡、佳县呈持平或略减趋势外，其他大部区域呈明显增加趋势，增幅为 $37 \sim 219$℃·d。近 30 年与前 30 年相比，除黄河西岸清涧以南和柳林基本持平外,其他产区呈增加趋势,增幅为 14～97℃·d。最新 30 年与近 30 年相比大部分地区呈基本持平或略增趋势。

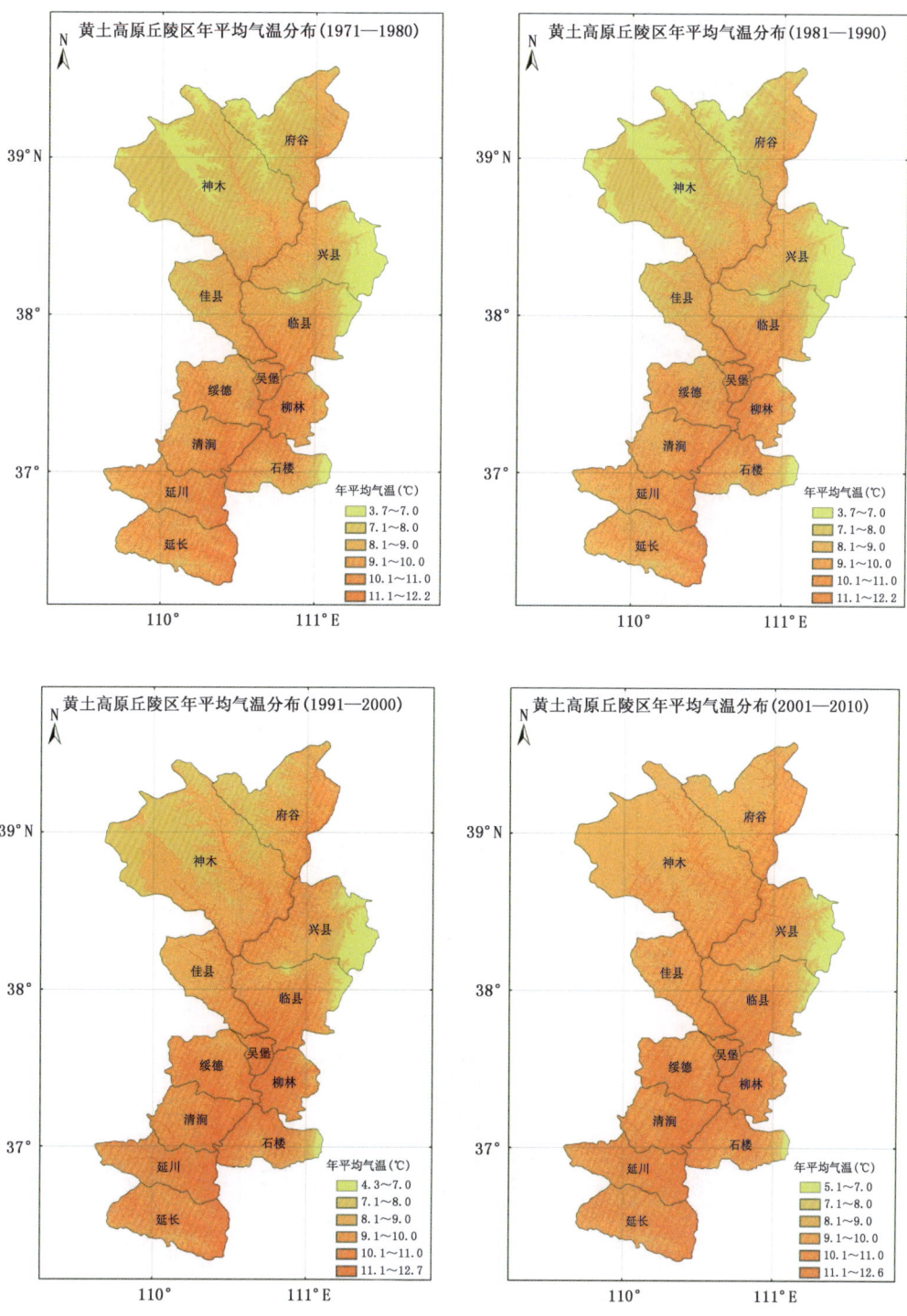

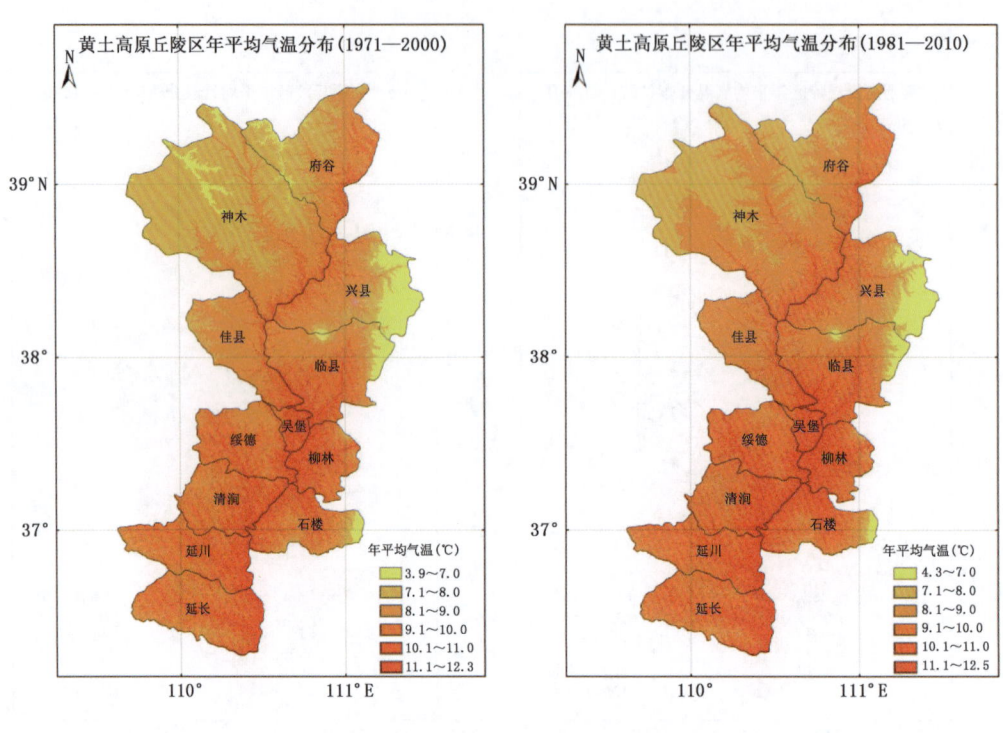

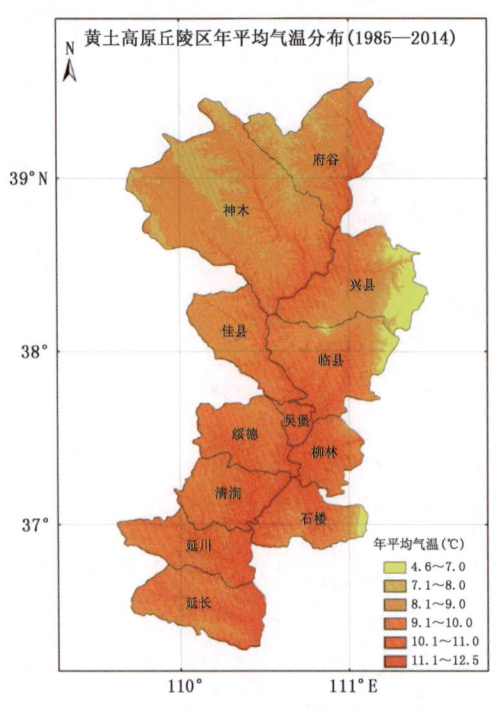

图 4.1 黄土高原丘陵区 7 个不同时段年平均气温分布

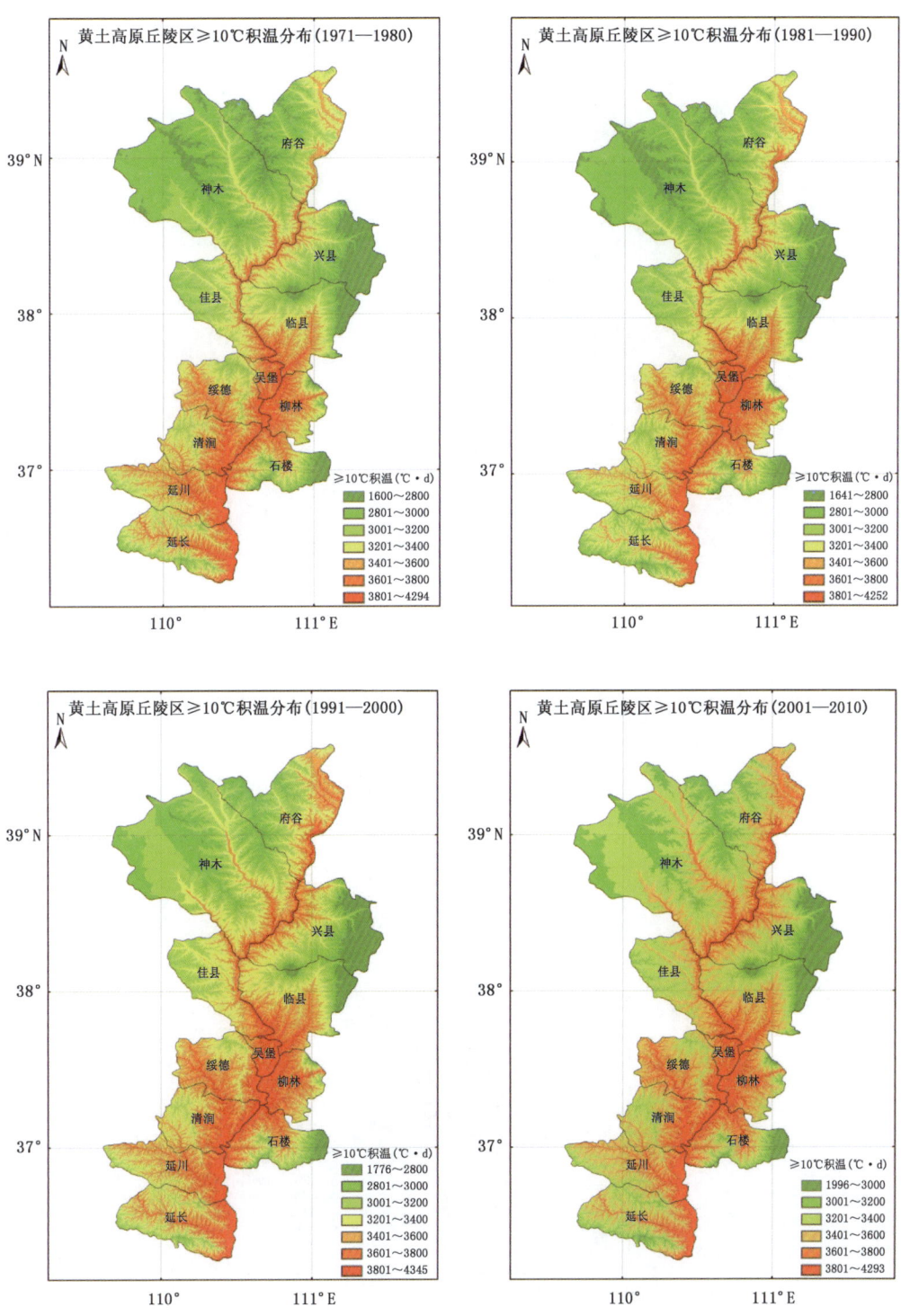

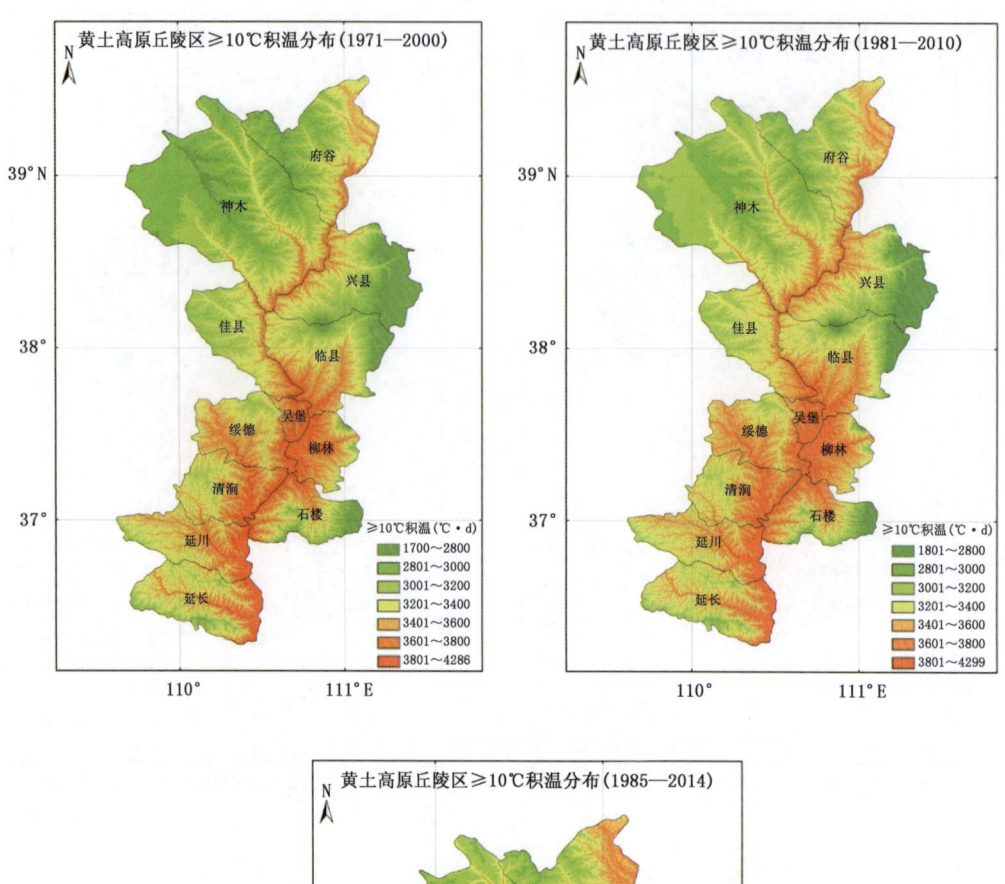

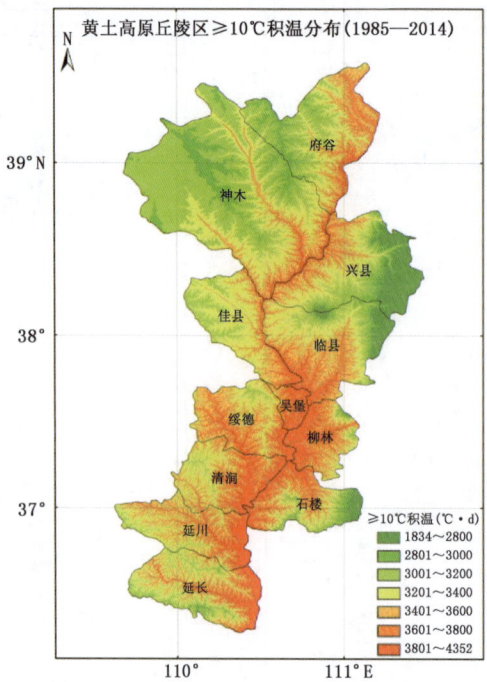

图 4.2　黄土高原丘陵区 7 个不同时段≥10℃积温分布

（3）年降水量

从 7 个时段年降水量分布研究结果可以看出,黄土高原丘陵区年降水量基本呈现出北部少于南部,东部多于西部的特点(图 4.3)。由图可见,7 个时段的年降水量,除 21 世纪前 10 年较 90 年代和最新 30 年较近 30 年呈增加趋势外,其他时段总体呈减少趋势,90 年代减幅明显。80 年代与 70 年代相比除神木、临县和延川呈增加趋势,增幅为 17～39 mm 外,其他地区持平或减少趋势,减幅为 13～82 mm。90 年代与 80 年代相比,除府谷、佳县、兴县、石楼持平外,其他产区呈显著减少趋势,减幅为 21～100 mm。21 世纪前 10 年与 90 年代相比,除神木、府谷、兴县持平外,其他大部产区呈明显增加趋势,增幅为 27～97 mm。近 30 年与前 30 年相比,除延川、佳县和临县呈略增趋势,增幅为 12～16 mm 外,其他地区持平或略减,减幅为 11～18 mm。最新 30 年与近 30 年相比大部产区均呈增加趋势,增幅 11～31 mm。

（4）红枣脆熟—采收期降水量

从 7 个时段的红枣脆熟—采收期降水量分布研究结果可以看出,黄土高原丘陵区红枣脆熟—采收期降水量基本呈现出北部少于南部,东部多于西部的特点(图 4.4)。由图可见,7 个时段的红枣脆熟—采收期降水量总体呈增加趋势,21 世纪前 10 年增加显著。80 年代与 70 年代相比除北部神木、府谷和兴县呈减少趋势,减幅为 19～29 mm 外,其他地区持平或略增趋势,增幅为 4～8mm。90 年代与 80 年代相比,除黄河西岸清涧以南和柳林等地持平外,其他产区呈略增趋势,增幅为 6～13 mm。21 世纪前 10 年与 90 年代相比,种植区域均呈显著增加趋势,增幅为 15～46 mm。近 30 年与前 30 年相比,除北部神木、府谷和兴县持平外,大部产区呈略增趋势,增幅为 10～15 mm。最新 30 年与近 30 年相比大部分产区均呈略增趋势,增幅 3～8 mm。

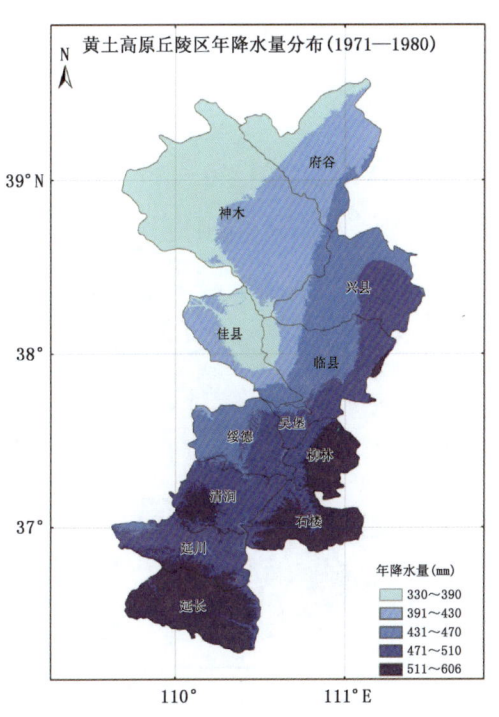
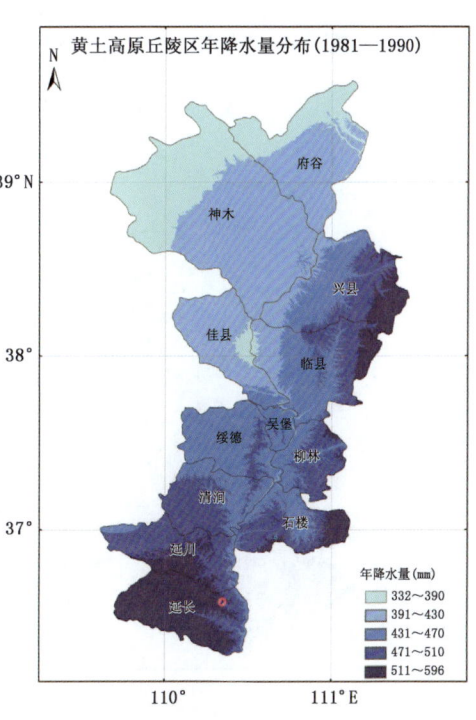

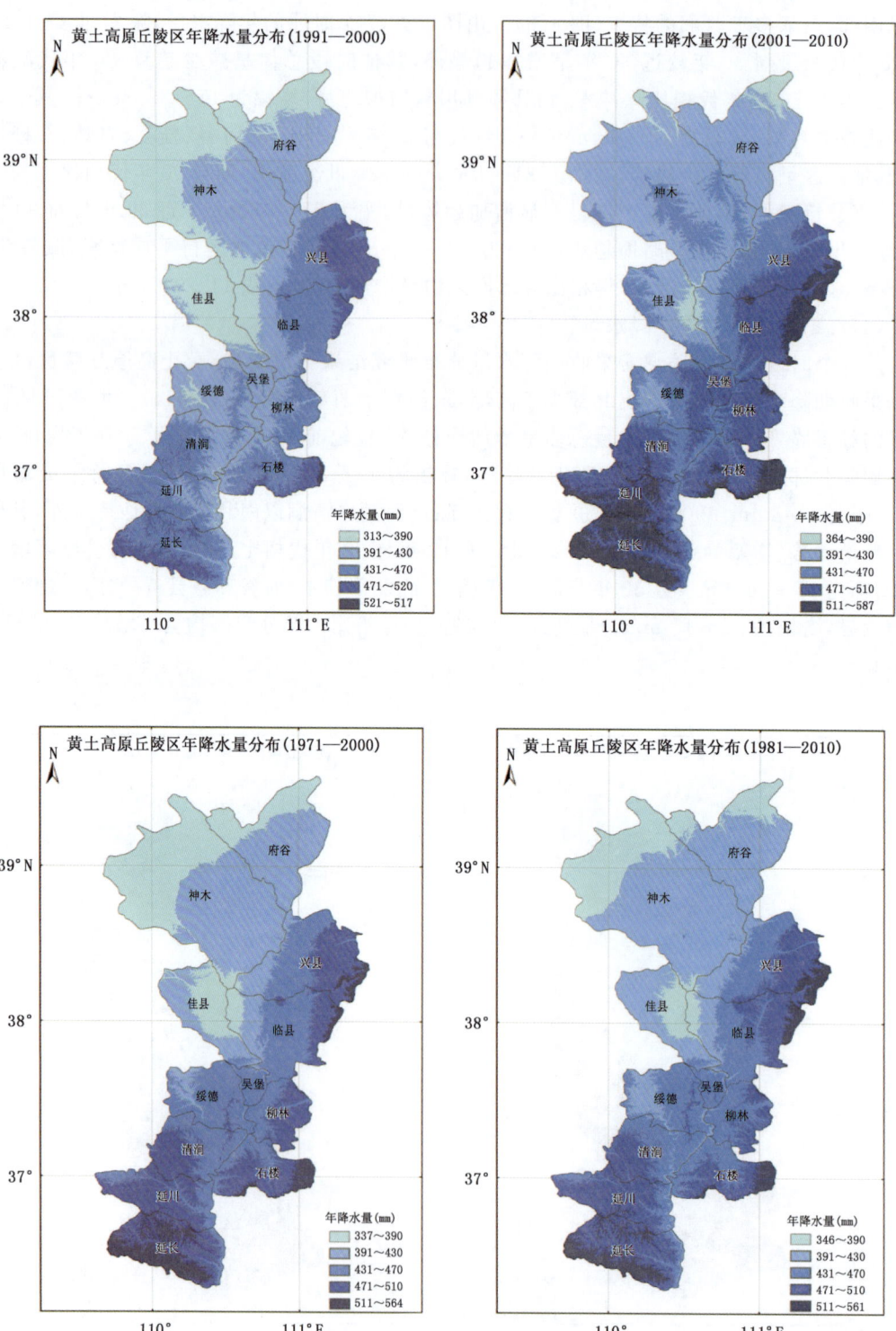

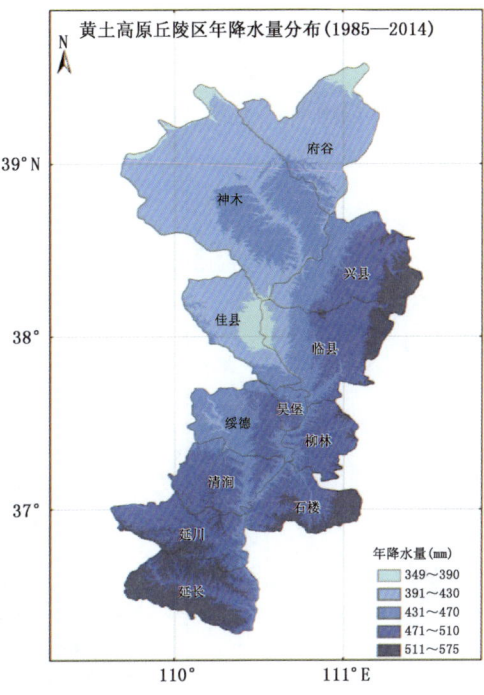

图 4.3　黄土高原丘陵区 7 个不同时段年降水量分布

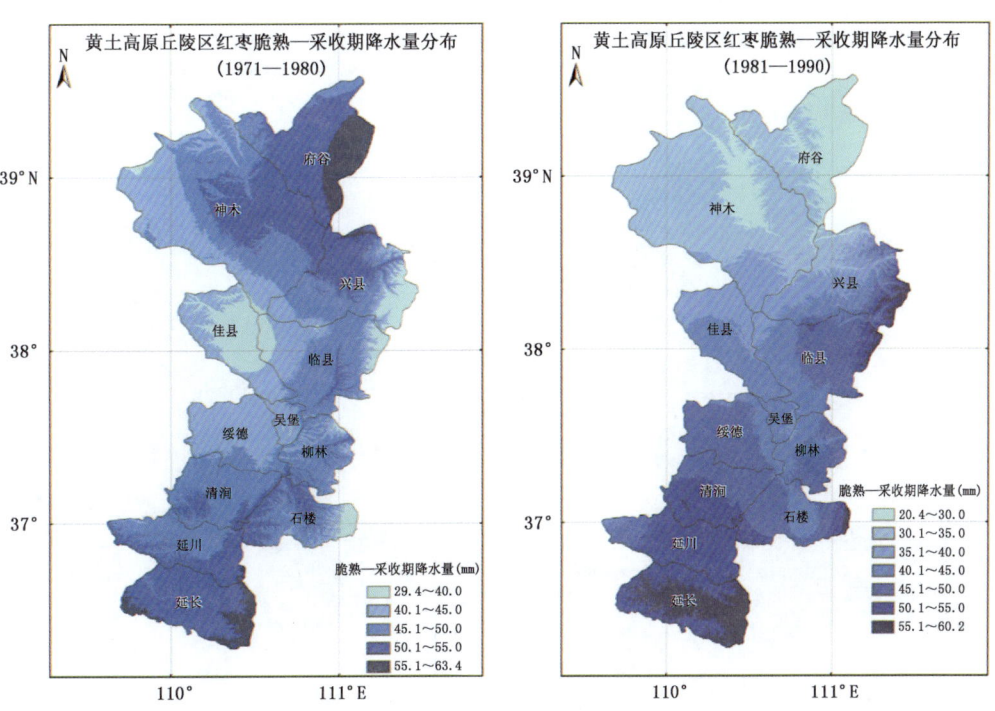

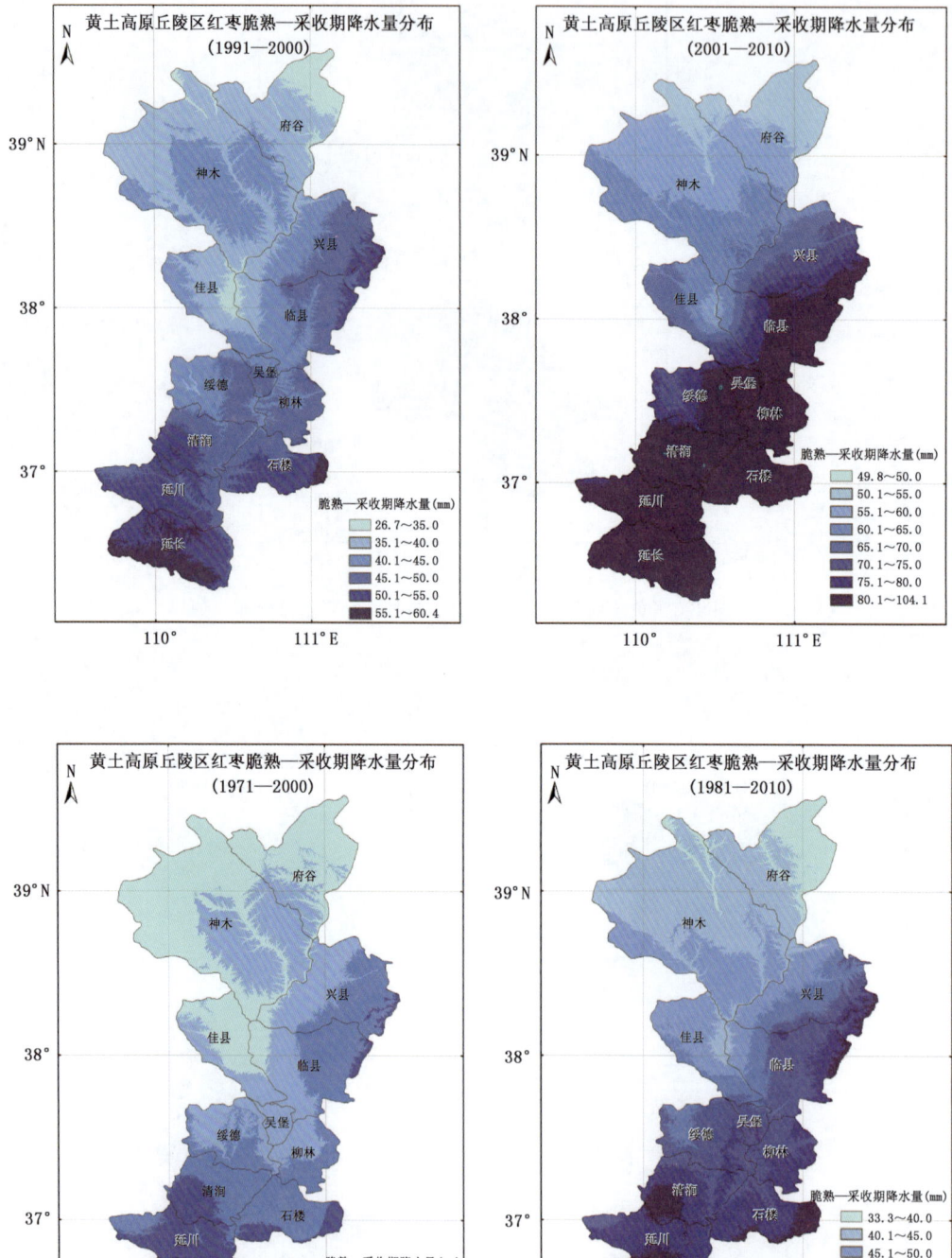

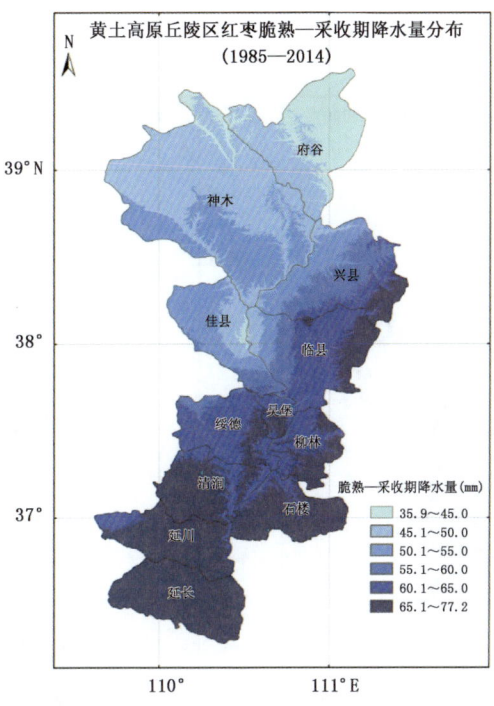

图 4.4　黄土高原丘陵区 7 个不同时段红枣脆熟—采收期降水量分布

（5）红枣花期降水量

从 7 个时段的红枣花期降水量分布研究结果可以看出，黄土高原丘陵区红枣花期降水量基本呈现出北部少于南部，东部多于西部的特点（图 4.5）。由图可见，除 90 年代呈明显减少

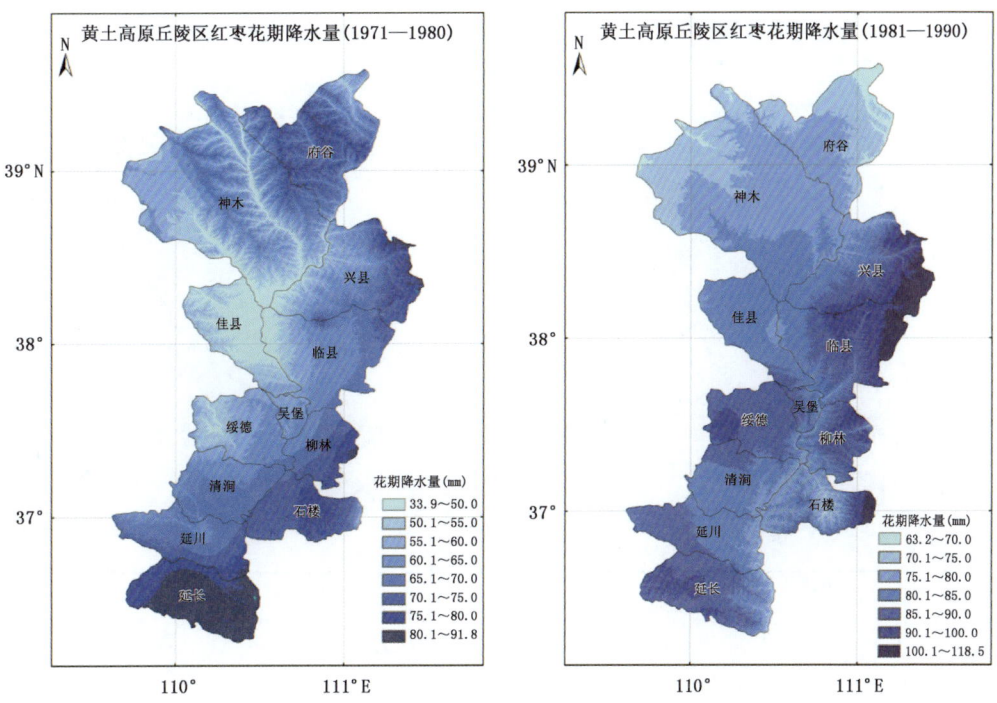

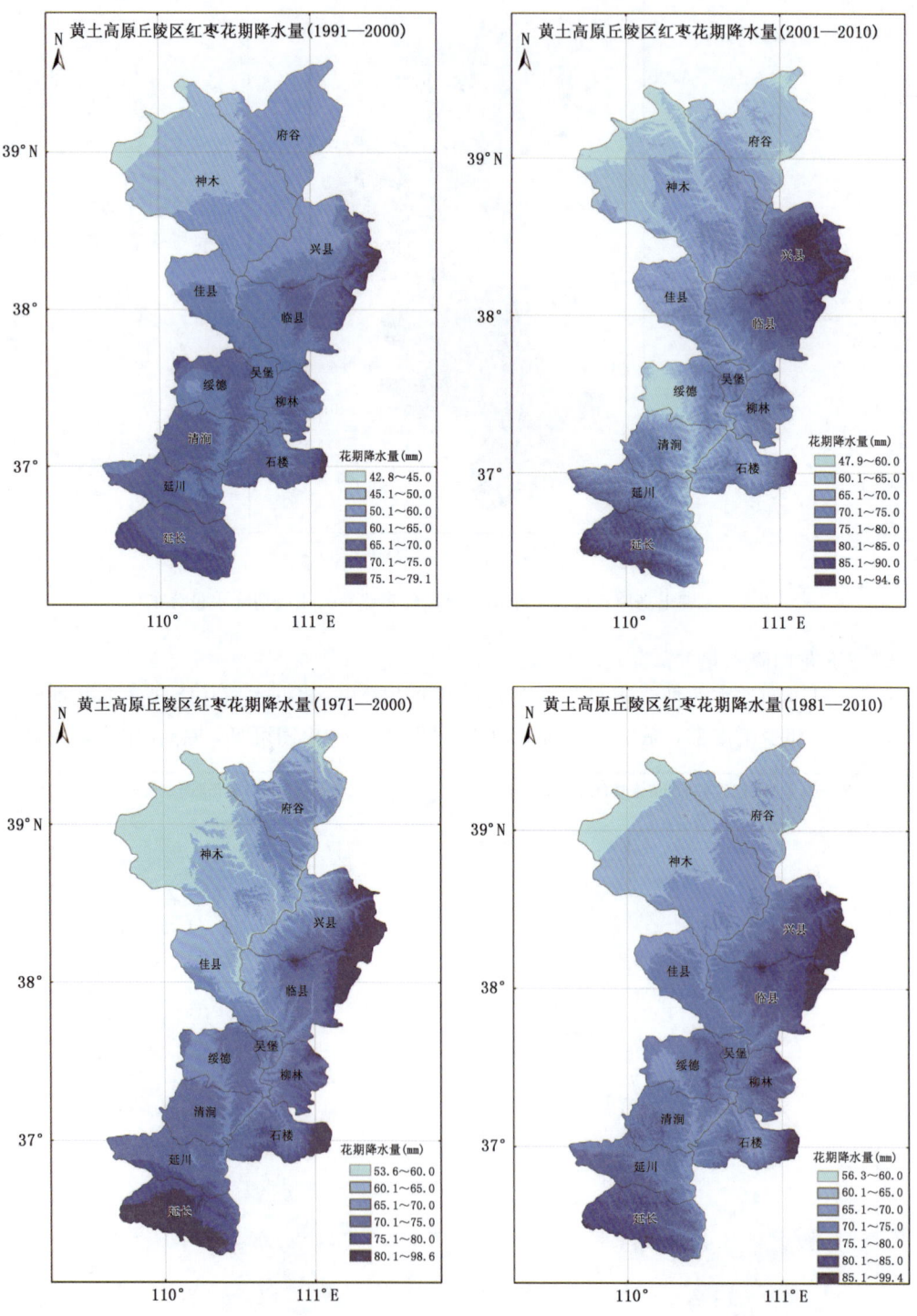

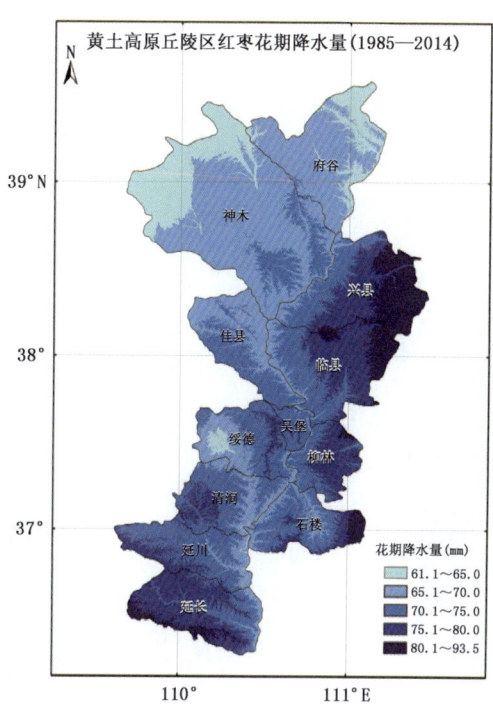

图 4.5 黄土高原丘陵区 7 个不同时段红枣花期降水量分布

趋势外,其他 6 个时段的红枣花期降水量总体呈持平或增加趋势,80 年代增加显著。80 年代与 70 年代相比除延长、府谷和石楼持平外,其他产区呈明显增加趋势,增幅为 17~43 mm。90 年代与 80 年代相比,种植区域总体呈现大幅减少趋势。减幅为 13~34 mm。21 世纪前 10 年与 90 年代相比,除延川、石楼、佳县、绥德和清涧持平外,其他产区呈略增趋势,增幅为 7~35 mm。近 30 年与前 30 年相比,除吴堡、神木、临县、兴县呈略增趋势,增幅为 4~11 mm 外,其他产区基本持平。最新 30 年与近 30 年相比,大部分产区基本持平或略减。

4.3.2 红枣气候适宜性区划结果

4.3.2.1 不同年代际气候适宜性区划

从 7 个时段黄土高原丘陵区红枣气候适宜性区划结果可以看出,该区红枣气候适宜区主要分布在黄河及其支流两岸(图 4.6)。由图可见,80 年代与 70 年代相比,北部地区适宜区基本无变化,南部地区的适宜区有所萎缩。90 年代与 80 年代相比,整个研究区域适宜区均向黄河及其支流沿岸有明显的扩大延伸。21 世纪前 10 年与 90 年代相比,北部地区的黄河西岸及其支流适宜区呈现持续扩大延伸的趋势,黄河西岸兴县适宜区明显有所萎缩;南部地区除佳县和石楼适宜区面积略有萎缩外,其他大部分地区适宜区明显萎缩减少,尤其临县、柳林、延川、延长减少尤其明显。近 30 年与前 30 年相比,北部地区适宜区呈现略扩大延伸趋势,中部地区适宜区略有萎缩减少,南部地区的黄河西岸清涧、延川和延长适宜区明显萎缩减少,尤其延长适宜区几乎减少为零。最新 30 年与近 30 年相比,北部地区基本无明显变化;中部地区除佳县、临县、绥德适宜区略有萎缩外,吴堡和柳林的面积明显减少萎缩;南部地区适宜区呈现明显减少萎缩的趋势,尤其延川、延长适宜区面积几乎减少为零。

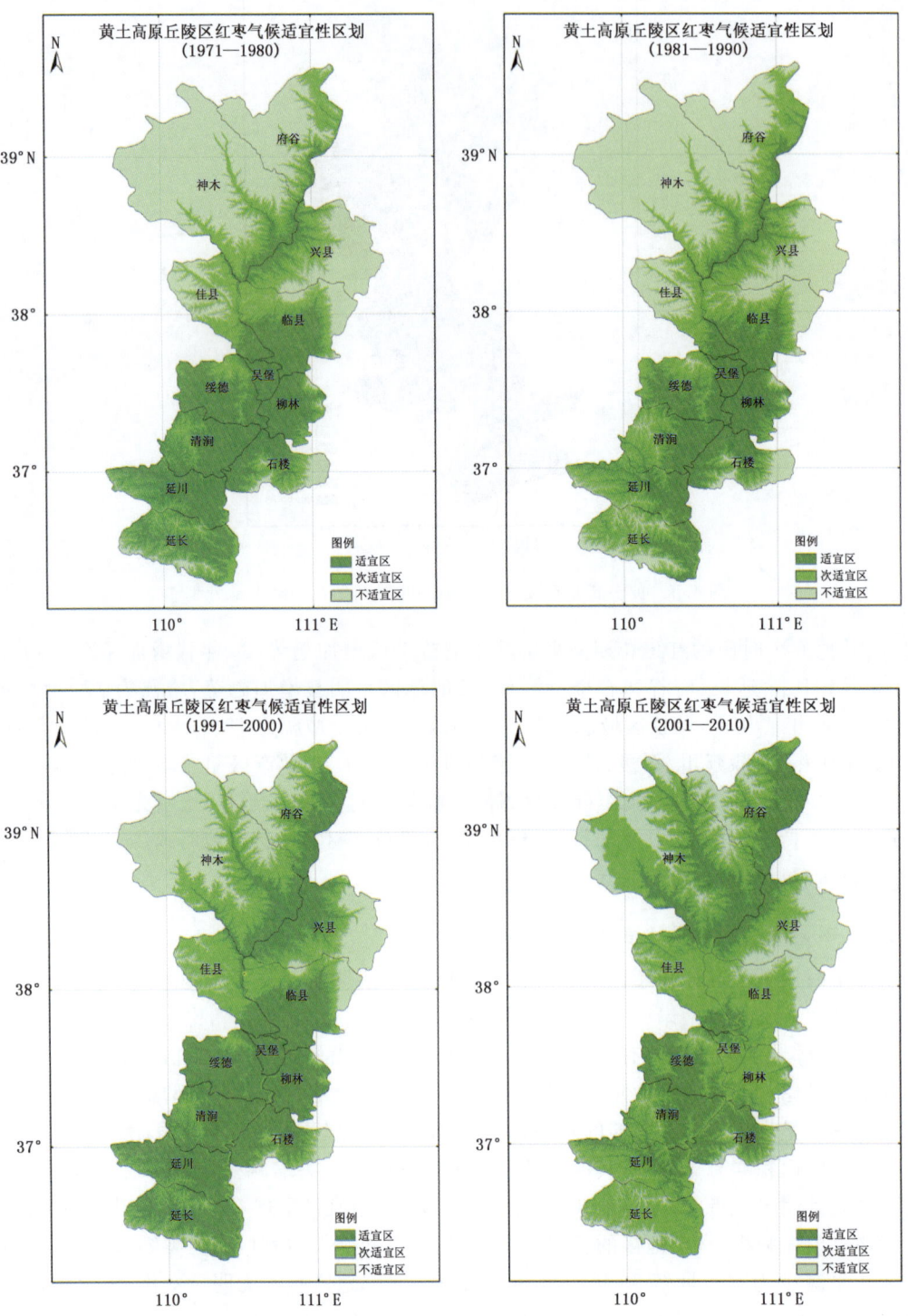

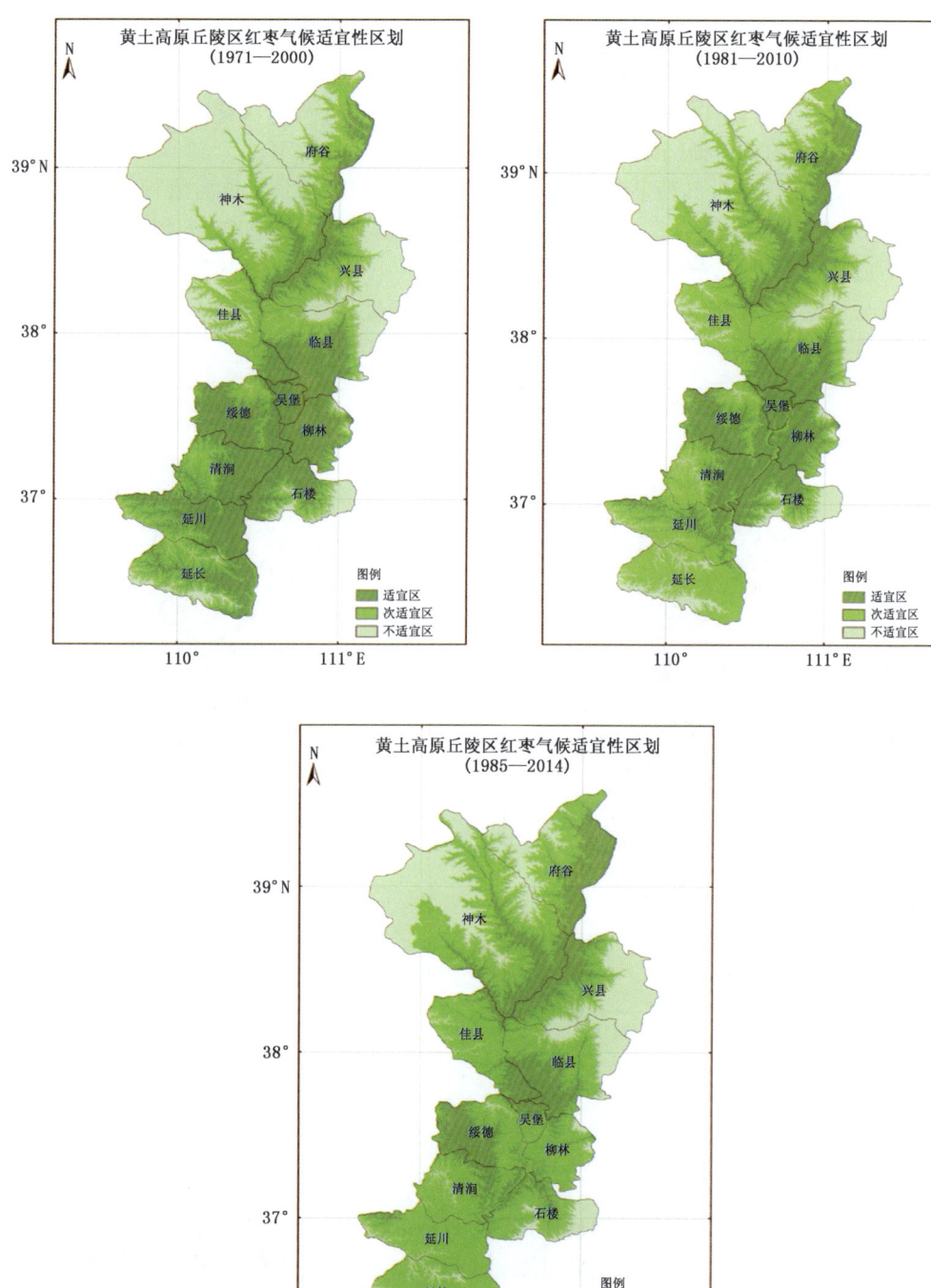

图 4.6　黄土高原丘陵区 7 个不同时段红枣气候适宜性区划

4.3.2.2　最新30年气候适宜性区划结果优化

中阳木枣具有喜温、喜光、耐旱的生态气候特性，据调查和征求红枣主产区专家意见，土层深厚的阳坡适宜红枣种植，而阴坡则不宜种植。为使最近气候背景下的黄土高原丘陵区红枣气候适宜性区划结果更具针对性和更有生产指导意义，本研究利用GIS空间分析技术，提取了研究区域坡向地形数据（图4.7）。针对1985—2014年黄土高原丘陵区红枣气候适宜性区划结果，将研究区域的坡向栅格数据按照阳坡（坡向值（度）：南为157.5～202.5，西南为202.5～247.5，西为247.5～292.5，西北为292.5～337.5）为适宜区，阴坡（坡向值：北为0～22.5和337.5～360，东北为22.5～67.5，东为67.5～112.5，东南为112.5～157.5）为不适宜区，划分为适宜和不适宜两个等级，分别赋值为1和0，将最新30年黄土高原丘陵区红枣气候适宜性区划栅格图与研究区域坡向地形数据进行叠加分析得到优化后的黄土高原丘陵区红枣气候适宜性区划栅格图（图4.8）。

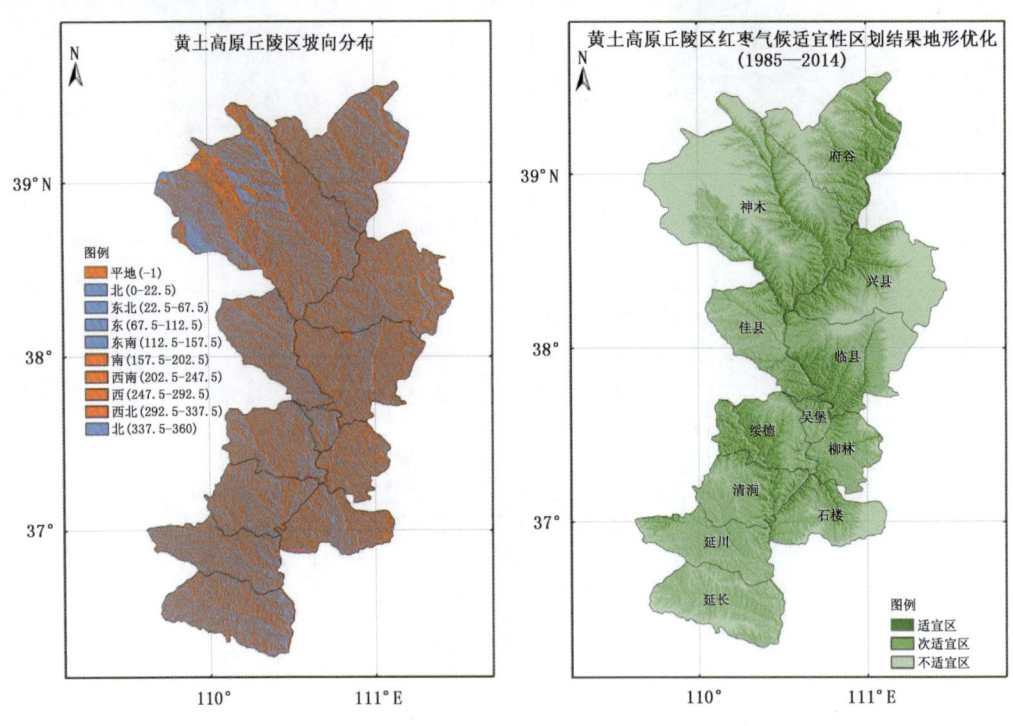

图4.7　黄土高原丘陵区坡向分布　　　　　　图4.8　红枣气候适宜性区划结果优化

（1）适宜区

本区综合评分值0.8～1.0。该区主要分布在黄河及其支流沿岸，海拔高度730～1100 m，坡向朝向为南、西南、西和西北方的阳坡滩地、河谷和丘陵坡地。北部包括府谷境内黄河及其支流皇甫川河、清水川河、孤山河中下游沿岸，神木、兴县和佳县北部黄河及其支流窟野河、秃尾河中下游、岚漪河、蔚汾河下游沿岸海拔730～1100 m的滩地、河谷和丘陵坡地；中部包括佳县南部、吴堡北部、临县南部和柳林北部沿黄河及其支流湫水河两岸，绥德西南和东南部、清涧东部、柳林中部和石楼北部黄河及其支流无定河、湫水河、三川河中游、屈产河中下游沿岸海拔720～1000 m的滩地、河谷和丘陵坡地；南部包括延川北部和石楼西部沿黄河及其支流永坪川河上游、清涧河中游海拔 750～1100 m 的小部分滩地、河谷。本区年平均气温 8.6～11.6℃,年降水量 383～491 mm,≥10℃积温 3300～3950℃·d,脆熟—采收期降水量 36.8～66.5 mm,花期降水量 62.1～76.4 mm。该区降水适中,气温适宜,光照充足,光水热资源匹配最优,有利于制干红枣产量和品质的形成,适宜规模种植。主要气象问题是红枣开花期降水偏多,部分地区脆熟—采收期的连阴雨危害较重。据 1971—2014 年气象资料统计,红枣开花期降水量大于 60 mm 的多雨天气大部分地区 2～3 年一遇,临县、吴堡、绥德和柳林脆熟—采收期大于 45 mm 的连阴雨天气两年一遇。

(2)次适宜区

本区综合评分值 0.6～0.8。本区主要分布在适宜区周边海拔 800～1200 m 的阳坡丘陵坡地。北部包括府谷、神木和兴县黄河及其支流沿岸适宜区周边海拔 860～1200 m 的丘陵坡地;中部包括佳县中部、临县北部、绥德东部、吴堡南部、柳林、清涧、石楼等县黄河及其支流沿岸适宜区周边海拔 830～1150 m 的丘陵坡地;南部包括除延川适宜区外和延长两个县海拔 800～1100 m 的滩地、河谷和丘陵坡地。本区年平均气温 7.8～12.3℃,年降水量 360～540 mm,≥10℃积温 3000～4300℃·d,脆熟—采收期降水量 36.3～74.8 mm,花期降水量 62.2～79.2 mm。主要气象问题是延长、临县和兴县红枣花期多雨天气危害较重,红枣花期降水量大于 60 mm 的多雨天气 3 年 2 遇,大部分地区红枣脆熟—采收期大于 45 mm 的连阴雨灾害性天气 2～3 年一遇,南部清涧、延长和延川危害最重,为五年三遇。

(3)不适宜区

本区综合评分值小于 0.6。此区主要包括府谷和神木西北部次适宜区周边的高海拔丘陵山地,兴县和石楼东南部、临县东北部的高海拔丘陵山地,以及延长北部和南部次适宜区周边的小部分高海拔丘陵山地。该区大部分地区热量资源不足,年平均气温低于 8℃,≥10℃的积温不足 3000℃·d,春末气温低,花粉发育不良,初霜冻来得早,红枣不能正常成熟。降水资源条件,北部不适宜区年降水量偏少,东部不适宜区红枣花期降水量基本在 75 mm 以上,脆熟—采收期降水量在 65 mm 以上,关键生育期连阴雨灾害重,气象条件不适宜制干红枣栽植。

4.3.2.3　黄土高原丘陵区红枣产业应对气候变化的对策与建议

针对最新气候背景下黄土高原丘陵区红枣气候适生区分布结果,建议各地主动适应红枣主产区气候暖湿化趋势,在北部适宜区适当扩大制干红枣种植面积,中部和南部适宜区和次适宜区应及时调整产业结构,改良种植抗裂品种,同时加大基础配套设施建设,促进黄土高原丘陵区红枣产业健康持续发展。

(1)陕晋黄河沿岸北部地区可适当扩大制干红枣栽种面积

随着黄土高原丘陵区的气候变化,北部黄河沿岸适宜区的府谷、神木和兴县等地热量资源的增加,降水的增多,该地区黄河及皇甫川河、清水川河、窟野河、秃尾河、岚漪河和蔚汾河等支流沿岸地区可根据地形特点,充分挖掘气候资源潜力,适当扩大适宜本地发展的制干红枣栽植面积。

(2)陕晋黄河沿岸中部和南部适宜区及时改良抗裂果品种

据调查,中部和南部适宜区部分地区红枣生产管理粗放、规范化程度低,加之近年来花期降水量普遍增多,常造成枣树生长期病虫害危害较重,需全面推行标准化生产技术,加强基础配套设施建设和林园管理,根据花期气候特点,重视监测,早发现早防治;中部适宜区的临县、吴堡、绥德和柳林等地红枣脆熟—采收期连阴雨灾害发生较重,新建枣园时要选择阳坡栽植抗裂果能力较强的陕北长枣、方木枣等优良品种；老果园宜通过高接换头等措施对已有容易裂果和烂果的品种进行改换，同时注重肥料的合理利用，平衡好施肥与补钙，最大程度地减轻灾害损失。

（3）陕晋黄河沿岸中部和南部次适宜区加快进行产业结构调整

中南部次适宜区红枣脆熟—采收期连阴雨灾害性天气发生频繁，尤其南部的清涧、延长和延川危害最重，建议根据当地的降水分布规律，尽快调整红枣产业品种结构，采用矮化密植栽培、树盘覆膜等早熟技术，或推广红枣避雨栽培、树干涂白等措施，提早或延迟枣果成熟期，避开裂果期；通过采取在幼果期进行枣果套袋，或从枣果着色约一半时定期对果皮表面喷洒钙镁钾肥、益科乐活力菌等防裂药剂，在红枣脆熟—成熟期搭建遮雨棚等，减轻阴雨天气对红枣成熟的影响与危害。

第 5 章　黄土高原丘陵区红枣主要气象灾害变化特征及风险区划

5.1　红枣主要气象灾害变化特征

黄土高原丘陵区红枣生育期主要气象灾害有花期阴雨、幼果期干旱、成熟期阴雨等，大多灾害均与降雨有关，特定时段雨量或雨日的多寡均对枣树生长发育以及后期产量、品质形成有重要影响。据统计，近 40 年，红枣花期阴雨、幼果期干旱均呈增加趋势，其中以幼果期干旱增加显著，幼果期无雨日数增加率为 1.406 d/10a，成熟期雨日呈减少趋势，但不显著；各年代际变化中除幼果期干旱灾害在 20 世纪 70 年代变化较为剧烈外，大部时段各种灾害变化均较平稳，仅有小幅振动（表 5.1）；各种气象灾害空间分布差异较大，花期阴雨灾害中东部和西南部发生率高于其他地区，幼果期干旱以黄河西岸产区发生频率较高，而成熟期阴雨灾害基本呈纬向分布，南部重于北部。

表 5.1　黄土高原丘陵区红枣主要气象灾害趋势及年代际变化

气象灾害	平均值 (d)	气候倾向率 (d/10a)	年代际距平(d)			
			70 年代	80 年代	90 年代	2000 年以后
花期阴雨（雨日）	11	0.004	−1	1	0	0
幼果期干旱（无雨日）	46	1.406	−4	1	1	2
成熟期阴雨（雨日）	8	−0.035	1	−1	−1	1

5.1.1　花期阴雨变化特征

枣树花期较长，花期阴雨天气会造成枣花授粉受精不良降低坐果率，从而影响产量。黄土高原丘陵区红枣花期平均雨日 10～12 天，占整个花期日数的 24%～29%，种植区中东部和西南部花期阴雨发生率高于其他地区，中西部的佳县花期雨日最少，为 10 天（图 5.2）。1971—2010 年红枣花期雨日总体呈增加趋势（气候倾向率 0.004 d/10a），其中兴县、石楼、佳县、神木、吴堡 5 县趋势变化与总体一致，呈增加趋势，以石楼增加明显（倾向率为 0.229 d/10a），其余 7 县均呈减少趋势，延长减少趋势稍明显，倾向率为−0.303 d/10a。近 40 年的枣产区花期阴雨的波动变化中，基本以每年 0～5 天的雨日距平上下波动，其中 1997、2003 等年份振幅较大，分别为花期阴雨显著减少年份和花期阴雨显著增加年份（表 5.2、图 5.1）。

表 5.2　红枣种植全区及各县花期阴雨日数趋势变化及显著性检验

地区	气候倾向率(d/10a)	R^2	显著性检验值
临县	−0.087	0.001	0.846
兴县	0.109	0.001	0.830
柳林	−0.28	0.009	0.590
石楼	0.229	0.006	0.639
府谷	−0.176	0.006	0.629
佳县	0.215	0.005	0.669
清涧	−0.103	0.001	0.837
神木	0.036	0.000	0.926
绥德	−0.022	0.000	0.960
吴堡	0.121	0.002	0.806
延长	−0.303	0.011	0.531
延川	−0.041	0.000	0.926
种植全区	0.004	0.000	0.991

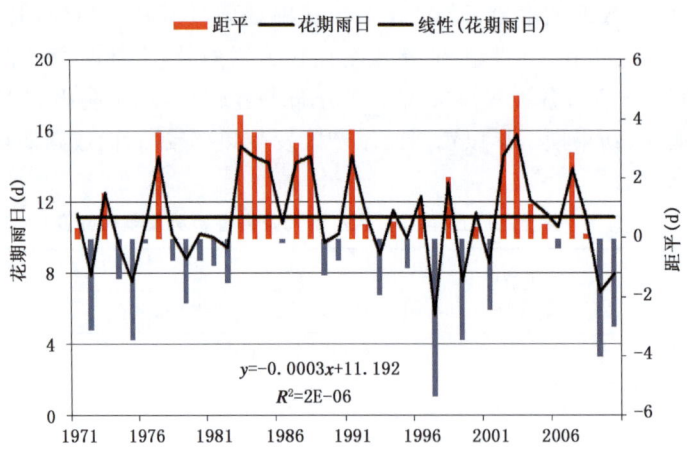

图 5.1　红枣种植全区 1971—2010 年花期雨日数年际变化曲线

　　各年代际变化中,呈"减—增—平—平"的变化,年代际之间波动不明显,花期雨日仅以 1 天的振幅上下波动,其中 70 年代花期阴雨略少,较常年均值偏少 1 天,80 年代阴雨增加,较常年偏多 1 天,90 年代开始花期阴雨较常年基本持平。近 40 年大部分县花期雨日最多年出现在 80 年代末期和 21 世纪初两个时段,其中兴县最多雨日达 20 天,出现在 2003 年,该年枣树花期中有近乎一半的时段均是阴雨天气(表 5.3)。

表 5.3　红枣种植全区及各县花期雨日数年代际变化情况(单位:d)

地区	40年平均	花期阴雨日数				距平				极值	
		1971—1980	1981—1990	1991—2000	2001—2010	1971—1980	1981—1990	1991—2000	2001—2010	最多雨日	出现年份
临县	12	11	13	11	12	−1	1	−1	0	18	1998
兴县	12	11	13	12	13	−1	1	0	1	20	2003
柳林	11	10	11	11	11	−1	0	0	0	17	1977/2007
石楼	12	11	13	12	12	−2	1	0	0	18	1991
府谷	11	11	12	10	11	0	1	−1	0	17	1977
佳县	10	8	12	9	10	−2	2	−1	0	17	1988/2002/2003
清涧	12	11	13	11	11	−1	1	−1	−1	18	1985/2002
神木	11	10	13	10	11	−1	2	−1	0	17	1987/2003
绥德	11	10	12	10	11	−1	1	−1	0	17	1983
吴堡	11	10	12	10	12	−1	1	−1	1	19	1984
延长	12	12	13	11	11	0	1	−1	−1	19	1987
延川	11	10	12	10	11	−1	1	−1	0	16	1983/1987/2003
种植全区	11	10	12	11	11	−1	1	0	0	16	2003

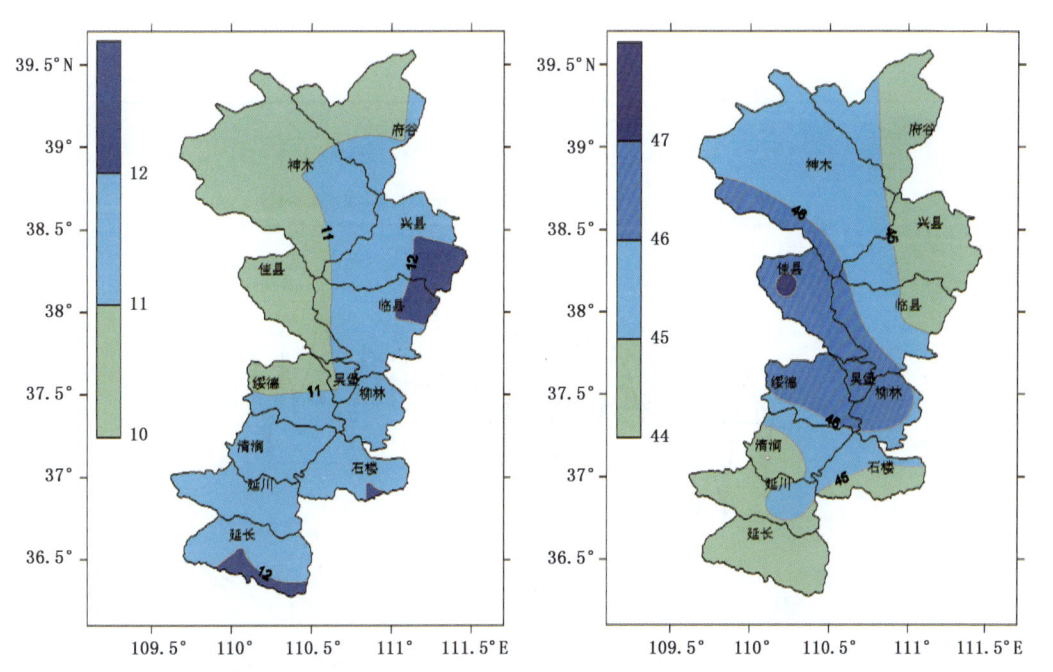

图 5.2　红枣种植区花期雨日空间分布(单位:d)　　图 5.3　红枣种植区幼果期无雨日空间分布(单位:d)

5.1.2　幼果期干旱变化特征

　　枣树幼果期干旱影响果实正常发育膨大,极易发生生理落果现象。特别是陕北枣产区水分资源稍欠,且幼果期干旱发生概率较高,该时段平均无雨日数为45~47天,占幼果期日数的60%以上,枣树生长水分供需矛盾突出(图5.3)。种植区1971—2010 年幼果期无雨日数均呈增加趋势,气候倾向率为 1.406 d/10a,其中以清涧、绥德、延长、延川 4 县增加显著,气候倾向率分别为 2.432 d/10a、2.314 d/10a、2.074 d/10a 和 1.747 d/10a(表 5.4)。年际间幼果期无雨日变化除 1976—1980 年、1997—2002 年两个时段以持续偏少和持续偏多的相对稳定形式出现外,其余年际间波动较大,以 2～10 天的振幅上下波动(图 5.4)。

表 5.4　红枣种植区及各县幼果期无雨日数趋势变化及显著性检验

地区	气候倾向率(d/10a)	R^2	显著性检验值
临县	1.392	0.092	0.057
兴县	1.075	0.060	0.126
柳林	0.997	0.044	0.218
石楼	0.698	0.018	0.415
府谷	1.359	0.080	0.076
佳县	0.686	0.003	0.758
清涧	2.432	0.195	0.004＊＊
神木	0.974	0.034	0.254
绥德	2.314	0.205	0.003＊＊
吴堡	0.514	0.014	0.461
延长	2.074	0.179	0.006＊＊
延川	1.747	0.119	0.029＊
种植全区	1.406	0.111	0.036＊

注:＊＊为通过 0.01 显著性检验,＊为通过 0.05 显著性检验。

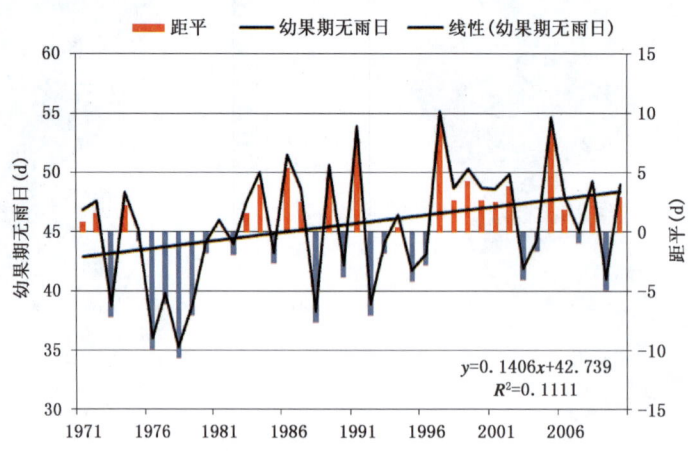

图 5.4　红枣种植全区 1971—2010 年幼果期无雨日数年际变化曲线

$$y=0.1406x+42.739$$
$$R^2=0.1111$$

各年代际变化中,幼果期无雨日数呈先减后增的变化特征,说明整个红枣种植区幼果期干旱呈加重趋势。20 世纪 70 年代,种植区降雨偏多,无雨日数也较常年偏少 4 天左右,从 80 年代开始,幼果期无雨日数持续增加,80 年代、90 年代分别增加 1～2 天,2000 年以后增加 2 天。种植区 12 县中有 6 县幼果期无雨日最多年份均出现在 1997 年,为 56～59 天,占幼果期时段的 77%～84%,当年全区时段降水量偏少 3 成多,干旱问题突出(表 5.5)。

表 5.5　红枣种植区及各县幼果期无雨日数年代际变化情况(单位:d)

站点	40年平均	幼果期无雨日数				距平				极值	
		1971—1980	1981—1990	1991—2000	2001—2010	1971—1980	1981—1990	1991—2000	2001—2010	最多无雨日	出现年份
临县	45	42	45	47	46	−3	0	2	1	55	1999
兴县	45	43	44	45	46	−2	0	0	2	54	1991
柳林	47	44	47	48	47	−3	0	1	0	59	1997
石楼	45	42	46	46	45	−3	2	1	0	56	1986
府谷	45	43	43	46	47	−2	−2	1	2	56	2002
佳县	47	46	48	48	46	−1	1	0	−1	59	1972
清涧	44	37	47	46	46	−7	3	2	2	57	1997
神木	45	44	44	47	47	−2	−2	1	2	57	1991
绥德	46	40	48	48	49	−6	2	2	3	57	1991/2005
吴堡	47	46	48	46	48	−1	1	−1	1	56	1997
延长	45	41	44	47	46	−4	−1	3	2	58	1997
延川	45	41	45	48	47	−4	0	2	2	56	1997
种植全区	46	42	46	47	47	−4	1	1	2	55	1997/2005

5.1.3　脆熟—采收期连阴雨变化特征

红枣脆熟—采收期虽然仍需要一定的降水量来满足其成熟所需水分,但阴雨日数过多,容易造成裂果、烂果发生,对产量的增长起相反作用。红枣种植区近 40 年成熟期平均阴雨日数为 5～10 天,等值线呈纬向分布,南部多于北部,延长、延川为高值中心,雨日达 10 天(图5.6)。1971—2010 年种植区成熟期阴雨日数总体呈减少趋势,气候倾向率为−0.035 d/10a,12 县中兴县、清涧、神木、绥德、延长、延川 6 县变化趋势与整体一致,其余 6 县呈增加趋势,其中以柳林增加特别显著,气候倾向率为 8.61 d/10a(表5.6)。年际变化中,1971—1983 年阴雨日数大部以 2 年左右的周期上下波动,最大正距平达 7 天(1973 年),最大负距平为 4 天(1982年),1984—1998 年雨日变化相对稳定,基本以负距平为主,1998 年以后又呈波动式变化,2007年振幅达最大,距平值为 8 天,该年大部县阴雨日数显著偏多,雨量也为近 40 年同期极大值,当年陕西省佳县、清涧等地因红枣成熟期阴雨的不利影响,损失较重(图5.5)。

表 5.6　红枣种植区及各县脆熟—采收期阴雨日数趋势变化及显著性检验

地区	气候倾向率(d/10a)	R^2	显著性检验值
临县	0.132	0.002	0.804
兴县	−0.155	0.003	0.722
柳林	8.61	0.810	0.000**
石楼	0.374	0.019	0.399
府谷	0.184	0.008	0.578
佳县	0.324	0.016	0.435

地区	气候倾向率 (d/10a)	R^2	显著性检验值
清涧	−0.347	0.011	0.521
神木	−0.005	0.000	0.989
绥德	−0.578	0.033	0.260
吴堡	0.254	0.008	0.586
延长	−0.14	0.002	0.799
延川	−0.794	0.049	0.172
种植全区	−0.035	0.000	0.933

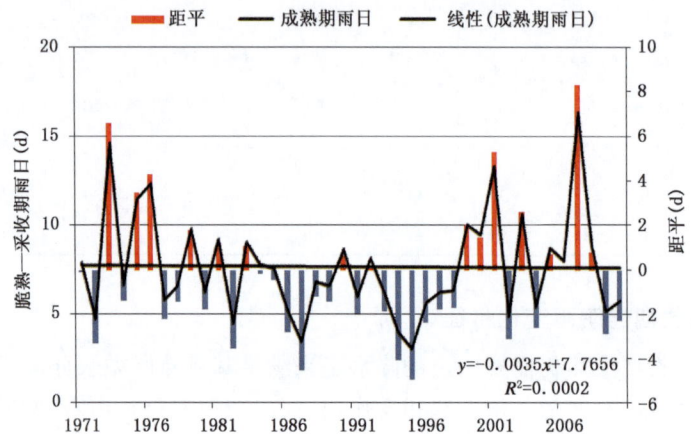

图 5.5　红枣种植全区 1971—2010 年脆熟—采收期阴雨日数年际变化曲线

　　近 40 年红枣种植全区脆熟—采收期阴雨日数年代际呈"增—减—减—增"变化特征,各年代际间差异不明显。20 世纪 70 年代阴雨日数偏多 1 天,80、90 年代阴雨日数各偏少 1 天,90 年代以后随着该时段降水量的普遍增加,阴雨日数也随之增加,较常年偏多 1 天。红枣脆熟—采收期最多阴雨日数多出现在 20 世纪 70 年代初和 21 世纪前 10 年中期两个时段,雨日最多为 11(府谷)～21(绥德)天,占整个红枣成熟期时段的 37%～70%。在 12 个县中,有 7 个县雨日最多年出现在 2007 年,其余5 县出现在 70 年代初,而这 5 县雨日最多的次高年也均出现在 2007 年(表 5.7)。

表 5.7　红枣种植区及各县脆熟—采收期阴雨日数年代际变化情况(单位:d)

地区	40 年 平均	脆熟—采收期阴雨日数				距平				极值	
		1971— 1980	1981— 1990	1991— 2000	2001— 2010	1971— 1980	1981— 1990	1991— 2000	2001— 2010	最多 雨日	出现 年份
临县	8	10	7	8	10	1	−2	−1	1	20	1973
兴县	8	9	6	7	8	1	−1	−1	1	17	1973/2007
柳林	8	9	7	7	10	1	−1	−1	2	18	2007
石楼	9	9	8	7	11	0	−1	−2	2	18	2007

续表

地区	40 年平均	脆熟—采收期阴雨日数				距平				极值	
		1971—1980	1981—1990	1991—2000	2001—2010	1971—1980	1981—1990	1991—2000	2001—2010	最多雨日	出现年份
府谷	5	5	5	5	6	0	0	0	1	11	2007
佳县	5	5	5	4	6	0	0	−1	1	14	2007
清涧	7	8	6	6	7	1	−1	−1	1	16	1976
神木	5	6	5	5	6	1	0	−1	0	12	2007
绥德	9	11	8	7	10	2	−1	−2	1	21	1973
吴堡	9	10	7	7	11	1	−1	−1	2	18	2007
延长	10	11	10	9	11	1	0	−1	1	19	1975
延川	10	12	9	7	10	2	0	−2	0	19	1973/1975
种植全区	8	9	7	7	9	1	−1	−1	1	16	2007

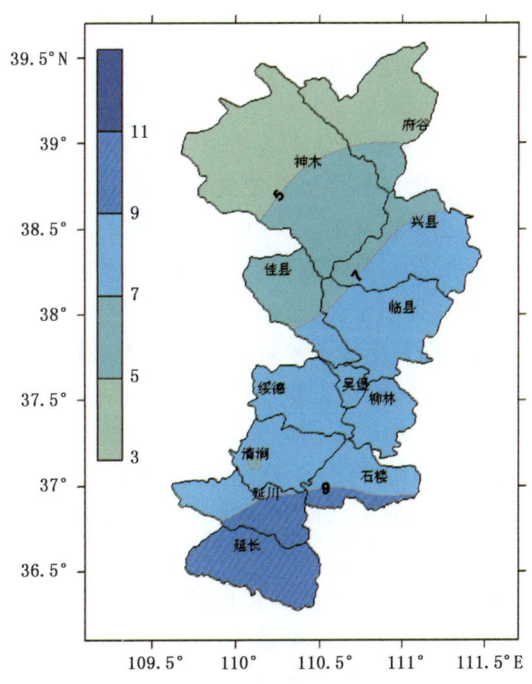

图 5.6 红枣种植区脆熟—采收期阴雨日数空间分布(单位:d)

5.2 红枣主要气象灾害风险区划

5.2.1 主要气象灾害指标与评估模型

在上一小节中,分析了黄土高原红枣花期低温阴雨、幼果期干旱、成熟期连阴雨 3 种主要气象灾害的年代际变化特征;本小节从指导产业结构调整、防灾减灾等角度出发,增加考虑历史中发生过的红枣花期干旱灾害,将对4种红枣主要气象灾害进行气候风险和综合风险研究。据调查,红枣花期干旱、幼果期干旱2种灾害在过去的40多年发生较为频繁,但危害程度有限;花期低温阴雨、成熟期连阴雨2种灾害近年来发生频次增多,危害程度加重,尤其是成熟期连阴雨,如2007年9月下旬至10月上旬,陕北红枣种植区出现持续12天之久的灾害性连阴雨天气,造成红枣大面积裂果、落果、霉变烂果,当年红枣减产70%~80%,局地绝收。

基于对陕西、山西12个红枣主产县红枣主要气象灾害的实地调查,结合对历史灾害资料的收集、查阅,以及文献记载信息收集、整理,本研究确定对黄土高原丘陵区红枣花期干旱、花期低温阴雨、幼果期干旱、成熟期连阴雨,共4种主要气象灾害风险进行分析和研究。

5.2.1.1　指标构建方法

黄土高原丘陵区红枣主要气象灾害指标的构建,主要基于以下三种方法的结合。

(1)收集现有指标。查阅科技类文献资料的,收集整理前人研究黄土丘陵区红枣气象灾害时使用的指标。如陈焕武(2011)对陕北红枣花期的受灾温湿度临界值,幼果期影响干旱程度的降水量、空气温湿度,成熟期连阴雨及空气湿度情况等进行了多年深入研究;李新岗等(2004)根据陕北枣区多年的温度、降水、日照时数等气象因子对红枣逐年产量和品质的影响,提出红枣花期、幼果生长期、脆熟—采收期的降雨是影响陕北红枣产量和品质的关键气候因子;张凌云(2009)针对秋季连阴雨对陕北红枣的影响做了研究,提出了秋季连阴雨是对陕北红枣产量影响最严重的灾害。

(2)通过典型灾害个例对红枣主要气象灾害指标进行反演和订正。通过实地调查和文献查阅,对近年来陕西、山西红枣主产区的主要气象灾害进行了调查,用典型灾害个例对红枣主要气象灾害指标进行反演和订正。在对前人文献资料中涉及的红枣气象灾害指标研究分析的基础上,发现现有指标存在的问题,一是不同研究者对同一种灾害的指标界定不统一;二是多数研究者其研究内容涉及灾害种类不全面;三是多数研究者涉及的研究范围有限,仅涉及研究者所在地域。由此可见,上述指标并不能拿来直接用于黄土高原丘陵区红枣主要气象灾害的风险研究中,需根据黄土高原丘陵区红枣主要气象灾害的成灾特征、时空分布特征等对其进行进一步的修订和完善,如可采取历史灾害反演、实地调查等方法。如由灾情记录信息"2007年9月26日至10月10日,佳县连阴雨持续15天,全县红枣仅有10%的抢收产量,其余90%裂果霉烂,造成2亿元人民币的经济损失",可知红枣成熟期连阴雨灾害持续15天时,可造成90%的产量损失。

(3)通过灾情详查获得的信息,进一步修订指标。通过对12个红枣主产县的一线红枣栽植管理人员,红枣试验站技术指导人员等的座谈和访问,以及通过红枣灾害信息调查表,对目前黄土高原丘陵区红枣的主要气象灾害、灾害指标、灾损率等进行了详细调查,进一步修订了黄土高原丘陵区红枣主要气象灾害指标(表5.8)。

表5.8　临县和佳县红枣主要气象灾害及其灾损情况调查表

地区	灾害种类及其严重年份产量损失百分率				备注
临县	花期阴雨	花期干旱	幼果期干旱	成熟期连阴雨	统计结果来自6位专家
	<30%	30%~40%	30%~55%	90%~95%	
佳县	幼果期干旱	花期干旱	花期阴雨	成熟期连阴雨	统计结果来自7位专家
	20%~50%	30%~50%	50%~70%	70%~90%	

5.2.1.2　红枣主要气象灾害指标

（1）花期高温干旱

根据黄土高原丘陵区红枣花期的主要分布时段及该时段内干旱致灾主要是由降水和气温因子协同作用导致,确定红枣花期高温干旱灾害分析时段为 5 月下旬—6 月下旬,致灾因子为该时段降水量及平均气温(表 5.9)。

表 5.9　黄土高原丘陵区红枣花期高温干旱指标

灾害类型	分析时段	致灾气候因子	成灾等级指标及灾损系数				
			等级	降水量（贡献率 0.5）	温度（贡献率 0.5）	灾损系数	受灾特征描述
花期干旱	5 月下旬—6 月下旬	降水量（mm）/平均气温（℃）	轻	35～45mm	26～28℃	0.2	花器养分水分不足,影响授粉
			中	30～35mm	28～30℃	0.4	花粉活力降低,焦花、落花严重
			重	<30mm	>30℃	0.6	枣花干枯脱落,枣叶失水发黄

（2）花期低温阴雨

根据黄土高原丘陵区红枣花期的主要分布时段及该时段内导致枣花受害的主要是降水因子和较低的气温因子协同作用造成,确定红枣花期低温阴雨灾害分析时段为 5 月下旬—6 月下旬,致灾因子为该时段降水量及平均气温(表 5.10)。

表 5.10　黄土高原丘陵区红枣花期低温阴雨指标

灾害类型	分析时段	致灾气候因子	成灾等级指标及灾损系数				
			等级	降水量（贡献率 0.5）	温度（贡献率 0.5）	灾损系数	受灾特征描述
花期低温阴雨	5 月下旬—6 月下旬	降水量（mm）/平均气温（℃）	轻	60～70mm	20～22℃	0.2	花粉、花器活力降低,影响授粉受精
			中	70～75mm	18～20℃	0.4	落花严重,坐果率显著偏低
			重	>75mm	<18℃	0.6	部分枣花霉烂脱落,坐果率极低

（3）幼果期干旱

根据黄土高原丘陵区红枣幼果期的主要分布时段和干旱致灾的主要气候因子,确定红枣幼果期干旱灾害分析时段为 7 月上旬—9 月上旬,致灾因子为该时段降水量(表 5.11)。

表 5.11　黄土高原丘陵区红枣幼果期干旱指标

灾害类型	分析时段	致灾气候因子	成灾等级指标及灾损系数			
			等级	降水量	灾损系数	受灾特征描述
幼果期干旱	7 月上旬—9 月上旬	降水量（mm）	轻	>300	0.1	幼果发育不良或停止膨大
			中	200～300	0.3	缩果、落果现象明显,枣叶发黄
			重	<200	0.5	枣树落叶,幼果缩果、落果严重

（4）脆熟—采收期连阴雨

根据黄土高原丘陵区红枣脆熟—采收期的主要分布时段和受连阴雨影响致灾的主要气候因子——降雨量及其持续天数,确定红枣脆熟—采收期连阴雨灾害分析时段为 9 月中旬—10 月上旬,致灾因子主要为该时段降水量及连阴雨天数(表 5.12)。

表 5.12　黄土高原丘陵区红枣脆熟—采收期连阴雨灾害指标

灾害类型	分析时段	致灾气候因子	成灾等级指标及灾损系数				
			等级	降水量（贡献率0.4）	阴雨天数（贡献率0.6）	灾损系数	受灾特征描述
脆熟—采收期连阴雨	9月中旬—10月上旬	降水量（mm）、连阴雨天数（d）	轻	45～65 mm	3～5 d	0.3	裂果率达30%，大部分果面裂纹细小而短，降水结束后受太阳光照射，裂纹变干，红枣停止霉烂，可保持产量，但品质降低
			中	65～80 mm	6～8 d	0.5	裂果率达50%，部分果面裂纹多达数条，红枣越接近成熟裂纹越深越多，失去商品价值，产量损失在30%～50%
			重	＞80 mm	≥ 9 d	0.8	裂果率达80%以上，绝大部分红枣裂纹处果肉已经遭到细菌破坏，开始霉烂变质，产量损失80%以上

5.2.1.3　灾害风险区划模型建立

根据灾害风险形成理论体系，气象灾害综合风险是由致灾因子的气候危险性、孕灾环境的敏感性、承灾体的易损性及防灾抗灾能力四部分共同形成。

在针对黄土高原丘陵区红枣主要气象灾害的风险研究中，将考虑气候危险性、承灾体的易损性及防灾抗灾能力三个方面的风险源进行分析，而不考虑孕灾环境敏感性。主要原因是本研究涉及区域范围明确界定为"黄土高原丘陵区"，该区域地形地貌基本相似，红枣分布区域的海拔高度范围 400～1200 m；相似的地貌和差异较小的海拔对红枣主要气象灾害是否发生或发生轻重程度的环境影响敏感性不明显，因而在 4 种主要气象灾害的综合风险区划中，将不考虑孕灾环境敏感性风险。

黄土高原丘陵区红枣全年主要生育期内遭受的气象灾害、病虫灾害种类均比较多，往往造成年平均产量极不稳定；另一方面，近 30 年来，黄土高原丘陵区红枣栽植品种繁多、栽植面积变化较大。这些客观原因导致技术上难以建立各类红枣气象灾害的灾损统计评价模型。因而，本研究中红枣主要气象灾害致灾因子权重系数、主要气象灾害的轻度、中度、重度等级灾损率评估均采取专家经验结合灾害个例反演来确定。

基于上述分析方法，黄土高原丘陵区红枣主要气象灾害风险区划模型建立如下：

$$R = VH \times c_1 + HB \times c_2 + DP \times c_3$$

式中 R 为黄土高原丘陵区红枣主要气象灾害综合风险区划指数；VH、HB、DP 分别为气候危险性指数、承灾体易损性、防灾抗灾能力指数；c_1、c_2、c_3 分别为 3 个致灾因子的权重系数。

黄土高原丘陵区红枣主要气象灾害气候危险性风险指数模型如下：

$$VH = sd \times sc + md \times mc + ld \times lc$$

式中 VH 为黄土高原丘陵区红枣主要气象灾害气候危险性风险指数，用于表示气候致灾因子风险大小，其值越大，则气候致灾风险程度越大，灾害发生时造成损失越大；sd、md、ld 分别为重度、中度、轻度灾害的发生概率(频次),sc、mc、lc分别为重度、中度、轻度灾害的灾损系数。

黄土高原丘陵区红枣主要气象灾害承灾体易损性指数,将以研究区域各红枣主产县的木枣品种最新栽植面积数据为依据,进行标准化处理后作为承灾体易损性风险指数。

黄土高原丘陵区红枣主要气象灾害防灾减灾能力指数,将以研究区域各红枣主产县的人均可支配收入数据为依据,进行标准化处理及反向修订后作为防灾减灾能力指数。

本次红枣主要气象灾害综合风险区划中分别赋予气候致灾危险性、承灾体易损性、防灾减灾能力 0.7、0.2、0.1 的因子权重。

5.2.2　红枣主要气象灾害风险区划

5.2.2.1　主要气象灾害气候风险分布

(1) 花期低温阴雨

1971—2000 年,黄土高原丘陵区红枣花期低温阴雨重度风险区主要分布在山西兴县、临县、柳林、石楼的东南部及陕西延长县东南部,该区红枣花期低温阴雨灾害 3～5 年一遇;中度风险区主要分布在重度风险区以西,包括陕西府谷县大部地区,神木、佳县、清涧、延川 4 县的东部局地及延川县大部地区,该区红枣花期低温阴雨灾害 5～6 年一遇;轻度风险区主要分布在神木、佳县、吴堡、绥德、清涧、延川的全部或大部地区,该区红枣花期低温阴雨灾害至多 6 年一遇(图 5.7)。

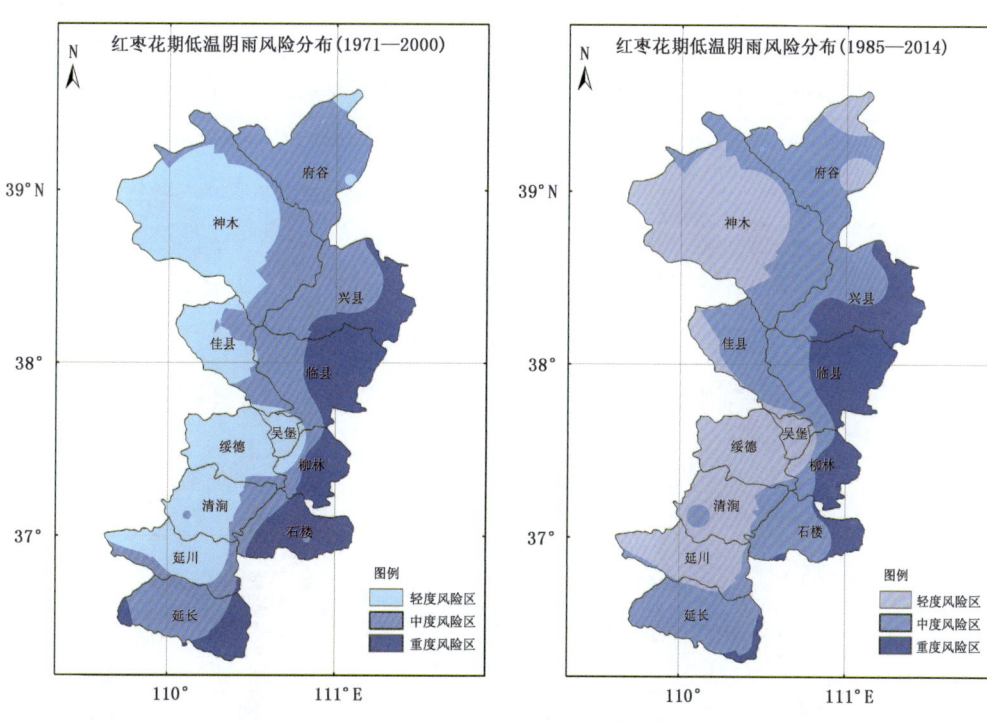

图 5.7　1971—2000 年红枣花期低温阴雨
灾害风险分布

图 5.8　1985—2014 年红枣花期低温
阴雨灾害风险分布

1985—2014 年,黄土高原丘陵区红枣花期低温阴雨重度风险区主要分布在山西兴县、临县、柳林、石楼的东南部及陕西延长县东南部极小面积,该区红枣花期低温阴雨灾害 4～5 年一遇；中度风险区主要分布在重度风险区以西，包括陕西府谷县、延川县大部地区，神木、佳县东部和清涧、延川东部的小部分地区，该区红枣花期低温阴雨灾害5～6年一遇；轻度风险区主要分布在神木、吴堡、绥德、清涧、延川的大部地区和佳县、柳林西部小部分地区，府谷北部小部分地区，该区红枣花期低温阴雨灾害至多6年一遇（图5.8）。

　　将1971—2000年与1985—2014年的红枣花期低温阴雨风险分布图相比较，后者重度风险区面积向东部萎缩和减小；中度风险区面积在佳县向西有所扩大，其余地区变化不大；轻度风险区在佳县面积向西萎缩和减小，其余地区变化不大。

　　（2）花期干旱

　　1971—2000年，黄土高原丘陵区红枣花期干旱重度风险区主要分布在陕西府谷、神木、佳县及山西柳林，该区红枣花期干旱灾害7～10年一遇；中度风险区主要分布在山西兴县、临县、石楼的大部地区和陕西吴堡、绥德、清涧大部及延川、延长东部局地，该区红枣花期干旱灾害10～20年一遇；轻度风险区主要分布在临县、石楼、清涧的小部分地区和延川、延长大部地区，该区红枣花期干旱灾害很少发生或偶有轻微干旱，基本对枣花正常开花坐果无影响（图5.9）。

　　1985—2014年，黄土高原丘陵区红枣花期干旱重度风险区主要分布在府谷、柳林大部及绥德、清涧、石楼、延川、延长小部分地区，该区红枣花期干旱灾害9～13年一遇；中度风险区自北向南主要分布在神木、佳县、吴堡、绥德全部或大部，府谷、兴县、临县西北部，石楼东部，清涧、延川、延长西部局地，该区红枣花期干旱灾害13～20年一遇；轻度风险区主要分布在兴县和临县的中东部大部分地区，清涧西南部，延川、延长的中西部大部地区，该区红枣花期干旱灾害很少发生或偶有轻微干旱，基本对枣树正常开花坐果无影响（图5.10）。

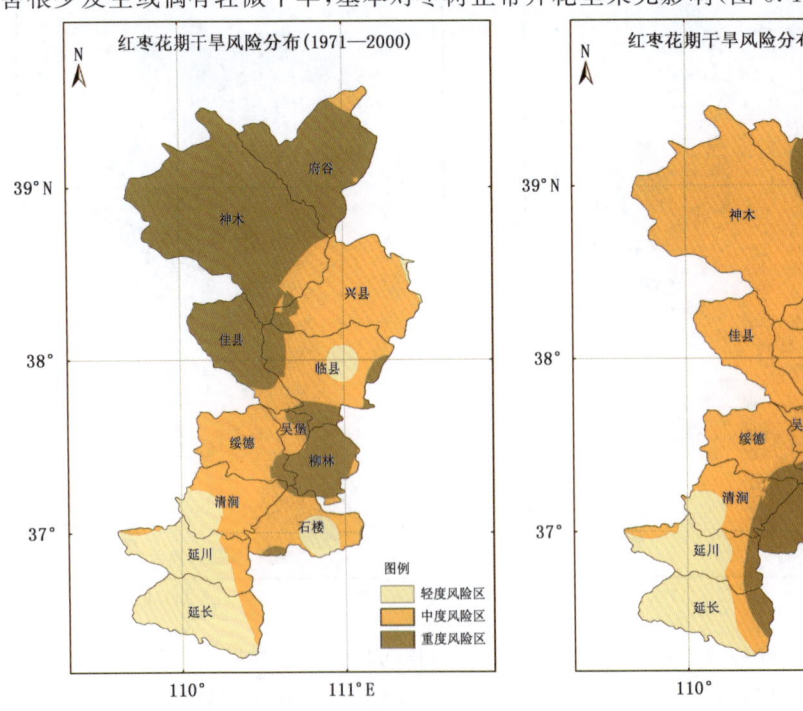

图5.9　1971—2000年红枣花期高温干旱　　　图5.10　1985—2014年红枣花期高温干旱
　　　　灾害风险分布　　　　　　　　　　　　　　　　灾害风险分布

将 1971—2000 年与 1985—2014 年的红枣花期干旱风险分布图相比较,后者重度风险区在陕西神木、佳县周围严重萎缩,萎缩至在后者的风险分布图上 2 个县基本全部变为中度风险区,而柳林周围的重度风险区向西南部有所转移;如上所述后者的中度风险区在神木、佳县面积扩大外,但在兴县、临县分布面积减小,被轻度风险区取代;后者的轻度风险区在比前者增加了较大面积,主要在兴县、临县,石楼分布面积也有所增加。总体来看,黄土高原丘陵区红枣花期干旱风险,1985—2014 年比 1971—2000 年风险逐渐减轻,重度风险区分布面积减少显著,中度、轻度风险区分布面积增大。

(3) 幼果期干旱

1971—2000 年,黄土高原丘陵区红枣幼果期干旱重度风险区主要分布在佳县中东部及临县西部局地,该区红枣幼果期干旱灾害 2～3 年一遇;中度风险区自北向南主要分布在府谷、神木、佳县西部、兴县和临县西部,吴堡北部,绥德中部和西部,柳林和延川有小部分面积的分布,该区红枣幼果期干旱灾害 3 年一遇;轻度风险区主要分布在神木中部和东部局地,兴县、临县、吴堡、柳林、清涧、石楼、延川、延长的大部或全部,该区红枣幼果期干旱灾害 3～4 年一遇(图5.11)。

1985—2014 年,黄土高原丘陵区红枣幼果期干旱重度风险区主要分布在佳县大部及神木、临县、兴县的小部分地区,该区红枣幼果期干旱灾害约 3 年一遇;中度风险区自北向南主要分布在府谷、神木、兴县和临县西部,吴堡、绥德、清涧和柳林的北部,该区红枣幼果期干旱灾害3～4 年一遇;轻度风险区主要分布在兴县、临县的中东部,柳林、清涧南部,石楼、延川、延长,该区红枣幼果期干旱灾害约 4 年一遇(图 5.12)。

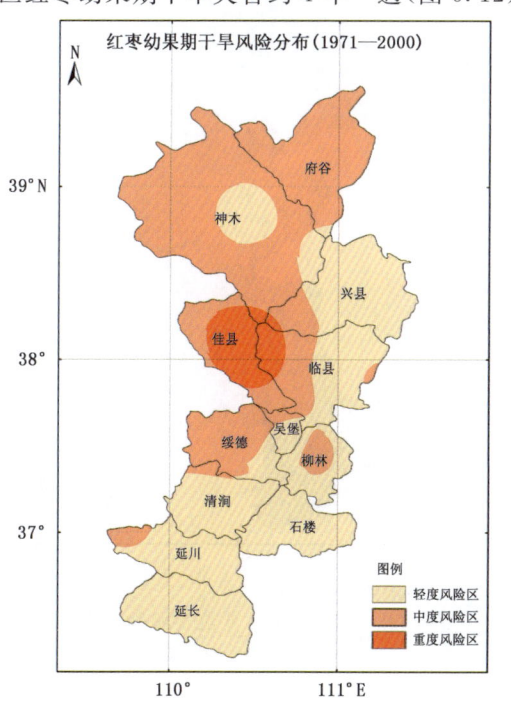

图 5.11　1971—2000 年红枣幼果期干旱
灾害风险分布图

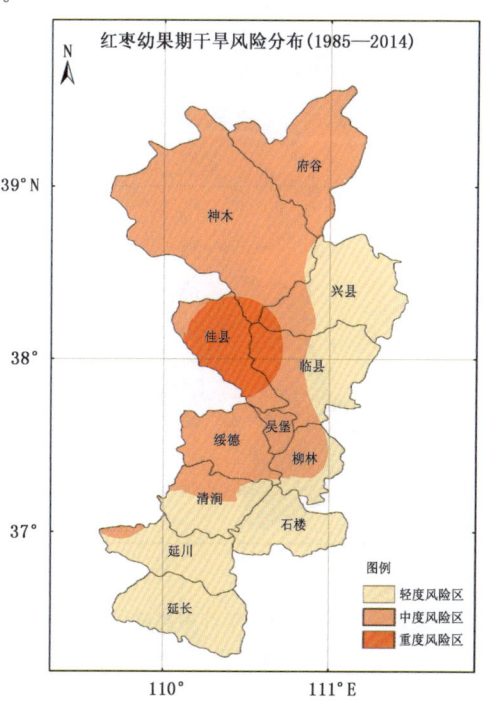

图 5.12　1985—2014 年红枣幼果期干旱
灾害风险分布

　　将1971—2000年与1985—2014年的红枣幼果期干旱风险分布图相比较,后者重度风险区在佳县及其周围面积有所扩大;中度风险区向东、向南面积也均有所扩大;轻度风险区分布面积有所减少。总体来看,黄土高原丘陵区红枣幼果期干旱风险,1985—2014年比1971—2000年风险加重,具体表现在重度、中度风险区分布面积逐渐扩大,而轻度风险区分布面积萎缩。

　　(4)脆熟—采收期连阴雨

　　1971—2000年,黄土高原丘陵区红枣脆熟—采收期连阴雨重度风险区主要分布在陕西清涧南部、延川、延长,该区红枣脆熟—采收期连阴雨灾害接近2年一遇;中度风险区自北向南主要分布在神木、佳县,兴县南部,临县、吴堡、绥德,柳林局地,清涧北部,石楼,该区红枣脆熟—采收期连阴雨灾害约3年一遇;轻度风险区主要分布在府谷、兴县大部及柳林中部局地,该区红枣脆熟—采收期连阴雨灾害3~4年一遇(图5.13)。

　　1985—2014年,黄土高原丘陵区红枣脆熟—采收期连阴雨重度风险区主要分布在陕西清涧南部,延川、延长全部,该区红枣脆熟—采收期连阴雨灾害约2年一遇;中度风险区自北向南主要分布在府谷大部,神木、佳县全部,兴县大部,临县、吴堡、绥德、柳林全部,清涧北部,石楼大部地区,该区红枣脆熟—采收期连阴雨灾害2~3年一遇;轻度风险区主要分布在府谷、兴县的局地,该区红枣脆熟—采收期连阴雨灾害约3年一遇(图5.14)。

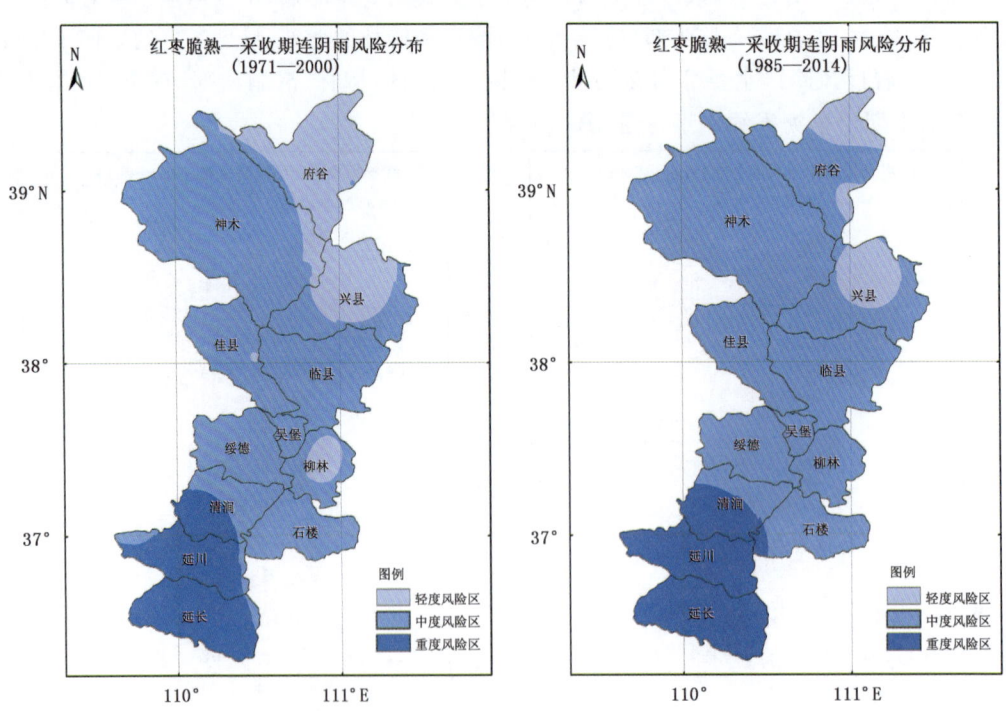

图5.13　1971—2000年红枣脆熟-采收期　　　图5.14　1985—2014年红枣脆熟-采收期
　　　连阴雨灾害风险分布　　　　　　　　　　　　　连阴雨灾害风险分布

　　将1971—2000年与1985—2014年的红枣脆熟—采收期连阴雨风险分布图相比较,后者重度风险区向北、向东有所扩大;中度风险区同样向北、向东分布面积扩大;轻度风险区分布面积减少。总体来看,黄土高原丘陵区红枣脆熟—采收期连阴雨风险,1985—2014年比1971—

2000 年风险加重,具体表现在重度、中度风险区分布面积向北、向东逐渐扩大,而轻度风险区
分布面积明显萎缩。

(5) 红枣主要气象灾害综合气候风险分布

考虑到本研究区域 12 个县各自主要气象灾害的气候风险分布各有差异,同时 4 种主要气
象灾害在研究区域内的影响程度也各不相同,因而基于研究区域内 1985—2014 年的 4 种主要
气象灾害的气候风险指数,并根据 4 种灾害的发生频次、对该区红枣产量形成的实际影响情
况,分别赋予花期低温阴雨灾害 0.1 的权重比例、花期高温干旱灾害 0.1 的权重比例、幼果期
干旱灾害 0.05 的权重比例、脆熟—采收期连阴雨灾害 0.75 的权重比例,绘制其红枣气象灾害
综合气候风险分布图(图 5.15)。

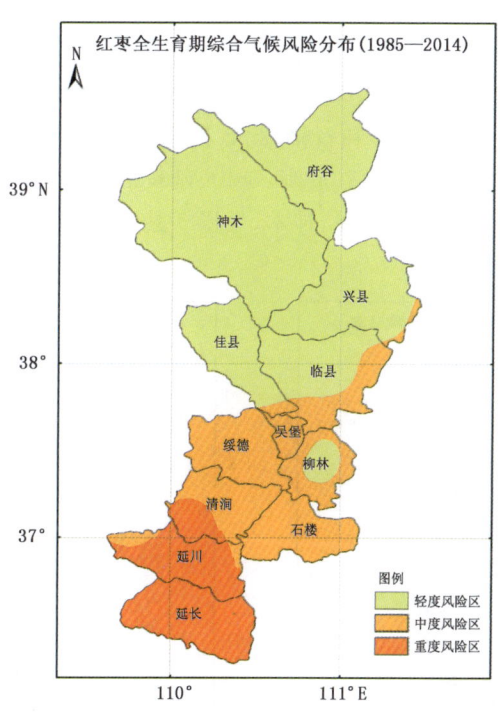

图 5.15　1985—2014 年红枣全生育期主要气象灾害综合气候风险分布

由图 5.15 可见,近 30 年来黄土高原丘陵区红枣主要气象灾害综合气候风险重度风险区
主要分布在清涧西南部局地及延长和延川两县;该区脆熟—采收期连阴雨灾害尤其较重,南部
花期低温阴雨灾害中度发生,北部轻度发生,花期干旱灾害由西向东逐渐加重,幼果期干旱灾
害轻度发生,总体上属于重度气象灾害风险区。中度风险区主要分布在绥德、吴堡、石楼、清涧
的西北大部地区、临县的东南部局地、柳林中部以外的四周局地;该区脆熟—采收期连阴雨灾
害中度发生,幼果期干旱灾害北部中度发生,南部轻度发生,花期低温阴雨灾害西北部轻度发
生,东南部中度或重度发生,花期干旱灾害中部重度发生,东部和西部轻度发生,总体上属于中
度气象灾害风险区。轻度风险区主要分布在柳林中部局地及中度风险区以北地区;该区除兴
县和府谷北部局地红枣脆熟—采收期连阴雨灾害轻度发生外,其余地区中度发生,花期低温阴
雨灾害由西北向东南逐渐加重,花期干旱灾害东北部重度发生,西部中度发生,东南部轻度发
生,幼果期干旱灾害西南部重度发生、北部中度发生、东南部轻度发生,总体上属于气象灾害轻

度风险区。

5.2.2.2　主要气象灾害承灾体易损性风险分布

依据项目组 2014—2015 年对陕西、山西黄河沿岸 12 个红枣主产县的实地调查和访问,获取了各县最新的红枣产量、面积信息。本研究以所获取的各县红枣栽植面积数据为依据,对黄土高原丘陵区红枣进行承灾体易损性风险区划(图 5.16),结果显示:高度风险区分布在佳县、临县、清涧 3 县,各县红枣栽植面积在 80～89 万亩;中度风险区分布在神木、柳林、石楼、延川 4 县,各县红枣栽植面积在 25～42 万亩;轻度风险区分布在府谷、兴县、吴堡、绥德、延长 5 县,各县红枣栽植面积在 25 万亩以下。

5.2.2.3　主要气象灾害防灾减灾能力风险分布

通过查阅陕西、山西两省最新统计年鉴对黄土高原丘陵区红枣主要气象灾害进行防灾减灾能力风险区划,以各红枣栽植县的人均可支配收入数据作为其防灾减灾能力评估依据,结果显示(图 5.17):高度风险区分布在临县和石楼,此 2 县 2013 年人均可支配收入不足 6000 元;中度风险区分布在兴县、柳林、佳县、绥德、清涧、延川、延长 7 县,各县 2013 年人均可支配收入约 6000－8000 元;轻度风险区分布在府谷、神木、吴堡 3 县,各县 2013 年人均可支配收入均在 8000 元以上。

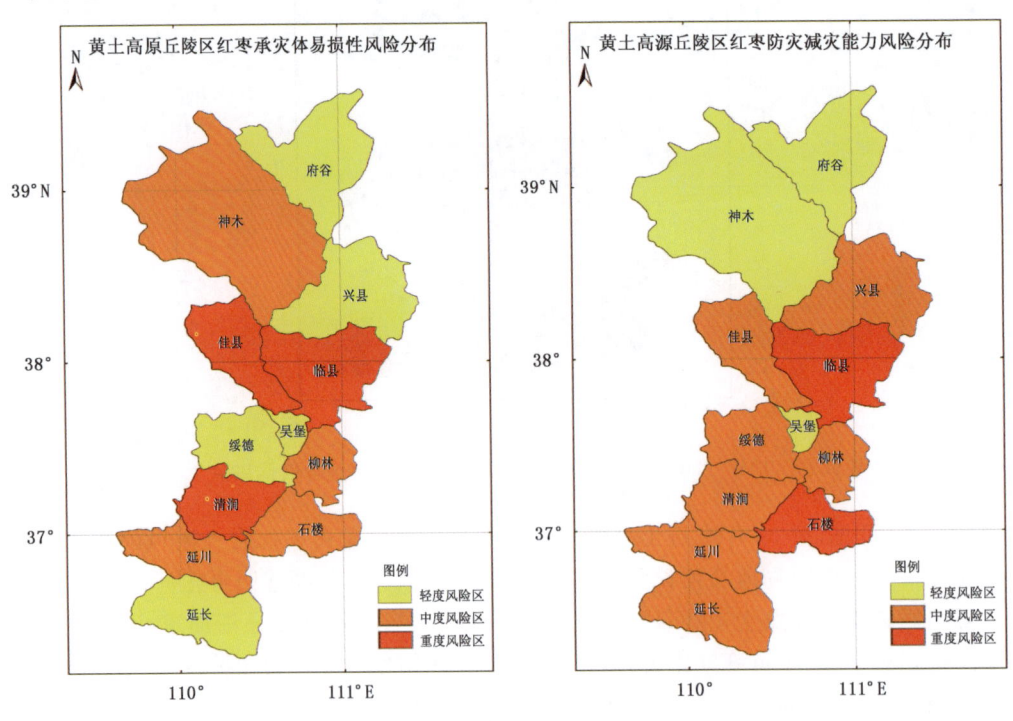

图 5.16　红枣承灾体易损性风险分布　　　　图 5.17　红枣防灾减灾能力风险分布

5.2.2.4　主要气象灾害综合风险区划

(1)花期低温阴雨

综合考虑气候危险性、承灾体易损性、防灾减灾能力三方面风险源,对黄土高原丘陵区红枣花期低温阴雨灾害进行风险区划(图 5.18),结果显示:重度风险区主要分布在临县境内,另外兴县、佳县、石楼、清涧4县的东部有较小面积分布,该区红枣栽植面积较大,花期低温阴雨灾害4~6年一遇,防灾减灾能力差,因而综合风险最高。中度风险区主要分布在兴县、佳县、柳林、石楼、清涧的大部地区,该区红枣栽植面积也较大,花期低温阴雨灾害约6年一遇,防灾减灾能力属于中等区域,因而综合风险中度。轻度风险区主要分布在府谷、神木、绥德、吴堡、延川、延长6县,该区府谷、绥德、吴堡、延长4县红枣栽植面积较小,神木、延川较大,花期低温阴雨灾害至多6年一遇,防灾减灾能力较高或中等,总体上综合风险较轻。

(2)花期干旱

综合考虑气候危险性、承灾体易损性、防灾减灾能力三方面风险源,对黄土高原丘陵区红枣花期干旱灾害进行风险区划(见图5.19),结果显示:重度风险区主要分布在佳县、临县、柳林、石楼、清涧5县的局部地区,该区红枣栽植面积较大,花期干旱灾害9~20年一遇,防灾减灾能力中等或偏差,因而综合风险最高。中度风险区主要分布在府谷、佳县、临县、绥德、柳林、石楼的大部地区,以及清涧、延川的小部地区,该区府谷和绥德红枣栽植面积较小,其他地区较大,花期干旱灾害约13年以上一遇,防灾减灾能力不等,总体上综合风险中度。轻度风险区主要分布在府谷北部,神木、兴县、延川、延长大部,该区兴县、吴堡、延长红枣栽植面积较小,其余较大,花期干旱灾害极少发生,防灾减灾能力不等,总体上属于综合风险轻度区域。

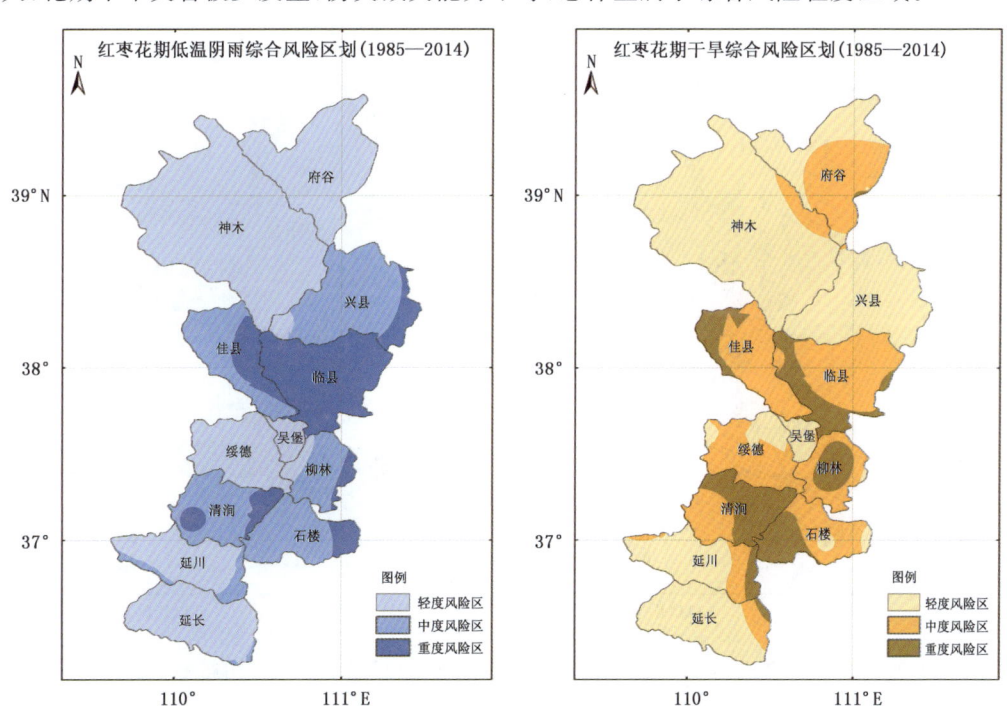

图5.18 红枣花期低温阴雨综合风险区划　　　图5.19 红枣花期干旱灾害综合风险区划

(3)幼果期干旱

综合考虑气候危险性、承灾体易损性、防灾减灾能力三方面风险源,对黄土高原丘陵区红枣幼果期干旱灾害进行风险区划(图5.20),结果显示:重度风险区主要分布在佳县东部和临县西部,该区红枣栽植面积大,幼果期干旱灾害约3年1遇,防灾减灾能力偏弱或较弱,因而综合风险最高。中度风险区主要分布在佳县、柳林、延川西部局地、临县中东部及清涧全部,该区府谷红枣栽植面积较大,幼果期干旱灾害3~4年一遇,防灾减灾能力偏弱或较弱,总体上综合风险中度。轻度风险区主要分布在府谷、神木、兴县、绥德、吴堡、延川、延长全部或大部及柳林东部,该区红枣栽植面积除柳林、石楼、延川较大外,其余均较小,幼果期干旱灾害约4年一遇,防灾减灾能力除石楼弱外,其余较强,总体上属于综合风险轻度区域。

（4）脆熟—采收期连阴雨

综合考虑气候危险性、承灾体易损性、防灾减灾能力三方面风险源,对黄土高原丘陵区红枣脆熟—采收期连阴雨灾害进行风险区划（图5.21）,结果显示:重度风险区主要分布在临县、清涧、延川全部及佳县、石楼、延长局部,该区红枣栽植面积较大,脆熟—采收期连阴雨灾害2~3年一遇,防灾减灾能力弱或较弱,因而综合风险最高。中度风险区主要分布在神木中部、兴县南部、延长北部及佳县、绥德、吴堡、柳林、石楼大部,该区府谷红枣栽植面积较大,脆熟—采收期连阴雨灾害约3年一遇,防灾减灾能力弱或较弱,总体上综合风险中度。轻度风险区主要分布在府谷及神木和兴县局部,该区红枣栽植面积除柳林、石楼、延川较大外,其余均较小,脆熟—采收期连阴雨灾害至多3年一遇,防灾减灾能力较强,总体上属于综合风险轻度区域。

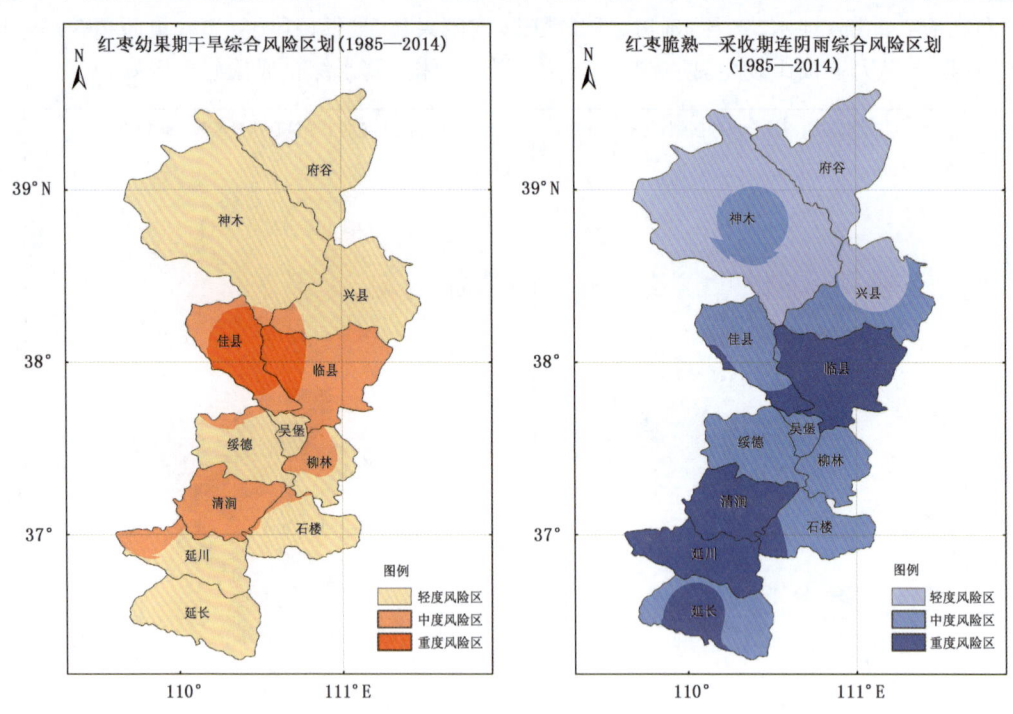

图5.20　红枣幼果期干旱综合风险区划　　图5.21　红枣脆熟—采收期连阴雨综合风险区划

5.2.3　清涧县红枣主要气象灾害风险区划

利用2011—2014年清涧县及其周边区域站的日降水量、日平均气温数据,采用等差订正和等比订正的方法,分别对清涧及其周围区（县）区域自动站的日平均气温和日降水量数据进行订正,求取其近30年（1985—2014年）的气温、降水量致灾因子各等级的发生概率,对清涧县红枣4种主要气象灾害进行精细化风险区划。因针对县域单元的红枣主要气象灾害风险区划采用的数据为空间精度极高的区域站数据,而对黄土高原丘陵区红枣主要气象灾害进行的风险区划采用的是各红枣基地县气象台站的数据,因而,可能出现在县域内的局地气象灾害风险等级与其在整个枣区风险分布图上的等级不符的情况。

近 30 年来,清涧县红枣花期低温阴雨灾害在整个黄土高原枣区基本属于轻度风险区,县域内风险呈由东南向西北逐渐减轻的空间分布趋势。轻度风险Ⅲ区主要分布在无定河下游的高杰村镇及其周边小部分区域,该区红枣花期低温阴雨灾害约 3 年一遇;轻度风险Ⅱ区主要分布在店则沟镇、老舍窠乡、双庙河乡及其以东的非重度风险区,该区红枣花期低温阴雨灾害3～5 年一遇;轻度风险Ⅰ区主要分布在中度风险区以西的清涧县大部分地区,该区红枣花期低温阴雨灾害至多 5 年一遇(图 5.22)。

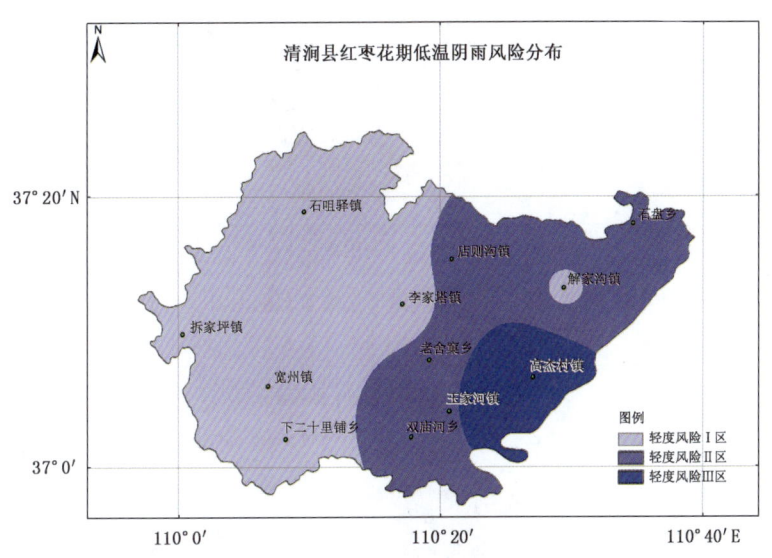

图 5.22　花期低温阴雨灾害风险分布

近 30 年来,清涧县红枣花期高温干旱灾害在整个黄土高原枣区基本属于中度风险区,县域内风险呈由东向西逐渐减轻的趋势。中度风险Ⅲ区主要分布在清涧县东部的解家沟镇及其以南、玉家河镇及其以东的区域,该区红枣花期高温干旱灾害约 5 年一遇;中度风险Ⅱ区主要分布在重度风险区以东及以北,石嘴驿镇、宽州镇以西的清涧中部区域,该区红枣花期高温干旱灾害5～7 年一遇;中度风险Ⅰ区主要分布在清涧西部的拆家坪镇和下二十里铺乡,该区花期高温干旱灾害至多 8 年一遇(图 5.23)。

近 30 年来,清涧县绝大部分区域红枣幼果期干旱灾害在整个黄土高原枣区属于轻度风险区,少部分区域属于中度风险区,县域内风险呈中部、西部、北部重,东南部轻的分布趋势。中度风险区主要分布在李家塔镇、老舍窠乡、下二十里铺乡及其周围,该区红枣幼果期干旱灾害约 3 年一遇;轻度风险Ⅱ区主要分布在宽州镇、拆家坪镇、石嘴驿镇、店则沟镇、玉家河镇、双庙河乡及其周围,该区红枣幼果期干旱灾害 3～4 年一遇;轻度风险Ⅰ区主要分布在解家沟镇和高杰村镇及其周围,该区红枣幼果期干旱灾害至多 4 年一遇(图 5.24)。

近 30 年来,清涧县红枣脆熟—采收期连阴雨灾害在整个黄土高原枣区属于重度风险区,少部分区域属于中度风险区,县域内风险呈由东向西逐渐减轻的趋势。重度风险Ⅱ区主要分布在解家沟镇及其周围,该区红枣脆熟—采收期连阴雨灾害至少 2 年一遇;重度风险Ⅰ区主要分布在店则沟镇、老舍窠乡、下二十里铺乡一线以东的非重度风险Ⅱ区的区域,该区红枣脆熟—采收期连阴雨灾害 2～3 年一遇;中度风险区主要分布在李家塔镇、宽州镇周围及其以西

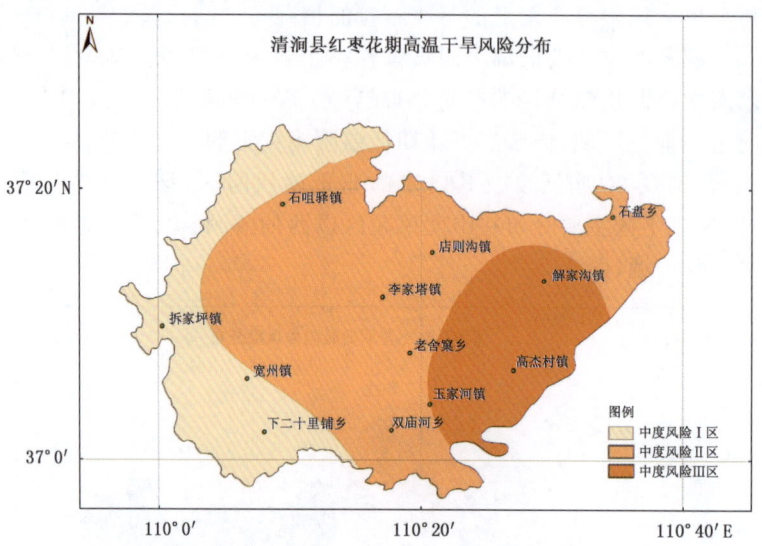

图 5.23　花期高温干旱灾害风险分布

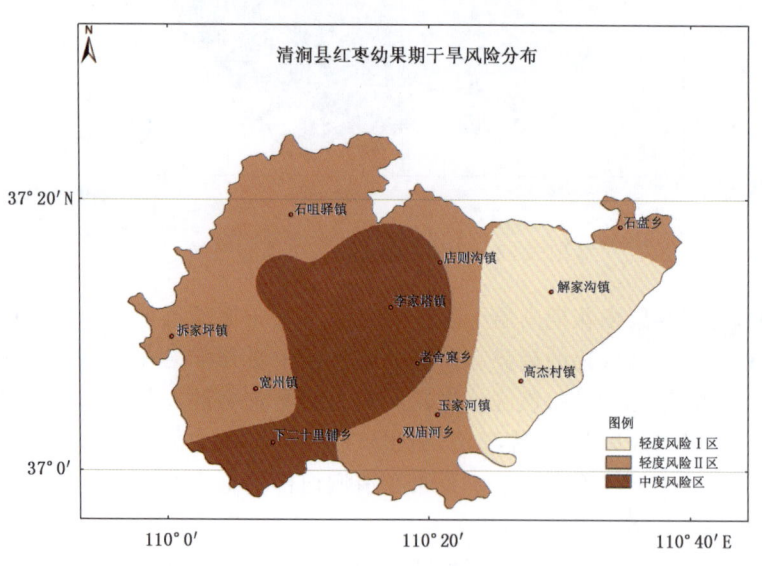

图 5.24　幼果期干旱灾害风险分布

区域,该区红枣脆熟—采收期连阴雨灾害约 3 年一遇(图 5.25)。

　　基于 2014 年清涧县分乡镇的红枣面积数据计算该县各乡镇红枣承灾体易损性指数,并对该县 4 种主要气象灾害分区域站的气候风险指数做权重分配后计算其综合气候风险指数(县级综合气候风险指数中各灾种的权重系数分配,同上一小节中全区红枣综合气候风险指数中的分配:花期低温阴雨灾害 0.1、花期高温干旱灾害 0.1、幼果期干旱灾害 0.05、脆熟—采收期连阴雨灾害 0.75 的权重比例)。分别赋予清涧县红枣承灾体易损性 0.3 的权重,综合气候风险 0.7 的权重,进行清涧县红枣主要气象灾害综合风险区划(图 5.26)。

　　由图 5.26 可见,清涧县红枣主要气象灾害综合风险重度区主要分布在解家沟镇和高杰村镇及其周围区域;该区除红枣幼果期干旱灾害风险较小外,其余 3 种主要气象灾害风险均相对

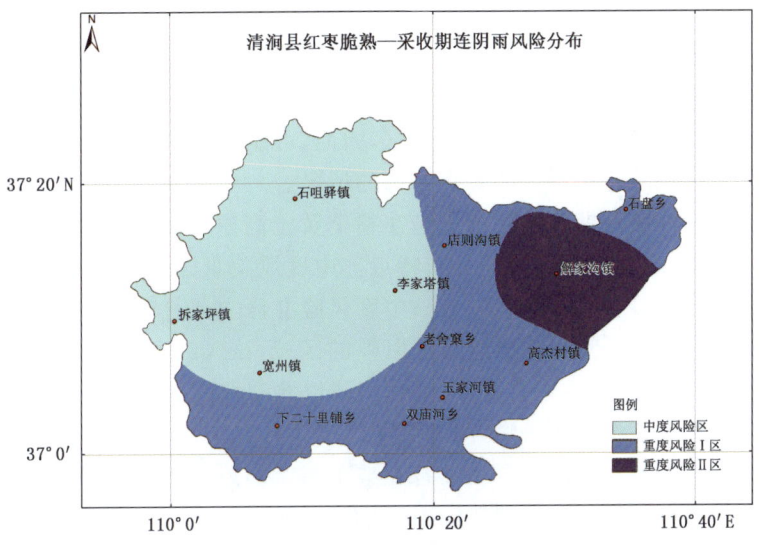

图 5.25　脆熟—采收期连阴雨灾害风险分布

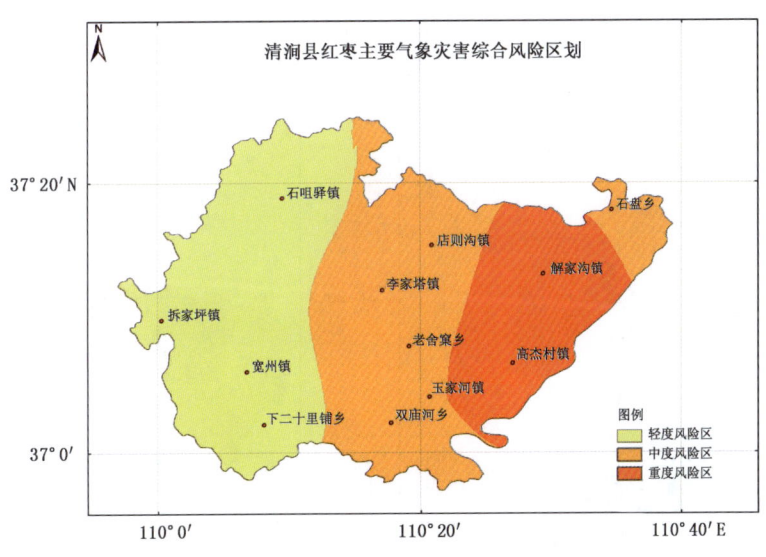

图 5.26　清涧县红枣综合风险区划

较高,另外红枣栽植面积也较大,因而受灾的综合风险最大。中度风险区主要分布在石盘乡、店则沟镇、李家塔镇、老舍窠乡、玉家河镇、双庙河乡及其周围,该区红枣 4 种主要气象灾害在全县范围内均基本属于中度风险区,红枣栽植也较为集中,因而属于中度风险区。轻度风险区主要分布在西部的石嘴驿镇、拆家坪镇、宽州镇、下二十里铺乡共 4 个乡镇,该区内大部分地区红枣的 4 种主要气象灾害均轻度发生,红枣栽植面积也相对其他乡镇较小,因而综合风险较小。

5.2.4　佳县红枣主要气象灾害风险区划

利用 2011—2014 年清涧县及其周边区域站的日降水量、日平均气温数据,采用等差订正和等比订正的方法,分别对佳县及其周围区(县)区域自动站的日平均气温和日降水量数据进行订正,求取其近30年(1985—2014年)的气温、降水量致灾因子各等级的发生概率,对佳县红枣4种主要气象灾害进行精细化风险区划。因针对县域单元的红枣主要气象灾害风险区划采用的数据为空间精度极高的区域站数据,而对黄土高原丘陵区红枣主要气象灾害进行的风险区划采用的是各红枣基地县气象台站的数据,因而,可能出现在县域内的局地气象灾害风险等级与其在整个枣区风险分布图上的等级不符的情况。

近30年来,佳县红枣花期低温阴雨灾害在整个黄土高原枣区基本属于中度风险区,县域内风险基本呈中部重、南部和北部轻的分布特点。中度风险Ⅲ区主要分布在乌镇及其周边区域,该区红枣花期低温阴雨灾害约4年一遇;中度风险Ⅱ区主要分布在朱官寨乡、通镇一线以南,坑镇、康家港乡一线以西除中度风险Ⅲ区以外的区域,该区红枣花期低温阴雨灾害约5年一遇;中度风险Ⅰ区主要分布在朱官寨乡、通镇一线以北和坑镇、康家港乡一线以东的区域,该区红枣花期低温阴雨灾害约7年一遇(图5.27)。

近30年来,佳县红枣花期高温干旱灾害在整个黄土高原枣区属于中度风险区,县域内风险呈由东北向西南逐渐减轻的分布趋势。中度风险Ⅲ区主要分布在北部的王家砭镇、朱家坬镇,东南部的峪口乡、康家港乡一线以东的区域,该区红枣花期高温干旱灾害约8年一遇;中度风险Ⅱ区主要分布在金明寺镇以北,店镇和大佛寺乡及其以东除中度风险Ⅲ区以外的区域,该区红枣花期高温干旱灾害约12年一遇;中度风险Ⅰ区主要分布在中部的金明寺镇以南,乌镇及其周边区域,该区红枣花期高温干旱灾害约16年一遇(图5.28)。

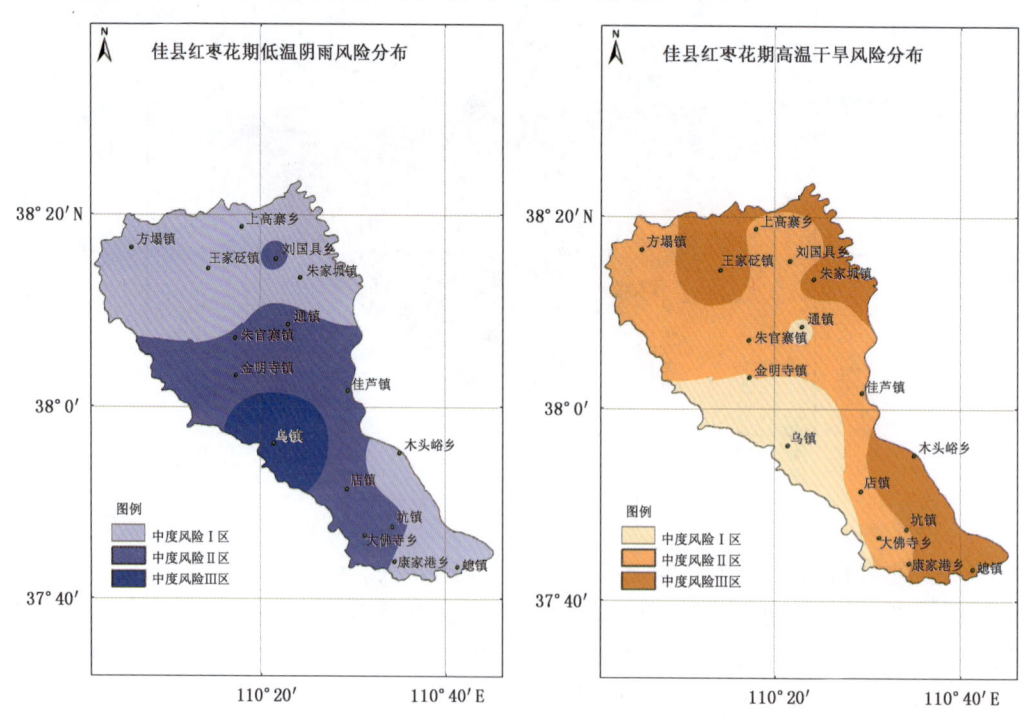

图5.27　花期低温阴雨灾害风险分布　　　　图5.28　花期高温干旱灾害风险分布

近30年来,佳县绝大部分区域红枣幼果期干旱灾害在整个黄土高原枣区属于重度风险区,仅有南部和北部极小区域属于中度风险区,县域内风险呈中部、南部重,北部轻的分布趋势。重度风险Ⅲ区主要分布在乌镇、木头峪乡及其周围区域,该区红枣幼果期干旱灾害至少3

年一遇;重度风险Ⅱ区主要分布在除乌镇、木头峪乡、方塌镇、朱家坬镇、通镇以外的区域,该区红枣幼果期干旱灾害约 3 年一遇;重度风险Ⅰ区主要分布在方塌镇、朱家坬镇、通镇 3 个乡镇及其周围区域,该区红枣幼果期干旱灾害至多 3 年一遇(图 5.29)。

近 30 年来,佳县红枣脆熟—采收期连阴雨灾害在整个黄土高原枣区属于中度风险区,县域内风险大致呈中部重,北部和南部轻的分布趋势。中度风险Ⅲ区主要分布在朱官寨乡、金明寺镇一线以东,通镇以南,乌镇周围及其以北的区域,该区红枣脆熟—采收期连阴雨灾害接近 2 年一遇;中度风险Ⅱ区主要分布在店镇以北除王家砭镇、朱家坬镇和中度风险Ⅲ区的大部分区域,另外康家港乡东南部有部分分布区域,该区红枣脆熟—采收期连阴雨灾害 2~3 年一遇;中度风险Ⅰ区主要分布在北部的王家砭镇、朱家坬镇,南部的店镇及其以南、康家港乡及其以北的区域,该区红枣脆熟—采收期连阴雨灾害约 3 年一遇(图 5.30)。

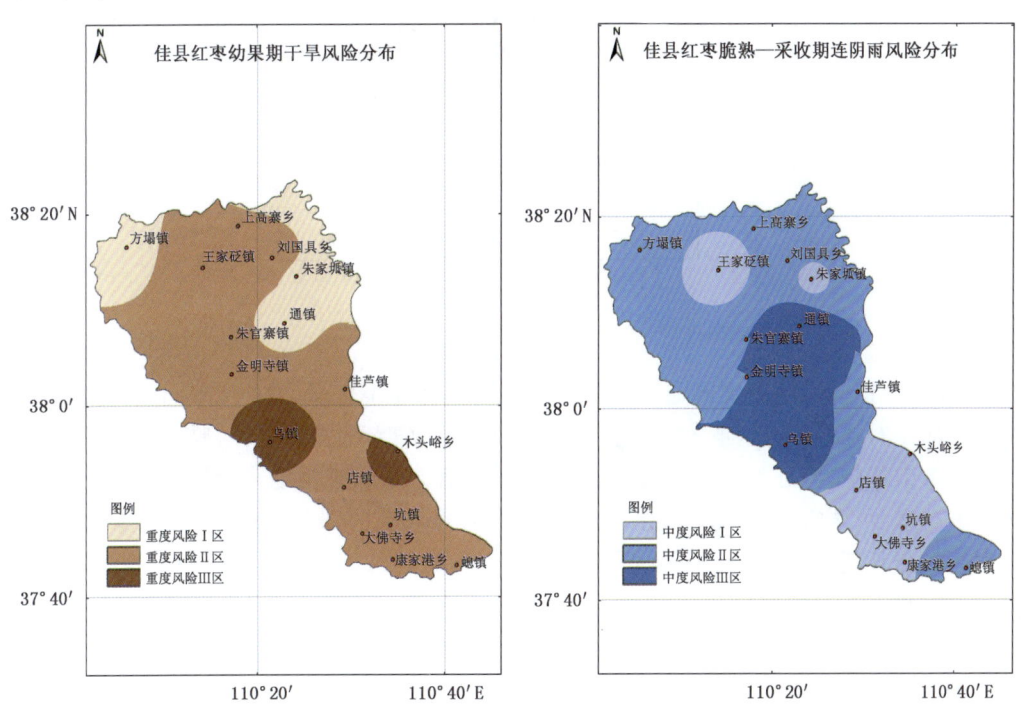

图 5.29　幼果期干旱灾害风险分布　　　　图 5.30　脆熟—采收期连阴雨灾害风险分布

基于 2014 年佳县分乡镇的红枣面积数据计算佳县各乡镇红枣承灾体易损性指数,并对佳县 4 种主要气象灾害分区域站的气候风险指数做权重分配后计算其综合气候风险指数(县级综合气候风险指数中各灾种的权重系数分配,同上一小节中全区红枣综合气候风险指数中的分配:花期低温阴雨灾害 0.1、花期高温干旱灾害 0.1、幼果期干旱灾害 0.05、脆熟—采收期连阴雨灾害 0.75 的权重比例)。分别赋予佳县红枣承灾体易损性 0.3 的权重,综合气候风险 0.7 的权重,进行佳县红枣主要气象灾害综合风险区划(图 5.31)。

由图 5.31 可见,佳县红枣主要气象灾害综合风险重度区主要分布在通镇和佳芦镇及其周围区域;该区通镇周边红枣花期高温干旱和幼果期干旱灾害相对较轻,其他 2 种灾害较重,佳芦镇 4 种灾害均相对其他乡镇较重,另外红枣栽植面积大,因而总体受灾风险较大。中度风险区主要分布在上高寨乡、朱官寨镇、金明寺镇一线以东,除通镇、佳芦镇、大佛寺乡外的部分区

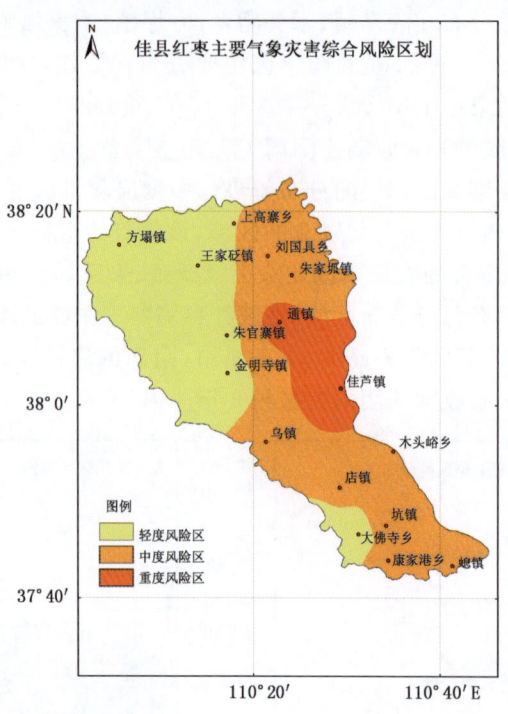

图 5.31　佳县红枣综合风险区划

域,该区红枣花期低温阴雨灾害在全县属于中等或偏轻发生区域,花期高温干旱灾害中部重,南部和北部相对较轻,幼果期干旱灾害北部相对较轻而中南部相对较重,脆熟—采收期连阴雨灾害北部重南部轻,另外红枣栽植面积相对较大,综合起来属于中度风险区。轻度风险区主要分布在上高寨乡、朱官寨镇、金明寺镇一线以西及大佛寺乡的部分区域,该区红枣的 4 种主要气象灾害在全县范围内均属于中等或偏轻发生区域,另外红枣栽植面积相对其他乡镇较小,因而综合风险较小。

第 6 章　未来黄土高原丘陵区红枣气候资源及气象灾害风险预估

6.1　未来气候资源变化特征预估

6.1.1　热量资源变化特征

红枣种植区未来 2015—2050 年,RCP4.5、RCP8.5 情景下年平均气温、生长期平均气温空间上由北向南呈递增式分布,以吴堡为中心的中部地区高于其他区域,与过去 40 年空间分布特点一致。黄河西岸陕西热量资源好于山西,陕西未来增温幅度大于山西。未来两种气候情景下红枣种植区年平均气温、生长期平均气温均呈上升趋势,且高排放 RCP8.5 情景下升温幅度较大。两种排放情景下,2021—2030 年、2031—2040 年的年平均气温、生长期平均气温均较未来 30 年均值偏低 0.2～0.4℃或持平,2041—2050 年则较未来 30 年均值偏高 0.3～0.5℃。M-K 突变检验和滑动 t 检验结果显示,RCP8.5 情景下年平均气温、RCP4.5 情景下生长期平均气温突变分别发生在 2025、2026 年,其他未发生突变。小波分析结果表明 RCP4.5 情景下年平均气温、RCP8.5 情景下生长期平均气温存在 33 a 左右的主周期。RCP8.5 情景下年平均气温则存在 3 a 的主周期,RCP4.5 情景下生长期平均气温存在 12 a 左右的主周期(表 6.1)。

表 6.1　红枣种植区预估年/生长期平均气温气候倾向率、年代距平值、主周期、突变点

热量资源	气候倾向率 (℃/10a)	距平值(℃)			主周期 (a)	突变点 (年)
		2021— 2030 年	2131— 2140 年	2141— 2150 年		
年平均气温(RCP4.5)	0.298**	−0.2	−0.2	0.4	33	无
年平均气温(RCP8.5)	0.482***	−0.3	0.0	0.3	3	2025
生长期平均气温(RCP4.5)	0.244	0.0	−0.3	0.4	12	2026
生长期平均气温(RCP8.5)	0.588***	−0.4	0.0	0.5	33	无

注:***为通过 0.001 显著性检验,**为通过 0.01 显著性检验,*为通过 0.05 显著性检验。

6.1.1.1　气温空间分布特征

红枣种植区 2015—2050 年的年平均气温(RCP4.5)、年平均气温(RCP8.5)、生长期平均气温(RCP4.5)、生长期平均气温(RCP8.5)空间分布特征基本一致,由北向南呈递增式分布,

以吴堡为中心的中部地区高于其他区域与过去 40 年空间分布相似,神木、兴县为低值区,吴堡为高值区。黄河西岸陕西红枣种植区气温高于山西黄河东岸,热量资源较好(图 6.1)。

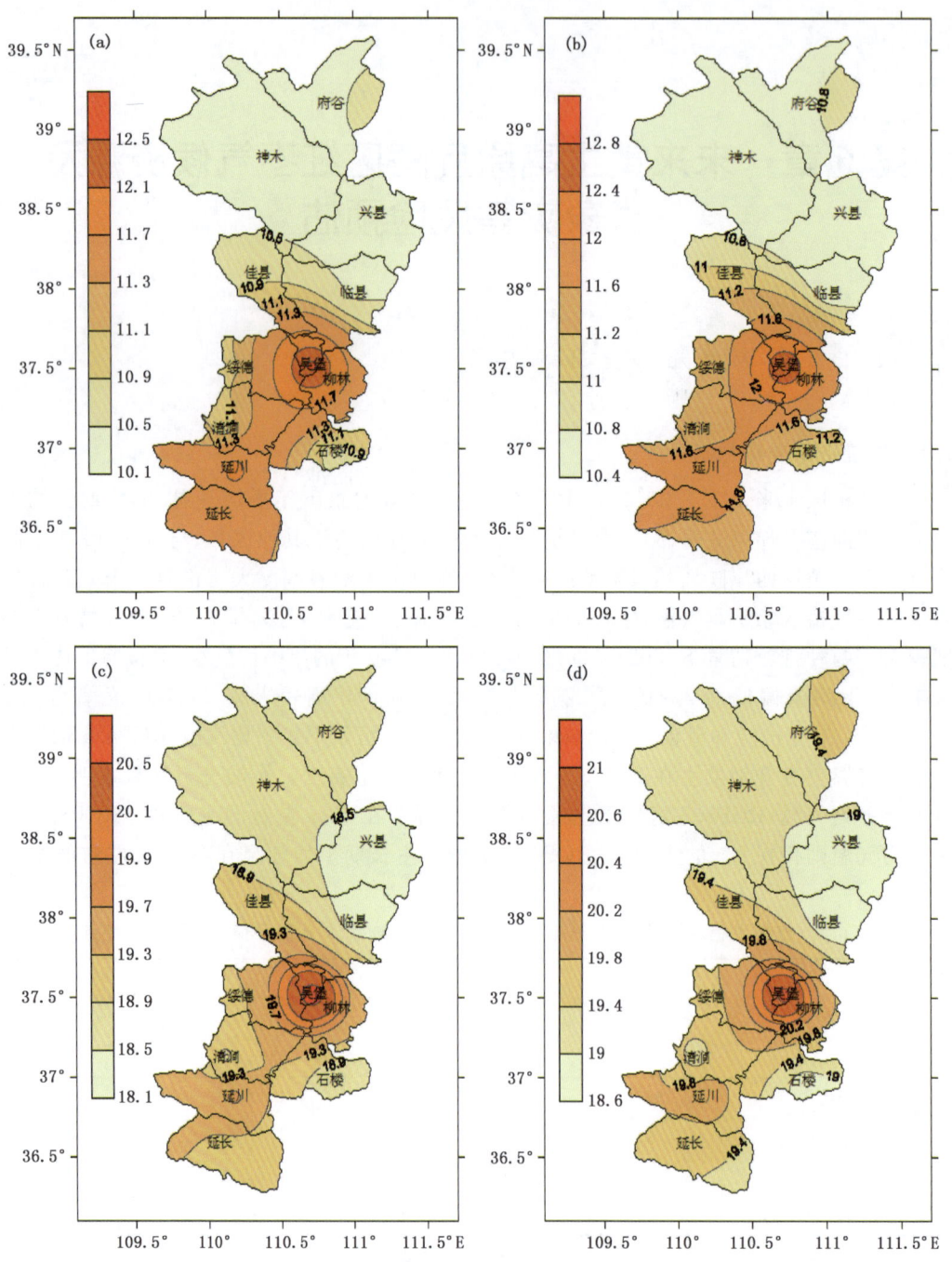

图 6.1　红枣种植区预估气温空间分布情况(单位:℃)

[(a)为年平均气温(RCP4.5);(b)为年平均气温(RCP8.5);(c)为生长期平均气温(RCP4.5);
(d)为生长期平均气温(RCP8.5)]

6.1.1.2　气温年际及年代际变化特征

（1）气温年际变化趋势

红枣种植区未来 RCP4.5、RCP8.5 两种情景下，年平均气温、生长期平均气温呈上升趋势，其中生长期平均气温（RCP8.5）上升最显著，其次是年平均气温（RCP8.5）、年平均气温（RCP4.5）、生长期平均气温（RCP4.5）。RCP8.5 情景下气温上升趋势比 RCP4.5 情景下上升趋势更为明显。黄河两岸间，西岸的陕西上升趋势较东岸的山西更为明显。各种植县间，府谷、神木两县气温上升趋势更为明显（表 6.2，图 6.2）。

表 6.2　红枣种植全区及各县预估年平均气温、生长期平均气温气候倾向率（单位：℃/10a）

地区	年平均气温 （RCP4.5）	年平均气温 （RCP8.5）	生长期平均气温 （RCP4.5）	生长期平均气温 （RCP8.5）
临县	0.292*	0.488***	0.243	0.596***
兴县	0.303*	0.501***	0.261*	0.623***
柳林	0.293**	0.459***	0.238	0.552***
石楼	0.297**	0.443***	0.24	0.528***
府谷	0.311**	0.514***	0.272*	0.649***
佳县	0.298**	0.487***	0.241	0.585***
清涧	0.302**	0.476***	0.243	0.574***
神木	0.305**	0.533***	0.256*	0.68***
绥德	0.296**	0.489***	0.237	0.595***
吴堡	0.294*	0.47***	0.237	0.567***
延长	0.289*	0.466***	0.227	0.546***
延川	0.299**	0.461***	0.239	0.557***
种植全区	0.298**	0.482***	0.244	0.588***

注：***为通过 0.001 显著性检验，**为通过 0.01 显著性检验，*为通过 0.05 显著性检验。

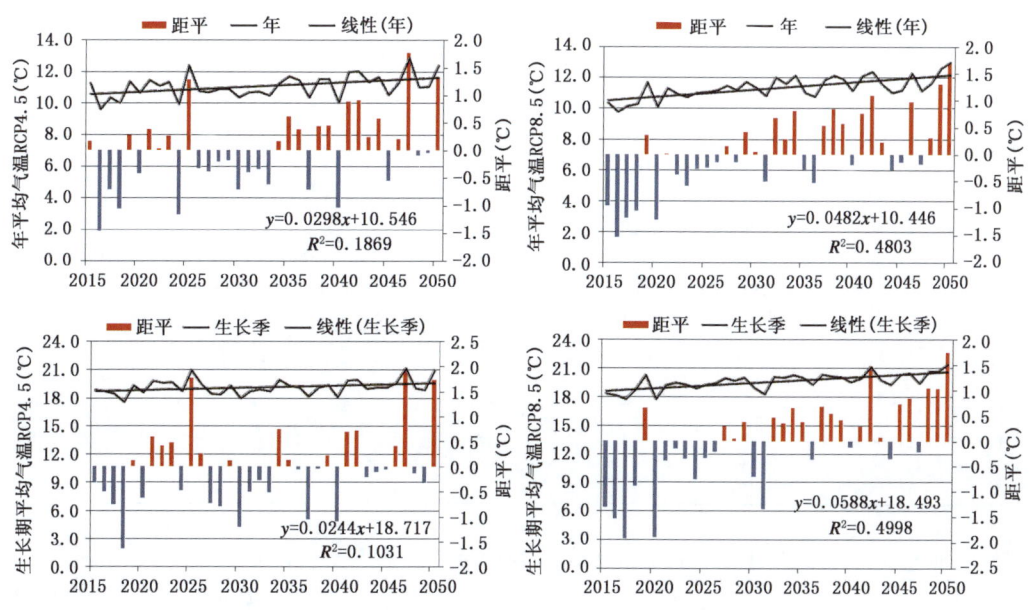

图 6.2　红枣种植区预估气温年际变化趋势及距平分布

红枣种植区2015—2050年的年平均气温(RCP4.5)呈上升趋势,气候倾向率为0.298℃/10a。各种植县年平均气温呈上升趋势,气候倾向率0.289～0.311℃/10a,其中府谷增温幅度最大,延长最小。

红枣种植区2015—2050年的年平均气温(RCP8.5)呈上升趋势,气候倾向率为0.482℃/10a。各种植县年平均气温呈上升趋势,气候倾向率0.443～0.533℃/10a,其中神木增温幅度最大,石楼对最小。

红枣种植区2015—2050年的生长期平均气温(RCP4.5)呈上升趋势,气候倾向率为0.244℃/10a。各种植县生长期平均气温呈上升趋势,气候倾向率0.227～0.272℃/10a,其中府谷增温幅度最大,延长最小。

红枣种植区2015—2050年的生长期平均气温(RCP8.5)呈上升趋势,气候倾向率为0.588℃/10a。各种植县生长期平均气温呈上升趋势,气候倾向率0.528～0.680℃/10a,其中神木增温幅度最大,石楼最小。

(2)气温年代际变化趋势

红枣种植区年平均气温(RCP4.5)年代际变化呈上升趋势,与未来30年(2021—2050年)均值相比,2021—2030年、2031—2040年均偏低0.2℃,2041—2050年偏高0.4℃。各种植县中,吴堡各时段年平均气温均高于其他基地县,神木则均低于其他基地县,除个别站2021—2030、2031—2040年的年平均气温偏低0.3℃外,其余基地县2021—2030、2031—2040年一般偏低0.2℃,2041—2050年偏高0.4℃左右(表6.3)。

表6.3　红枣种植全区及各县预估年平均气温(RCP4.5)年代际变化情况(单位:℃)

地区	未来30年平均	年平均气温			距平		
		2021—2030	2031—2040	2041—2050	2021—2030	2031—2040	2041—2050
临县	10.5	10.3	10.2	10.9	−0.2	−0.3	0.4
兴县	10.2	10.0	10.0	10.7	−0.2	−0.2	0.5
柳林	12.0	11.8	11.8	12.4	−0.2	−0.2	0.4
石楼	10.9	10.7	10.7	11.3	−0.2	−0.2	0.4
府谷	10.7	10.5	10.5	11.2	−0.2	−0.2	0.5
佳县	11.5	11.3	11.3	11.8	−0.2	−0.2	0.3
清涧	11.1	10.9	10.8	11.5	−0.2	−0.2	0.4
神木	10.2	9.9	10.0	10.6	−0.3	−0.2	0.4
绥德	11.2	11.0	11.0	11.6	−0.2	−0.2	0.4
吴堡	12.7	12.5	12.5	13.1	−0.2	−0.2	0.4
延川	11.9	11.8	11.7	12.3	−0.1	−0.2	0.4
延长	11.6	11.4	11.3	12.0	−0.2	−0.3	0.4
种植全区	11.2	11.0	11.0	11.6	−0.2	−0.2	0.4

红枣种植区年平均气温(RCP8.5)年代际变化呈上升趋势,与未来30年均值相比,2021—2030年偏低0.3℃,2031—2040年持平,2041—2050年偏高0.4℃。各种植县,吴堡各时段年平均气温均高于其他基地县,兴县、神木则均低于其他基地县,各种植县2021—2030年偏低

0.3～0.4℃,2031—2040 年持平,2041—2050 年偏高 0.3～0.4℃(表 6.4)。

表 6.4　红枣种植全区及各县年平均气温(RCP8.5)年代际变化情况(单位:℃)

地区	未来 30 年平均	年平均气温			距平		
		2021—2030	2031—2040	2041—2050	2021—2030	2031—2040	2041—2050
临县	10.8	10.5	10.8	11.2	−0.3	0.0	0.4
兴县	10.6	10.2	10.6	11.0	−0.4	0.0	0.4
柳林	12.3	12.0	12.3	12.7	−0.3	0.0	0.4
石楼	11.2	10.9	11.2	11.5	−0.3	0.0	0.3
府谷	11.1	10.7	11.1	11.5	−0.4	0.0	0.4
佳县	11.8	11.4	11.8	12.1	−0.4	0.0	0.3
清涧	11.4	11.0	11.3	11.7	−0.4	−0.1	0.3
神木	10.6	10.2	10.6	11.0	−0.4	0.0	0.4
绥德	11.5	11.2	11.5	11.9	−0.3	0.0	0.4
吴堡	13.0	12.7	13.0	13.4	−0.3	0.0	0.4
延川	12.2	11.9	12.2	12.5	−0.3	0.0	0.3
延长	11.8	11.5	11.8	12.1	−0.3	0.0	0.3
种植全区	11.5	11.2	11.5	11.9	−0.3	0.0	0.4

红枣种植区生长期平均气温(RCP4.5)年代际变化呈上升趋势,与未来 30 年均值相比,2021—2030 年偏低 0.1℃,2031—2040 年偏低 0.3℃,2041—2050 年偏高 0.4℃。各种植县,吴堡各时段生长期平均气温最高,兴县最低。各种植县 2021—2030 年除临县、兴县、府谷、佳县、神木、吴堡偏低 0.1℃外,其余种植县均持平,2031—2040 年大部分偏低 0.3～0.4℃,2041—2050 年大部分偏高 0.4℃(表 6.5)。

表 6.5　红枣种植全区及各县预估生长期平均气温(RCP4.5)年代际变化情况(单位:℃)

地区	未来 30 年平均	生长期平均气温			距平		
		2021—2030	2031—2040	2041—2050	2021—2030	2031—2040	2041—2050
临县	18.3	18.2	17.9	18.7	−0.1	−0.4	0.4
兴县	18.5	18.4	18.1	18.9	−0.1	−0.4	0.4
柳林	20.1	20.1	19.8	20.5	0.0	−0.3	0.4
石楼	18.6	18.6	18.2	19.0	0.0	−0.4	0.4
府谷	19.0	18.9	18.8	19.5	−0.1	−0.2	0.4
佳县	19.9	19.8	19.5	20.2	−0.1	−0.4	0.3
清涧	19.0	19.0	18.6	19.3	0.0	−0.4	0.3
神木	18.6	18.5	18.4	19.0	−0.1	−0.2	0.4
绥德	19.3	19.3	19.0	19.7	0.0	−0.3	0.4
吴堡	21.0	20.9	20.6	21.3	−0.1	−0.4	0.3
延川	19.9	19.9	19.6	20.3	0.0	−0.3	0.4
延长	19.3	19.3	18.9	19.6	0.0	−0.4	0.3
种植全区	19.3	19.2	19.0	19.7	−0.1	−0.3	0.4

　　红枣种植区生长期平均气温（RCP8.5）年代际变化呈上升趋势，与未来 30 年均值相比，2021—2030 年偏低 0.4℃，2031—2040 年持平，2041—2050 年偏高 0.5℃。就各种植县来说，吴堡各时段生长期平均气温最高，临县最低，各种植县 2021—2030 年偏低 0.3～0.6℃，2031—2040 年大部分种植县基本持平，2041—2050 年大部分偏高 0.4～0.6℃（表 6.6）。

表 6.6　红枣种植全区及各县预估生长期平均气温（RCP8.5）年代际变化情况（单位：℃）

地区	未来 30 年平均	生长期平均气温			距平		
		2021—2030	2031—2040	2041—2050	2021—2030	2031—2040	2041—2050
临县	18.8	18.4	18.8	19.3	−0.4	0.0	0.5
兴县	19.1	18.6	19.1	19.6	−0.5	0.0	0.5
柳林	20.6	20.2	20.5	21.0	−0.4	−0.1	0.4
石楼	19.1	18.7	19.0	19.4	−0.3	−0.1	0.3
府谷	19.7	19.1	19.7	20.3	−0.6	0.0	0.6
佳县	20.3	19.9	20.3	20.8	−0.4	0.0	0.5
清涧	19.4	19.1	19.4	19.9	−0.3	0.0	0.5
神木	19.3	18.7	19.3	19.9	−0.6	0.0	0.6
绥德	19.8	19.4	19.8	20.3	−0.4	0.0	0.5
吴堡	21.5	21.1	21.4	21.9	−0.4	−0.1	0.4
延川	20.4	20.0	20.3	20.8	−0.4	−0.1	0.4
延长	19.7	19.3	19.7	20.1	−0.4	0.0	0.4
种植全区	19.8	19.4	19.8	20.3	−0.4	0.0	0.5

6.1.1.3　气温变化周期特征

　　未来（2015—2050 年，下同）年平均气温（RCP4.5）主要存在 32 a、13 a、6 a、3 a 左右的振荡周期。32 a 的周期振荡变化具有全域性，等值线较为稀疏，经历了暖—冷交替的 3 个循环。13 a 周期振荡经历了冷—暖交替的 6 个循环。6 a、3 a 周期振荡分布较为复杂，冷暖交替频繁。小波方差图存在 3 个明显的峰值，依次对应 3 a、13 a、32 a 的时间尺度，分别为第一、二、三主周期（图 6.3）。

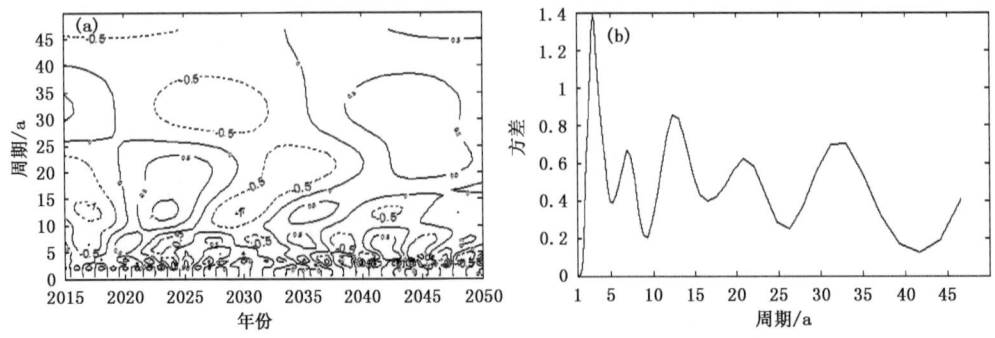

图 6.3　年平均气温（RCP4.5）小波变换系数（a）、小波方差（b）

　　未来年平均气温（RCP8.5）存在 33 a、21 a、9 a、2～4 a 左右的振荡周期。33 a 的周期振荡变化具有全域性，经历了"冷—暖"交替的 3 个循环。21 a 周期振荡经历了"冷—暖"交替的 4

个循环。9 a、2～4 a 周期振荡分布较为复杂,冷暖交替频繁。小波方差图存在 3 个明显的峰值,依次对应 33 a、21 a、4 a 的时间尺度,分别为第一、二、三主周期(图 6.4)。

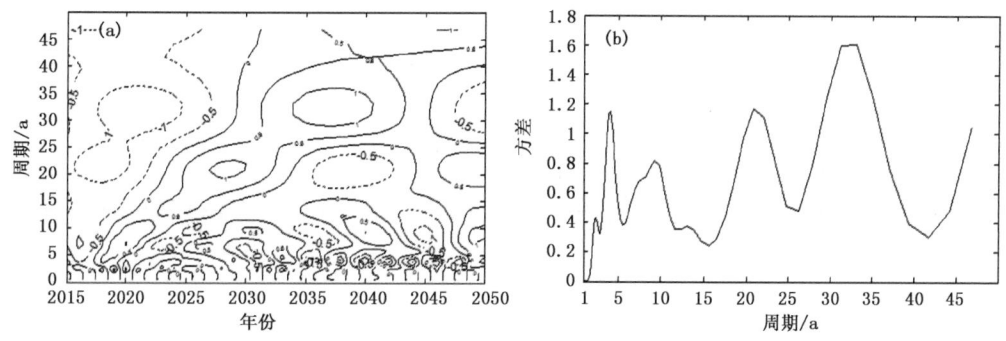

图 6.4　年平均气温(RCP8.5)小波变换系数(a)、小波方差(b)

未来生长期平均气温(RCP4.5)主要存在 22 a、12 a、2～4 a 左右的振荡周期。22 a 的周期振荡变化具有全域性,等值线较为稀疏,经历了"冷—暖"交替的 4 个循环。12 a 周期振荡经历了"冷—暖"交替的 6 个循环。2～4 a 周期振荡分布较为复杂,冷暖交替频繁。小波方差图存在 3 个较为明显的峰值,对应 12 a、22 a、2 a 的时间尺度,分别为第一、二、三主周期(图 6.5)。

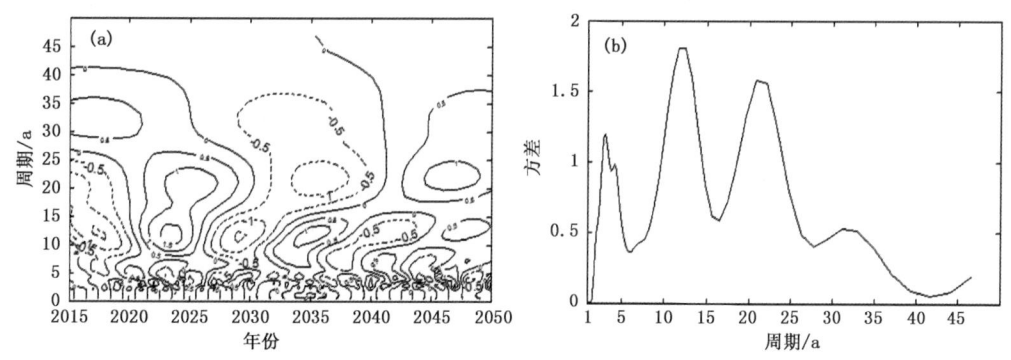

图 6.5　生长期平均气温(RCP4.5)小波变换系数(a)、小波方差(b)

未来生长期平均气温(RCP8.5)主要存在 33 a、21 a、14 a、7 a、2～4 a 左右的振荡周期。33 a、21 a 的周期振荡变化具有全域性,等值线较为稀疏,分别经历了"冷—暖"交替的 3 个循环以及"冷—暖"交替的 4 个循环。14 a 周期振荡主要经历了"冷—暖"交替的 6 个循环。7 a、2～4 a 周期振荡冷暖交替频繁。小波方差图存在 3 个明显的峰值,依次对应 33 a、4 a、21 a 的时间尺度,分别为第一、二、三主周期(图 6.6)。

6.1.1.4　气温的突变检验

利用 M-K 突变检验分析红枣种植区年平均气温(RCP4.5)2015—2018 年呈下降趋势,2019—2050 年呈上升趋势。UF 和 UB 曲线在信度线之间出现了多个交点,且波动较大,UF 曲线在 2042 年超过信度线升温显著,年平均气温(RCP4.5)序列突变并不明显,用滑动 t 检验方法进行进一步的判断,结果与 M-K 一致,年平均气温(RCP4.5)未出现突变点(图 6.7,表 6.7)。

年平均气温(RCP8.5)M-K 突变检验结果显示 2015—2018 年年平均气温呈下降趋势,

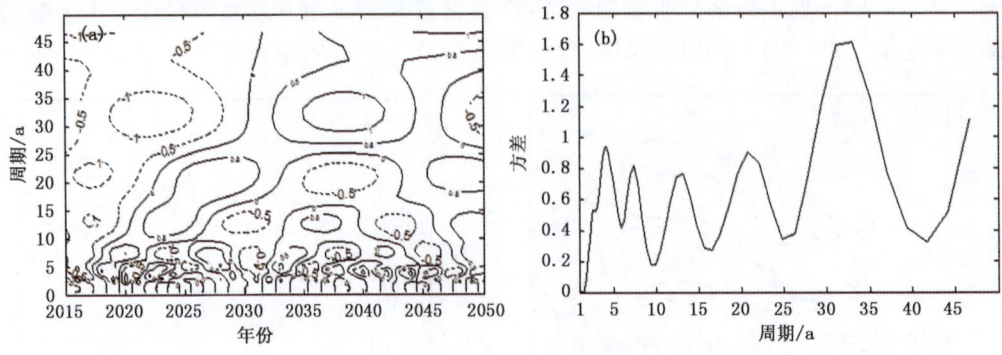

图 6.6　生长期平均气温(RCP8.5)小波变换系数(a)、小波方差(b)

2019—2050 年呈上升趋势。UF 和 UB 曲线在信度线之间相交于 2025 年,UF 曲线在 2025 年以后超过信度线升温显著,年平均气温在 2025 年发生突变,用滑动 t 检验方法进行进一步的判断,结果与 M-K 一致。突变前(2015—2025 年)年平均气温 10.7℃,突变后(2026—2050 年)平均气温 11.6℃,突变后比突变前平均温度升高了 0.9℃(图 6.7,表 6.7)。

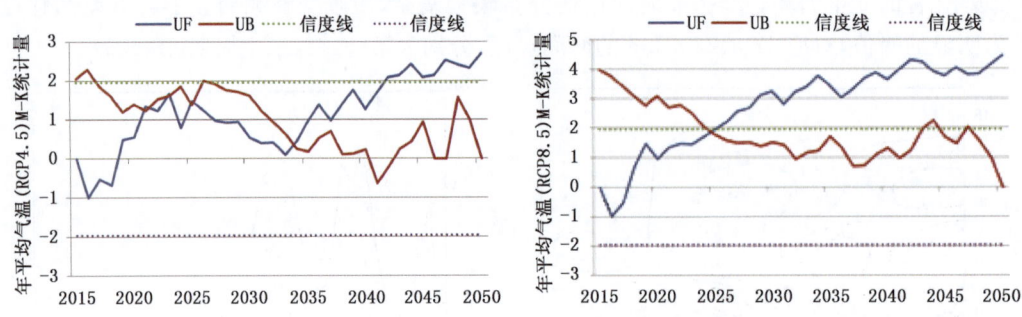

图 6.7　年平均气温(RCP4.5,RCP8.5)M-K 统计值

表 6.7　预估气温突变检验情况

热量资源	年份	不同步长 t 检验结果				
		$m=5$	$m=7$	$m=10$	$m=13$	$m=15$
年平均气温 (RCP4.5)	2022	−0.2	−0.83			−0.2
	2023	0.65	0.2			0.65
	2025	1.26	1.53	−0.1		1.26
	2034	−2.11	−1.61	−1.63	−1.95	−2.11
年平均气温(RCP8.5)	2025	−2.9*	−1.79	−3.21**		
生长期平均 气温(RCP4.5)	2021	−1.81	−1.37			
	2024	−0.11	−0.06	−0.48		
	2026	2.62*	2.7*	0.95		
	2034	−0.53	−0.55	−0.09	−0.55	−0.62
	2036	0.54	−0.44	−1.04	−0.68	

注:***为通过 0.001 显著性检验,**为通过 0.01 显著性检验,*为通过 0.05 显著性检验。

　　利用 M-K 突变检验分析生长期平均气温(RCP4.5),结果显示,2015—2021 年的生长期平均气温呈下降趋势,2021—2050 年呈上升趋势。UF 和 UB 曲线在信度线之间交点较多,UF 曲线未超过显著性水平线,说明生长期平均气温序列突变不明显,用滑动 t 检验方法进行进一步的判断,生长期平均气温(RCP4.5)在 2026 年出现突变点,突变前(2015—2026 年)生长期平均气温多年均值 19.1℃,突变后(2027—2050 年)多年均值 19.2℃,突变后比突变前平均温度升高了 0.1℃。生长期平均气温(RCP8.5)M-K 突变检验结果显示,生长期平均气温 2015—2018 年呈下降趋势,2019—2050 年呈上升趋势。UF 和 UB 曲线相交于信度线以外,说明生长期平均气温未发生突变,用滑动 t 检验方法进行判断,结果一致,表明生长期平均气温(RCP8.5)未发生突变(图 6.8,表 6.7)。

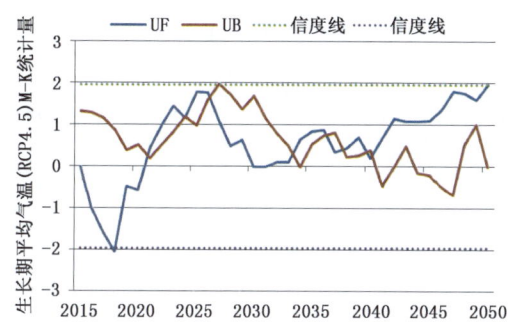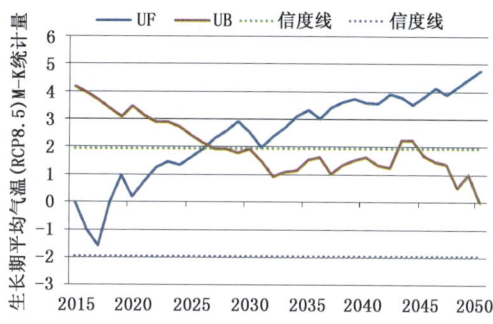

图 6.8　生长期平均气温(RCP4.5,RCP8.5)M-K 统计值

6.1.2　降水资源变化特征

　　对红枣种植区 2015—2050 年的未来 36 年分别采用中等排放(RCP4.5)和高排放(RCP8.5)两种情景下进行预估,两种情景预估结果差异较大。RCP4.5 情景下,红枣种植区年、生长期降水量均呈减少趋势(气候倾向率分别为 −6.24 mm/10a、−8.614 mm/10a),各年代际之间呈"减—增—减"的小幅变化特征;而 RCP8.5 情景下,年、生长期降水量趋势变化均与 RCP4.5 预估结果相反,呈增加趋势(气候倾向率为 6.092 mm/10a、6.487 mm/10a),各年代际之间呈先减后增的波动变化;在突变和周期变化中,两种情景差异也较大,其中 RCP4.5 情景预估的年降水量和生长期降水量均未发生明显的突变现象,第一主周期分别为 31 a 和 10 a 左右,RCP8.5 情景预估的年降水量和生长期降水量均在 2036 年前后发生了由少到多的突变现象,第一主周期均为 10 a 左右;同时大部县 RCP4.5 情景预估的年、生长期降水量也较 RCP8.5 情景偏多,两种情景预估结果空间分布均呈纬向分布,南部降水量大于北部(表 6.8)。

表 6.8　红枣种植区预估年、生长期降水量气候倾向率、主周期、突变点

降水资源	RCP4.5 情景预估			RCP8.5 情景预估		
	气候倾向率 (mm/10a)	主周期 (a)	突变点 (a)	气候倾向率 (mm/10a)	主周期 (a)	突变点 (a)
年	−6.24	31	无	6.092	10	2036
生长期	−8.614	10	无	6.487	10	2036

6.1.2.1 年降水量预估

（1）RCP4.5情景预估年降水量变化特征

在中等排放情景下，未来整个红枣种植区年降水量510～620 mm，南部多于北部，其中延长为高值区，年降水量达600 mm以上（图6.10）。未来36年的年降水量呈减少趋势，气候倾向率为−6.24 mm/10a，12县中除绥德呈增加趋势外，其余11县均呈减少趋势，其中以兴县、佳县、临县、延川等县减少趋势明显，基本以10～20 mm/10a的速率递减（表6.9）。2015—2050年的年降水量年际波动变化中，2029年以前除2018、2027年等个别年份降水偏多外，其余年份降水大部偏少2～4成，2030—2042年雨水丰沛，降水量偏多1～3成，2042年以后降水量偏少明显，尤以2050年偏少显著，偏少6成多（图6.9）。

表6.9　红枣种植全区及各县预估年降水量气候倾向率及显著性检验（单位：mm/10a）

地区	年降水量（RCP4.5）			年降水量（RCP8.5）		
	气候倾向率	R^2	显著性检验	气候倾向率	R^2	显著性检验
临县	−9.787	0.004	0.731	1.119	0.000	0.956
兴县	−16.911	0.012	0.522	0.96	0.000	0.960
柳林	−1.898	0.000	0.942	17.045	0.021	0.404
石楼	−4.682	0.001	0.862	24.263	0.043	0.226
府谷	−8.694	0.004	0.700	−5.8	0.003	0.743
佳县	−10.861	0.006	0.664	2.825	0.001	0.893
清涧	−1.898	0.000	0.942	17.045	0.021	0.404
神木	−8.829	0.004	0.722	−14.914	0.019	0.423
绥德	0.658	0.000	0.979	−4.557	0.001	0.833
吴堡	−0.266	0.000	0.992	10.665	0.008	0.609
延长	−1.999	0.000	0.939	11.339	0.008	0.613
延川	−9.715	0.004	0.700	13.115	0.013	0.504
种植全区	−6.24	0.002	0.793	6.092	0.003	0.739

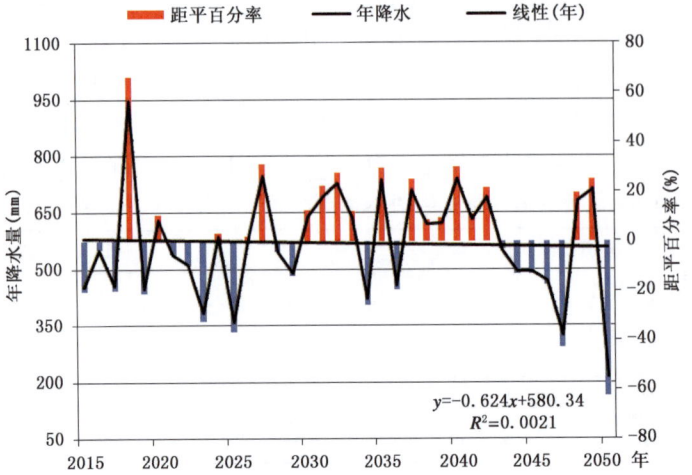

图6.9　红枣种植区预估年降水量（RCP4.5）年际变化趋势及距平分布

2021—2050 年种植全区预估年降水量年代际变化呈"减—增—减"特征,各年代际波动较小,距平振幅为 5%～10%左右。2021—2030 年平均降水量为 537.6 mm,与未来 30 年均值相比,除兴县、府谷、神木等县基本持平外,其余县偏少 30～60 mm,偏少不足 1 成;2031—2040 年的年降水增加明显,平均年降水量为 636.5 mm,大部县增加了 60～100 mm,偏多 1 成多,2041—2050 年的年降水量又呈波动式减少特征,大部县减少 30～60 mm,偏少近 1 成(表 6.10)。

表 6.10　红枣种植全区及各县预估年降水量(RCP4.5)年代际变化(单位:mm)

地区	未来 30 年平均	年降水量			距平		
		2021—2030	2031—2040	2041—2050	2021—2030	2031—2040	2041—2050
临县	588.2	560.2	664.3	534.5	−28.0	76.1	−53.7
兴县	579.2	580.0	639.9	516.6	0.8	60.7	−62.6
柳林	575.1	532.2	654.5	533.3	−42.9	79.4	−41.8
石楼	598.6	552.0	684.3	546.8	−46.6	85.7	−51.8
府谷	508.3	502.9	534.2	475.1	−5.4	26.0	−33.1
佳县	561.8	529.3	630.0	518.4	−32.4	68.2	−43.4
清涧	575.1	532.2	654.5	533.3	−42.9	79.4	−41.8
神木	519.8	514.7	549.0	483.2	−5.1	29.1	−36.6
绥德	552.6	520.6	613.6	526.4	−32.0	61.0	−26.2
吴堡	555.1	518.5	623.8	521.3	−36.6	68.7	−33.8
延长	620.8	565.4	716.7	577.9	−55.4	95.9	−42.9
延川	590.9	542.8	672.6	539.9	−48.0	81.8	−51.0
种植全区	568.8	537.6	636.5	525.6	−31.2	67.7	−43.2

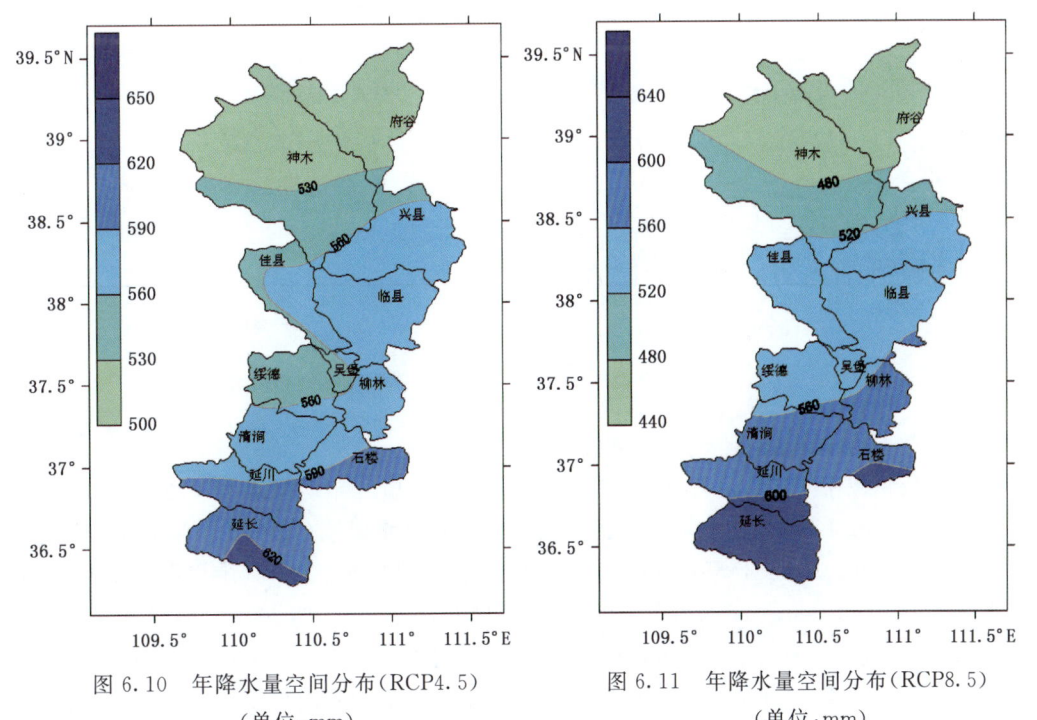

图 6.10　年降水量空间分布(RCP4.5)　　　　图 6.11　年降水量空间分布(RCP8.5)
　　　　　(单位:mm)　　　　　　　　　　　　　　　(单位:mm)

使用 M-K 非参数检验方法,检测红枣种植区未来 36 年(2015—2050 年)年降水序列的突变,给定显著水平 $\alpha = 0.05$。由检验图中原始序列(UF 线)可以看出,未来前 11 年(2015—2026 年)年降水量基本呈先增后减的波动变化,2026 年以后年降水量持续增加,至尤其是 2042 年前后,年降水量序列一度超过了显著性水平的临界线,说明此时段年降水量增加显著。UF 和 UB 在信度线之间有多个交点,分别是 2019、2023 和 2025 年,对交点进滑动 t 检验,以上 3 个时间点均未通过检验,说明红枣种植区未来 36 年的年降水量未发生明显的突变现象(图 6.12、图 6.13)。小波分析结果显示,预估年降水量在 31a 左右的时间尺度上出现第一主周期,规律比较明显,表现为降水"少—多"交替的 3 个循环,在 2050 年小波系数负值等值线远未闭合,说明 2050 年以后该周期上年降水量正处于较强的偏少时期(图 6.13)。

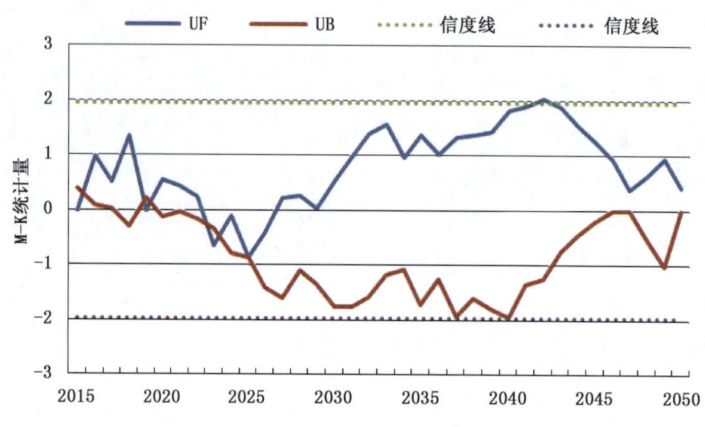

图 6.12 红枣种植区年降水量(RCP4.5)M－K 统计值

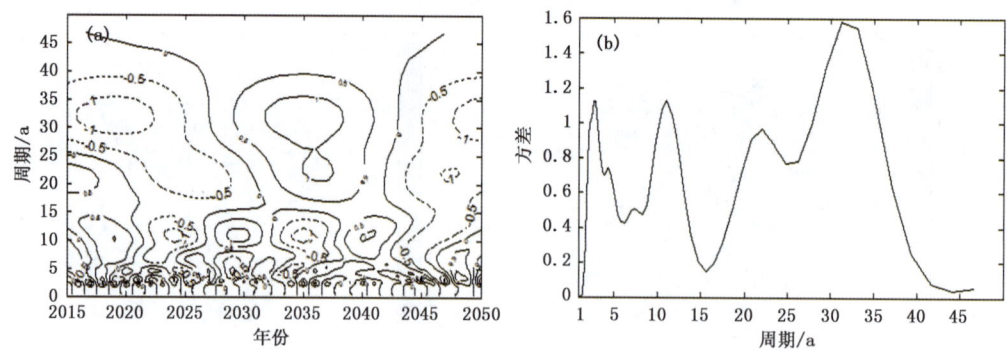

图 6.13 红枣种植全区年降水量(RCP4.5)小波系数图(a)、小波方差图(b)

(2)RCP8.5 情景预估年降水量变化特征

在高排放情景下,未来 36 年黄土高原丘陵区红枣种植区年均降水量呈增加趋势,气候倾向率为 6.092 mm/10a,12 县中除府谷、神木、绥德 3 县降水量减少外(气候倾向率-5.8 mm/10a、-14.914 mm/10a、-4.557 mm/10a),其余 9 县均呈增加趋势,其中以石楼增加明显,气候倾向率为 24.263 mm/10a(表 6.9)。整个种植区年降水量 450～620 mm,降水量等值线呈纬向分布,南部高于北部,其中南部的延长、石楼 2 县年降水量达 600 mm 以上(图 6.11)。

2021—2050 年红枣种植区年降水量年代际变化呈小幅的先减后增变化特征,各年代际之间波动较小。2021—2030 年种植区年均降水量为 522.0 mm,与未来 30 年平均值相比,除府谷、神木 2 县降水量略偏多外,其余县偏少 20～60 mm,偏少不足 1 成;2031—2040 年降水量持平略偏少,平均为 539.4 mm,其中柳林、佳县、清涧、绥德、吴堡等县降水量基本持平,其余 6 县略偏少;2041—2050 年降水量略偏多,平均为 575.7 mm,大部县降水量增加 10～40 mm,偏多不足 1 成(表 6.11)。

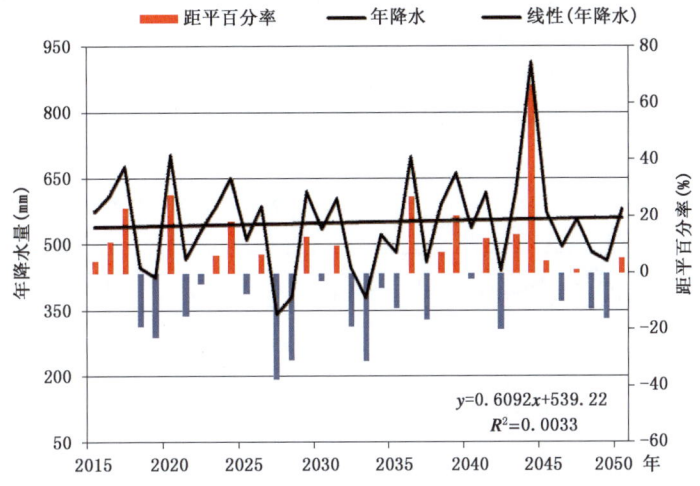

图 6.14　红枣种植区预估年降水量(RCP8.5)年际变化趋势及距平分布

表 6.11　红枣种植全区及各县预估年降水量(RCP8.5)年代际变化(单位:mm)

地区	未来 30 年平均	年降水量			距平		
		2021—2030	2031—2040	2041—2050	2021—2030	2031—2040	2041—2050
临县	554.6	536.1	523.9	587.0	−18.5	−30.7	32.3
兴县	529.5	523.4	489.6	560.8	−6.2	−39.9	31.3
柳林	569.9	528.2	568.3	606.8	−41.7	−1.6	36.9
石楼	601.9	546.8	615.5	642.3	−55.1	13.6	40.3
府谷	456.4	474.3	416.3	468.7	17.9	−40.2	12.3
佳县	548.5	510.7	551.9	559.9	−37.9	3.3	11.4
清涧	569.9	528.2	568.3	606.8	−41.7	−1.6	36.9
神木	462.6	472.9	421.8	468.6	10.4	−40.8	6.0
绥德	548.0	507.8	543.4	557.7	−40.1	−4.6	9.8
吴堡	550.2	510.2	550.1	578.6	−40.0	−0.1	28.4
延长	622.4	583.7	615.2	656.9	−38.7	−7.2	34.5
延川	591.9	541.5	608.4	614.7	−50.5	16.4	22.7
种植全区	550.5	522.0	539.4	575.7	−28.5	−11.1	25.2

　　对种植区未来 36 年的年降水量进行 M-K 突变检验,由检验图中原始序列(UF 线)可以看出,UF 曲线始终在信度线之间波动,未通过信度线,表明其变化不显著,2042 年以后 UF 曲线大于 0,年降水量呈上升趋势。UF 和 UB 在信度线之间有多个交点,分别是 2018、2020、

2024、2036、和2048年,对交点进滑动t检验,2036年通过了$n=10$的显著性检验,说明年降水量在2036年前后发生了由少到多的突变现象,且这种增加趋势仍在持续中(图6.15)。

年降水量的周期变化存在多重时间周期尺度上的嵌套复杂结构现象,其中小尺度的规律较为明显,特别是在8a左右的时间尺度上出现第一主周期,表现为降水量"少—多"交替的9个循环,2050年前后约8a左右的周期上种植区年降水量将处于偏少时期;在31a左右的时间周期上出现第二主周期,年降水量的增减波动变化较为简单,表现为"多—少"交替的3个循环,至2050年降水量偏多的等值线即将闭合,说明2050年前后的一段时间年降水量仍将处于偏多时期,之后随着时间的推移,将逐渐进入少雨时期(图6.16)。

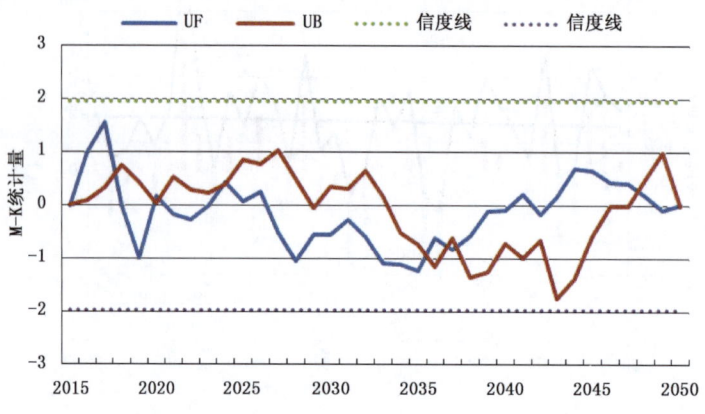

图6.15　红枣种植全区年降水量(RCP8.5)M-K统计值

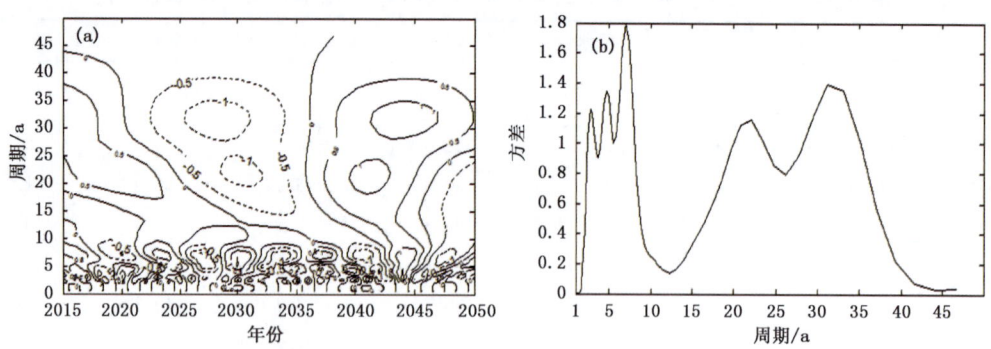

图6.16　红枣种植区年降水量(RCP8.5)小波系数图(a)、小波方差图(b)

6.1.2.2　生长期降水量预估

(1)RCP4.5情景预估生长期降水量变化特征

在中等排放情景下,未来36a种植区红枣生长期降水量460～550mm,南部多于北部,其中佳县—兴县一线以南生长期降水量在500mm以上(图6.18)。未来红枣种植区生长期降水量呈减少趋势,气候倾向率为-8.614mm/10a,12县呈一致性的减少趋势,其中兴县趋势较为明显,气候倾向率为-20.697mm/10a(表6.12)。2015—2050年的生长期降水量年际波动变化中,2037—2042年出现了持续6年的降水偏多时段,随后,2043—2047年又出现了持续5年的降水偏少时段(图6.17)。

表 6.12　红枣种植全区及各县预估生长期降水量气候倾向率及显著性检验(单位:mm/10a)

地区	生长期降水量(RCP4.5)			生长期降水量(RCP8.5)		
	气候倾向率	R^2	显著性检验	气候倾向率	R^2	显著性检验
临县	−14.285	0.008	0.595	1.346	0.000	0.945
兴县	−20.697	0.020	0.405	1.195	0.000	0.949
柳林	−5.466	0.001	0.823	16.052	0.019	0.422
石楼	−5.795	0.002	0.819	23.682	0.042	0.229
府谷	−11.693	0.009	0.582	−2.884	0.001	0.871
佳县	−11.644	0.007	0.625	1.226	0.000	0.951
清涧	−5.466	0.001	0.823	16.052	0.019	0.422
神木	−11.242	0.007	0.635	−12.559	0.014	0.496
绥德	−1.204	0.000	0.959	−5.457	0.002	0.798
吴堡	−3.265	0.001	0.890	9.934	0.007	0.625
延长	−1.706	0.000	0.945	11.636	0.008	0.594
延川	−10.901	0.006	0.647	12.486	0.012	0.517
种植全区	−8.614	0.004	0.699	6.487	0.004	0.716

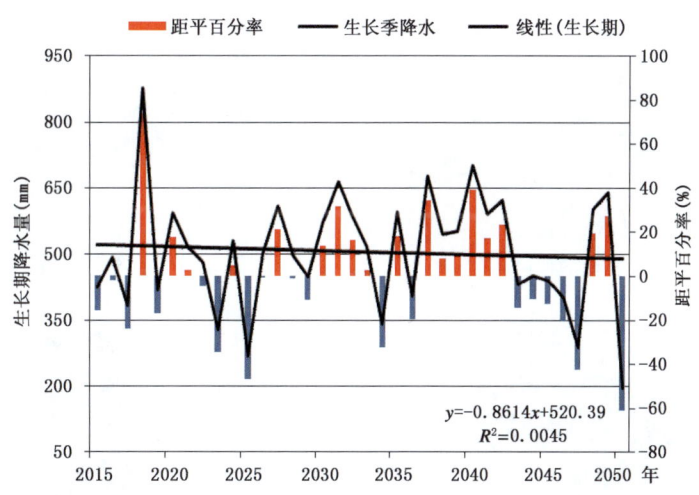

图 6.17　红枣种植区预估生长期降水量(RCP4.5)年际变化趋势及距平分布

　　2021—2050 年种植区红枣生长期降水量年代际变化呈小幅"减—增—减"变化特征,各年代际之间波动较小。2021—2030 年红枣产区生长期降水量为 474.7 mm,与未来 30 年均值相比,除兴县、府谷、神木 3 县基本持平外,其余县偏少 20~60 mm,偏少不足 1 成;2031—2040年的生长期降水量偏多明显,降水量为 557.6 mm,12 县普遍偏多 20~80 mm,偏多 1 成多;2041—2050 年略偏少,生长期降水量为 465.7 mm,偏少 20~60 mm,偏少近 1 成(表 6.13)。

表 6.13 红枣种植全区及各县预估生长期降水量(RCP4.5)年代际变化(单位:mm)

地区	未来30年平均	生长期降水量			距平		
		2021—2030	2031—2040	2041—2050	2021—2030	2031—2040	2041—2050
临县	522.4	499.3	581.8	470.6	−23.1	59.4	−51.8
兴县	514.4	517.9	560.9	454.5	3.5	46.5	−59.9
柳林	511.2	472.8	572.7	472.9	−38.4	61.5	−38.2
石楼	528.8	483.9	596.3	484.5	−44.9	67.5	−44.3
府谷	455.7	451.1	472.3	424.9	−4.5	16.7	−30.8
佳县	494.8	461.4	550.2	457.1	−33.4	55.3	−37.7
清涧	511.2	472.8	572.7	472.9	−38.4	61.5	−38.2
神木	464.9	458.6	484.3	431.8	−6.2	19.4	−33.1
绥德	489.3	459.3	535.5	468.1	−30.0	46.2	−21.2
吴堡	489.7	455.4	543.0	459.1	−34.3	53.3	−30.5
延长	548.7	490.7	631.2	513.6	−58.0	82.6	−35.0
延川	522.5	472.8	589.8	477.9	−49.7	67.2	−44.6
种植全区	504.5	474.7	557.6	465.7	−29.8	53.1	−38.8

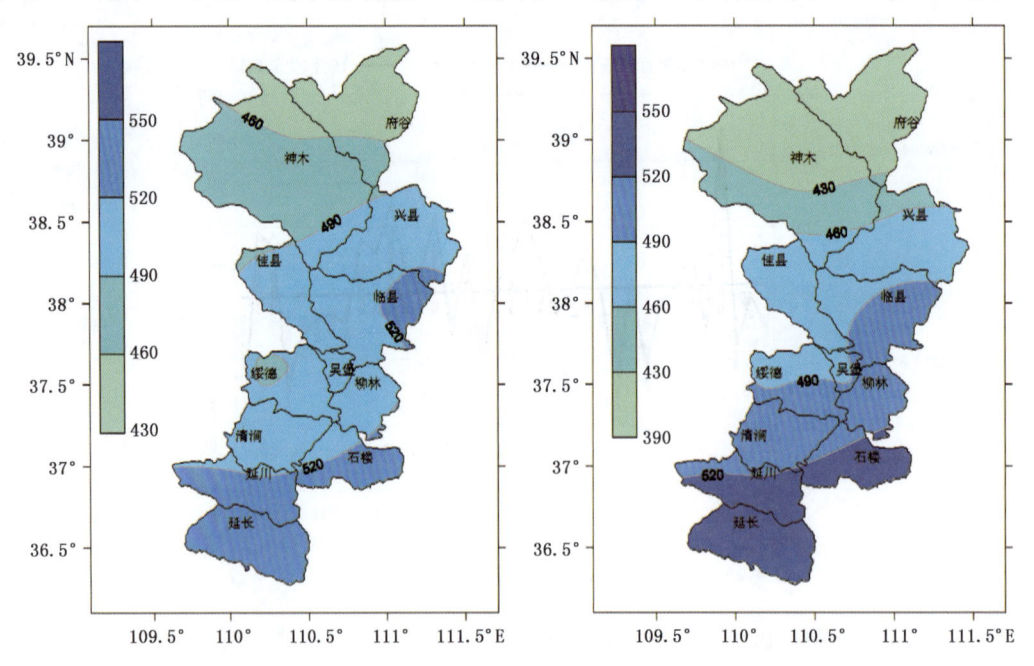

图 6.18 生长期降水量空间分布(RCP4.5)　　图 6.19 生长期降水量空间分布(RCP8.5)
（单位:mm）　　　　　　　　　　　　　　（单位:mm）

　　红枣种植区未来36 a生长期降水量M-K突变图中,正向序列UF曲线在2026年以前呈增减波动变化,2026年以后UF值均大于0,降水逐渐增加,且在2041—2043年超过信度线,生长期降水量增加明显;在信度线之间,M-K的两条统计量曲线UF、UB在2016、2019、2023和2026年前后相交,用滑动t检验对交点区域进行可靠性诊断,几个交点均未通过检验,说明未来种植区生长期降水量未发生明显的突变现象(图 6.20)。小波分析结果显示,生长期降水量在 10 a 左右的时间尺度上出现第一主周期,规律比较明显,表现为生长期降水量"多—少"交替的 6 个循环,在 2050 年小波系数仍为负值,且负值等值线尚未完全闭合,说明 2050 年以后该周期上红枣生长期降水量将处于偏少时期(图 6.21)。

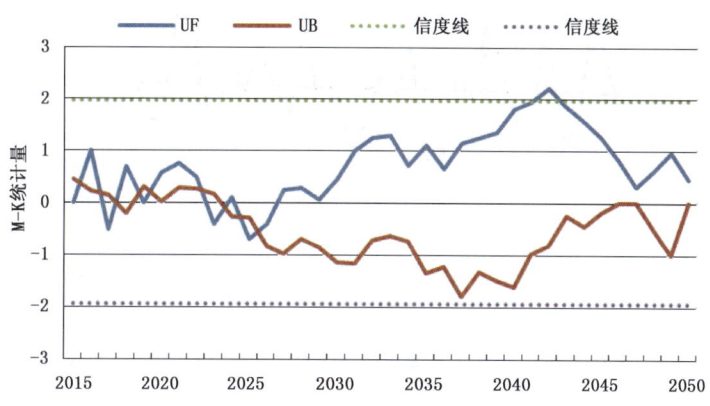

图 6.20　红枣种植全区预估生长期降水量(RCP4.5)M-K 统计值

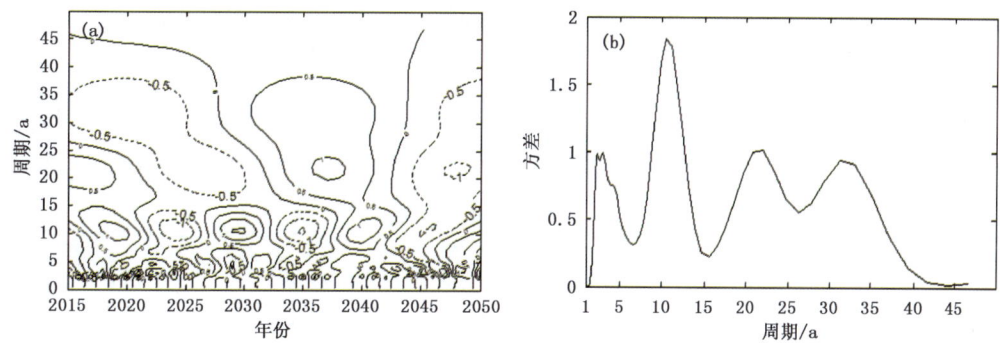

图 6.21　红枣种植全区生长期降水量(RCP4.5)小波系数图(a)、小波方差图(b)

（2）RCP8.5 情景预估生长期降水量变化特征

在高排放情景下,未来 36 a 红枣种植区生长期降水量 410~550 mm,南部降水资源优于北部,其中柳林—绥德一线以南生长期降水量基本在 500 mm 以上,北部的府谷、神木 2 县降水资源略欠,降水量为 400~410 mm(图 6.19)。未来红枣种植区生长期降水量总体呈增加趋势,气候倾向率为 6.487 mm/10a,12 县中仅府谷、神木、绥德等 3 县呈减少趋势(气候倾向率分别为－2.884 mm/10a、－12.559 mm/10a、－5.457 mm/10a),其余 9 县均为增加趋势,其中石楼增加趋势较为明显,气候倾向率为 23.682 mm/10a(表 6.12)。2015—2050 年的生长期降水量年际变化基本以 2~3 年的周期上下震荡,最大振幅出现在 2044 年,时段降水量较常年偏多近 7 成(图 6.22)。

2021—2050 年种植区生长期降水量各年代际之间增减变化较小。2021—2030 年红枣产区生长期降水量为 468.1 mm,与未来 30 年均值相比,除兴县、府谷、神木 3 县降水量持平略偏多外,其余 10 县偏少 10~50 mm,偏少不足 1 成;2031—2040 年基本持平,生长期降水量为

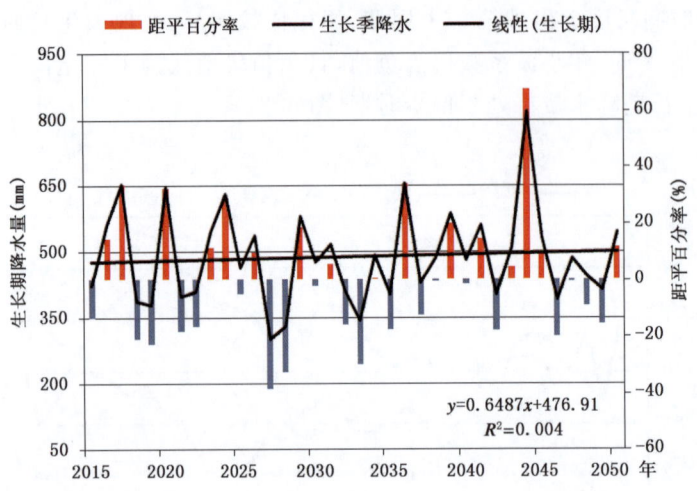

图 6.22　红枣种植全区预估生长期降水量(RCP8.5)年际变化趋势及距平分布

478.3 mm,其中临县、兴县、府谷、神木 4 县偏少近 1 成;2041—2050 年略偏多,生长期降水量为 511.0 mm,大部分县增加 10~40 mm,偏多不足 1 成(表 6.14)。

表 6.14　红枣种植全区及各县预估生长期降水量(RCP8.5)年代际变化(单位:mm)

地区	未来 30 年平均	生长期降水量			距平		
		2021—2030	2031—2040	2041—2050	2021—2030	2031—2040	2041—2050
临县	496.7	485.3	465.1	526.2	−11.4	−31.5	29.5
兴县	473.3	475.3	431.8	501.5	2.1	−41.5	28.2
柳林	509.3	474.5	507.4	541.3	−34.7	−1.8	32.1
石楼	533.0	484.2	549.7	567.3	−48.8	16.7	34.3
府谷	407.1	429.9	363.7	421.6	22.8	−43.3	14.5
佳县	485.5	452.3	488.7	492.1	−33.1	3.3	6.6
清涧	509.3	474.5	507.4	541.3	−34.7	−1.8	32.1
神木	413.7	430.0	369.5	421.5	16.3	−44.2	7.8
绥德	488.4	454.8	482.7	494.5	−33.6	−5.7	6.1
吴堡	488.7	456.2	488.0	512.8	−32.5	−0.6	24.2
延长	547.0	517.9	543.8	573.9	−29.1	−3.2	26.9
延川	522.9	481.9	541.7	538.1	−41.0	18.8	15.3
种植全区	488.9	468.1	478.3	511.0	−21.5	−11.3	21.5

种植全区未来 36 年红枣生长期降水量 M-K 突变图中,正向序列 UF 线始终在信度线之间波动,未通过信度线,表明其变化不显著。2026 年以前 UF 曲线基本以 3~4 年的周期上下波动,表现为生长期降水量增加,2027—2038 年 UF 值小于 0,降水量呈减少趋势,2038 年以后 UF 值大于 0,生长期降水量呈持续增加趋势。UF 和 UB 在信度线之间有多个交点,分别是 2018、2036、2046 和 2050 年,对交点进滑动 t 检验,2036 年通过了 $n=10$ 的显著性检验,说

明生长期降水量在 2036 年前后发生了由少到多的突变现象,且这种增加趋势仍在持续中(图 6.23)。

　　生长期降水量的周期变化与年降水量基本一致,小时间尺度的规律比较明显,在 8 a 左右的时间尺度上出现第一主周期,表现为生长期降水量"多—少"交替的 10 个循环,在该时间尺度上 2050 年小波系数负值等值线基本闭合,正值等值线正在发展,表明 2050 年以后该周期上红枣生长期将进入多雨时期(图 6.24)。

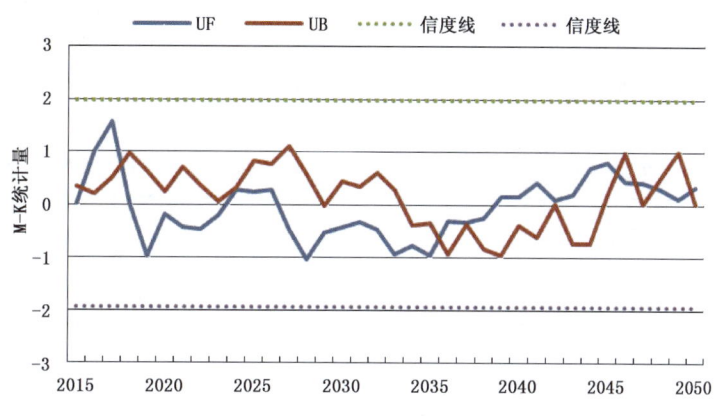

图 6.23　红枣种植全区预估生长期降水量(RCP8.5)M-K 变化曲线

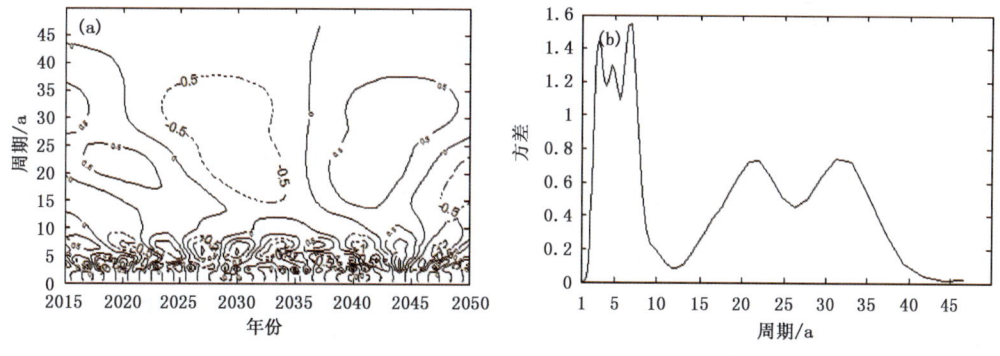

图 6.24　红枣种植全区生长期降水量(RCP8.5)小波系数图(a)、小波方差图(b)

6.2　未来气候资源分布与适宜区变化模拟

6.2.1　气候适宜性区划指标修订

　　利用 RCP4.5 中等排放和 RCP8.5 高排放气候情景数据进行未来气候情景下黄土高原丘陵区红枣种植气候适宜区变化研究时,因气候情景数据系月尺度数据,故对未来气候情景下红枣气候适宜性区划指标进行了修订,热量资源指标仅选取年平均气温一项要素;降水量资源指标选取年降水量、花期降水量和脆熟—采收期降水量三项要素,其中红枣花期降水量选取 6 月份数据、红枣脆熟—采收期降水量选取 9 月份数据。

6.2.2 气候资源空间网格化模型

6.2.2.1 热量资源指标的空间网格化模型

选取晋陕红枣主产区 12 个气象站以及周边县 20 个气象站,通过对未来 35 年(2016—2050)的年平均气温,分别与经度、纬度、高度做线性回归分析,建立研究区域未来气候情景下热量因子的空间小网格推算模型(表 6.15),各气候学方程均通过了信度 $\alpha=0.05$ 的显著性检验。

对各站点的实测值减去气候学方程的计算值得到的残差项 ε,运用反距离权重法进行空间插值得到各因子的残差项栅格数据。将依据各气候学方程逐项计算各热量因子栅格数据 Y 与残差项 ε 相加得到模拟的不同气候情景下热量因子栅格数据,完成研究区域未来气候情景下年平均气温的空间化处理。

表 6.15　未来气候情景下黄土高原丘陵区红枣热量资源空间小网格推算模型

热量资源	气候情景	模　型	相关系数
年平均气温(℃)	RCP4.5	$Y=47.138-0.198\lambda-0.256\varphi-0.005h$	0.89
	RCP8.5	$Y=44.349-0.185\lambda-0.212\varphi-0.005h$	0.89

注:λ、φ、h 分别表示经度(°)、纬度(°)和海拔高度(m),* 表示通过 0.05 水平的显著性检验。

6.2.2.2 降水资源指标的空间网格化模型

选取晋陕红枣主产区 12 个气象站以及周边县 20 个气象站,通过对未来 35 年(2016—2050)的年降水量、脆熟—采收期降水量、花期降水量共 3 项降水量因子,分别对 $F(\lambda,\varphi,h)$ 展成三维二次趋势面展开项进行逐步回归分析,建立研究区域未来气候情景下 3 个降水量因子的空间小网格推算模型(表 6.16),各气候学方程均通过了信度 $\alpha=0.05$ 的显著性检验。对各站点的实测值减去气候学方程的计算值得到的残差项 ε,运用反距离权重法进行空间插值得到各因子的残差项栅格数据。将依据各气候学方程逐项计算各降水因子栅格数据 Y 与残差项 ε 相加得到模拟的不同气候情景下降水因子栅格数据,完成研究区域未来气候情景下年降水量、脆熟—采收期降水量和花期降水量的空间化处理。

表 6.16　未来气候情景下黄土高原丘陵区红枣降水资源空间小网格推算模型

降水资源	气候情景	模　型	相关系数
年降水量 (mm)	RCP4.5	$Y=66234.574-569.386\lambda-1797.574\varphi-0.147h+15.581\lambda\varphi+0.020\varphi h-0.005\lambda h$	0.93
	RCP8.5	$Y=36916.696-299.067\lambda-967.296\varphi-1.594h+7.935\lambda\varphi+0.013\varphi h+0.011\lambda h$	0.96
脆熟—采收期降水量 (mm)	RCP4.5	$Y=13663.909-122.196\lambda-286.532\varphi-2.105h+2.573\lambda\varphi-0.002\varphi h+0.020\lambda h$	0.73
	RCP8.5	$Y=-6476.724+62.404\lambda+239.836\varphi-2.071h-2.251\lambda\varphi-0.003\varphi h+0.020\lambda h$	0.89

降水资源	气候 情景	模　型	相关 系数
花期降 水量 （mm）	RCP4.5	$Y = 20356.477 - 179.802\lambda - 504.201\varphi - 1.616h + 4.460\lambda\varphi + 0.004\varphi h$ $+ 0.013\lambda h$	0.84
	RCP8.5	$Y = 22875.978 - 198.403\lambda - 630.246\varphi + 0.144h + 5.488\lambda\varphi + 0.012\varphi h$ $- 0.005\lambda h$	0.91

注：λ、φ、h 分别表示经度（°）、纬度（°）和海拔高度（m）。

6.2.3　气候资源分布与适宜区变化模拟

6.2.3.1　区划指标归一化方法

在实现区划资源空间化的基础上，设定区划因子气候适宜性隶属函数为线性关系，将适宜区指标群作为模糊集合，根据各区划指标适宜性范围，利用模糊集的隶属函数来计算单项指标的评判值，以模糊评判值进行分区，据此建立未来气候情景下红枣各区划因子气候适宜性隶属函数模型。

$$\mu(x_1) = \begin{cases} 1 & 9.6 < x_1 \leqslant 11.1 \\ \dfrac{14.0 - x_1}{2.9}, \dfrac{x_1 - 7.0}{2.6} & 7.0 < x_1 \leqslant 9.6, 11.1 < x_1 \leqslant 14.0 \\ 0 & x_1 \leqslant 7.0, x_1 > 14.0 \end{cases}$$

$$\mu(x_2) = \begin{cases} 1 & 430 < x_3 \leqslant 580 \\ \dfrac{x_3 - 350}{80}, \dfrac{680 - x_3}{100} & 350 < x_3 \leqslant 430, 580 < x_3 \leqslant 680 \\ 0 & x_3 \leqslant 350, x_3 > 680 \end{cases}$$

$$\mu(x_3) = \begin{cases} 1 & x_4 \leqslant 45 \\ \dfrac{70 - x_4}{25} & 45 < x_4 \leqslant 70 \\ 0 & x_4 > 70 \end{cases}$$

$$\mu(x_4) = \begin{cases} 1 & x_5 \leqslant 60 \\ \dfrac{90 - x_5}{30} & 60 < x_5 \leqslant 90 \\ 0 & x_5 > 90 \end{cases}$$

上述隶属函数模型中，x_1 为年平均气温，x_2 为年降水量，x_3 为脆熟—采收期降水量，x_4 为花期降水量。利用 GIS 技术，根据各区划因子隶属度，建立各区划指标单因子评价栅格图层。

6.2.3.2　区划方法

根据区划对象中不同气候因子对其产量、品质的影响程度，确定红枣气候区划中各因子的权重集，分别为 $\alpha = \{0.5, 0.2, 0.2, 0.1\}$。依据各评价因子的权重，采用线性加权求和的方法，将各评价指标的栅格图进行叠加分析，得到红枣气候适宜性评价栅格图。

$$P = \sum_{i=1}^{n} \alpha_i \mu(x_i)$$

式中 P 为综合评判值，$\mu(x_i)$ 为第 i 指标气候隶属度，$i=1,2,\cdots 4$，α_i 为相对应该指标权重，n 评判指标个数，$0<\alpha_i<1$，$\Sigma \alpha_i = 1$。计算后的综合评判值 P 是位于 $0 \sim 1$ 之间的一个数值，表示区划对象的气候综合条件优劣。按照 $P \geqslant 0.8$，$0.7 \leqslant P < 0.8$，$0.6 \leqslant P < 0.7$，$P < 0.6$ 将未来气候情景下黄土高原丘陵区红枣气候适宜性区划分为适宜、次适宜 I、次适宜 II 和不适宜四个等级，分别得到两种不同气候情景下黄土高原丘陵区红枣气候适宜性区划图。

6.2.3.3 气候资源分布模拟结果

（1）未来气候情景下年平均气温分布模拟结果

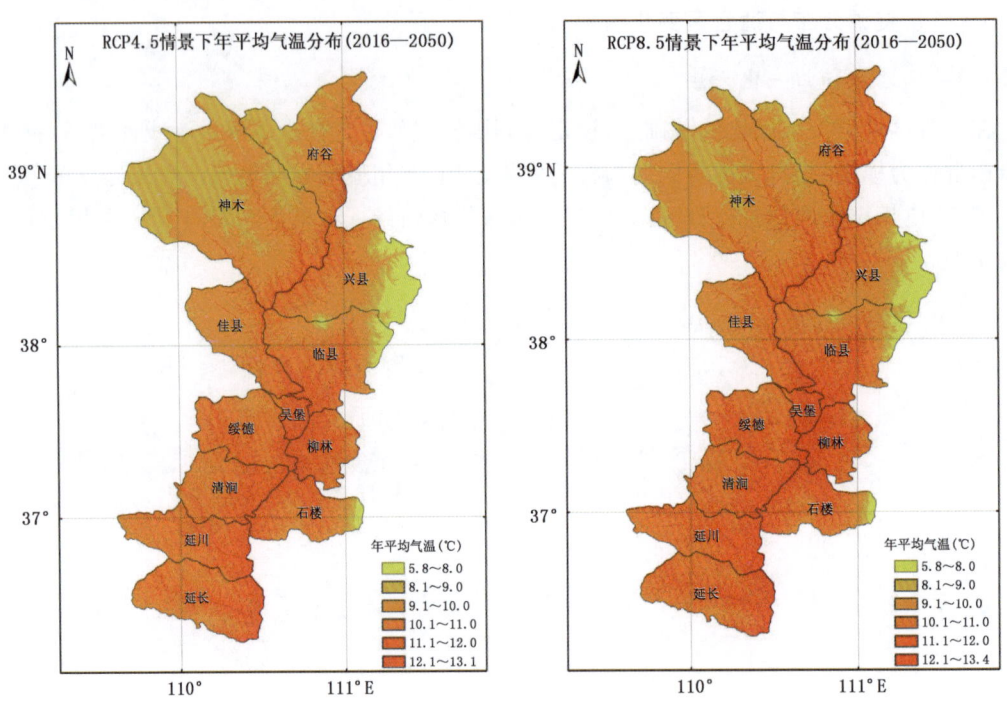

图 6.25 未来气候情景下黄土高原丘陵区年平均气温分布

从未来气候情景下 2016—2050 年研究区域的年平均气温分布研究结果可以看出，RCP4.5 中等排放和 RCP8.5 高排放两种排放气候情景下，黄土高原丘陵区红枣年平均气温总体呈现出北低南高、沿黄河两岸向东向西逐渐递减、随海拔高度逐渐降低的基本特点（图 6.25）。由图可见，两种气候情景下，未来 35 年黄土高原丘陵区的年平均气温均呈现增温趋势，增加幅度为 1.0℃ 左右，高排放情景下增温趋势更为明显。与最近 30 年（1985—2014）相比，未来 35 年研究区域的年平均气温，RCP4.5 中等排放气候情景下增幅为 0.7～1.1℃，RCP8.5 高排放气候情景下增幅为 0.8～1.3℃。

（2）未来气候情景下年降水量分布模拟结果

从未来气候情景下 2016—2050 年研究区域的年降水量分布研究结果可以看出，RCP4.5 中等排放和 RCP8.5 高排放两种排放气候情景下，黄土高原丘陵区红枣年降水量亦呈现出北部少于南部，东部多于西部的特点（图 6.26）。由图可见，两种气候情景下，未来 35 年黄土高原丘陵区的年降水量均呈增加趋势,大部地区增加幅度约 100 mm 左右。与最近 30 年(1985—2014)相比,未来 35 年研究区域的年降水量,RCP4.5 中等排放气候情景下,大部地区年降水量均增加明显,增幅为 85.4~134.8 mm;RCP8.5 高排放气候情景下除东北部的府谷、神木、临县、兴县增加幅度较小,为 33.5~57.3 mm 外,其他地区年降水量增幅为 84.2~131.1 mm。

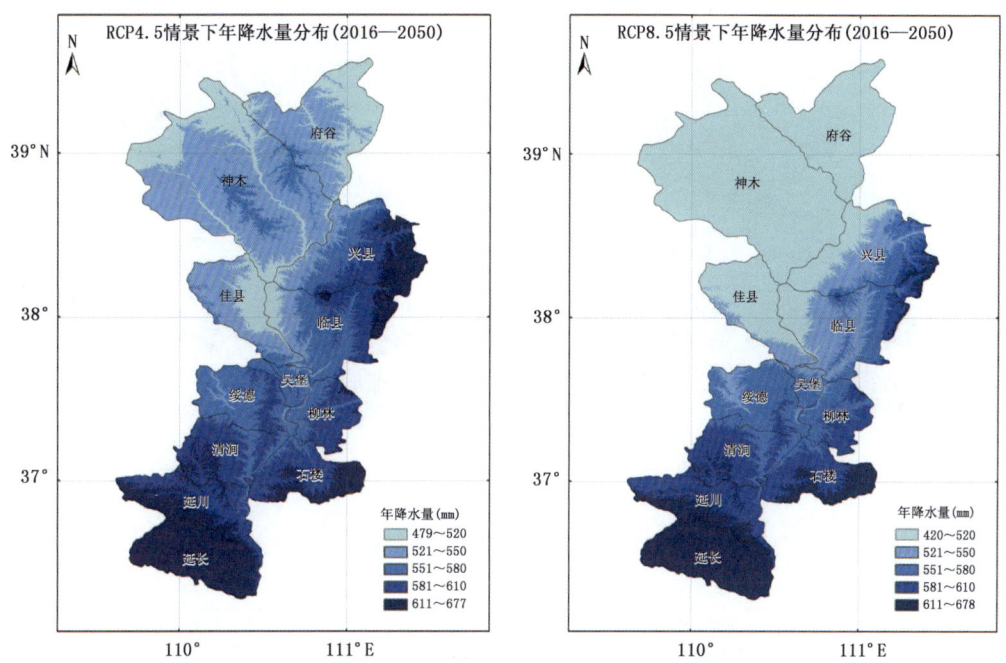

图 6.26　未来气候情景下黄土高原丘陵区年降水量分布

(3)未来气候情景下红枣脆熟—采收期降水量分布模拟结果

从未来气候情景下 2016—2050 年研究区域红枣脆熟—采收期降水量分布研究结果可以看出,RCP4.5 中等排放和 RCP8.5 高排放两种排放气候情景下,黄土高原丘陵区红枣脆熟—采收期降水量亦呈现出北部少于南部的特点(图 6.27)。由图可见,两种气候情景下,未来 35 年黄土高原丘陵区红枣脆熟—采收期降水量均呈增加趋势,大部地区增加幅度约 20 mm 左右,RCP8.5 高排放气候情景下增加趋势略为明显。与最近 30 年(1985—2014)相比,未来 35 年研究区域红枣脆熟—采收期降水量,RCP4.5 中等排放气候情景下,增幅为 14.4~26.8 mm;RCP8.5 高排放气候情景下,增幅为 14.4~31.8 mm。

(4)未来气候情景下红枣种植区花期降水量分布模拟结果

从未来气候情景下 2016—2050 年研究区域红枣花期降水量分布研究结果可以看出,RCP4.5 中等排放和 RCP8.5 高排放两种排放气候情景下,黄土高原丘陵区红枣花期降水量亦呈现出北部少于南部、东部多于西部的特点(图 6.28)。由图可见,两种气候情景下,未来 35 年黄土高原丘陵区红枣花期降水量,除南部地区的延长、延川、绥德和石楼增加趋势较明显,为 9.1~20.1 mm 外,其他大部地区均呈略增趋势,增幅基本在 5 mm 以下,RCP8.5 高排放气候情景下增加趋势略为明显。与最近 30 年(1985—2014)相比,未来 35 年研究区域红枣花期降水量,RCP4.5 中等排放气候情景下,增幅为 0~14.6 mm;RCP8.5 高排放气候情景下,增幅为 0~20.1 mm。

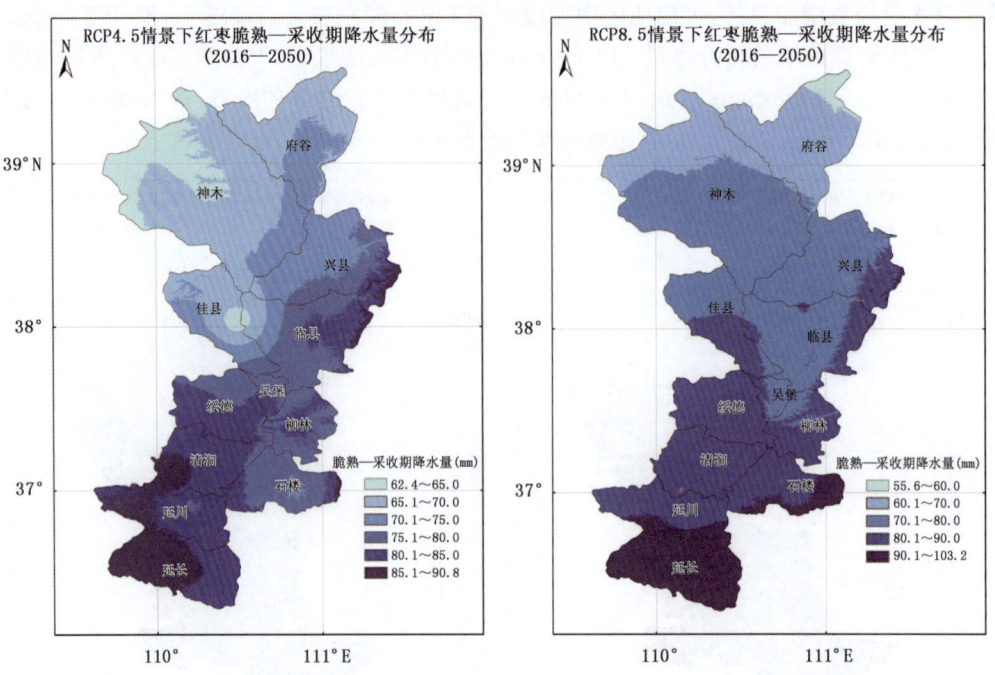

图 6.27　未来气候情景下黄土高原丘陵区红枣脆熟—采收期降水量分布

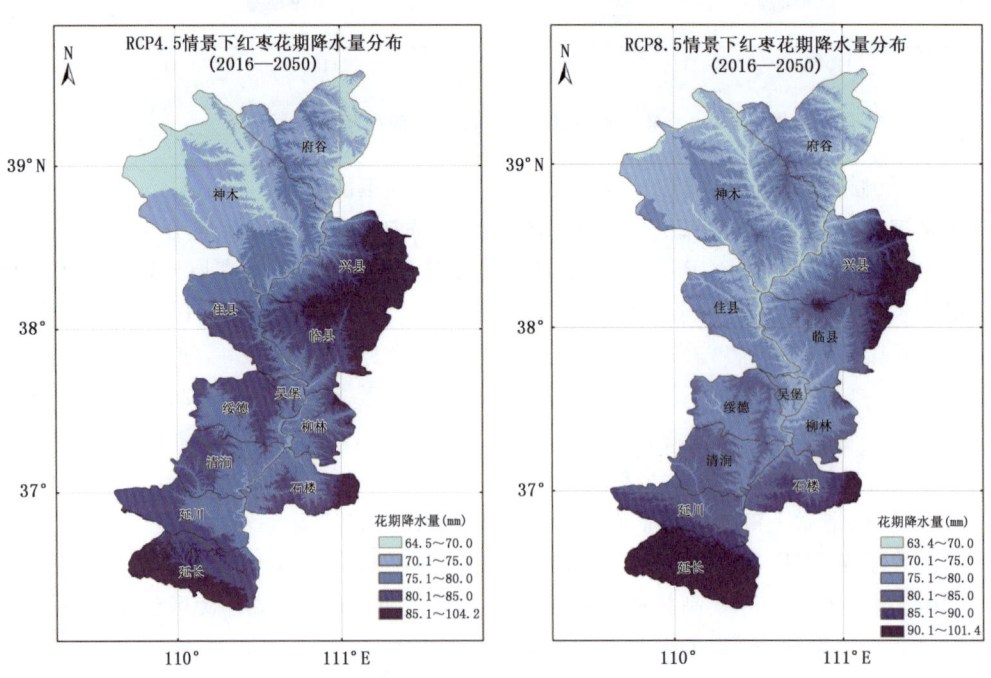

图 6.28　未来气候情景下黄土高原丘陵区红枣花期降水量分布

6.2.3.4　气候适宜区变化模拟结果

从 RCP4.5 中等排放和 RCP8.5 高排放两种排放气候情景下，黄土高原丘陵区红枣气候适宜性区划研究结果,可以看出,未来气候情景下,红枣适宜种植区面积明显减少,次适宜区面积明显增加,南部地区气候将不适宜红枣种植(图 6.29)。由图可见,RCP4.5 中等排放情景下,适宜区仅剩下神木窟野河中上游两岸的部分地区,次适宜区Ⅰ主要分布在绥德—临县以北黄河及其支流两岸的滩地、河谷和丘陵坡地,次适宜区Ⅱ主要包括北部次适宜区Ⅰ外的高海拔丘陵坡地和南部延长北部以北的大部分地区,延长南部和南部黄河两岸的适宜区将发展为不适宜区;RCP8.5 高排放气候情景下,适宜区仅剩下府谷东北部黄河沿岸地区,次适宜区Ⅰ主要分布绥德—临县以北黄河及其支流两岸的滩地、河谷和丘陵坡地,次适宜区Ⅱ主要包括北部次适宜区Ⅰ外的高海拔丘陵坡地和南部延川以北的地区,延长和南部黄河两岸的适宜区将发展为不适宜区。

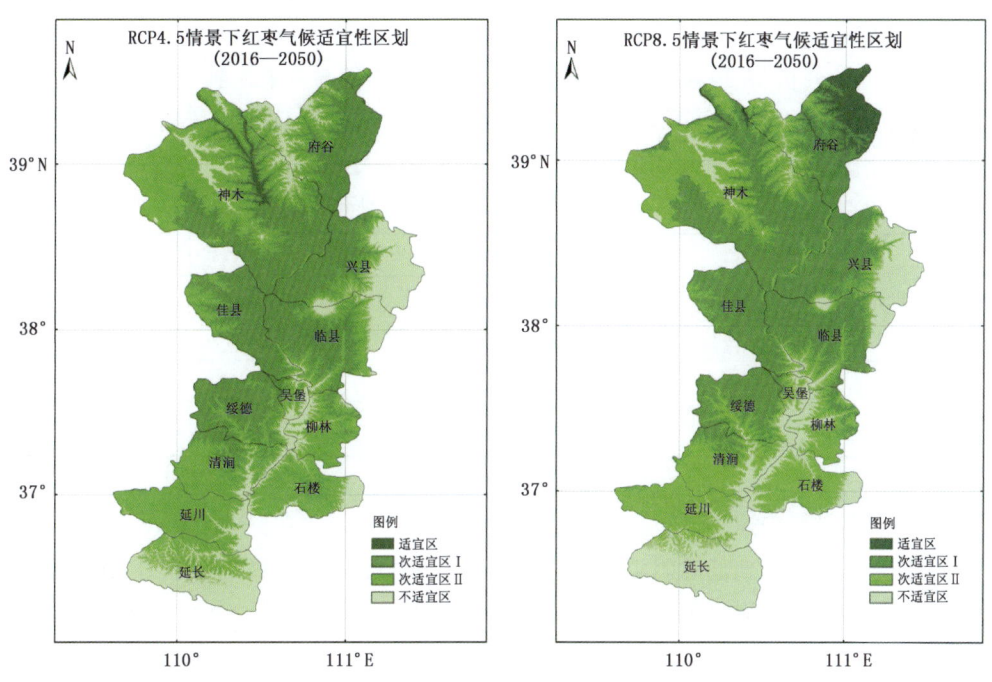

图 6.29　未来气候情景下黄土高原丘陵区红枣气候适宜性区划

6.3　未来气象灾害变化特征预估

6.3.1　适用于情景数据的红枣气象灾害指标和风险评估模型

由于现有气候情景数据精度仅达到月尺度,而原红枣 4 种主要气象灾害的指标均精确至旬尺度,无法用来基于情景数据划分各灾害等级并计算其发生概率。因而在对情景模式下红枣各主要气象灾害进行风险区划时,需对现有灾害区划指标进行修订,使得修订后的指标适用于基于月尺度气候因子进行的风险区划;据此,红枣花期低温阴雨和花期干旱灾害分析时段由"5 月下旬—6 月下旬"修订为"6 月";"幼果期干旱灾害"分析时段由"7 月下旬—9 月上旬"修订为"7—8 月";"脆熟—采收期连阴雨灾害"分析时段"9 月中旬—10 月上旬"修订为"脆熟期连阴雨灾害"分析时段"9 月"。4 种灾害的分析时段长度变化后,依据研究区 1981—2010 年 30

年的气候因子旬平均值,将灾害指标的临界值做相应的调整,如脆熟—采收期的连阴雨灾害,"9月中旬—10月上旬"比"9月"降水量平均少10 mm,则适用于情景数据的红枣脆熟期轻度、中度、重度灾害的降水量指标临界值均比修订前大10 mm。其他指标修订方法同此理。

在对比分析历史气候条件下和情景模式下,黄土高原丘陵区红枣各主要气象灾害的风险时空变化特征时,将统一采用适用于情景数据的红枣各主要气象灾害指标,对历史数据和情景数据进行风险概率计算、分析和区划,以便进行相同时间、相同空间下的客观风险变化对比。

6.3.1.1 花期干旱指标

黄土高原丘陵区红枣花期的主要分布时段在5月下旬—6月下旬,盛花期基本分部在6月,因而情景模式下,将红枣花期界定在6月,致灾因子为6月份的月降水量及月平均气温。根据对黄土高原丘陵区12个红枣主产县近30年(1981—2010年)5月下旬到6月下旬逐旬降水量和平均气温的分析,发现在较为干旱的年份,红枣主产县5月下旬到6月下旬的总降水量比6月份总降水量减少约15 mm,而平均气温变化不大,因而修订适用于情景数据的各等级降水量指标均比原同等级指标小15 mm;平均气温指标不变(表6.17)。

表 6.17　适用于情景数据的红枣花期干旱指标

灾害类型	分析时段	致灾气候因子	成灾等级指标及灾损系数			
			等级	降水量 (贡献率0.5)	温度 (贡献率0.5)	灾损系数
花期干旱	6月	降水量 (mm)/平均 气温(℃)	轻	20~30 mm	26~28℃	0.2
			中	15~20 mm	28~30℃	0.4
			重	<15 mm	>30℃	0.6

6.3.1.2 花期低温阴雨指标

同花期干旱,红枣花期低温阴雨情景模式下的指标,受灾时段界定在6月,致灾因子为6月份的月降水量及月平均气温。同样,根据对黄土高原丘陵区12个红枣主产县近30年(1981—2010年)5月下旬到6月下旬逐旬降水量和平均气温的分析,发现在雨水较多的年份,红枣主产县5月下旬到6月下旬的总降水量比6月份总降水量少约15 mm,而平均气温变化不大,因而修订适用于情景数据的红枣花期低温阴雨灾害各等级降水量指标均比原同等级指标小15 mm;平均气温指标不变(表6.18)。

表 6.18　适用于情景数据的红枣花期低温阴雨指标

灾害类型	分析时段	致灾气候因子	成灾等级指标及灾损系数			
			等级	降水量 (贡献率0.5)	温度 (贡献率0.5)	灾损系数
花期低 温阴雨	6月	降水量 (mm)/平均 气温(℃)	轻	45~55 mm	20~22℃	0.2
			中	55~60 mm	18~20℃	0.4
			重	>60 mm	<18℃	0.6

6.3.1.3 幼果期干旱指标

黄土高原丘陵区红枣幼果期主要分布时段在7月上旬至9月上旬,为了依据精度达到月尺度的情景数据分析未来红枣幼果期干旱灾害风险,将适用于情景数据的红枣幼果期干旱灾害分析时段界定在 8—9 月,致灾因子为该时段的总降水量。根据对黄土高原丘陵区 12 个红枣主产县近 30 年(1981—2010 年)7 月上旬至 9 月上旬逐旬降水量的分析,发现在较为干旱的年份,红枣主产县 7 月上旬至 9 月上旬的总降水量比 8—9 月份总降水量减少约 20 mm,因而修订适用于情景数据的红枣幼果期干旱灾害各等级降水量指标均比原同等级指标小 20 mm(表 6.19)。

表 6.19　适用于情景数据的红枣幼果期干旱指标

灾害类型	分析时段	致灾气候因子	成灾等级指标及灾损系数		
			等级	降水量(mm)	灾损系数
幼果期干旱	7—8 月	降水量(mm)	轻	>280	0.1
			中	180~280	0.3
			重	<180	0.5

6.3.1.4　脆熟期连阴雨指标

黄土高原丘陵区红枣脆熟—采收期的主要分布时段在 9 月中旬至 10 月上旬,为了依据精度达到月尺度的情景数据分析未来红枣脆熟—采收期连阴雨灾害风险,将适用于情景数据的红枣脆熟期连阴雨灾害分析时段界定在 9 月(灾害名称修订为"脆熟期连阴雨"灾害),致灾因子为 9 月的月降水量。根据对黄土高原丘陵区 12 个红枣主产县近 30 年(1981—2010 年)9 月上旬—10 月上旬逐旬降水量的分析,发现在连阴雨较多的年份,红枣主产县 9 月中旬至 10 月上旬的总降水量比 9 月份总降水量多出约 10 mm,因而修订适用于情景数据的红枣脆熟—采收期连阴雨灾害各等级降水量指标均比原同等级指标大 10 mm;而在精度为月尺度的情景数据中,该时段的连阴雨天数无法获取,因而此修订忽略连阴雨天数指标,仅以连阴雨降水量作为过去与未来红枣脆熟—采收期连阴雨灾害风险分析的依据指标(表 6.20)。

表 6.20　适用于情景数据的红枣脆熟期连阴雨灾害指标

灾害类型	分析时段	致灾气候因子	成灾等级指标及灾损系数		
			等级	降水量(mm)	灾损系数
脆熟期连阴雨	9 月	降水量(mm)	轻	55~75	0.3
			中	75~90	0.5
			重	>90	0.8

6.3.1.5　气候危险性风险评估模型

在对未来情景下的黄土高原丘陵区红枣主要气象灾害进行风险分析研究时,仅进行气候危险性风险分析,风险评估模型与前述历史气象灾害的风险评估模型一致,采用如下公式:

$$VH = sd \times sc + md \times mc + ld \times lc$$

式中:VH 为黄土高原丘陵区红枣主要气象灾害气候危险性风险指数,用于表示气候致灾因子风险大小,其值越大,则气候致灾风险程度越大,灾害发生时造成损失越大;sd、md、ld 分别为重度、中度、轻度灾害的发生概率(频次),sc、mc、lc 分别为重度、中度、轻度灾害的灾损系数。

6.3.2　基于情景数据的红枣主要气象灾害风险区划

分析基于 1985—2014 年的历史气温、降水资料,RCP4.5(中等排放)情景模式下的

2016—2050 年的气温、降水资料，RCP8.5(高等排放)情景模式下的 2016—2050 年的气温、降水资料，计算此 3 种时段的黄土高原丘陵区红枣 4 种主要气象灾害发生的概率并绘制风险分布图，将历史灾害情况和未来两种气候情景下的灾害情况进行对比分析，结果如下。

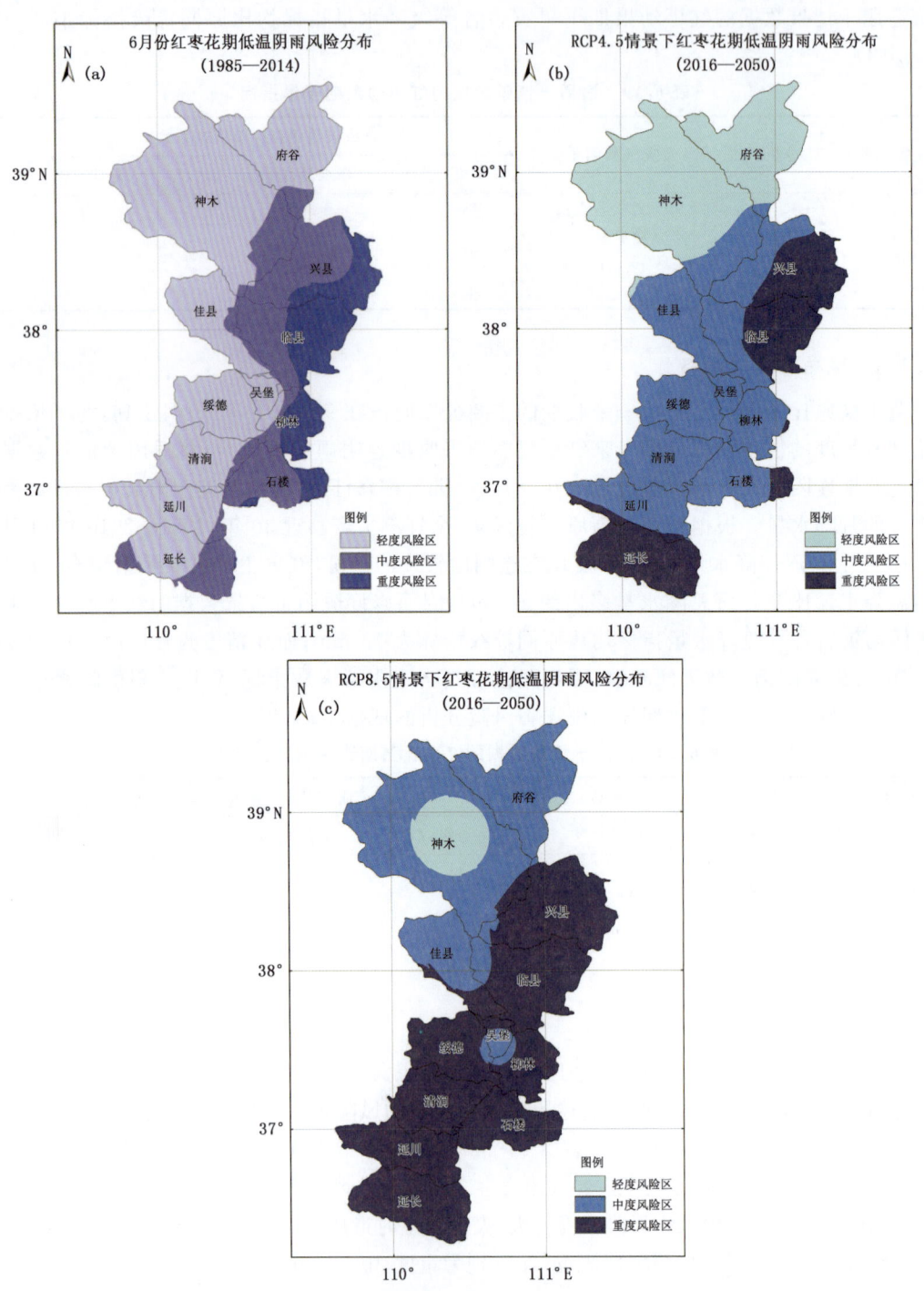

图 6.30　红枣花期低温阴雨灾害风险分布对比

[(a)图 1985—2014 年；(b)图 RCP4.5 情景 2016—2050 年；(c)图 RCP8.5 情景 2016—2050 年]

6.3.2.1　花期低温阴雨风险分布

由图 6.30 可见,1985—2014 年,黄土高原丘陵区红枣花期低温阴雨灾害重度风险区主要分布在山西的兴县、临县、柳林、石楼 4 县的东部局地,该区红枣花期低温阴雨灾害约 4 年一遇;中度风险区主要分布在沿黄河东岸非重度风险区及神木、延长 2 个县的东南部局地,该区红枣花期低温阴雨灾害 4～5 年一遇;轻度风险区主要分布在沿黄河西岸除神木、延长 2 个县东南部的大部分地区,该区红枣花期低温阴雨灾害至多 5 年一遇。

RCP4.5 情景下 2016—2050 年,黄土高原丘陵区红枣花期低温阴雨灾害重度风险区主要分布在延长县,兴县、临县的东部,该区红枣花期低温阴雨灾害 1～2 年一遇;中度风险区主要分布在除神木、府谷以南的非重度风险区,该区红枣花期低温阴雨灾害 2～3 年一遇;轻度风险区主要分布在神木和府谷,该区红枣花期低温阴雨灾害约 3 年一遇。

RCP8.5 情景下 2016—2050 年,黄土高原丘陵区红枣花期低温阴雨灾害重度风险区主要分布在兴县、临县、绥德及其以南除吴堡县的大部分地区,该区红枣花期低温阴雨灾害 1～2 年一遇;中度风险区主要分布在府谷、佳县、吴堡及神木南部和北部,该区红枣花期低温阴雨灾害 2～3 年一遇;轻度风险区主要分布在神木中部小部分地区,该区红枣花期低温阴雨灾害约 3 年一遇。

对比分析上述 3 个时段黄土高原丘陵区红枣花期低温阴雨灾害的时空分布特点可见:3 个时段红枣花期低温阴雨灾害空间上均是呈由东南向西北逐渐减轻的趋势;时间上,历史时期(1985—2014)灾害程度和频次均较轻,RCP4.5 未来情景下(2016—2050),重度、中度灾害分布面积逐渐增大,轻度灾害分布面积减少;RCP8.5 未来情景下(2016—2050),重度、中度灾害分布面积进一步增大,轻度灾害分布面积萎缩至仅在神木中部有较小分布面积。

6.3.2.2　花期高温干旱风险分布

由图 6.31 可见,1985—2014 年,黄土高原丘陵区红枣花期高温干旱灾害重度风险区主要分布在府谷、吴堡、柳林 3 县及绥德、清涧、延川、延长 4 县的东部和石楼西部,该区红枣花期高温干旱灾害约 12 年一遇;中度风险区主要分布在神木、佳县及绥德西部,清涧、延川、延长中部,石楼南部局地,该区红枣花期高温干旱灾害约 15 年一遇;轻度风险区主要分布在兴县、临县,及清涧、延川、延长西部局地,该区红枣花期高温干旱灾害至多 15 年一遇。

RCP4.5 情景下 2016—2050 年,黄土高原丘陵区红枣花期高温干旱灾害重度风险区主要分布在神木、佳县、绥德、清涧 4 县,该区红枣花期高温干旱灾害约 8 年一遇;中度风险区主要分布在重度风险区以东除兴县、临县东部和延长县的大部分区域,该区红枣花期高温干旱灾害 8～10 年一遇;轻度风险区主要分布在兴县、临县东部和延长县,该区红枣花期高温干旱灾害约 10 年一遇。

RCP8.5 情景下 2016—2050 年,黄土高原丘陵区红枣花期高温干旱灾害重度风险区主要分布在神木、佳县,该区红枣花期高温干旱灾害约 10 年一遇;中度风险区主要分布在延川北部及以北,除神木、佳县和兴县大部,临县、柳林东部的区域,该区红枣花期高温干旱灾害 10～11 年一遇;轻度风险区主要分布在延长及延川南部,兴县大部,临县、柳林东部地区,该区红枣花期高温干旱灾害至多 11 年一遇。

对比分析上述 3 个时段黄土高原丘陵区红枣花期高温干旱灾害的时空分布特点可见:情景模式下红枣花期高温干旱灾害空间上呈由西向东逐渐减轻的趋势;时间上,历史时期

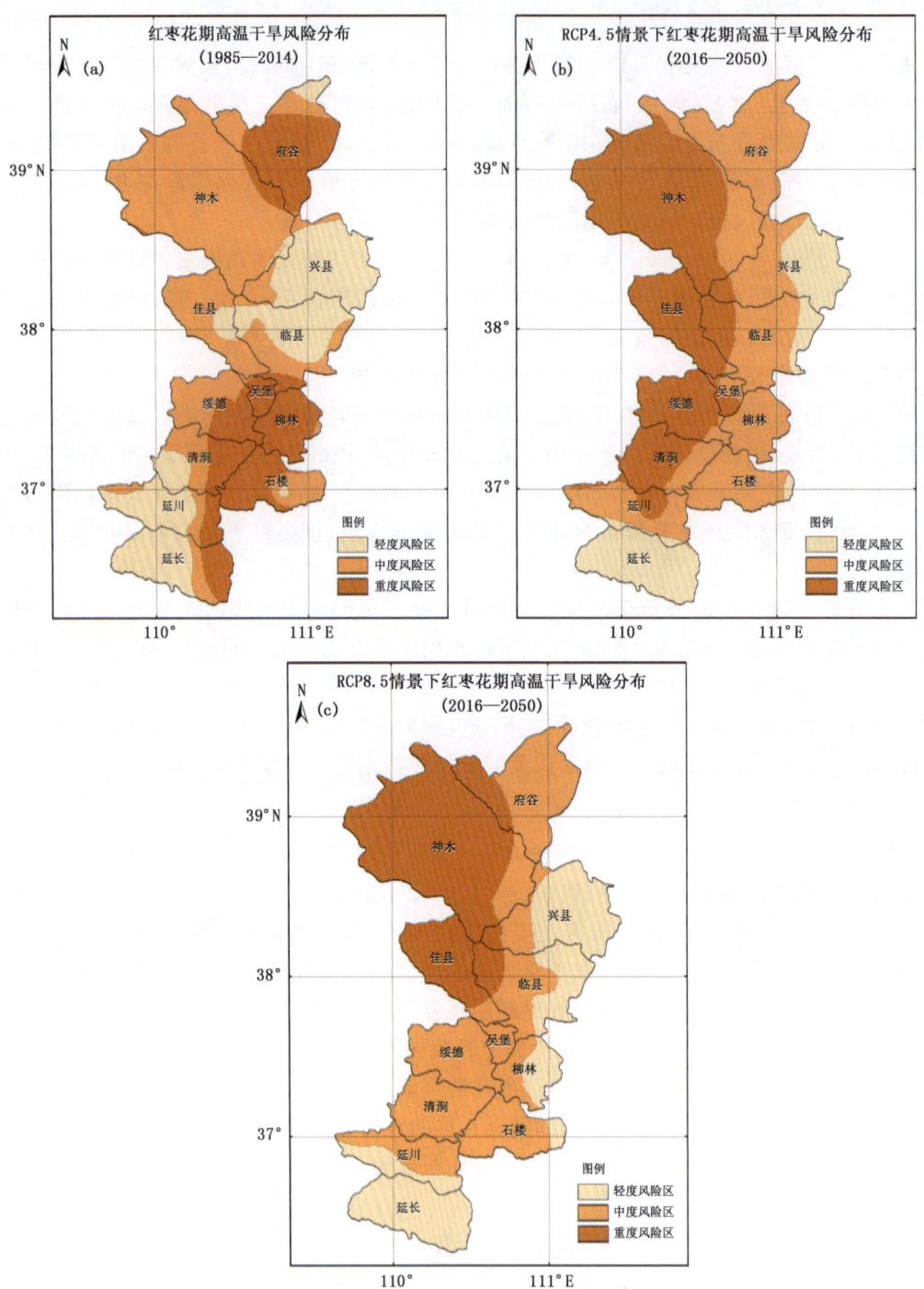

图 6.31　红枣花期高温干旱灾害风险分布对比

[(a)图 1985—2014 年;(b)图 RCP4.5 情景 2016—2050 年;(c)图 RCP8.5 情景 2016—2050 年]

(1985—2014)灾害程度最轻、频次最少,其次是 RCP8.5 未来情景(2016—2050),RCP4.5 未来情景(2016—2050)下,红枣花期高温干旱灾害程度最重、频次最大;未来情景下,重度风险区向西部集中,由西向东灾害程度减轻,频次减少。

6.3.2.3　幼果期干旱风险分布

由图 6.32 可见,1985—2014 年,黄土高原丘陵区红枣幼果期干旱灾害重度风险区主要分布在佳县及其周边小部分区域,该区红枣幼果期干旱灾害 2～3 年一遇;中度风险区主要分布在府谷、神木、绥德、吴堡,及兴县、临县、柳林西部和清涧北部,该区红枣幼果期干旱灾害约 3 年一遇;轻度风险区主要分布在兴县、临县东部,清涧南部及石楼、延川、延长,该区红枣幼果期干旱灾害至多 3 年一遇。

RCP4.5 情景下 2016—2050 年,黄土高原丘陵区红枣幼果期干旱灾害重度风险区主要分布在佳县、绥德、吴堡 3 县及临县西部和神木、兴县西南部局地,该区红枣幼果期干旱约 3 年一遇;中度风险区主要分布在府谷、神木,兴县、临县中部,柳林、清涧北部地区,该区红枣幼果期干旱灾害 3～4 年一遇;轻度风险区主要分布在兴县、临县东部,柳林、清涧东南部,神木中部,及石楼、延川、延长,该区红枣幼果期干旱灾害至少 4 年一遇。

RCP8.5 情景下 2016—2050 年,黄土高原丘陵区红枣幼果期干旱灾害重度风险区主要分布在府谷、神木、佳县,及兴县、临县西北部局地,该区红枣幼果期干旱灾害 2～3 年一遇;中度风险区主要分布在重度风险区以南的兴县、临县、吴堡、绥德 4 个县域,该区红枣幼果期干旱灾害约 3 年一遇;轻度风险区主要分布在柳林、石楼、清涧、延川、延长 5 个县,该区红枣幼果期干旱灾害至多 3 年一遇。

对比分析上述 3 个时段黄土高原丘陵区红枣幼果期干旱灾害的时空分布特点可见:历史时期(1985—2014)和 RCP4.5 未来情景(2016—2050)下,红枣幼果期干旱灾害空间上呈由中西部向四周逐渐减轻的趋势,而 RCP8.5 未来情景(2016—2050)下呈由西北部向东南部逐渐减轻的趋势;时间上,历史时期(1985—2014)灾害程度最轻、频次最少,其次是 RCP4.5 未来情景(2016—2050)下,RCP8.5 未来情景(2016—2050)下红枣幼果期干旱灾害程度最重、频次最大。

6.3.2.4　脆熟期连阴雨风险分布

由图 6.33 可见,1985—2014 年,黄土高原丘陵区红枣脆熟期连阴雨灾害重度风险区主要分布在临县东部局地,该区红枣脆熟期连阴雨灾害接近 2 年一遇;中度风险区主要分布在兴县东南部、临县中部、吴堡、绥德及其以南的非重度风险区,该区红枣脆熟期连阴雨灾害 2～3 年一遇;轻度风险区主要分布在兴县西北部、临县西部,佳县及其以北区域,该区红枣脆熟期连阴雨灾害约 3 年一遇。

RCP4.5 情景下 2016—2050 年,黄土高原丘陵区红枣脆熟期连阴雨灾害重度风险区主要分布在临县东部、绥德、吴堡及其以南,不包括石楼中部局地,该区红枣脆熟期连阴雨接近 2 年一遇;中度风险区主要分布在兴县、临县西部,佳县及其以北,不包括神木中部的区域,该区红枣脆熟期连阴雨灾害 2～3 年一遇;轻度风险区主要分布在神木中部和佳县中部局地,该区红枣脆熟期连阴雨灾害约 3 年一遇。

RCP8.5 情景下 2016—2050 年,黄土高原丘陵区红枣脆熟期连阴雨灾害重度风险区主要分布临县东部、绥德、吴堡及其以南,该区红枣脆熟期连阴雨灾害接近 2 年一遇;中度风险区主要分布在兴县、佳县,及临县西北部、神木西南部局地,该区红枣脆熟期连阴雨灾害 2～3 年一遇;轻度风险区主要分布在府谷和神木东北部大部分区域,该区红枣脆熟期连阴雨灾害约 3 年一遇。

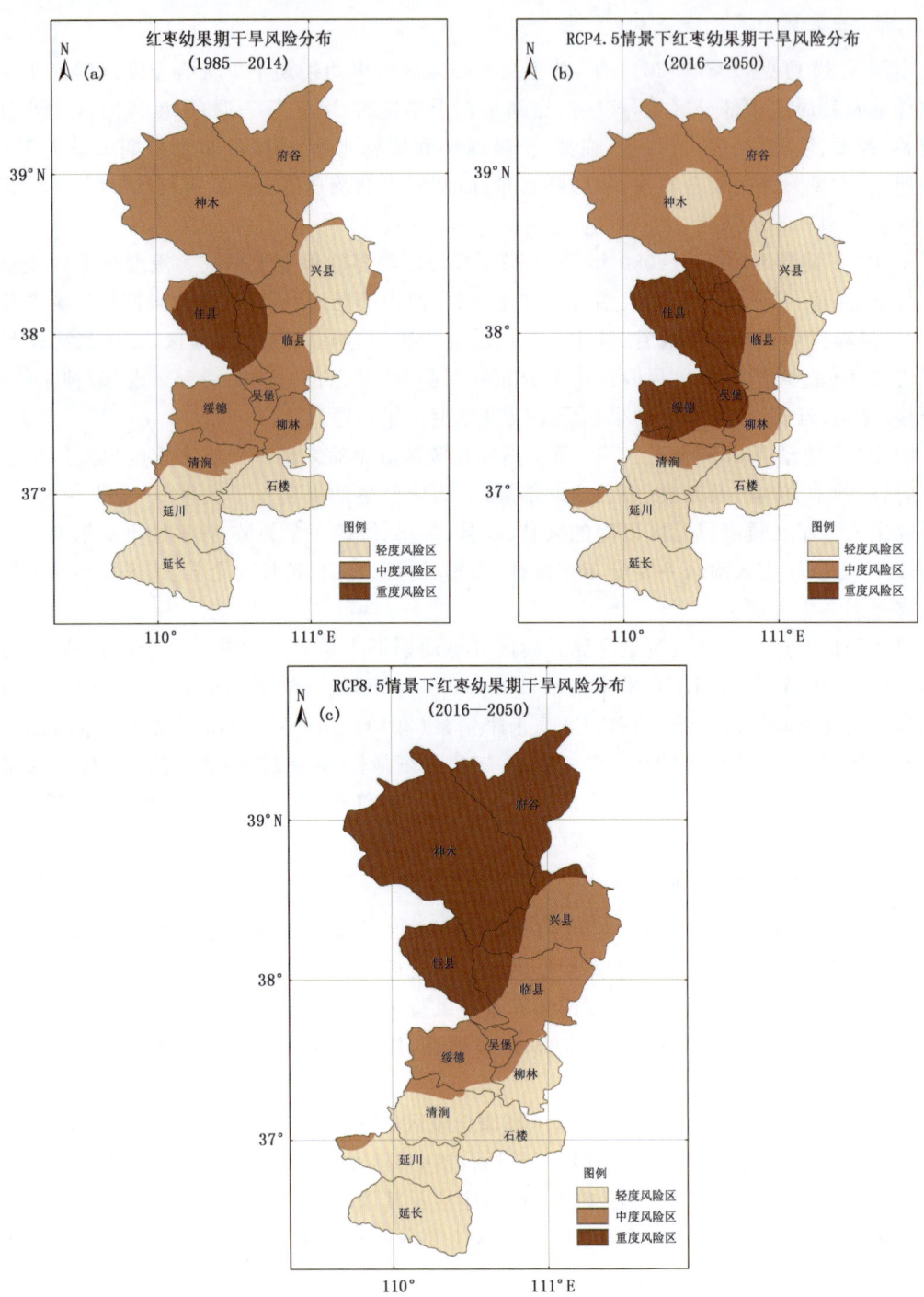

图 6.32　红枣幼果期干旱灾害风险分布对比

［(a)图 1985—2014 年；(b)图 RCP4.5 情景 2016—2050 年；(c)图 RCP8.5 情景 2016—2050 年］

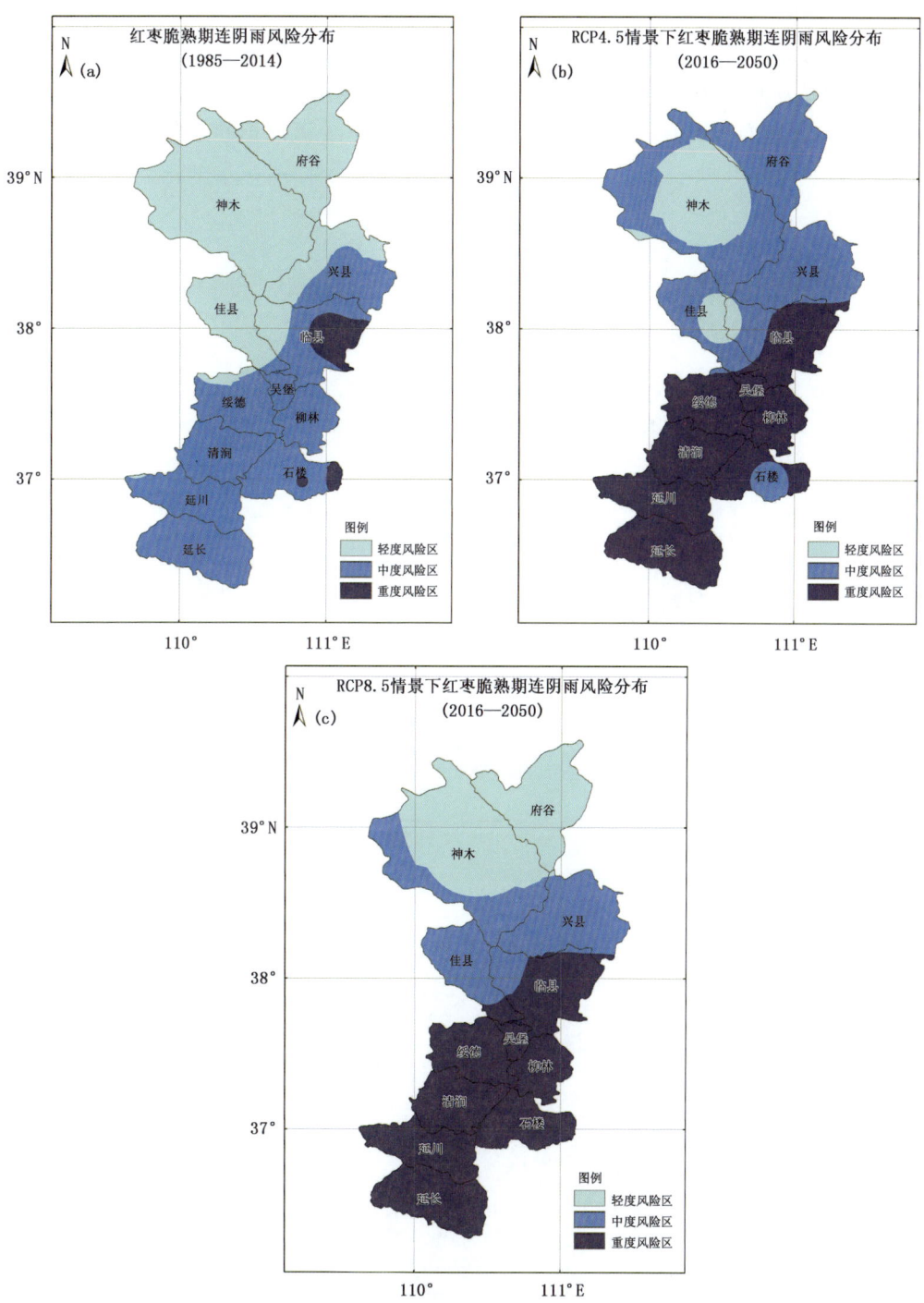

图 6.33 红枣脆熟期连阴雨灾害风险分布对比

[(a)图 1985—2014 年;(b)图 RCP4.5 情景 2016—2050 年;(c)图 RCP8.5 情景 2016—2050 年]

对比分析上述 3 个时段黄土高原丘陵区红枣脆熟期连阴雨灾害的时空分布特点可见：3 个时间段的红枣脆熟期连阴雨灾害空间上均呈由东南向西北逐渐减轻的趋势；时间上，历史时期(1985—2014)灾害程度最轻、频次最少，全区以中度和轻度风险分布为主，而 RCP4.5 未来情景(2016—2050)下和 RCP8.5 未来情景(2016—2050)下重度和中度风险分布面积显著增大，轻度风险区分布面积萎缩；未来两种情景下重度风险区分布面积和方位变化不大，中度和轻度风险区分布略有不同。

第 7 章　黄土高原丘陵区红枣气象服务
技术研究与应用

7.1　红枣气象观测、预报、预警业务

7.1.1　红枣气象观测业务

　　黄土高原丘陵区红枣的气象观测业务,主要涉及了物候期观测、气候资源及气象灾害观测、病虫害发生发展观测三个方面。

　　物候期观测主要包括:芽膨大、芽开放、展叶、花序出现、开花、硬核、可采成熟、叶变色、落叶共 9 个观测项目,具有严格的观测规范和标准(表 7.1),下表给出以佳县、吴堡、延川为代表的黄土高原丘陵区红枣物候期观测记录(表 7.2)。

表 7.1　黄土高原丘陵区红枣物候期观测规范与标准

物候期	观测规范与标准
芽膨大	芽鳞片开始松开,出现新鲜的棕黄色绒毛
芽开放	芽鳞片裂开,出现颜色新鲜的叶的尖端
展叶	始期,开放的芽出现 1~2 片平展的幼叶;盛期,半数树枝上的叶片完全平展。
花序出现	枣吊的叶腋间出现小的花序
开花	始期,花序顶端的小花完全开放;盛期,全树半数以上花序完全开放;末期,多数花朵凋落
硬核	果实无明显增大,约半数果核逐渐木质化,刀切不易裂开
可采成熟	根据用途记载采收所处的成熟度,以果皮的颜色和果肉硬度来确定:白熟期(果实停止膨大,半数由青绿变成白绿色,适宜做蜜枣);脆熟期(半数果实皮色转红,水多肉脆,适宜鲜食或做乌枣、醉枣);完熟期(或称红熟,果皮呈深红色,稍现皱缩,半数果实变软,制干枣品质最佳)
叶变色	始期,秋季第一批叶子绿色减退开始变黄;末期,所有叶子完全变色
落叶	始期,树上变黄的叶子第一批脱落;末期,叶子几乎完全脱落

　　气候资源及气象灾害情况,病虫害发生发展情况的观测,每旬观测一次,观测员对本旬内红枣生长的气候资源适宜性、是否有气象灾害及其灾情概况、病虫害暴发流行情况等进行观测,并记录在案。

表 7.2　佳县、吴堡、延川红枣主要物候期(月.日)

产地	芽膨大期	芽开放期	展叶期	花序出现期	开花始期	开花盛期	开花末期	硬核期	白熟期	脆熟期	完熟期	叶变色期	落叶期	观测年份	品种
佳县	—	—	—	—	5.23	6.11	7.11	7.31	8.15	9.25	10.10	—	10.26	2006	木枣
	—	4.10	4.30	5.10	5.25	—	—	8.10	8.25	9.15	10.05	—	10.20	2007	
	—	4.12	4.27	5.08	5.24	6.07	—	8.17	8.31	9.02	10.05	—	10.02	2008	
	—	4.14	4.27	5.03	5.26	6.04	6.30	8.21	9.31	10.01	10.11	—	10.18	2009	
吴堡	—	—	—	—	5.21	5.24	6.26	7.10	8.31	9.21	10.11	10.21	11.01	2006	木枣
	—	4.12	4.29	5.09	5.18	5.29	6.16	6.26	8.18	9.21	9.30	10.19	10.29	2007	
	—	4.18	5.07	5.16	5.23	6.02	6.18							2008	
	—	4.15	4.23	5.11	5.25	—	6.13				9.03			2009	
延川	—	—	—	—	5.21	5.24	6.26	7.10	8.31	9.21	10.11	10.21	11.01	2006	梨枣
	5.01	5.06	5.11	5.21	5.28	6.09	6.25	9.04	—	—	10.18	10.23	11.02	2007	
	4.16	4.24	4.29	5.21	5.24	5.29	6.08	8.23	9.04	9.13	10.16	10.22	11.02	2008	
	4.22	4.29	5.11	5.28	6.06	—	7.11	9.11	—	—	10.01	—	10.21	10.29	2009	

注:2010 年后,陕西生态观测网停用,导致完整的、规范化的红枣物候期观测业务暂停,因而,此后的红枣物候期观测资料不完整、不连续,此表未列出。

7.1.2　红枣气象预报业务

近年来,通过对红枣生长气候适宜性的持续观测,结合气象服务经验,依据红枣在各主要生育期生理生长过程中,对最高气温、最低气温、风速、相对湿度 4 项气象因子的适宜性要求,建立了黄土高原丘陵区红枣各生育期的气候适宜性气象评价指标(表 7.3)。通过该表,可直观、迅速评价当前气象条件对红枣生长的利弊影响,可帮助农业气象服务技术人员快速了解和掌握影响红枣生长发育的不利气象条件,从而及时提出相关的生产指导建议,防御不利气候因素引起的红枣气象和病虫害灾害。

表 7.3　黄土高原丘陵区红枣各发育期生长气候适宜性气象指标

发育期	天气状况		最高气温(℃)		最低气温(℃)		风速(m/s)		相对湿度(%)	
	适宜	不适宜	适宜	不适宜	适宜	不适宜	适宜	不适宜	适宜	不适宜
芽膨大期	晴、多云	雪	12~18	<10或≥20	4~12	<3或≥13	≤9	>11	68~72	<60或≥80
芽开放期	晴、多云	雪	12~18	<10或≥20	4~12	<3或≥13	≤9	>11	68~72	<60或≥80
展叶始期	晴、多云	雪、雨夹雪、雨、霜冻	16~24	<12或≥28	4~16	<3或≥18	≤9	>11	68~72	<60或≥80
展叶盛期	晴、多云	阴雨、霜冻	18~26	<12或≥28	8~18	<6或≥18	≤9	>11	68~72	<60或≥80
花序出现	晴、多云	低温、阴雨、霜冻	20~30	<18或≥35	14~20	<8或≥24	≤9	>11	68~72	<60或≥80
开花始期	晴、多云	低温阴雨或晴朗高温、大风	22~32	<18或≥35	14~20	<10或≥24	≤9	>11	68~72	<60或≥80
开花盛期	晴、多云	低温阴雨或晴朗高温、大风	22~32	<18或≥35	14~20	<10或≥24	≤9	>11	68~72	<60或≥80
开花末期	晴、多云	低温阴雨或晴朗高温、大风	24~34	<18或≥35	16~23	<10或≥24	≤9	>11	68~72	<60或≥80
硬核期	晴、多云	暴雨、干旱	22~30	<18或≥35	16~23	<10或≥24	≤9	>11	68~72	<60或≥80
白熟期	晴、多云	暴雨、干旱	20~30	<18或≥35	14~20	<10或≥24	≤9	>11	68~72	<60或≥80
脆熟期	晴、多云	阴天、雨、大风	18~25	<16或≥28	12~18	<8或≥22	≤9	>11	68~72	<60或≥80
完熟期	晴、多云	阴天、雨、大风	15~22	<12或≥28	8~15	<4或≥18	≤9	>11	68~72	<60或≥80
叶变色始期	晴、多云	阴天、雨	12~16	<8或≥20	4~12	<4或≥18	≤9	>11	68~72	<60或≥80
叶变色末期	晴、多云	阴天、雨	12~16	<8或≥20	6~15	<4或≥18	≤9	>11	68~72	<60或≥80
落叶始期	晴、多云	霜冻	6~12	<4或≥16	4~15	<0或≥15	≤9	>11	68~72	<60或≥80
落叶末期	晴、多云	无	4~12	<4或≥12	2~12	<-4或≥10	≤9	>11	68~72	<60或≥80
冬眠期	晴、多云	越冬低温冻害	4~12	<-2或≥8	(-8)~2	<-18或≥6	≤9	>11	68~72	<60或≥80

另外,气候要素对果树生理生长的影响,既有单因子作用,也有多因子之间相互制约的综合作用。因此,基于多年枣树气象服务经验,采用线性隶属函数建模的方法,建立了黄土高原丘陵区红枣各生育期生长适宜性预报模型(表7.4),基于该模型,开展了黄土高原丘陵区红枣生长适宜性气象等级预报服务。

表 7.4　黄土高原丘陵区红枣各生育期生长气象条件适宜性预报模型

生育期	生育时段	适宜性平均模型	主要气象问题
芽膨大期	3 月上旬—3 月中旬	$I = 0.3I_w + 0.1I_{tg} + 0.4I_{td} + 0.1I_f + 0.1I_u$	雪
芽开放期	3 月下旬	$I = 0.3I_w + 0.1I_{tg} + 0.4I_{td} + 0.1I_f + 0.1I_u$	雪
展叶始期	4 月上旬	$I = 0.3I_w + 0.1I_{tg} + 0.4I_{td} + 0.1I_f + 0.1I_u$	雪、雨夹雪、雨、霜冻
展叶盛期	4 月中旬	$I = 0.2I_w + 0.2I_{tg} + 0.4I_{td} + 0.1I_f + 0.1I_u$	阴雨、霜冻
花序出现	4 月下旬	$I = 0.2I_w + 0.2I_{tg} + 0.4I_{td} + 0.1I_f + 0.1I_u$	低温、阴雨、霜冻
开花始期	5 月上旬—5 月中旬	$I = 0.2I_w + 0.2I_{tg} + 0.4I_{td} + 0.1I_f + 0.1I_u$	低温阴雨或晴朗高温、大风
开花盛期	5 月下旬—6 月上旬	$I = 0.1I_w + 0.2I_{tg} + 0.4I_{td} + 0.1I_f + 0.1I_u$	低温阴雨或晴朗高温、大风
开花末期	6 月中旬—6 月下旬	$I = 0.1I_w + 0.2I_{tg} + 0.4I_{td} + 0.1I_f + 0.2I_u$	低温阴雨或晴朗高温、大风
硬核期	7 月上旬—8 月上旬	$I = 0.3I_{tg} + 0.3I_{td} + 0.2I_f + 0.1I_u$	暴雨、干旱
白熟期	8 月中旬—9 月上旬	$I = 0.2I_w + 0.2I_{tg} + 0.3I_{td} + 0.2I_f + 0.1I_u$	暴雨、干旱
脆熟期	9 月中旬—9 月下旬	$I = 0.2I_w + 0.2I_{tg} + 0.3I_{td} + 0.2I_f + 0.1I_u$	阴天、雨、大风
完熟期	10 月上旬—10 月中旬	$I = 0.2I_w + 0.1I_{tg} + 0.2I_{td} + 0.3I_f + 0.2I_u$	阴天、雨、大风
叶变色始期	10 月下旬	$I = 0.2I_w + 0.1I_{tg} + 0.2I_{td} + 0.4I_f + 0.1I_u$	阴天、雨
叶变色末期	11 月上旬	$I = 0.2I_w + 0.1I_{tg} + 0.2I_{td} + 0.4I_f + 0.1I_u$	阴天、雨
落叶始期	11 月中旬	$I = 0.3I_w + 0.1I_{tg} + 0.2I_{td} + 0.2I_f + 0.2I_u$	霜冻
落叶末期	11 月下旬	$I = 0.6I_w + 0.1I_{tg} + 0.2I_{td} + 0.1I_u$	无
冬眠期 ＊	12 月上旬—2 月下旬	$I = 0.4I_w + 0.1I_{tg} + 0.3I_{td} + 0.1I_f + 0.1I_u$	越冬低温冻害

　　＊:I 表示红枣生育期气候适宜性预报值,$I>0.7$ 时预测为适宜,$I<0.3$ 时预测为不适宜,其余预测为较适宜;I_w 表示天气状况,I_{tg} 表示最高温度,I_{td} 表示最低温度,I_f 表示风速,I_u 表示相对湿度,该 5 项因子取值方法均为,适宜取 1,不适宜取 0,较适宜取值 0.5。

7.1.3　红枣气象灾害预警业务

在对黄土高原丘陵区红枣主要气象灾害临界指标研究的基础上,尝试进行了红枣气象灾害预警业务,预警的灾害种类主要有红枣花期低温阴雨、花期高温热害、幼果期干旱、脆熟—采收期连阴雨灾害 4 种。红枣各主要气象灾害的预警等级分 3 级,预警临界指标及预警等级划分见下表(表7.5,表7.6)。

黄土高原丘陵区红枣花期高温干旱灾害和花期低温阴雨灾害的预警,主要基于长期和中期降水量预报、平均气温预报分 3 级进行预警。降水量和平均气温因子均达到预警指标范围,才能认为有可能发生灾害并进行相应等级的灾害预警;如果两项预报因子所达到的预警等级不一致,以其中达到较低预警等级的因子所处预警等级为准进行预警。幼果期干旱灾害主要基于长期和中期降水量预报分 3 级进行预警。脆熟—采收期连阴雨灾害主要基于长期和中期降水量及降水过程持续天数分 3 级进行预警,须满足降水量因子达到预警指标范围,并且结合未来天气形势分析中降水过程持续的天数,进行相应等级的预警;如果降水量预警等级和降水过程持续天数预警等级不一致,以其中达到较低预警等级的因子所处预警等级为准进行预警。

表 7.5　红枣花期高温干旱和低温阴雨灾害预警指标及等级

灾害种类	预警时段	预警气象因子		预警等级	可能致灾特征
		降水量(mm)	平均气温(℃)		
花期高温干旱	5月下—6月下	35~45	26~28	1级	花器水分不足,影响授粉
		30~35	28~30	2级	花粉活力降低,焦花、落花严重
		<30	>30	3级	枣花大量干枯脱落,枣叶发黄
花期低温阴雨	5月下—6月下	60~70	20~22	1级	花器持水量过大,坐果率偏低
		70~75	18~20	2级	授粉受精不良,落花严重,坐果率偏低
		>75	<18	3级	部分枣花霉烂脱落,坐果率显著偏低

表 7.6　红枣幼果期干旱和脆熟—采收期连阴雨灾害预警指标及等级

灾害种类	预警时段	预警气象因子		预警等级	可能致灾特征
		降水量(mm)	降水持续天数(d)		
幼果期干旱	7月—9月上旬	>300	—	1级	幼果发育不良,影响果个生长
		200~300	—	2级	果个停长、缩果、落果明显,枣叶变黄
		<200	—	3级	幼果萎焉、落果严重,枣树落叶
脆熟—采收期连阴雨	9月中—10月上旬	45~65	3~5	1级	裂果率达30%,大部分果面裂纹细小而短,降水结束后在阳光照射下,枣果裂纹变干,停止霉烂,可保持产量,但品质降低
		65~80	6~8	2级	裂果率达50%,部分枣面裂纹不止一条,枣果越接近成熟裂纹越深越多,失去商品价值,减产30%~50%
		>80	≥9	3级	裂果率达80%以上,绝大部分枣果裂纹附近果胶已经遭到细菌破坏,开始霉烂变质,减产80%以上

红枣4种主要气象灾害预警结果将以日常业务服务产品、专项气象服务产品等形式面向果农、政府及相关生产管理部门发布,发布的途径有直接报送给政府及相关部门,或通过电视、广播、气象大喇叭、新闻媒体、移动终端短信等面向广大果农发布,另外会通过"陕西农业气象QQ服务群"、陕西省经济作物气象服务台官方微信等形式向群内的和关注微信的果农、技术人员发布。

7.2　红枣主要病虫害气象服务技术研究与应用

7.2.1　影响红枣生产的主要病虫害概述

红枣在黄土高原丘陵地带栽植历史悠久,病虫害种类多、危害重,且在不同的历史时期,受气候条件影响,主要发生的病虫害种类有所不同。近年来,黄土高原丘陵区红枣除了受花期低温阴雨、脆熟—采收期连阴雨等气象灾害危害的频率有所增加,危害程度有所增强外,所遭受的病虫害危害种类与20世纪相比较也有很大变化。

据实地调查及查阅相关文献,近年来,危害黄土高原丘陵区红枣的主要病害有:枣锈病、缩果病、裂果病、斑点病、枣疯病、炭疽病等,其中枣锈病、枣疯病危害频繁且严重。近年来,危害黄土高原丘陵区红枣的主要虫害有:桃小食心虫、枣尺蠖、枣飞象、枣黏虫、绿盲蝽、枣瘿蚊等,其中桃小食心虫、枣黏虫及绿盲蝽危害频繁且严重。通过对山西临县和陕西佳县 13 位基层枣业技术人员的调查和访问,整理出该两个枣业基地县枣树病害和虫害的主要暴发灾害种类及其严重年份的减产百分率(表 7.7)。

表 7.7　临县和佳县红枣病虫害及其灾损情况调查表

县名	灾害类别	灾害名称/严重年份产量损失百分率						备注
临县	病害	枣锈病/50%	枣疯病/30%～50%	炭疽病/不严重	斑点病/不严重			统计结果来自 6 位专家
	虫害	绿盲蝽/80%～100%	桃小食心虫/50%～90%	枣黏虫/30%～50%	枣飞象/30%～40%	枣尺蠖/20%～40%	红蜘蛛/<30%	
佳县	病害	枣锈病/60%～70%	枣缩果病/50%～60%	枣疯病/个别发生	炭疽病/不明显	斑点病/不明显		统计结果来自 7 位专家
	虫害	桃小食心虫/60%～75%	枣黏虫/40%～75%	绿盲蝽/40%～70%	枣尺蠖/20%～70%	枣飞象/30%～65%	红蜘蛛/<40%	

由上表可见,黄土高原丘陵区红枣最严重的病害是枣锈病,虫害是桃小食心虫;在空间分布上,黄河沿岸以东枣区以枣锈病、枣疯病为主要发生病害种类,炭疽病、斑点病偶有发生,危害较轻;黄河沿岸以西枣区以枣锈病、枣缩果病为主要发生病害种类,枣疯病、炭疽病、斑点病偶有发生,危害轻。枣树虫害的空间分布特征:黄河沿岸以东绿盲蝽、桃小食心虫危害最重,枣黏虫、枣飞象次之,枣尺蠖、红蜘蛛再次之;黄河沿岸以西桃小食心虫、枣黏虫、绿盲蝽危害均较大,枣尺蠖、枣飞象次之,红蜘蛛再次之。

7.2.2　气象条件对红枣 5 种主要病虫害发生的影响

红枣病虫害的发生、发展、流行与气候条件有着非常密切的关系。陈焕武等(2002,2009,2010)自 1997 年至 2006 年对榆林地区红枣的几种主要病虫害的发生、危害与气象因子的关系,进行了持续的跟踪调查和分析研究,初步建立了几种主要病虫害暴发、流行的气温、积温、降水、地温、日照等气象因子指标。陈焕武等人的研究成果指出,影响枣锈病的发生与流行的关键因素是 7—8 月的降水天气。刘长海等(2002,2004)自 1996 年至 2004 年,对陕北枣产区病害进行了调查和鉴定,调查结果显示,陕北 6 月下旬至 7 月上旬多雨高湿时,枣锈病夏孢子开始发芽,侵入叶片,一般陕北 7 月、8 月降雨量多,则枣锈病大流行;7 月上旬至 9 月上旬若高温高湿则有利于枣煤污病发生。

7.2.2.1　气象条件对枣锈病发生的影响

枣锈病是一种侵染枣树叶片的病害,一般发生在果实膨大期。据陈焕武等(2009)的调查研究,陕西榆林地区一般年份病株率 30%～60%,病叶率 10%～30%,严重年份病叶率达 70% 以上。病害常造成枣树早期落叶、落果,致使果实不能正常成熟,产量减少,品质低劣;并且由于落叶早,导致翌年枣树树势差,抗逆性低。

据调查,枣锈病病原菌主要以夏孢子堆在落叶上越冬,翌年初夏借风雨传播到新生叶片导致新生叶片受病菌侵染。一般侵染后潜育期为 7～15 d,如果气象条件适宜,从病症出现到开始落叶相隔 20 d 左右,从开始落叶到大量落叶间隔 7～12 d 左右,枣锈病从发病到落叶需 30 d 左右,造成全树落叶需 60 d 左右。

陕北榆林枣区,枣锈病最早 6 月中旬发病,发病的气象条件为:连阴雨日数≥5 d,降水量≥30.0 mm,日平均相对湿度≥70%,日平均气温达 25.0℃。但历年来多集中在 7、8 月发病,若连续阴雨 3～5 d,降水量 30.0 mm 以上,日平均相对湿度≥70%,日平均气温达 25.0℃,发病率为轻度;若连续阴雨 6～9 d,降水量 50.0 mm 以上,日平均相对湿度≥70%,日平均气温达 25.0℃,发病率为中度;若连续阴雨 10 d 以上,过程总降雨量 100.0 mm 以上,日平均气温 25.0℃ 以上,相对湿度≥70% 时,发病率为重度。病害最晚出现在 8 月下旬到 9 月初,造成的危害较严重。总之,连阴雨出现越早、雨量越多,发病越严重;相反,干旱少雨年份病害发生程度轻,甚至无病。

7.2.2.2　气象条件对枣桃小食心虫发生的影响

桃小食心虫又名桃蛀果蛾、枣蛆、钻心虫,主要危害果实。幼虫蛀入枣果后,在果实内绕枣核窜食,虫粪留在枣果内,呈"豆沙馅"而使得枣果不能食用,早期虫害果容易脱落,虫果成熟早。枣桃小食心虫 1991 年、1992 年、1994 年及 1996 年在陕西府谷、神木、清涧、佳县等严重成灾,尤其在 1996 年虫果率平均 30%,最高时能达到 70%。

据调查,桃小食心虫的冬茧大部分分布在距树干 0.3～1.0 m 范围的 4～8 cm 深的土层中。陕北枣区桃小食心虫一般每年发生 2 代,发生时间、危害程度和出现时段与降水量、降水时期有着密切关系。一般第 1 代桃小食心虫蛹出现在 5 月下旬—6 月上旬,当日平均气温达 20.0℃,日总降水量≥8.0 mm 时的第 10 d 后成虫出现,降水量越大,成虫出现越集中,降水次数越多,出现的成虫也就越多,危害越大。第 2 代在 7 月中旬—8 月上旬之间出现,日总降水量达 10.0 mm,降水过程的降水量越大,其后出现的成虫越多,越集中,危害越大。

郝文乾等(2014)对枣园桃小食心虫的诱捕量与气温和湿度的关系进行了试验研究,研究结果表明:桃小食心虫在晋中地区枣园一年发生 2 代;桃小食心虫种群数量分别与温度和湿度进行最优曲线回归模型拟合,其种群数量与温度呈等比级数和指数相关,达显著水平;与湿度的最优曲线拟合为 S 形曲线和对数曲线,达极显著水平。

据文献,陕西佳县、神木、清涧等县在 1991 年、1992 年、1994 年、1996 年枣桃小食心虫害暴发流行,下表挑选出该 3 个县暴发桃小食心虫害的 4 个年份 6 月份的降水量与平均空气相对湿度与 1971—2000 年 30 年平均 6 月份降水量和平均空气相对湿度进行对比。由表中可看出,在枣桃小食心虫暴发年份,其 6 月份的降水量和空气相对湿度基本都比 30 年平均值偏多(表 7.8),其中 1996 年枣桃小食心虫暴发最为严重,表中显示 1996 年 3 个枣业县 6 月份降水量和空气相对湿度也最大。

表 7.8　桃小食心虫害年份 6 月份降水量(0.1 mm)和空气相对湿度(%)

年份	1991 年		1992 年		1994 年		1996 年		1971—2000 年	
气候因素	湿度	降水量	湿度	降水量	湿度	降水量	湿度	降水量	湿度	降水量
佳县	56	681	50	403	57	787	58	803	46.7	527.5
清涧	63	533	56	525	55	715	67	671	52.8	566.3
神木	56	501	54	506	52	528	52	573	49.9	475.4

7.2.2.3　气象条件对枣尺蠖发生的影响

枣尺蠖在黄土丘陵枣区每年发生 1 代,其发生时间、危害程度与气候条件关系密切。春季当日平均气温上升到 8~11℃ 时枣尺蠖开始羽化,羽化期最早出现在 3 月中旬,最晚出现在 5 月上旬。成虫高峰期大多发生在羽化后 10 d 左右。一般无风的晴好天气有利于羽化。

7.2.2.4　气象条件对枣黏虫发生的影响

枣黏虫在北方枣区每年发生 3 代。3 月中、下旬前后,当日平均气温稳定通过 5℃ 时,第 1 代成虫开始大量羽化,大约在 5 月上旬第 1 代羽化结束,第 1 代成虫发生盛期大约在 6 月中旬,当气温升高到 10~15℃ 时,开始危害枣树。第 2 代成虫发生盛期在 7 月下旬至 8 月上旬。当日平均气温≥25℃ 时,成虫停止羽化。第 3 代幼虫于 9 月上旬至 10 月中旬老熟,陆续爬至树皮裂缝中作茧化蛹越冬。

7.2.2.5　气象条件对枣飞象发生的影响

枣飞象每年发生一代,幼虫在地下 25~35 cm 处越冬。翌年春天当气温上升并稳定在 8~10℃ 时,幼虫活动至距地面 3 cm 处做土室化蛹,当气温升至 12~15℃ 时,成虫开始危害,成虫寿命在 30~45 d 内。5 月份以前,成虫多在晴暖无风的中午前后活动;5 月份以后气温升高,成虫则喜欢在早晚活动危害。5 月上旬至 6 月中旬幼虫孵化,孵化后的幼虫沿树干下行,潜入土中,取食植物幼根,9 月以后入土 30 cm 左右越冬。

7.2.3　红枣主要病虫害的气候预测模型及应用方法

根据上一节所述气候条件对红枣主要病虫害的影响机理,可知临界气温、湿度、降水等气候因子是决定红枣主要病虫害是否能够暴发、流行的不可忽略的重要因素。基于此,首先我们可基本确定各主要病虫害的重点关注时段及在该时段内须重点关注的诱导病虫害发生的关键气候因子;其次,针对某种病虫害,可结合其暴发、流行的气候临界指标,并综合考虑短期和中期天气预报,初步建立该病害或虫害的气候预测方法和模型。

通过对多种文献资料的查阅和总结,初步掌握了黄土高原丘陵区红枣枣锈病、桃小食心虫等 5 种病虫害暴发流行的主要时段,关键气象因子及其对灾害危害程度的影响等(表 7.9)。

表 7.9　黄土高原丘陵区红枣 5 种主要病虫害发生时段及关键气象因子

灾害种类	主要危害时段	温度影响	降水影响	湿度影响	备注
枣锈病	6 月中旬—8 月下旬	22~25℃ 有利 25~30℃ 适宜 30~35℃ 有利	3~5 天连阴雨即可诱发	≥70% 有利 60%~70% 一般 ≤60% 不利	连阴雨是发病的关键影响因素
桃小食心虫	5 月下旬—9 月上旬	17~19℃ 有利 19~27℃ 适宜 27~30℃ 有利	8~10 mm 有效降水即可诱发	≥75% 有利 70%~75% 一般 ≤70% 不利	地表达到一定湿度有利于幼虫出土
枣尺蠖	3 月下旬—5 月上旬	8~11℃ 开始羽化,10~15℃ 进入羽化盛期	无降水无风的晴好天气有利于羽化		3 月下旬—5 月上旬为羽化时间
枣黏虫	10~15℃ 第一代幼虫出现,15~20℃ 第二代幼虫出现,<20℃ 时第三代幼虫出现				
枣飞象	10℃ 开始危害,12~15℃ 成虫危害盛期,干旱少雨气候有利				

7.2.3.1　枣锈病的气候预测模型和应用方法

枣锈病的暴发、流行时段,从最早到最晚约在 6 月中旬至 8 月底,其暴发、流行的关键气象因子有连续降水日数、时段降水量、日平均气温、日平均空气相对湿度。据此,在枣锈病可能发病的时段,可建立一个满足该 4 项枣锈病发病要求的气象因子连续求积的数学式,来表达有利于枣锈病发病的气象条件的满足程度。公式如下:

$$F = \frac{\sum R_d}{82} \times R \times \frac{\sum T_a}{82} \times \frac{\sum H_a}{82}$$

其中:F 为枣锈病发病程度指数,其值越大,发病程度越重;

R_d 为 6 月中旬至 8 月下旬连阴雨日数,$R_d \geqslant 3$,如果 $R_d < 3$,则 $R_d = 0$;

R 为 6 月中旬至 8 月下旬连阴雨过程的降雨量,$R \geqslant 1$;

T_a 为 6 月中旬至 8 月下旬日平均气温 $\geqslant 25℃$ 日数,$T_a \geqslant 1$;

H_a 为 6 月中旬至 8 月下旬日平均相对湿度 $\geqslant 70\%$ 的日数,$H_a \geqslant 1$;

常数 82 为 6 月中旬—8 月下旬的总天数。

使用 F 指数预报枣锈病的方法:每年从 6 月中旬开始,关注是否有连阴雨、连阴雨天数和降雨量,日平均气温 $\geqslant 25℃$ 日数和日平均相对湿度 $\geqslant 70\%$ 日数共 4 项因子,若均满足条件则在连阴雨过程结束后(如果连阴雨过程较长,也可提前进行 F 指数计算)进行 F 指数计算,并结合后期天气形式发布未来枣锈病发病等级预测信息。若一次预报后相隔不足 15 天,再次出现或又多次出现满足枣锈病暴发、流行的连阴雨天气过程,则 F 指数的计算应将多个过程的 F 分过程指数进行求和累加来进行新的枣锈病暴发等级预测。

根据榆林地区枣锈病历年发病的其他条件及对应的发病程度,我们界定当 $0 \leqslant F < 3$ 时,枣锈病轻度发生;当 $3 \leqslant F < 8$ 时,枣锈病中度发生;当 $F \geqslant 8$ 时枣锈病重度发生。

以佳县为例,对佳县 1981—2014 年共计 34 年的枣锈病发病指数进行计算:轻度发生年份 14 年,占 41.2%;中度发生年份 13 年,占 38.2%;重度发生年份 7 年,占 20.6%;如 2012 年佳县枣锈病重度发生,指标计算值达 11.1,与实际发生情况完全相符。整体上指标计算的枣锈病不同等级发病频次与调查结果基本相符,但因缺乏更多的枣锈病发病年份及其对应的发病程度等详细信息,因而该指数的应用还需要在以后工作中进一步验证,并进行修订或订正。

7.2.3.2　枣桃小食心虫的气候预测模型和应用方法

枣树桃小食心虫第一代发生时段主要在每年 5 月中下旬至 6 月下旬,暴发和流行的关键气象因素是 $\geqslant 8$ mm 的有效降水和空气相对湿度;其中一定量的有效降水使得枣园地表湿润,有利于桃小食心虫出土,较高的湿度有利于桃小食心虫的持续出土和存活。基于此,建立适用于枣园第一代桃小食心虫的气候预测模式。公式如下:

$$F = \sum R \times \sum \frac{H}{\overline{H}} \qquad (\sum R \geqslant 8)$$

式中:F 为枣桃小食心虫发生指数,其值越大,暴发趋势越大或发生越严重。R 为 5 月中旬至 6 月下旬 $\geqslant 8$ mm 的日降水量;H 为 5 月中旬至 6 月下旬的日平均空气相对湿度;$\overline{H}$ 为 5 月中旬至 6 月下旬的日平均空气相对湿度的 30 年平均值。F 与 R 和 H 均成正比。

使用 F 指数预测枣桃小食心虫的方法:每年从 5 月中旬开始关注枣园桃小食心虫的暴发流行气候条件,当出现日降水量 $\geqslant 8$ mm 的有效降水时,计算 F 指数。根据已经发生的枣桃小食心虫灾害年份的气候状况,界定当 $0 \leqslant F < 50$ 时,枣锈病轻度发生;当 $50 \leqslant F < 100$ 时,枣锈病中度发生;当 $F \geqslant 100$ 时枣锈病重度发生。

以佳县为例,对佳县 1981—2014 年共 34 年的枣桃小食心虫发病指数进行计算:轻度发生年份 17 年,占 50%;中度发生年份 9 年,占 26.5%;重度发生年份 8 年,占 23.5%。指标计算的枣桃小食心虫不同等级发病频次及等级与调查结果基本相符,如指标显示 1991 年(F 值:105.8)枣桃小食心虫属于重度发生年份,1994 年(F 值:71.6)和 1996 年(F 值:95.6)枣桃小食心虫属于中度发生年份,1992 年(F 值:43.0)属于轻度偏重发生年份,均与实际情况基本相符。

7.3　红枣控墒防裂适用技术研究开发和推广

7.3.1　红枣控墒防裂适用技术设计思路

陕北黄土高原属干旱半干旱区,土壤贫瘠,水资源匮乏,易发生季节性干旱且土壤有机质较少,是制约红枣产量和品质提升的主要因素。近年来,该地区红枣成熟期连阴雨天气时有发生,导致红枣裂果现象呈上升趋势,严重影响红枣的产量和品质,甚至造成大量减产或绝收,制约着当地红枣产业的健康发展。因此,研究红枣裂果成因,找到解决红枣裂果及枣园保墒、改善土壤理化性质的技术措施,对红枣产业的发展具有十分重要的意义。

相关文献表明红枣裂果原因可分为内因和外因两大方面。内因方面,红枣裂果主要与枣树的品种抗性、树龄、树势强弱、树体营养状况及果实成熟度等关系密切。外因方面,影响裂果的主要因素有:(1)阴雨天气发生时间与成熟期的吻合度,如果在白熟期和脆熟期,遭遇连阴雨天气,裂果将严重发生。(2)降雨持续时间,在成熟期一般连续阴雨 3 天就会发生裂果,时间越长发生越重。(3)降雨量及土壤湿度,根系大量吸水传送至果实易造成大量裂果。(4)果面积水及空气湿度,果面直接与水分接触,枣果大量吸水造成裂果烂果。(5)果面外伤,病虫害及高温日灼等,造成未愈合的伤口易引发裂果。

总体来说,树体营养不足、抗逆性差,成熟期阴雨过多持续时间长、土壤水分和空气湿度过大,是造成裂果的主要原因。对此,项目组在综合分析黄土高原红枣种植区土壤状况、气候特点、树体营养等基础上,通过枣园套种、保肥翻耕肥田,适时覆膜调水控墒,调节根系吸水,不仅能从内因和外因两方面减轻红枣裂果,而且可有效改善黄土高原土壤有机质含量,增强树势,从而提升枣树产量和枣果品质。因而,该项技术是黄土高原丘陵区红枣适应气候变化影响,有效减轻气象灾害,同时又简便易行的一项农业气象适用技术。

具体技术措施如下。从 7 月下旬开始套种林下作物,即油菜、黄豆等绿肥,此时该区域的气候特点是气温高、降水多,套种可以起到一定的覆盖降温保墒作用,且处于苗期的套种作物与枣树根系深层的“争水”作用不明显;还可以通过套种,充分挖掘该阶段光热水资源潜力,将其转化为生物能量,后期直接翻入土中沤肥,用来改善土壤有机质和肥力,增强树势提升红枣产量和品质。8 月下旬后,红枣硬核期至采收期,需要较低的土壤水分和空气湿度,然而此期间陕北黄土高原红枣种植区处于雨季多连阴雨天气,极易导致红枣裂果现象发生。该时期通过枣林覆膜处理,可以调节土壤水分,将大量的降水排入油菜、黄豆等绿肥区域,阻止大量水分渗入枣树根系,缓解和减少成熟期因连阴雨过多,土壤湿度过大对枣树裂果的危害;同时前期套种的绿肥作物已长大,生长旺盛,可进一步消耗过多的水分,降低枣区土壤水分含量,起到减少裂果的作用。

7.3.1.1　试验设计方案

（1）试验区概况

试验区设在佳县通镇向阳湾村（38°07.762′N，110°25.082′E，海拔 1023 m），该区域属半干旱大陆性季风气候，四季分明，昼夜温差大，光照充足，适宜枣树生长。佳县年平均气温 10.3℃，极端最高气温 42.1℃，极端最低气温－24.4℃，年降水量 400.2 mm，降雨主要集中在 7～9 月，最大年降水量 581.7 mm，最小年降水量 245.5 mm。试验区选取地势平坦、田间管理较好、具有一定代表性的地块，树龄在 20～30 年，株行距 3 m×4 m，选择长势良好的结果树，品种为木枣（图 7.1）。

图 7.1　红枣控墒防裂实验区照片

（2）试验设计

本试验设计 3 个处理区和 1 个对照区，防裂处理包括：覆膜，覆膜＋油菜和覆膜＋黄豆，每个处理至少 5 棵枣树。试验中油菜和大豆的种植时间为 7 月 10 日前后，采取撒播方式，种植宽度为 2 m，密度 300～400 克/亩。按照图示试验田块布局分别种植油菜和黄豆。试验中覆膜时间为 8 月 28 日，测完土壤墒情后，选用聚乙烯无色透明塑料膜，膜宽 80～100 cm（塑料膜厚度一般要求达到 0.015～0.02 mm）；在树干两侧进行覆膜处理，纵向通铺，内高外低、覆膜平展、约 10°倾角，以起到调水控墒及改善土壤环境的作用。试验布局示意图如下（图 7.2）。

7.3.1.2　试验测定内容和方法

（1）土壤水分测定

采用烘干称重法测定。油菜和大豆种植区（行②⑤）播种前 7 月 8 日测定土壤水分，播种后测定周期为 10 天，逢 8 取土，测定土层深度分 10 cm、20 cm、50 cm 共 3 个层次，每个处理每次测 2 个点，共取 12 盒土。对照区（行①）测定时间与处理区相同，每次取 2 个点 6 盒土。覆膜区（行③⑥⑧）覆膜前 8 月 28 日测定土壤水分，覆膜后每 10 天测一次，逢 8 取土，测定土层深度为 10 cm、20 cm、50 cm。每个处理每次测定两个点，共取 18 盒土。从 8 月 28 日开始，6 个处理区即对照区、覆膜＋油菜 2 个区、覆膜＋黄豆 2 个区、覆膜区，每次各测 2 个点，每个点测定 10 cm、20 cm、50 cm 共 3 个土层，取 36 盒土。每次取土后按规定测定土壤水分。

（2）空气温湿度测定

采用便携式空气温湿度测量仪进行观测。从覆膜后 9 月 8 日开始至红枣收获，分别观测

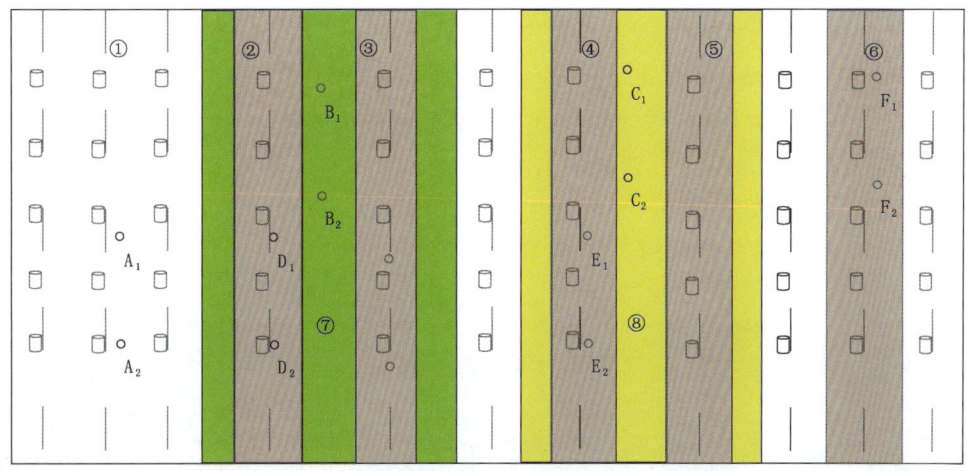

图 7.2　红枣控墒防裂试验布局示意图

（注：行①对照区，行②③④⑤⑥覆膜区，行⑦油菜区，行⑧黄豆区）

对照区、覆膜＋油菜区、覆膜＋黄豆区、覆膜区 4 个种植区定株枣树下 1.5 m 处的空气温度、湿度，每个种植区测 2 个点。

（3）红枣生长量测定

叶片：从 7 月 28 日开始进行观测，每 10 天观测一次，与土壤水分测定时间一致。6 个处理各选 2 棵树，共 12 棵树，定期定株测量。在每棵树东、西、南、北 4 个方向各取 25 片叶子，测量每片叶子的横径、纵径和干鲜重。果实：从 7 月 28 日开始进行观测，每 10 天观测一次，与土壤水分测定时间一致。6 个处理各选 2 棵树，共 12 棵树，定期定株测量。在每棵树东西南北各方向各取 10 个果实，测量每个果实的横径、纵径和重量。同时对枣树进行拍照图片记录，进行近景、中景、近景拍照。

（4）油菜、大豆生物量测定

观测时间为覆膜时、刈割/翻压前，在油菜、大豆种植区各选择两个点，每个点取 1.0 m² 内的生物量，包括地上部分的全部枝叶和地下主要根系，测定干鲜重。同时进行拍照图像观测。

（5）红枣裂果率测定

从 9 月中旬红枣果实完熟期开始，在定株枣树上固定 3 个枝条。于连阴雨前观测一次枣果数，连阴雨过程结束后，每 5 天调查、统计一次裂果率。裂果率＝（裂果个数/总果数）×100％。落果情况调查：与裂果率观测同时进行，在裂果率观测果树树干周围 1.0 m² 内，观测落果数。

7.3.1.3　试验组织实施

黄土高原红枣控墒防裂试验由陕西省经济作物气象服务台主持，并负责试验部署安排、方案设计、试验结果分析及技术推广，佳县气象局负责按照经济台提供的试验方案进行红枣控墒防裂试验观测，并定时向经济台提供观测数据，双方签订了《红枣观测试验合作协议书》。

7.3.2　试验分析与结论

7.3.2.1　2014 年试验分析及结论

2014 年，黄土高原丘陵区红枣控墒防裂试验实施时间为 7 月 28 日—10 月 8 日。油菜、黄豆种植时间为 8 月 8 日，9 月 8 日覆膜，9 月 29 日对不同处理的裂果、落果情况进行调查。土壤水分观测 8 次，获取数据 47 组；枣树叶片生长观测 8 次，获取数据 39 组；枣果生长观测 8 次，获取数据 40 组；照片采样观测 9 次，获取照片 287 张（图 7.3）。

图 7.3　2014 年红枣控墒防裂试验照片一组

（1）气象条件分析

2014 年，佳县红枣生育期气温偏低，日照偏少，降水偏多。萌芽展叶期平均气温 14.8℃略低于适宜指标，对红枣萌芽展叶无明显影响；降水量 59.1 mm，较历年偏多 5 成，对红枣萌芽有利；日照时数 415.9 h 与历年基本持平，总体上气象条件对红枣萌芽展叶有利。开花期平均气温 22.7℃，降水量 50.2 mm，相对湿度 45%，日照时数 345.4 h，满足开花期气温、降水量、相对湿度的要求，对枣树开花授粉有利。幼果期平均气温 19.7℃，未达到适宜温度，对枣果发育不利；降水量 196.9 mm 与历年基本持平；相对湿度 62%，满足幼果期空气湿度要求，对幼果生长有利；日照时数 568 h。脆熟—采收期平均气温 15.8℃；相对湿度 78%；日照时数 142 h；降水量 91.6 mm 较历年偏多近 10 成，超过脆熟—采收期降水量指标，降水量严重偏多，对红枣成熟不利（表 7.10）。

表 7.10　红枣各生育期气温、降水量、相对湿度、日照时数

各生育期	气温（℃）			降水量（mm）			相对湿度（%）		日照时数（h）	
	气温	适宜范围	历年均值	降水量	适宜范围	历年均值	相对湿度	适宜范围	日照时数	历年均值
萌芽展叶期	14.8	15～18	14.8	59.1	—	39	47	—	415.9	407.9
开花期	22.7	22～27	22.9	50.2	<65	62	45	40～80	345.4	358.7
幼果期	19.7	22～25	23.4	196.9	—	197	62	60～70	568	550.3
脆熟—采收期	15.8	20～22	15.4	91.6	<45	46	78	—	142	207.5

　　9月至10月上旬为红枣成熟期，其中9月上中旬为白熟期，中下旬为脆熟期，10月上旬为完熟期。从脆熟期到完熟期，要求降水次数少且降水量小于45 mm、空气相对湿度小于60%，少雨多晴天气有利于红枣成熟；当相对湿度大于80%时，会明显增加红枣裂果率。2014年9月上旬—10月上旬，佳县降水量98.3 mm，降雨日数15 d。其中，9月中旬—10月上旬红枣脆熟—采收期，降水量91.6 mm，降雨日数12 d，相对湿度超过60%的有29天，超过80%的达12 d；9月11—17日出现了持续7天的连阴雨天气，降水量64.5 mm。近17年统计资料显示，佳县9月中旬到10月上旬17年中有8年出现4 d或以上连阴雨天气，其中最严重的是2007年，阴雨持续时间和降水量均最多，2014年阴雨持续时间排名第3，仅次于2007年和2001年的15 d和2013年的8 d；降水量排名第6。阴雨持续时间长，降雨日数多，降水量大，相对湿度大，造成2014年佳县红枣裂果严重（图7.4，表7.11）。

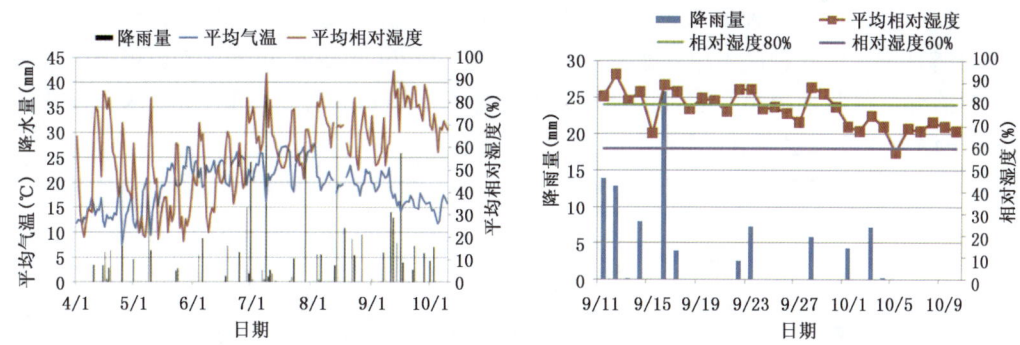

图 7.4　2014年红枣生育期和脆熟—采收期气温（℃）、降雨量（mm）、相对湿度（%）

表 7.11　佳县 1998—2014 年 9 月中旬—10 月上旬阴雨天气比较

年份	降水量（mm）	降雨日数（d）	连阴雨过程	连阴雨日数（d）	降水量（mm）	阴雨起止时间
1998	46.5	8	1	7	41.5	9.14—9.20
1999	67.2	11	1	6	25.2	9.26—10.1
2000	64.7	10	0	0	0	—
2001	78.1	15	1	15	66.9	9.15—9.29
2002	17.4	7	0	0	0	—
2003	63.2	12	1	6	45.8	9.25—9.30
2004	16.9	7	0	0	0	—

续表

年份	降水量 （mm）	降雨 日数(d)	连阴雨 过程	连阴雨日数 (d)	降水量 （mm）	阴雨起止 时间
2005	43.3	8	0	0	0	—
2006	44.8	6	0	0	0	—
2007	205.1	16	1	15	188.8	9.26—10.10
2008	88.1	9	1	7	85.2	9.21—9.27
2009	35	6	0	0	0	—
2010	93.5	6	1	4	79.5	9.18—9.21
2011	41.7	10	0	0	0	—
2012	41.4	7	0	0	0	—
2013	85.7	11	1	8	83.3	9.16—9.23
2014	91.6	12	1	7	64.5	9.11—9.17

（2）土壤水分含量变化分析

2014 年红枣生育期,不同处理的浅层土壤水分变化趋势总体相似,浅层较深层变化明显,0～50 cm 平均土壤水分变化动态与浅层较为相似。9 月 8 日,各处理不同土层土壤含水率最低,9 月 18 日浅层土壤含水率最高,这主要与降水以及枣树需水量有关。浅层 10 cm、20 cm覆膜前(7 月 28—8 月 28 日)套种区土壤含水率略高于对照组,说明套种一定程度上起到了保墒作用。覆膜后(9 月 18 日—9 月 28 日)覆膜＋套种区土壤含水率低于对照区和套种区。10 cm 土壤含水率覆膜＋套种区较对照和套种区分别降低 45％、42％;20 cm 土层分别降低55％、54％;且覆膜＋套种区土壤含水率变化幅度相对较小,土壤水分含量比较稳定。试验证实在红枣脆熟—采收期覆膜＋套种的处理方式能降低土壤水分含量,同时土壤水分变化较稳定,浅层土壤表现较深层明显(图 7.5)。

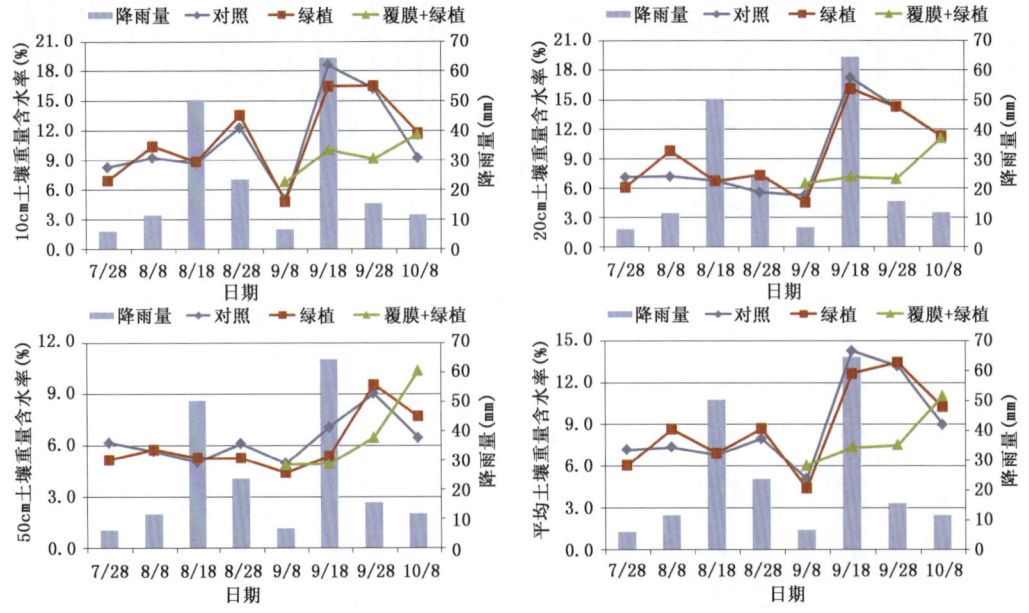

图 7.5　不同处理、不同土层深度土壤重量含水率(横轴为月/日)

（3）枣树生态指标影响分析

枣果快速膨大期为 7 月 28—8 月 28 日,各处理横径比纵径增大明显,之后枣果增大缓慢;9 月 28 日枣果横纵径达到整个生长期最大值,这主要是由于光、温、水条件均适宜,对枣果膨大较为有利。9 月 28 日以后枣果接近成熟,为合成并积累可溶性糖、有机酸、维生素 C 时期,果个开始逐渐缩小。从图中可以看出,整个观测时段套种区枣果横径和纵径均大于对照区,且横径偏大较为明显,套种油菜比黄豆效果明显。各处理叶片生长情况与果实一致,叶片宽度比叶片长度增大明显,对照区叶片情况好于油菜、黄豆区(图 7.6)。

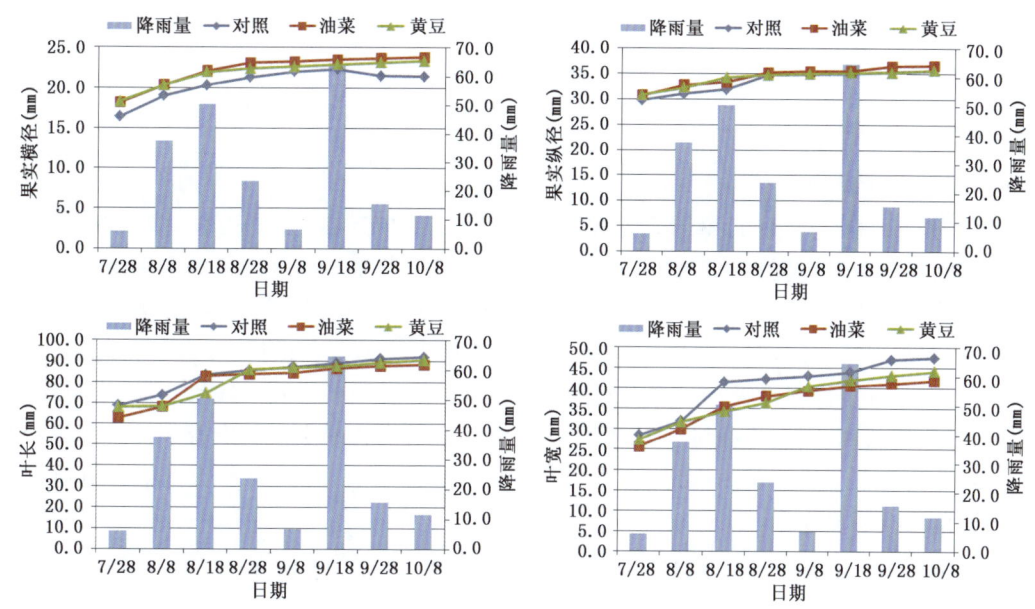

图 7.6　不同处理枣树果实、叶片变化与降水量

（4）防裂效果分析

不同处理红枣裂果率不同。9 月 29 日,红枣裂果情况调查结果显示:覆膜区平均裂果率为 53%,其次是套种区为 59.50%,对照区为 73.50%,覆膜区裂果率比对照区降低 28%,比套种区降低 19%。上述数据充分表明覆膜、套种处理均能够降低红枣裂果率,覆膜处理防裂效果更好。在试验时,同时统计了对照区、套种区、覆膜区每平方米的落果数量,分别为 35 个、24 个和 15 个;覆膜区比对照区落果少 57%,比套种区少 38%。表明覆膜、套种处理均明显降低了红枣落果率,且覆膜处理效果更好(表 7.12)。

表 7.12　2014 年 9 月 29 日佳县红枣裂果率调查表

调查区		调查总果数	好果数	裂果数	裂果率(%)	平均裂果率(%)
对照区	Ax1	50	13	37	74	
	Ax2	50	11	39	78	
	A4 南	50	18	32	64	73.50
	A4 北	50	11	39	78	

续表

调查区		调查总果数	好果数	裂果数	裂果率(%)	平均裂果率(%)
套种区	B4 南	50	9	41	82	
	B4 北	50	18	32	64	59.50
	C3 南	50	27	23	46	
	C3 北	50	27	23	46	
覆膜区	D6 南	50	23	27	54	
	D6 北	50	28	22	44	53
	E5 南	50	25	25	50	
	E5 北	50	18	32	64	

(5)2014 年度试验小结

2014 年度试验结果表明:枣园套种和覆膜两种处理均有效降低了红枣裂果率和落果率,覆膜处理效果更明显。覆膜和套种处理组合应用,能够充分发挥调水控墒的作用,效果也明显优于单一的覆膜或套种。覆膜和套种处理可有效调节土壤水分,8 月底以前土壤水分含量高于对照区,起到保墒作用,对枣果膨大有利;9 月份开始土壤水分含量低于对照区,起到一定的降湿作用,减少红枣因根系吸水过多引起的裂果风险。套种区各观测时段果实横、纵径均大于对照区,叶片的长度、宽度均相对小于对照区,套种处理对枣树果实生长发育有促进作用,而对叶片的影响还有待于进一步的探讨。套种的油菜、黄豆翻压后,对提高枣园土壤有机质含量、改善土壤性质有明显作用。

7.3.2.2　2015 年试验分析及结论

2015 年,黄土高原丘陵区红枣控墒防裂试验实施时间为 7 月 10 日—10 月 8 日,7 月 10 日种植油菜,15 日油菜出苗;7 月 15 日种植红小豆,22 日出苗;8 月 28 日测完土壤墒情后进行覆膜处理;9 月 29 日对不同处理红枣裂果落果情况进行调查。土壤水分观测 9 次,获取数据 50 组;枣树叶片和果实观测 8 次,分别获取数据 40 组;照片采样观测 9 次,获取照片 142 张(图 7.7)。

(1)气象条件分析

2015 年,佳县红枣生育期气温略偏高,降水偏少,日照偏多。萌芽展叶期平均气温 15.0℃,满足温度适宜指标,对红枣萌芽展叶有利;降水量 50.5 mm;日照时数 438 h,气象条件整体对红枣萌芽展叶有利。开花期平均气温 22.9℃,满足适宜指标,对枣树开花授粉有利;降水量 83.6 mm,超过适宜降水量指标,对开花较为不利;相对湿度 73%,在适宜指标范围内,有利于开花授粉;日照时数 324 h。幼果期平均气温 23.6℃,达到适宜温度,对枣果生长有利;降水量 162.2 mm;相对湿度 56%,略低于幼果期空气湿度要求;日照时数 627 h。脆熟—采收期平均气温 14.7℃;降水量 27.3 mm,降雨日数为 7 d;日照时数 229.8 h;相对湿度 61%,其中超过 60% 的天数为 23 d,超过 80% 的天数仅为 3 d。2015 年红枣脆熟—采收期降水次数少,未出现连阴雨天气过程,少雨多晴天,有利于红枣成熟(图 7.8,表 7.13)。

图 7.7 2015 年红枣控墒防裂试验照片一组

表 7.13 红枣各生育期气温、降水量、相对湿度、日照时数

各生育期	气温(℃)			降水量(mm)			相对湿度(%)		日照时数(h)	
	气温	适宜范围	历年均值	降水量	适宜范围	历年均值	相对湿度	适宜范围	日照时数	历年均值
萌芽展叶期	15.0	15~18	14.8	50.5	—	39	39.0	—	437.5	407.9
开花期	22.9	22~27	22.9	83.6	<65	62	73.0	40~80	323.5	358.7
幼果期	23.6	22~25	23.4	162.2	—	197	56.0	60~70	627.3	550.3
脆熟—采收期	14.7	20~22	15.4	27.3	<45	46	61.0	—	229.8	207.5

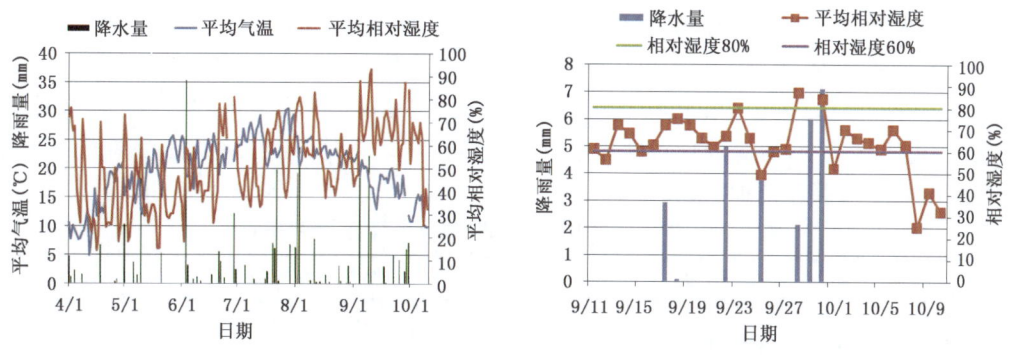

图 7.8 2015 年红枣生育期和脆熟—采收期气温(℃)、降雨量(mm)、相对湿度(%)

（2）土壤水分含量变化分析

2015 年，不同处理方式对 10 cm、20 cm 土壤含水率影响明显，对深层 50 cm 影响较小。

覆膜前(7月28—8月18日)套种区10 cm土层土壤含水率高于对照区,对照区20 cm、50 cm土层高于套种区,可见枣园套种油菜和红小豆可以改善浅层土壤墒情;覆膜后(9月8日—10月8日)覆膜区土壤含水率最低,依次为覆膜+套种区、套种区、对照区。覆膜区10 cm土层土壤含水率比对照区、套种区、覆膜+套种区分别降低67%、66%、29%,覆膜+套种区较对照、套种区分别降低49%、42%;覆膜区20 cm土层较其他区分别降低51%、58%、24%,覆膜+套种区较其他区(除覆膜)分别降低38%、40%。试验证明:覆膜、覆膜+套种处理都能在红枣脆熟—采收期降低土壤水分含量,覆膜处理效果最明显(图7.9)。

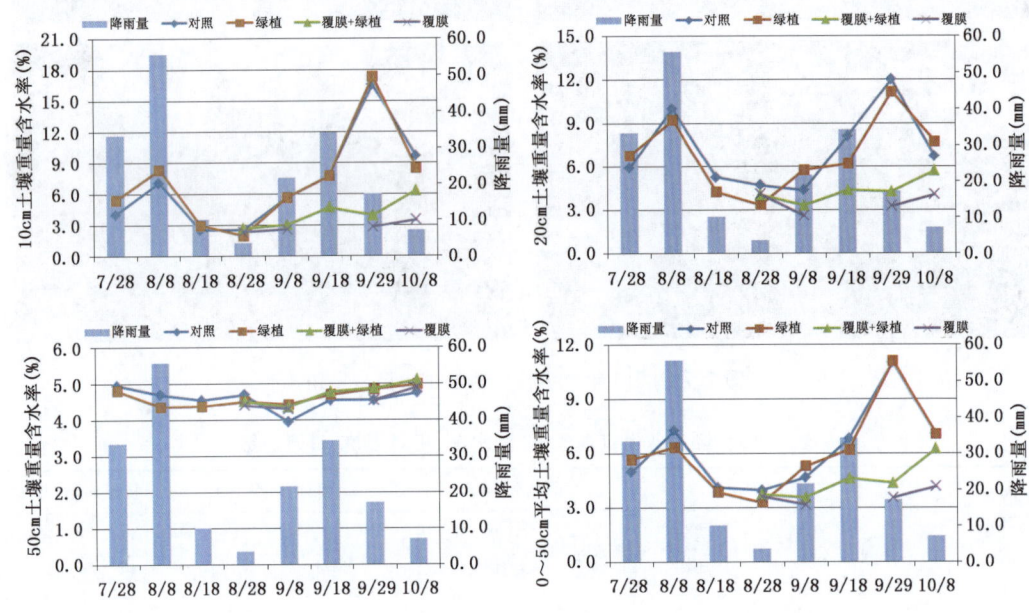

图7.9　不同处理、不同土层深度土壤重量含水率(横轴为日期)

(3)枣树生态指标影响分析

各处理枣果快速膨大期为8月8日—9月18日,之后生长缓慢,横径比纵径增大明显。从图中可以看出,整个观测时段套种区枣果横径均大于对照区。叶片生长情况与果实一致,叶宽比叶长增大明显,各观测时段套种处理的油菜区、红小豆区叶长大于对照区(图7.10)。枣果鲜重观测结果显示,覆膜+套种单果重量最大,依次为覆膜、套种,平均单果重分别比对照多1.1g/个、0.9g/个、0.6g/个,增重率为13%、12%、8%。叶片干重对照区、套种最大,覆膜+套种区次之,覆膜区最小;覆膜处理对叶片干重无明显作用。另外,通过观测发现覆膜处理的枣果着色情况好于对照和套种区(表7.14)。

表7.14　不同处理10月8日红枣单果鲜重、叶片干重

生态指标	对照	油菜/红小豆	覆膜+油菜/红小豆	覆膜
枣果重量(g/个)	7.4	8.0	8.5	8.3
叶片干重(g/片)	0.20	0.20	0.19	0.18

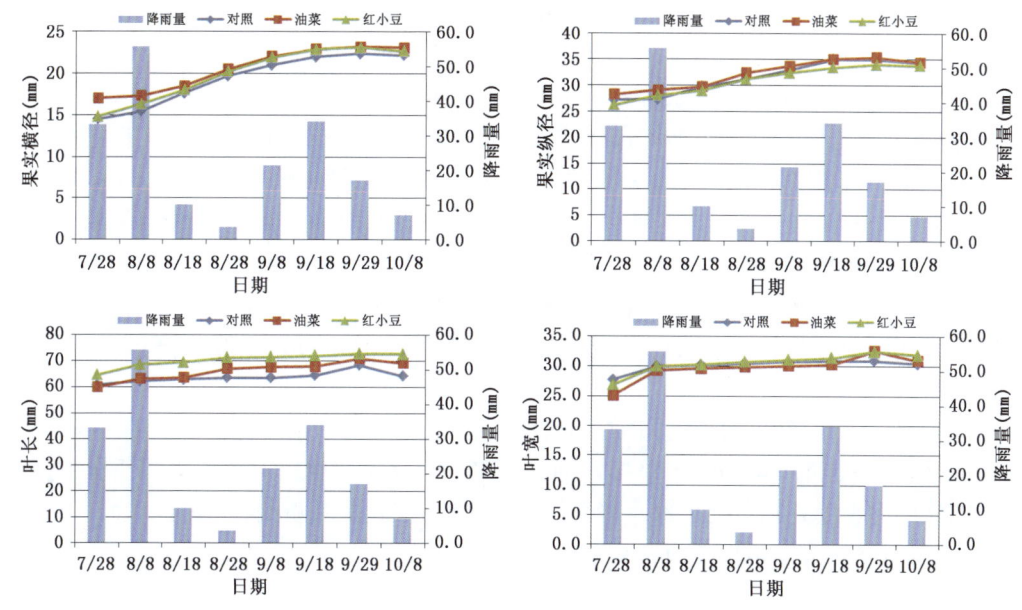

图 7.10　不同处理枣树果实、叶片变化与降水量

（4）防裂效果分析

9 月 29 日对不同处理区裂果情况进行了调查。结果显示：覆膜区裂果率最低，为 4.6%，其次为油菜区 5.6%、红小豆区 6.4%、对照区 9.6%。覆膜区较对照区裂果率少 52%，较油菜、红小豆区分别减少 18%、28%。由此表明，覆膜处理能够显著降低红枣裂果率（表 7.15）。

表 7.15　2015 年 9 月 29 日佳县红枣裂果率调查表

调查区	枣果总数（个）	裂果数（个）	裂果率（%）
对照	73	7	9.6
油菜	89	5	5.6
红小豆	110	7	6.4
覆膜＋油菜	104	23	22.1
覆膜＋红小豆	93	22	23.7
覆膜	109	5	4.6

（5）2015 年度试验小结

2015 年度试验结果表明：红枣脆熟—采收期并未出现连阴雨过程，试验各处理裂果率均较低。覆膜和套种处理能够调节土壤水分，红枣幼果期套种区浅层土壤含水率高于对照区，起到保墒作用。脆熟—采收期覆膜、覆膜＋套种区土壤含水率低于对照，显著降低了土壤含水量，减少根系吸水量，降低红枣裂果风险，覆膜效果更好。同时，覆膜和套种处理还改善了枣树低层的光照条件，增加了单果重、促进了枣果着色，提高了红枣的产量和品质。

7.3.2.3　试验结果

（1）不同处理对土壤水分的影响不同。覆膜前，10 cm 土层套种区土壤水分含量高于对照区，有一定的保墒作用。覆膜后，覆膜、覆膜＋套种可明显降低红枣脆熟—采收期土壤含水率。

覆膜区 10 cm、20 cm 土层较对照区土壤含水量降低 67%、51%；覆膜＋套种区 10 cm、20 cm 土层均较对照区降低 47%，这说明覆膜比覆膜＋套种处理降低土壤水分含量的作用更加明显，且降雨越多 20 cm 土层土壤水分覆膜＋套种区较对照区减少的越多。

（2）红枣裂果与脆熟—采收期降水量有关，降水量越多且出现在白熟期（9月上中旬），裂果越严重。2014 年脆熟—采收期总降水量 91.6 mm，其中白熟期降水量 64.5 mm，裂果率最高达 74.5%，最低为 53%；2015 年降水量为 27.3 mm，白熟期降水量 3.0 mm，裂果率最高仅为 23.7%，最低为 4.6%。

（3）脆熟—采收期前在枣树行间覆膜能够有效降低红枣裂果率。试验结果表明，在降水量较多时覆膜处理较对照裂果率减少了 28%。同时，覆膜处理还可以减少红枣落果，覆膜较对照区落果率减少 57%。

（4）不同处理影响红枣的生态指标。套种处理能够促进红枣果实横、纵径的生长，对叶片影响不明显；覆膜处理可增加红枣单果重，覆膜＋套种、覆膜处理较对照区单果重分别增加了 13%、12%；同时覆膜处理可促进红枣着色，有利于红枣产量和品质的提高。

7.3.3 红枣控墒防裂适用技术操作规程

7.3.3.1 目的和适用范围

（1）目的

黄土高原丘陵枣区是我国红枣最主要生产基地之一。当地红枣长势好、品质优，畅销国内外市场，近年来当地红枣产业已经成为农民增收的重要来源和当地的支柱产业之一。然而，黄土高原丘陵区是典型的生态过渡带，生态环境脆弱，自然灾害频繁，受气候影响最为敏感，随着气候变化加剧，气候资源的变化日趋明显，重大气象灾害和极端天气气候事件发生的频率和强度均明显增强，各类气象灾害影响和危害明显加重。特别是近年来该地区红枣成熟期连阴雨天气时有发生，导致红枣裂果现象呈上升趋势，往往造成大量减产甚至绝收，制约着当地红枣产业的健康发展。对此，通过研发和推广适合当地的红枣控墒防裂技术，有效降低红枣裂果率，提高红枣的产量、品质和商品率，从而促进地域经济发展和枣农增收，具有十分重要的意义。

（2）适用范围

本规程适用于黄土高原丘陵区的黄河两岸陕、晋红枣产区，其中包括陕北枣区的清涧、佳县、延川、绥德、吴堡、神木、府谷、延长等县；山西的临县、柳林、石楼、兴县、中阳、永和、太谷等县。

7.3.3.2 术语

控墒防裂：结合黄土高原丘陵区气候特点，在红枣生长的特定时期，通过沿树行种植绿肥和树盘覆膜两种土壤管理方式相结合的方法，起到节水保墒和排涝降湿的作用，趋利避害，显著地降低红枣裂果率和提高红枣商品价值。

7.3.3.3 红枣控墒防裂技术的作用与原理

"控墒防裂技术"通过在果树树盘内覆膜和行间种植绿肥并翻压，以改善园内小气候，增加土壤有机质，增强树势，并在阴雨期起到排涝降湿的作用，从而达到缓解、控制红枣裂果，提升红枣产量、品质的作用。

在陕西黄土高原红枣种植区，从7月下旬开始套种林下绿肥作物，包括套种油菜、三叶草、黄豆或其他豆类。7 月下旬—8 月中旬,枣区的气候特点是气温较高、降水多;此期套种的各类绿肥处于苗期,作物与枣树根系深层的"争水"作用不明显,绿肥可将该阶段光热水资源优势转化为生物能量,后期将其直接翻入土中沤肥,可以有效改善土壤有机质和肥力,改善枣林地土壤贫瘠问题。

8 月下旬(硬核期)至采收期间,红枣生长的后期,逐渐成熟的红枣需要较低的土壤水分和空气湿度,然而此期间陕北黄土高原红枣种植区常多连阴雨天气,易导致红枣裂果。此时对枣林根区进行覆膜处理,可以调节土壤水分,将大量的降水通过膜上排走,阻止大量水分渗入根系,降低枣树根区土壤湿度,减少根系吸水量,以达到减少裂果发生的目的。同时,前期套种的作物长大,生长较为旺盛,可以进一步消耗一部分过多的水分,降低土壤水分含量,达到减少枣树根系吸水,预防裂果的目的。

7.3.3.4　技术要点

(1)选用抗裂品种,适地适栽

根据本地区气象资料(8 月下旬至采收期间,降水日数、降雨量),品种生育期、抗裂性,选择适宜的枣树优良抗裂品种栽植,株行距应大于 3 m×4 m。

(2)种植绿肥

7 月上旬,沿树行间种植适合当地的油菜、大豆等绿肥,采取撒播方式,宽度为 2 m 左右,下种量分别为:500g/667m²、3500g/667 m²;红枣采收后结合秋季施肥,翻入土中沤肥。

(3)覆盖地膜

8 月下旬,秋季阴雨来临之前,于成龄结果树树下铺设宽 80～100 cm,厚度 0.015～0.02 mm 的聚乙烯无色透明塑料膜。覆膜前要将覆盖区域内的土地拍光,整成内高外低约 10°的坡度,按小于膜缘 6 cm 开小沟,沿行向通铺,膜要拉平展,膜缘入沟用土压实。

(4)喷施钙肥

果实发育到白熟期开始,相隔 10～15 天,叶面喷施有机或无机钙肥 300 倍液。

7.4　红枣公共气象服务

7.4.1　红枣公众气象服务

红枣的公众气象服务主要包括陕西省经济作物气象服务台通过电视、广播、网络等面向大众的各种媒介通道,向广大受众提供的有关红枣的气象服务内容。

红枣公众气象服务内容,主要包括红枣的气象观测情报信息、生长适宜性预报信息、主要气象灾害预警信息等,还包括红枣主要病虫害暴发流行的气候适宜性信息、各地红枣关键生育期长势实地调查情况通报、红枣气象服务科研成果介绍及成果推广应用信息等。

红枣公众气象服务的形式比较灵活多样。根据服务的内容及其重要性、时效性,通过农林卫视、电视新闻频道等电视媒介,农村广播节目、气象大喇叭等声音媒介,陕西日报、三秦都市报、中国气象报等报纸媒介,及陕西农网、陕西农业气象 QQ 群、陕西经济作物气象服务台官方微信、手机预警短信等网络媒介,向广大受众传播。

7.4.2　红枣专项气象服务

红枣专项气象服务主要包括:面向政府的有关红枣产业发展的决策气象服务,及面向林业主管部门的有关红枣的重大气象灾害预警信息专项服务。下文列出有关红枣产业发展的决策服务 4 例及红枣主要气象灾害预警消息 2 例。

7.4.2.1　关于气候变化对陕北黄河沿岸红枣产业发展影响分析的报告(全文)

气候变化对陕北黄河沿岸红枣产业
发展影响分析报告

[摘要]利用 1971—2014 年气象资料和 2016—2050 年区域气候模式预估数据,以陕北黄河沿岸红枣主栽品种木枣为研究对象,从气候资源、适生区分布、产量、气象灾害等角度,分析了气候变化对陕北黄河沿岸红枣产业的影响,结论如下:(1)沿黄红枣产区气候呈暖湿化趋势,枣树休眠期增温与脆熟—采收期降水量增加明显;(2)暖湿化背景下沿黄地区红枣气候适宜区分布面积呈北部扩大、中部萎缩、南部显著减少的趋势;(3)气候条件对沿黄地区红枣单产起决定性作用,气温是影响其气候产量的主要气象因子;(4)沿黄地区红枣幼果期干旱和脆熟—采收期连阴雨灾害风险增加。预计未来沿黄地区红枣种植气候资源将持续向暖湿化趋势发展,部分地区红枣种植气象灾害风险将增加,各地应重视产业结构调整和品种改良、提升枣园科学管理和红枣控墒防裂等抗灾适用技术的开发和推广,促进红枣产业健康可持续发展。

陕北黄河沿岸是我国优良制干枣的主要栽培区之一,红枣产业已成为枣区农民致富的支柱产业,具有较高的经济、社会和生态效益。近年来,随着气候变化加剧,主要气象灾害发生频率和强度明显增强,对该地区红枣产业健康发展造成显著影响。我局在结合生产实践调查、气候资源、气象灾害等综合分析的基础上,提出陕北黄河沿岸红枣生产应对气候变化的对策与建议,为我省红枣产业健康可持续发展提供科学技术支撑。

一、沿黄红枣产区气候呈暖湿化趋势,枣树休眠期增温与脆熟—采收期降水量增加明显

(1)热量资源

1971—2010 年,陕北黄河沿岸红枣产区热量资源年际波动较大,总体呈上升趋势,其中年平均气温、枣树休眠期气温和≥10℃积温增温幅度明显(图 7.11、图 7.12、图 7.13),其气候倾向率分别为 0.261℃/10 年,0.325℃/10 年和 34.711℃·d/10 年。

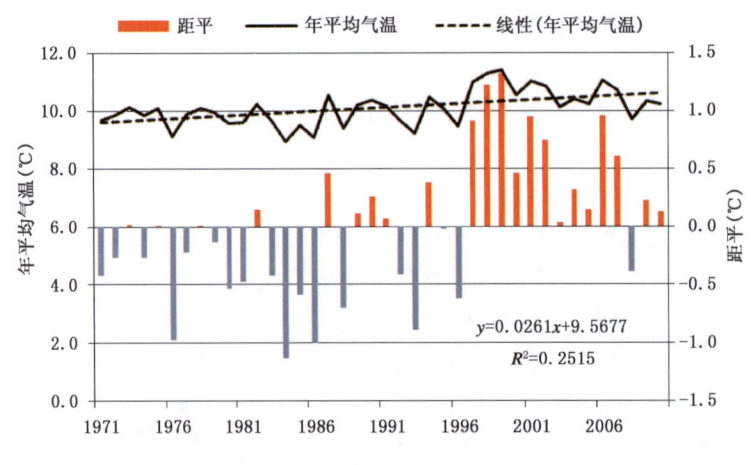

图 7.11　年平均气温变化趋势及距平分布情况

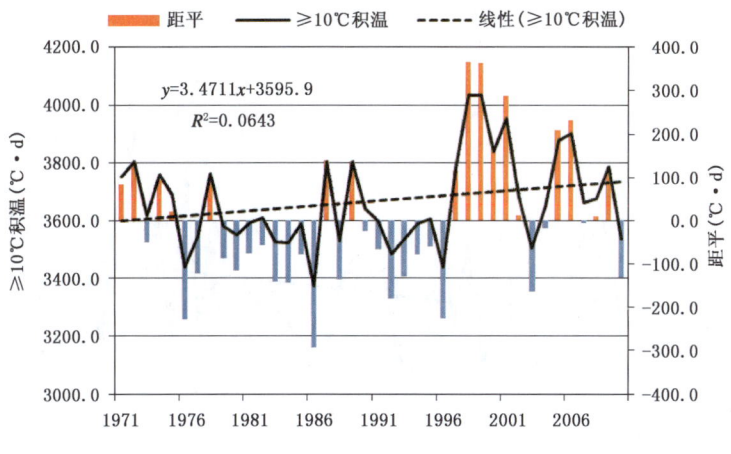

图 7.12　≥10℃积温变化趋势及距平分布情况

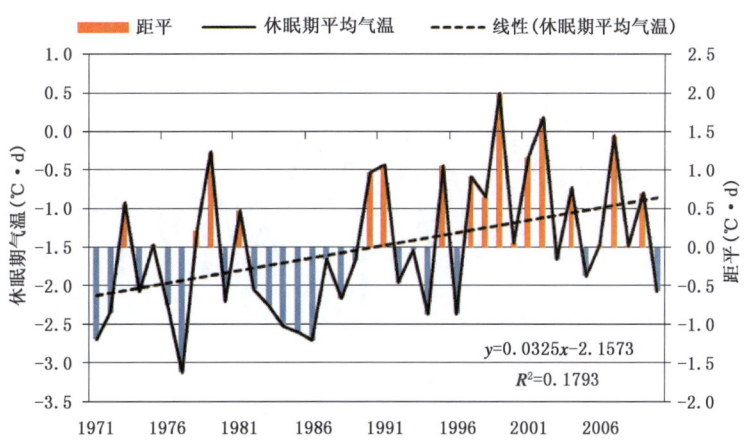

图 7.13　休眠期气温变化趋势及距平分布情况

（2）水分资源

1971—2010 年,陕北黄河沿岸红枣产区水分资源年际波动较大,年、萌芽期、脆熟—采收期、休眠期等时段降水呈增加趋势,其中红枣脆熟—采收期降水增加最为显著(图 7.14),其气候倾向率达 8.366 mm/10 年,2000 年以后降水较常年偏多近 5 成;红枣开花期、幼果期和落叶期降水呈减少趋势,其中幼果生长期降水量减少最显著(图 7.15),其气候倾向率为 −12.653 mm/10 年,2000 年以后,降水量较常年偏少 1～2 成。

（3）光资源

1971—2010 年,陕北黄河沿岸红枣产区日照时数总体呈减少趋势(图 7.16),年日照时数的气候倾向率达 −26.54 小时/10 年。20 世纪 70 年代的光资源普遍为最佳,80 年代后的光资源普遍偏差。

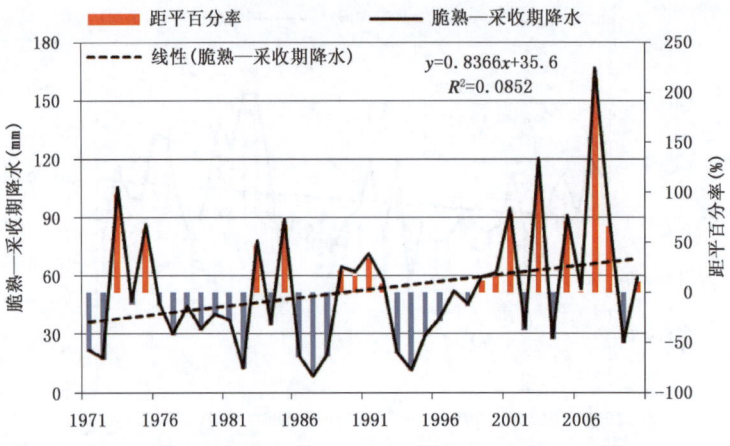

图 7.14　脆熟—采收期降水量变化趋势及距平分布情况

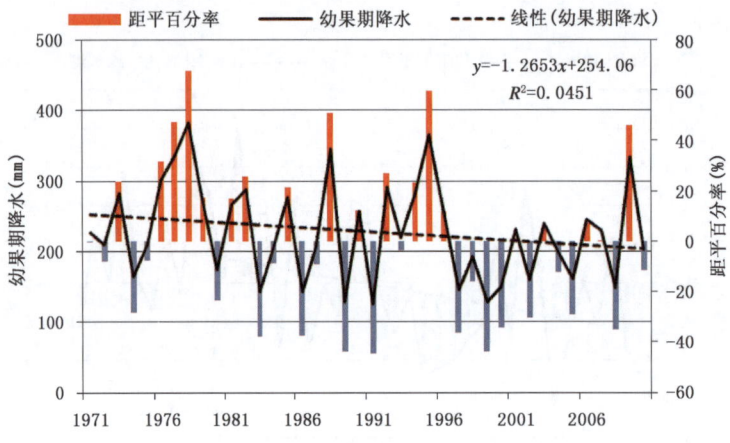

图 7.15　幼果期降水量变化趋势及距平分布情况

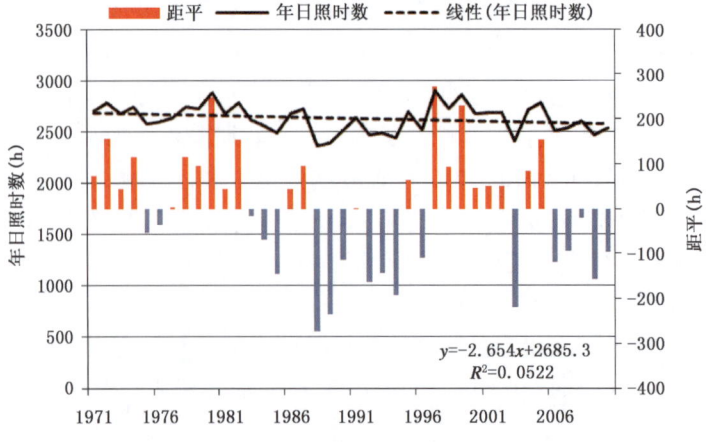

图 7.16　年日照时数变化趋势及距平分布情况

二、暖湿化背景下沿黄地区红枣气候适宜区分布面积呈北部扩大、中部萎缩、南部显著减少的趋势

利用 GIS 技术，通过对沿黄地区前 30 年（1971—2000）和近 30 年（1985—2014）红枣种植气候资源空间分布模拟研究，对暖湿气候背景下陕北黄河沿岸红枣气候适宜区分布变化进行了对比分析，结果显示：近 30 年陕北黄河沿岸红枣气候适宜区主要分布在黄河及其支流沿岸，包括海拔高度在 720～1100 米的滩地、河谷及丘陵坡地。与前 30 年相比，北部地区适宜区面积有扩大延伸趋势，中部地区适宜区面积略萎缩减少，南部地区的清涧、延川和延长适宜区面积呈明显减少趋势，尤其延长县的适宜区几乎减少为零（图 7.17）。

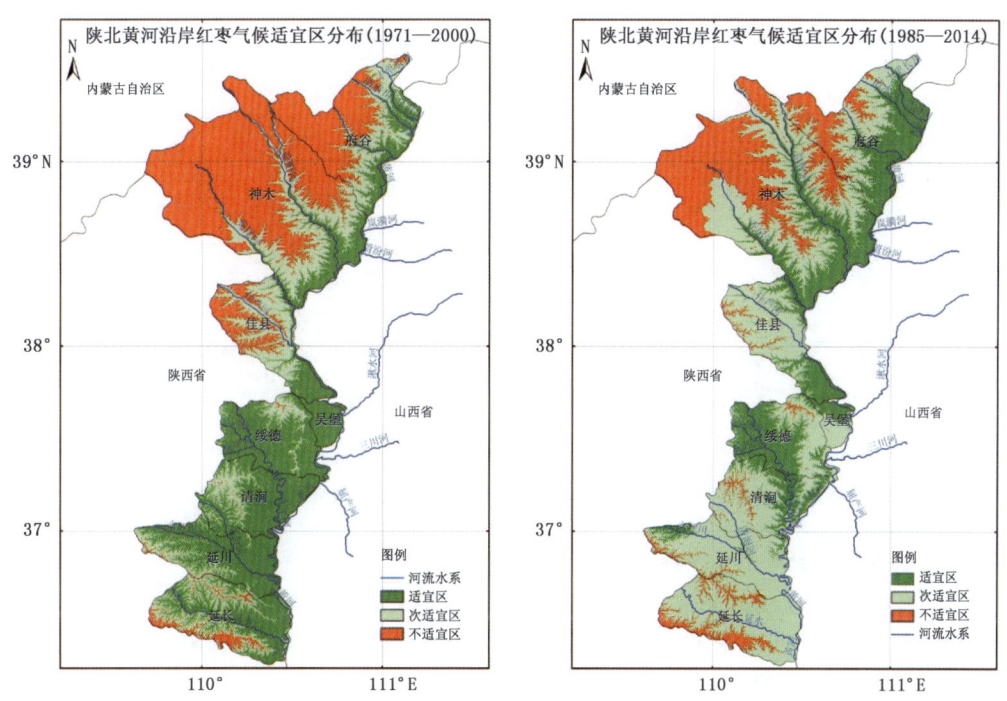

图 7.17　暖湿气候背景下沿黄地区红枣气候适宜区分布变化情况

三、气候条件对沿黄地区红枣单产起决定性作用，气温是影响其气候产量的主要气象因子

以清涧县为代表，进行气候变化对陕北黄河沿岸红枣产量影响定量分析研究，结果显示：红枣趋势产量呈周期波动变化趋势，周期大致为 10 年左右；红枣气候产量变化振荡明显与单产变化趋势基本一致，缺乏连续性，也未有显著性的增加或下降趋势。单产的年际波动主要由气象因素决定，年际间气候条件变化对红枣单产波动的影响占整个单产波动的 81.8%。

气温是影响红枣气候产量的主要气象因子，平均气温的负效应主要集中在 7 月下旬至 8 月下旬（图 7.18），气温偏高对红枣萌芽幼果期生长发育不利，易造成高温热害；降水量对红枣气象产量影响的负效应主要集中在 8 月下旬至 10 月下旬（图 7.19），尤其是红枣脆熟期负效应十分明显，正效应则主要集中在 4 月中旬至 5 月下旬；日照时数对红枣气象产量的影响波动比较平缓，说明光照资源满足红枣的生长需要。

四、沿黄地区红枣幼果期干旱和脆熟—采收期连阴雨灾害风险增加

研究显示，影响陕北黄河沿岸红枣生长的主要气象灾害中，幼果期干旱和脆熟—采收期连

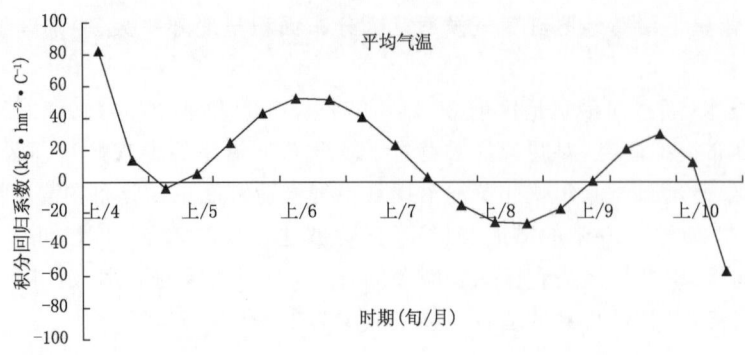

图 7.18　清涧县红枣平均气温积分回归系数变化图

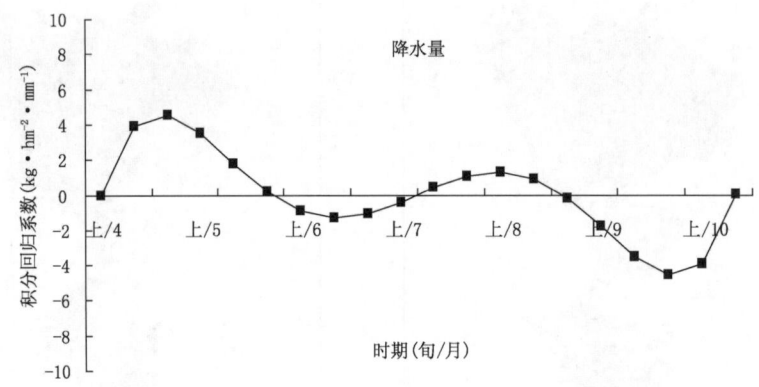

图 7.19　清涧县红枣降水量积分回归系数变化图

阴雨灾害危害最重。近 30 年佳县大部存在约 3 年一遇的重度红枣幼果期干旱灾害,府谷和神木西部,吴堡、绥德和清涧的北部存在 3～4 年一遇的中度红枣幼果期干旱灾害。与前 30 年相比,沿黄地区红枣幼果期干旱风险加重,重度风险区在佳县及其周围逐渐扩大;中度风险区向东、向南也均有所扩大(图 7.20)。近 30 年清涧南部,延川、延长大部地区都存在约 2 年一遇的重度红枣脆熟—采收期连阴雨灾害,自北向南府谷大部,神木、佳县,吴堡、绥德和清涧北部存在 2～3 年一遇的中度红枣脆熟—采收期连阴雨灾害。与前 30 年相比,沿黄地区红枣脆熟—采收期连阴雨风险明显加重,重度和中度风险区向北、向东逐渐扩大(图 7.21)。

五、未来沿黄地区红枣种植气候资源将持续向暖湿化发展,部分地区红枣种植气象灾害风险将增加

利用国际理论物理研究中心的区域气候模式 RegCM4.0 输出并订正的未来 35 年(2016—2050)陕北黄河沿岸气温、降水情景数据,就未来气候变化对红枣产业的影响进行预估。结果显示,未来 35 年沿黄地区红枣种植气候资源将持续向暖湿化发展,陕北黄河沿岸地区未来年平均气温呈现增温趋势,增加幅度约为 1℃ 左右,暖区沿黄河向北向东移动;年降水量亦呈增加趋势,大部分地区增幅在 100 mm 左右。预计未来沿黄地区红枣幼果期干旱灾害呈由中西部向四周逐渐减轻的趋势;红枣脆熟—采收期连阴雨灾害呈由东南向西北逐渐减轻的趋势,但未来重度和中度风险分布面积明显增大。

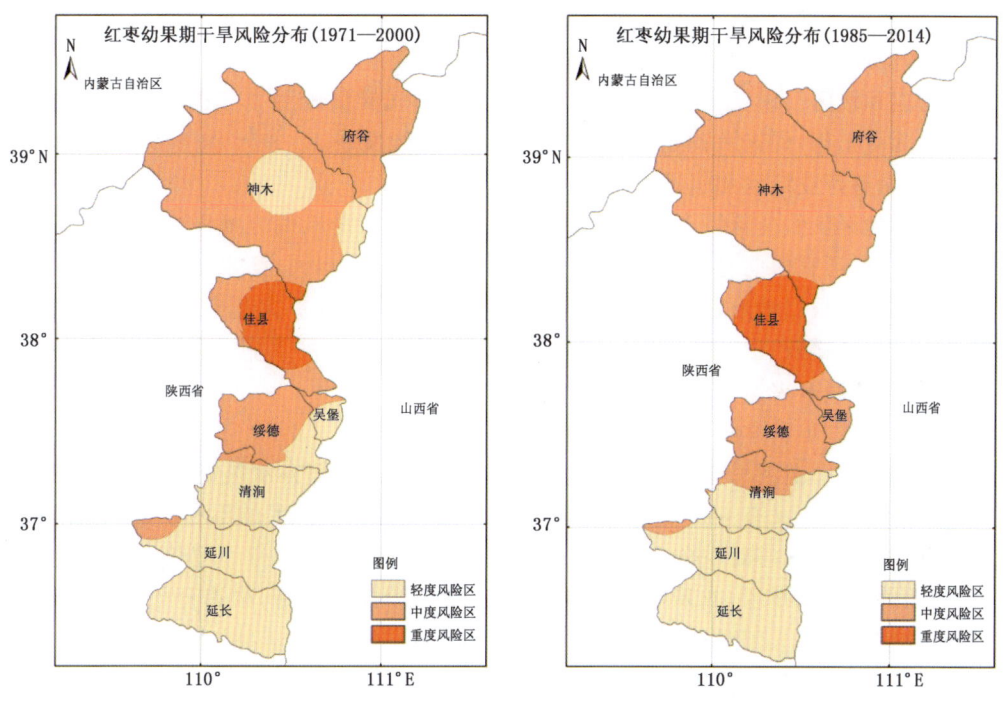

图 7.20　沿黄地区红枣幼果期干旱风险分布变化情况

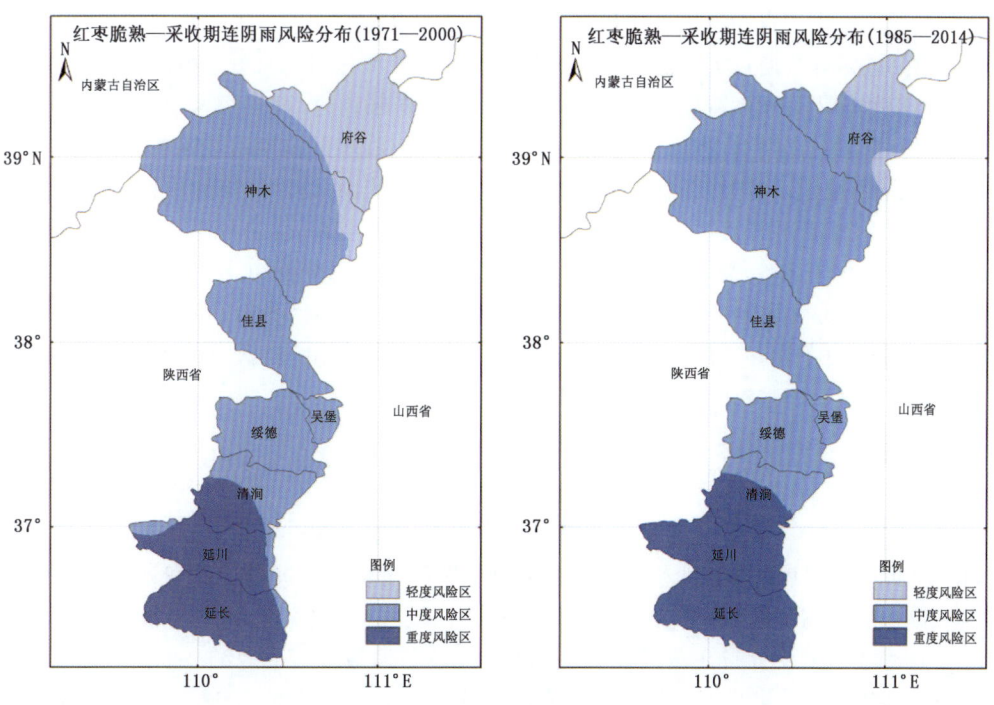

图 7.21　沿黄地区红枣脆熟—采收期连阴雨风险分布变化情况

六、重视产业结构调整和品种改良、提升枣园科学管理和红枣控墒防裂等抗灾适用技术的开发和推广,促进红枣产业健康可持续发展

为了适应和缓解气候变化对红枣产业的影响,挖掘气候资源潜力,减轻气象灾害损失,建议狠抓以下几点工作,促进沿黄地区红枣产业健康可持续发展。

(1)及时调整产业结构和引进抗裂果品种

根据沿黄地区气候变化特点和未来发展趋势,陕北黄河沿岸偏北地区水热资源有明显增加趋势,红枣气候适宜区向北扩大明显延伸,北部黄河及皇甫川河、清水川河、窟野河、秃尾河等支流沿岸地区可根据地形特点,充分挖掘气候资源潜力,逐步扩大制干红枣栽植面积,促进当地红枣产业提质增效;中南部地区要重视抗裂果新品种引进和早、中、晚红枣品种种植比例调整,最大限度地减轻灾害损失,增加果农收入。

(2)全面提升红枣科学种植技术水平

气候变化对陕北黄河沿岸红枣产业发展是一把"双刃剑",即有水热资源增加、红枣气候适宜区面积扩大的优势,又有主要气象灾害发生频率、强度和范围扩大的不利影响。各地要根据当地气候资源和气象灾害时空分布变化特点,全面提升生产管理水平。建议采用矮化密植栽培、地膜覆盖等促早熟技术,或采取红枣多果套袋、树干涂白等措施,推迟枣果成熟期,避开枣果裂果期,以减轻阴雨天气对红枣成熟的影响与危害。

(3)推广枣园控墒防裂适用技术,有效降低红枣裂果和落果率

红枣裂果、落果即有土壤贫瘠、树体营养不足、树势弱、抗逆性差等内在原因,又与红枣脆熟—采收期阴雨多、土壤和空气湿度过大等外在环境因素关系密切。陕西省气象局在综合分析陕北沿黄地区红枣生育期光热水气候资源时空分布特点的基础上,研究开发了红枣控墒防裂农业气象适用技术,即:通过7月份适时在枣林行间种植油菜、三叶草、黄豆等绿肥作物,挖掘7—8月光、热、水优势阶段的资源潜力,转化生物能量,待红枣采收后,直接翻入土壤,增加土壤有机质、增强树势和树体抗逆性。在红枣脆熟期前的8月下旬(红枣硬核期),适时在靠近枣树根部区域行边铺设地膜,通过一定倾斜度将雨水排到行间保肥地带,从而降低枣树根区土壤湿度,减少其根系吸水量,从内因和外因两个方面着手,减少红枣裂果和落果,促进红枣提质增效,增加果农收益。经在佳县枣园试验,裂果率可降低20%～30%,落果率可降低10%～20%。

注:根据红枣历史物候期观测资料和实地调查结果,沿黄地区枣树萌芽期一般4月上旬—5月中旬、花期5月下旬—6月下旬、幼果期7月上旬—9月上旬、脆熟—采收期为9月中旬—10月上旬、落叶期10月中下旬、休眠期11月—翌年3月。

7.4.2.2　陕北黄河沿岸红枣适应气候变化决策服务材料(全文)

适应气候变化

适时调整陕北黄河沿岸制干红枣种植布局

[摘要]近期,省气象局组织专家对陕北沿黄地区的气候资源进行了详细评估,针对我省制干红枣产业开展了精细区划研究工作,结果表明:陕北黄河沿线气候暖湿化趋势明显,我省制干红枣气候适宜区主要分布在黄河及其支流沿岸,包括海拔高度在720～1100 m的滩地、河谷及丘陵坡地等,可分为北、中、南三个适宜区。次适宜区主要分布于适宜区的周边,海拔在800～1200米的阳坡丘陵地带,也分北、中、南三个次适宜区。建议各地主动适应红枣主产区气候暖湿化趋势,在北部适宜区适当扩大制干红枣种植面积,中部和南部适宜区应及时调整产业结构,改良种植抗裂品种,同时加大基础配套设施建设,促进我省制干红枣产业健康持续

发展。

一、沿黄地区气候暖湿化趋势明显,我省制干红枣产业面临挑战

1. 陕北黄河沿岸地区暖湿化趋势明显

近 40 年气象资料分析表明,陕北黄河沿岸地区热量和水分资源均呈增加趋势,主要表现在年平均气温、≥10℃积温增加明显,同时,我省制干红枣在脆熟—采收期的降水量也增加明显。对比分析我省制干红枣主产区前 30 年和近 30 年主要气候资源,结果表明:近 30 年水、热资源较前 30 年均有不同程度的增加,其中,红枣脆熟—采收期降水量增加了 9.04 毫米/10 年,年平均气温增加了 0.298℃/10 年,≥10℃积温增加了 48.1℃·天/10 年。

2. 冬季气温高、春季多雨,枣树病虫危害加重

统计资料显示,1988 年后我省枣树休眠期的平均气温开始增高,1998 年以后这种升温趋势更为显著,且从 1981 年开始我省枣树萌芽期降水也呈增多态势。冬季气温高不利于枣树休眠,在一定程度上增加了越冬病虫基数,加之春季多雨,虫卵孵化数量就会更多,致使枣树病虫害进一步加重。例如:2014 年春季佳县枣林区绿盲蝽危害严重,全县 60%～70%的枣树遭受不同程度危害,其中 1.1 万公顷枣树受灾严重,挂果损失约 0.5 亿千克,估算经济损失约 2 亿元。

3. 秋季连阴雨对我省制干红枣产量和品质影响较大

秋季制干红枣成熟期降水多,易造成枣果大面积裂果、烂果、霉变,对红枣品质影响巨大。近 10 年来,陕北黄河沿岸制干红枣主产区红枣脆熟—采收期降水量显著增多,平均时段降水量达 55.1～92.5 毫米,较前一个 10 年增加了 15～46 毫米,尤以吴堡以南产区增多最为明显。2005、2007、2008、2011 和 2014 年我省均出现了较严重的秋季连阴雨,均造成了我省制干红枣产量明显减产。

二、暖湿化气候背景下我省制干红枣精细区划

近期,省经济作物气象服务台利用 GIS 技术并结合近 30 年(1985—2014)气候资料,对陕北黄河沿岸地区制干红枣气候适生区进行了精细区划(图 7.22),具体结论如下:

适宜区:主要分布在黄河及其支流沿岸,海拔高度 730～1100 米的阳坡滩地、河谷和丘陵坡地。北部包括府谷境内黄河及其支流皇甫川河、清水川河、孤山河中下游沿岸,神木和佳县北部黄河及其支流窟野河、秃尾河中下游沿岸海拔 730～1100 米的滩地、河谷和丘陵坡地;中部包括佳县南部、吴堡北部沿黄河两岸、绥德西南和东南部、清涧东部黄河及其支流无定河沿岸海拔 720～1000 米的滩地、河谷和丘陵坡地;南部包括延川北部沿黄河及其支流永坪川河上游、清涧河中游海拔 750～1100 米的小部分滩地、河谷。本区年平均气温 8.6～11.6℃,年降水量 383～491 毫米,≥10℃积温 3300～3950℃,脆熟—采收期降水量 36.8～66.5 毫米,花期降水量 62.1～76.4 毫米。该区降水适中,气温适宜,光照充足,光水热资源匹配最优,有利于制干红枣产量和品质的形成,适宜规模种植。面临的主要气象问题是红枣开花期降水量偏多,部分地区脆熟—采收期的连阴雨危害较重,大部分地区枣树花期阴雨灾害性天气 2～3 年一遇,吴堡和绥德脆熟—采收期连阴雨灾害性天气 2 年一遇。

次适宜区:主要分布在适宜区周边海拔 800～1200 米的阳坡丘陵坡地带。北部包括府谷和神木黄河及其支流沿岸适宜区周边海拔 860～1200 米的丘陵坡地;中部包括佳县中部、绥德东部、吴堡南部、清涧等县黄河及其支流沿岸适宜区周边海拔 830～1150 米的丘陵坡地;南部包括除延川和延长两县的适宜区外,且海拔在 800～1100 米的滩地、河谷和丘陵坡地。本区年

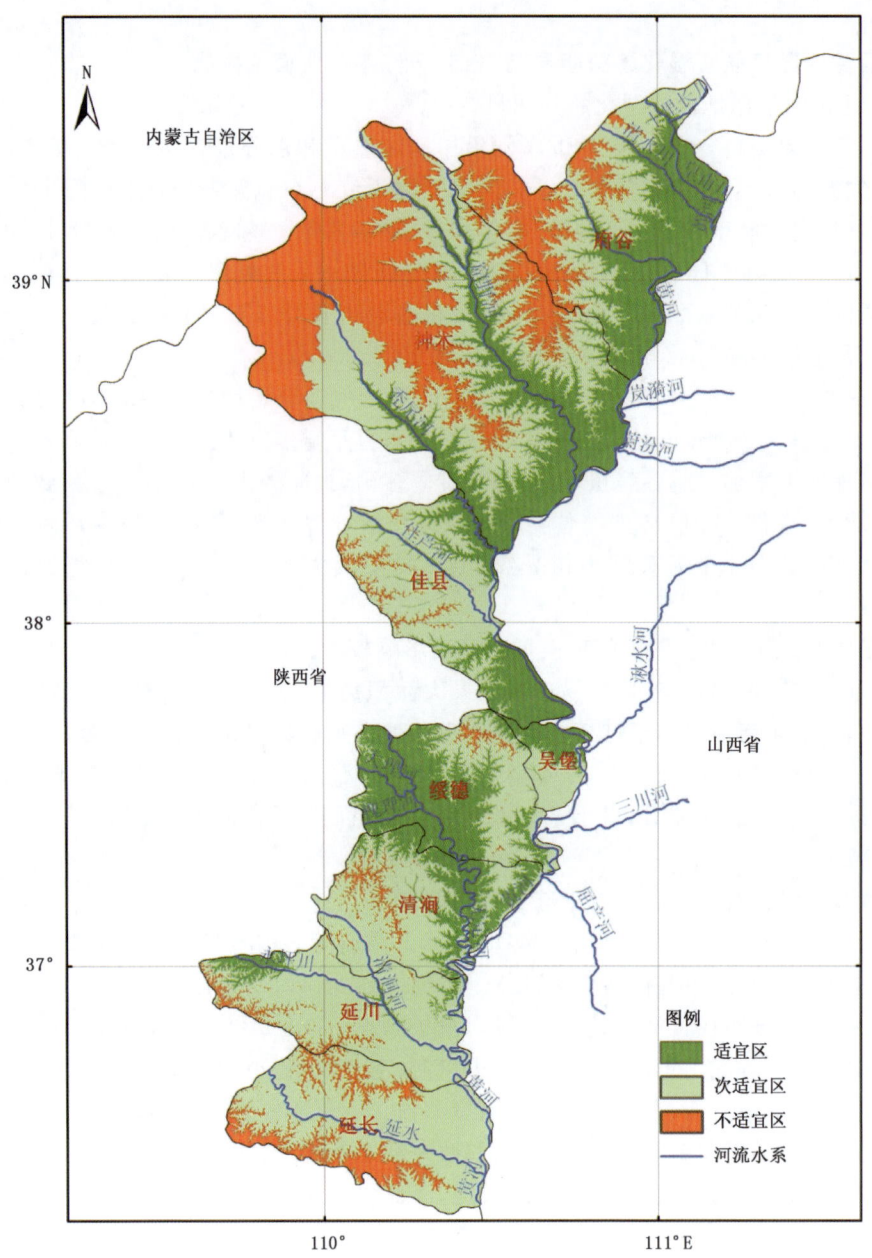

图 7.22　陕北黄河沿岸制干红枣气候适生区分布

平均气温 7.8～12.3℃,年降水量 360～540 毫米,≥10℃积温 3000～4300℃,脆熟—采收期降水量 36.3～74.8 毫米,花期降水量 62.2～79.2 毫米。其面临的主要气象问题是延长县枣树花期阴雨灾害性天气危害较重,达 3 年 2 遇,大部分地区红枣脆熟—采收期连阴雨灾害性天气2～3 年一遇,南部清涧、延长和延川危害最重,为 5 年 3 遇。

三、对策与建议

1. 陕北黄河沿岸北部地区可适当扩大制干红枣栽种面积。陕北北部的府谷和神木等地热量资源的增加,降水的增多,该地区黄河及皇甫川河、清水川河、窟野河、秃尾河等支流沿岸地区可根据地形特点,充分挖掘气候资源潜力,适当扩大适应本地发展的制干红枣栽植面积。

2. 陕北黄河沿岸中南部适宜区及时改良抗裂果品种。目前,该地区红枣生产管理粗放、标准化程度较低,加之近年来冬季气温高,春季降水量普遍增多,常造成枣树生长期病虫害危害较重,要加强枣林田间管理,根据花期气候特点,密切监测,早发现早防治。吴堡、绥德等地红枣脆熟—采收期连阴雨灾害发生较重,要加强基础配套设施建设,新建枣园时要选择阳坡栽植抗裂果能力较强的陕北长枣、方木枣等优良品种;老果园宜通过高接换头等措施对已有容易裂果和烂果的品种进行改良,同时注重肥料的合理利用,平衡好施肥与补钙相结合,最大程度地减轻灾害损失。

3. 陕北黄河沿岸中南部次适宜区需进行产业结构调整。采取错开枣果成熟期等措施减轻灾害性天气影响与危害。该地区制干红枣脆熟—采收期连阴雨灾害性天气发生频繁,尤其是南部的清涧、延长和延川受害最重,建议根据当地的降水分布规律,注意调整红枣产业品种结构,尽量采用矮化密植栽培、地面覆膜等早熟技术,或推广红枣多果套袋、树干涂白等措施,推迟枣果成熟期以避开枣果裂果期;在脆熟—成熟期搭建遮雨棚等林园管理措施,减轻阴雨天气对红枣成熟的影响与危害。

注:我省制干红枣生产气候生态条件:决定制干红枣优生区的气象因子主要包括五项,分别是年平均气温(9.6~11.1℃)、年降水量(430~580 毫米)、≥10℃ 积温(3000~3200℃·天)、无霜期(165~180 天)和 7 月份气温(22~24℃);同时,花期、幼果生长期和脆熟—采收期等关键生育期降水量与花期空气湿度也都在一定程度上影响制干红枣的品质与丰产水平。

7.4.2.3　佳县红枣适应气候变化决策服务材料全文

适应气候变化
适时调整我县红枣种植布局

[摘要]近期,陕西气象部门组织专家对陕北沿黄地区近 30 年气候资源进行了详细评估,针对我省制干红枣气候适生区进行了精细化区划。结果表明:陕北黄河沿岸暖湿化趋势明显,佳县红枣气候适宜区主要分布在北部秃尾河和南部黄河及其支流沿岸,海拔高度 700~1100米的滩地、河谷和丘陵坡地。建议佳县北部和南部适宜区及时进行抗裂果品种改良,西部次适宜区进行产业结构调整,或采取提前或推迟枣果成熟期、枣果套袋等措施减轻连阴雨、大雾灾害性天气的影响与危害,同时加强基础配套设施建设,促进我县红枣产业健康可持续发展。

一、沿黄地区气候暖湿化趋势明显,我县制干红枣产业面临挑战

1. 陕北黄河沿岸地区暖湿化趋势明显

近 40 年气象资料分析表明,陕北黄河沿岸地区热量和水分资源均呈增加趋势。佳县的枣树休眠期气温明显增加,其气候倾向率达 0.258℃/10 年;红枣脆熟—采收期降水量也增加显著,其气候倾向率达 9.797 毫米/10 年。

据前 30 年(1971—2000)和最近 30 年(1985—2014)红枣生长主要气候资源条件统计,佳县近 30 年的年平均气温较前 30 年增加了 0.1℃,≥10℃ 积温增加了 23℃·天,年降水量增多了 40.1 毫米,红枣脆熟—采收期降水量增多了 14.7 毫米,花期降水量变化不大,佳县红枣种植区的气候总体呈现暖湿化特征。

2. 冬季气温高、春季多雨,枣树病虫危害加重

统计资料显示,近 10 年佳县枣树休眠期年平均气温 −2.8~0℃,枣树萌芽期降水量 22.1~56.3 毫米。冬季气温高不利于枣树休眠,在一定程度上也增加了越冬病虫基数,加之春季

多雨,地下幼虫出土和虫卵孵化数量就会增多,致使枣树病虫害进一步加重,对红枣产量质量影响明显。例如:2014年春季我县枣林区绿盲蝽危害严重,据初步测算,60%～70%的枣树不同程度受到危害,其中1.1万公顷的枣树受到严重影响,挂果损失0.5亿公斤,造成直接经济损失2亿多元。

3. 秋季连阴雨对我县红枣产量和品质影响较大

秋季红枣成熟期降水增多,易造成枣果大面积裂果、烂果、霉变,对红枣品质影响巨大。近10年来,佳县红枣脆熟—采收期降水量显著增多,时段平均降水量达68.5毫米,较前10年增多了27.2毫米。2005年、2007年、2008年、2011年和2014年均出现严重的秋季连阴雨灾害性天气,造成我县制干红枣产量明显减产,甚至绝收,同时对当年红枣品质也造成显著影响。

二、暖湿化气候背景下佳县红枣气候适生区分布

近期,陕西气象部门利用GIS技术并结合近30年(1985—2014)气候资料,对佳县红枣气候适生区进行了精细区划(图7.23),具体结论如下:

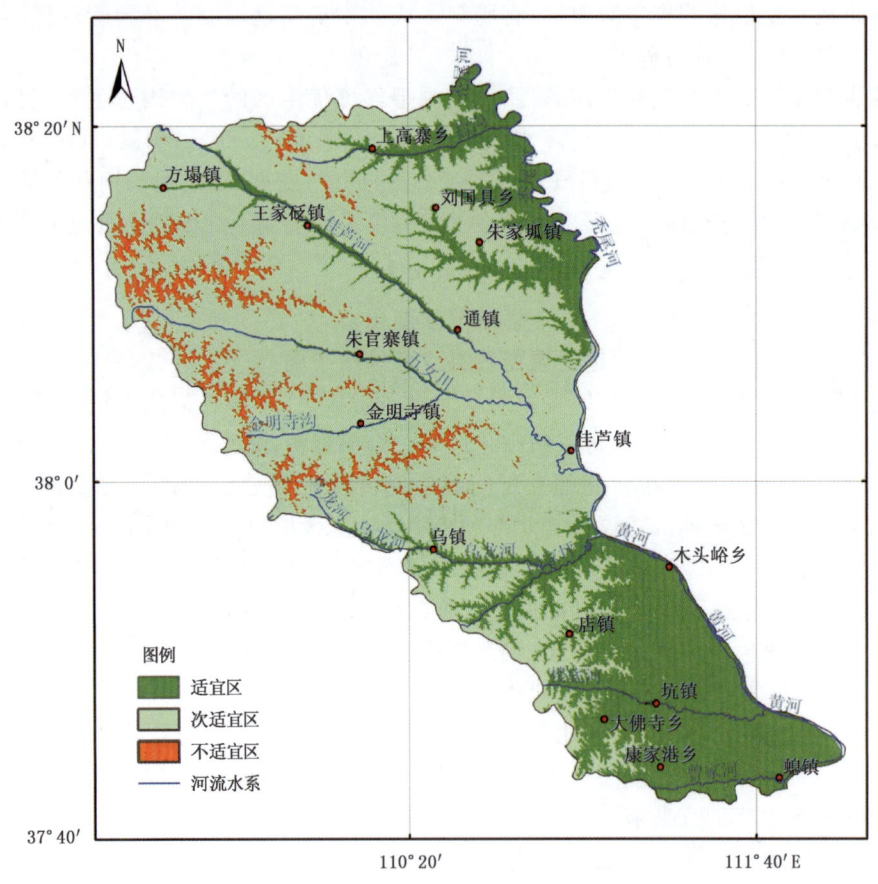

图7.23　佳县红枣气候适生区分布

适宜区:主要分布在佳县北部秃尾河及其支流盐沟河和车会河沿岸,佳芦河中游,南部黄河及其支流乌龙河、闫家坪河、楼底河以及螅镇河沿岸,海拔高度700～1100米的阳坡滩地、河谷和丘陵坡地。本区年平均气温9.1～11.5℃,年降水量361～464毫米,≥10℃积温3400～4100℃·天,脆熟—采收期降水量44.3～62.1毫米,花期降水量64.9～73.1毫米。该区降水适中,气温适宜,光照充足,光水热资源匹配最优,有利于制干红枣产量和品质的形成,适宜规模种植。

次适宜区:主要分布在佳县中部黄河沿岸和西部适宜区周边,海拔 800～1200 米的阳坡丘陵坡地带。本区年平均气温 8.2～10.3℃,年降水量 343～460 毫米,≥10℃ 积温 3100～3800℃·天,脆熟—采收期降水量 43.1～61.1 毫米,花期降水量 65.1～73.5 毫米。该区光热水资源基本能够满足红枣正常生长需求,但中部黄河沿岸地区水分资源处于枣树生长需求的下限,西部次适宜区红枣脆熟—采收期降水量偏多,不利于枣果的成熟与采收。

三、佳县红枣脆熟—采收期连阴雨灾害风险

据研究,佳县红枣脆熟—采收期连阴雨灾害风险大致呈中部最重、北部次之、南部较轻的分布特点(图 7.24)。重度风险区主要分布在朱官寨镇、金明寺镇一线以东,通镇以南,佳芦镇神泉堡到乌镇下高寨一线以西的区域,该区域红枣脆熟—采收期连阴雨灾害约 2 年一遇;中度风险区主要分布在峪口乡和店镇以北除王家砭镇和重度风险区以外的大部分区域,另外康家港乡东南部有部分分布区域,该区域红枣脆熟—采收期连阴雨灾害 2～3 年一遇;轻度风险区主要分布在北部的王家砭镇,南部的峪口乡和店镇及其以南除康家港乡东南部的大部分区域,该区域红枣脆熟—采收期连阴雨灾害至多 3 年一遇。

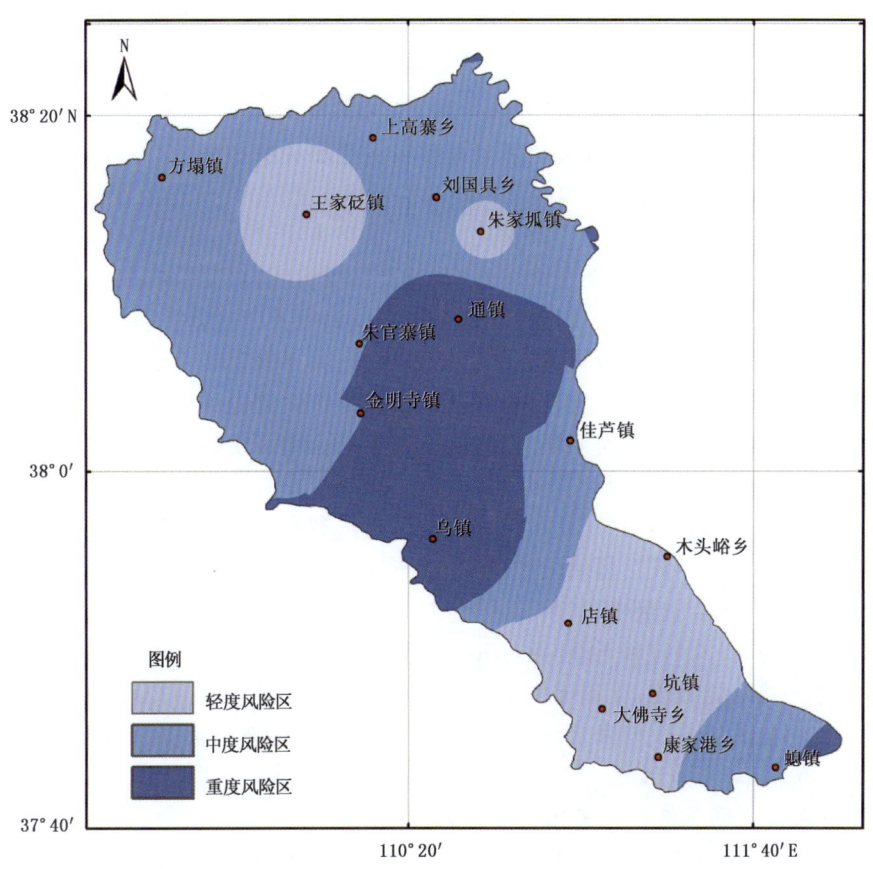

图 7.24　佳县红枣脆熟—采收期连阴雨风险分布

四、对策与建议

1. 佳县北部和南部适宜区及时进行抗裂果品种改良。目前,我县部分果园红枣生产管理粗放、标准化程度低,加之近年来冬季气温高,春季降水量普遍增多,常造成枣树生长期病虫害危害较重。建议加强枣林田间管理,根据萌芽期、花期气候特点,密切监测虫情发展趋势,早发现早防治。同时要加强基础配套设施建设,新建枣园时要选择阳坡栽植抗裂果能力较强的"佳县油枣"等优良品种;老枣园宜通过高接换头等措施对已有容易裂果和烂果的品种进行改良,同时注重肥料的合理利用,平衡好施肥与补钙相结合,最大程度地减轻灾害损失。

2. 佳县西部次适宜区进行产业结构调整,采取错开枣果成熟期等措施,减轻阴雨天气对红枣影响与危害。该地区制干红枣脆熟—采收期连阴雨、大雾灾害性天气发生频繁,建议要根据当地的降水分布规律,适当调整红枣产业品种结构,尽量采用降低树体、地面覆膜等一些早熟技术,或推广红枣多果套袋、树干涂白等措施,推迟或提前枣果成熟期以避开连阴雨集中时段,减轻、避免枣果裂果;在脆熟—成熟期搭建遮雨棚等林园管理措施,避免阴雨天气对红枣成熟的影响与危害。

注:我省制干红枣生产气候生态条件:决定制干红枣优生区的气象因子主要包括五项,分别是年平均气温(9.6～11.1℃)、年降水量(430～580毫米)、≥10℃积温(3000～3 200℃·天)、无霜期(165～180天)和7月份气温(22～24℃);同时,花期、幼果期以及脆熟—采收期等关键生育期,降水量、降水时间与花期空气湿度也都在一定程度上影响制干红枣的品质与丰产水平。

7.4.2.4　清涧县红枣适应气候变化决策服务材料(全文)

适应气候变化适时调整我县红枣种植布局

[摘要] 近期,陕西气象部门组织专家对陕北沿黄地区近30年气候资源进行了详细评估,针对我省制干红枣气候适生区进行了精细化区划。结果表明:陕北黄河沿岸暖湿化趋势明显,清涧县红枣气候适宜区主要分布在清涧北部,黄河及其支流无定河流域,海拔高度700～1000米的滩地、河谷和丘陵坡地。建议清涧县北部和东部适宜区及时进行抗裂果品种改良,西部次适宜区进行产业结构调整,或采取提前或推迟枣果成熟期、枣果套袋等措施减轻灾害性天气的影响与危害,同时加强基础配套设施建设,促进我县红枣产业健康可持续发展。

一、沿黄地区气候暖湿化趋势明显,我县制干红枣产业面临挑战

1. 陕北黄河沿岸地区暖湿化趋势明显

近40年气象资料分析表明,陕北黄河沿岸地区热量和水分资源均呈增加趋势。清涧县的枣树休眠期气温增加明显,其气候倾向率达0.229℃/10年;红枣脆熟—采收期降水量也增加显著,其气候倾向率11.091毫米/10年。

据前30年(1971—2000)和近30年(1985—2014)红枣生长主要气候资源条件统计,清涧县近30年的年平均气温较前30年增加了0.2℃,≥10℃积温增加了42℃·天,年降水量增多了7.0毫米,红枣脆熟—采收期降水量增多了17.4毫米,花期降水量变化不大,清涧县红枣种植区的气候总体呈现暖湿化特征。

2. 秋季连阴雨对我县红枣产量和品质影响较大

秋季红枣成熟期降水增多,易造成枣果大面积裂果、烂果、霉变,对红枣品质影响巨大。近10年来清涧县红枣脆熟—采收期降水量显著增多,时段平均降水量达92.5毫米,较前10年增多了38.7毫米。近年来我县红枣连续歉收,尤其是2007年甚至绝收。特别是近3年来,秋季集中降水时段与红枣成熟采收期重叠,致使枣果裂果率达 45%~75%,对红枣产量和品质也造成显著影响。

二、暖湿化气候背景下清涧县红枣气候适生区分布

近期,陕西气象部门利用 GIS 技术并结合近 30 年(1985—2014)气候资料,对清涧县红枣气候适生区进行了精细区划(图 7.25),具体结论如下:

适宜区:主要分布在清涧县北部,黄河及支流无定河流域,海拔高度 700~1100 米的阳坡滩地、河谷和丘陵坡地。本区年平均气温 9.4~11.1℃,年降水量 441~480 毫米,≥10℃积温 3500~4000℃·天,脆熟—采收期降水量 61.9~66.3 毫米,花期降水量 66.1~72.3 毫米。该区降水适中,气温适宜,光照充足,光水热资源匹配良好,有利于制干红枣产量和品质的形成,适宜规模种植。

次适宜区:主要分布在清涧县西部清涧河流域以及东部适宜区周边,海拔 800~1100 米的阳坡丘陵坡地带。本区年平均气温 8.3~10.7℃,年降水量 466~513 毫米,≥10℃积温 3200~3800℃·天,脆熟—采收期降水量 63.5~70.5 毫米,花期降水量 69.6~75.1 毫米。该区光热水资源基本能够满足红枣正常生长需求,但红枣脆熟—采收期连阴雨灾害危害较重,约 5 年 3 遇,不利于枣果的成熟与采摘。

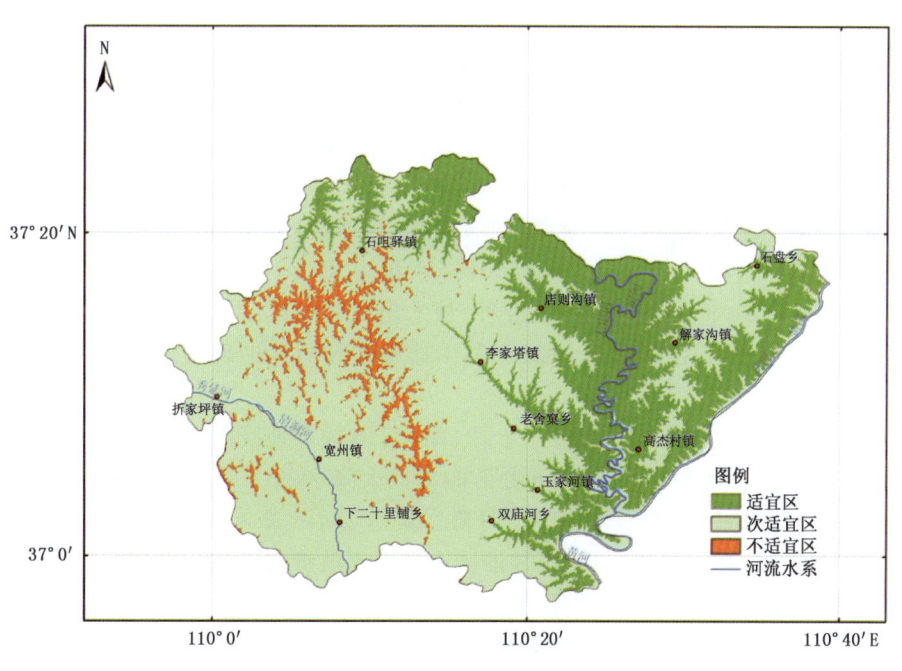

图 7.25　清涧县红枣气候适生区分布

三、对策与建议

1. 清涧县北部和东部适宜区及时进行抗裂果品种改良。目前,我县部分果园红枣生产管理粗放、标准化程度低,加之近年来冬季气温高,春季降水量普遍增多,常造成枣树生长期病虫害危害较重,要加强枣林田间管理,根据花期气候特点,密切监测,早发现早防治。同时要加强基础配套设施建设,新建枣园时要选择阳坡栽植抗裂果能力较强的优良品种;老果园宜通过高接换头等措施对已有容易裂果和烂果的品种进行改良,同时注重肥料的合理利用,平衡好施肥与补钙相结合,最大程度地减轻灾害损失。

2. 清涧县西部次适宜区进行产业结构调整,采取错开枣果成熟期等措施减轻灾害性天气影响与危害。该地区制干红枣脆熟—采收期连阴雨灾害性天气发生频繁,建议要根据当地的降水分布规律,注意调整红枣产业品种结构,尽量采用矮化密植栽培、地面覆膜等早熟技术,或推广红枣多果套袋、树干涂白等措施,推迟枣果成熟期以避开枣果裂果期;在脆熟—成熟期搭建遮雨棚等林园管理措施,减轻阴雨天气对红枣成熟的影响与危害。

注:我省制干红枣生产气候生态条件:决定制干红枣优生区的气象因子主要包括五项,分别是年平均气温(9.6~11.1℃)、年降水量(430~580 毫米)、≥10℃积温(3000~3 200℃·天)、无霜期(165~180 天)和 7 月份气温(22~24℃);同时,花期、幼果生长期和脆熟—采收期等关键生育期降水量与花期空气湿度也都在一定程度上影响制干红枣的品质与丰产水平。

7.4.2.5　林业气象报告(2012 年 07 期)

榆林地区降水异常偏多对红枣生产造成一定影响

[摘要]6 月下旬以来,榆林地区降水量 223.4 毫米,较常年同期偏多 1 倍以上。期间出现了 3 次强降水过程:6 月 27—29 日、7 月 20—21 日、26—27 日,降水强度大,间隔短,灾情重。佳县接连两日降水量突破历史极值。预计 8 月,陕北北部降水量较常年同期偏多 2 成以上,需做好滑坡、泥石流等的防御工作,地势低洼处的枣园应注意修缮排水设施,及时清理积水和淤泥,防止渍涝造成果树根系受害,同时采取措施加固树干。

一、榆林地区降水异常偏多,强度大,日降水量突破极值

降水异常偏多。6 月下旬以来,榆林地区平均降水量为 223.4 毫米,较常年同期(100.2 毫米)偏多 1 倍以上,为 1961 年以来历史第一多,有 5 县(区)降水量大于 200 毫米,最大降水量出现在佳县为 463.7 毫米,超过平均年降水量;榆林北部降水量较常年同期偏多 1~2 倍。期间经历了 3 次强降水过程:6 月 27—29 日过程降水量为 16.7~71.3 毫米,定边、吴堡出现暴雨;7 月 20—21 日为 21.6~125.2 毫米,府谷、神木出现暴雨;7 月 26—27 日为 14.3~279.3 毫米,榆林、横山出现暴雨,佳县出现大暴雨,其中榆林连续两日出现暴雨,佳县接连两日出现大暴雨。

强降水过程间隔短,强度大,灾情重。7 月 20—21 日榆林地区出现了强降水天气,府谷 21 日降水量为 93.8 毫米,为 1961 年以来历史第四日最大降水量;7 月 26—27 日再次出现强降水过程,26 日佳县降水量达 115.2 毫米,27 日降水量达 164.1 毫米,26、27 连续两日突破历史极值(108.1 毫米)。据民政局统计,榆林地区遭受暴雨洪涝灾害死亡失踪 27 人,灾情严重。

二、全省降水大部偏多,分布极为不均

6 月以来,全省主要的降水过程出现在 6 月下旬后,出现了 4 次较强的降水过程,6 月 27—29 日,7 月 2—4 日,6—9 日,20—21 日。6 月下旬以来(6 月 20 日—7 月 29 日),全省平均降水量为 178.6 毫米,较常年同期(146.9 毫米)偏多 21.6%,与去年持平,为近十年第 3 多,仅次于 2007、2010 年。

今年汛期降水分布极为不均,陕北降水偏多 61%,为近 20 年第 1 多,陕南偏多 22%,关中偏少 1%。其中主要的降水偏多区域为榆林地区和汉中地区。汉中地区降水量为 343.3 毫米,较常年同期(223.1 毫米)偏多 54%,仅次于 1961、1981、2010 年历史第 4 多。

三、暴雨对枣树的影响

榆林红枣主产区逐步进入硬核期,其是红枣生长的重要物候期。前期,红枣长势较好,但由于近期榆林地区暴雨影响,对枣树生长带来一定的不利影响。低洼、河滩、梯田、坝地的枣园积水过多,长时间浸泡易造成枣树根系受损。由于大量降水造成水土流失,部分枣园淤泥过多,树主干被淤泥所植,造成根系呼吸受阻。受暴雨影响,还造成部分枣树倒伏,甚至被水冲倒。

四、关注及建议

8 月份我省仍处于主汛期,据气候中心预测,8 月陕西大部降水偏多,其中陕北北部降水量较常年同期偏多 2～5 成。目前陕北北部土壤湿度达 80% 以上,基本处于饱和状态。应加强该区域的暴雨洪涝、强降水引发的滑坡、泥石流等次生灾害等的防御工作,地势低洼处的枣园应注意修缮排水设施,及时清理积水和淤泥,防止渍涝造成果树根系受害,同时采取措施加固树干。

7.4.2.6　林业气象报告(2015 年 01 期)

大风冰雹消息

受低涡冷空气影响,未来 0～6 小时榆林、延安多云间阴天,部分地方有雷阵雨,雷雨时伴有 7 级以上短时大风,局地有冰雹。

榆林、延安红枣种植区要密切关注天气变化,积极做好大风、冰雹等强对流天气的防御工作,减少损失。过程结束后,及时清理园内落果、残枝、落叶,加强水肥管理,尽快恢复树势。

7.4.3　红枣周年服务方案

在红枣气象服务经验总结和提炼的基础上,陕西省经济作物气象服务台编制了《红枣周年服务方案》,以指导广大技术服务人员进行及时而规范的红枣气象服务(表 7.16)。

表 7.16　黄土高原丘陵区红枣周年气象服务方案

时间	物候期	管理要点	有利气象条件	不利气象条件	气象灾害及指标	主要病虫害	服务重点	服务产品	技术措施
1月	休眠期	低温冻害防御、全面清园	(-6)~2℃	<-10℃或≥8℃	低温冻害：<-30℃	枣锈病、枣炭疽病、枣红蜘蛛、枣黏虫、枣粉蚧等	果树越冬期低温冻害	如遇低于-10℃低温，发送枣树业低温冻害预警、《林业气象报告》、酌情发送《重大气象服务专报》	在树冠下全园覆盖杂草、绿肥或农作物碎秸秆等，一般覆盖物厚度为20~25厘米。覆盖后可抑制杂草生长，减少水分蒸发，防治水土流失，并增加土壤有机质含量
2月	休眠期	低温冻害防御、合理冬剪	(-6)~2℃	<-10℃或≥8℃	低温冻害：<-30℃	枣锈病、枣炭疽病、枣红蜘蛛、枣粉蚧等	果树越冬期低温冻害	如遇低于-10℃低温，发送枣树业低温冻害预警、《林业气象报告》、酌情发送《重大气象服务专报》	开始冬剪，幼树适当短截增加结果量；结果树采取疏、缩、放结合，维持树势；衰老树采取疏、缩、截结合，更新复壮结果枝
3月	萌芽前	翻耕、顶凌保墒、刮除老翘皮	10~12℃	<10℃或≥13℃	低温、霜冻	枣锈病、枣炭疽病、枣红蜘蛛、枣黏虫、枣粉蚧等	日最低气温≤0℃预报；果区稳定通过5℃的日预报；≥5℃的积温预报	如遇低于0℃低温，发送枣树业低温冻害预警、《林业气象报告》、酌情发送《重大气象服务专报》	继续冬剪；枣树萌芽前，当果园土壤解冻10 cm以上时，顶凌浅锄、耙平、保墒；追施速效氮肥，适当配施人磷肥能使萌芽展叶齐、有利于花芽分化，特别是对树势弱或基肥不足的枣园
4月	萌芽期	及时追肥、防御冻害、防治病虫害	15~18℃	<12℃或≥24℃	低温、霜冻、大风、沙尘暴	枣尺蠖等	透雨预报；大风、沙尘暴预警信息	如遇低于0℃低温，发送枣树业低温冻害预警、《林业气象报告》、酌情发送《重大气象服务专报》	中耕除草、保墒；喷施尿素或水溶性复合肥料，促进花芽分化；针对枣园的缺素症状，采取灌根、追无水铁、锌、锰微量元素补无水铁、锌、锰微量元素

续表

时间	物候期	管理要点	有利气象条件	不利气象条件	气象灾害及指标	主要病虫害	服务重点	服务产品	技术措施
5月	展叶期	防御冻害；人工防雹；蓄水保墒	20~24℃	<18℃或≥30℃	干旱、冻害、冰雹	枣尺蠖、桃小食心虫、枣黏虫、枣豹蠹等	低温消息；干旱评估报告；冰雹预报；病虫害预报	如遇低于5℃低温，发送枣树低温冻害预警报告《林业气象服务报告》，酌情发送《重大气象专报》	上旬：抹除主干、主枝枝组上的无用萌芽；对一次枝、二次枝、枣吊分期、分批摘心、培养枝组，提高坐果。中、下旬：叶面喷施尿素或水溶性复合肥，补充肥力，促进花芽分化
6月	开花期	人工防雹；灌溉、蓄水保墒；病虫防治	24~26℃	<18℃或≥30℃	花期干热风：温度≥27℃，相对湿度≤40%的高温干燥天气和风力≥3级的多级风天气持续出现；冰雹、干旱	枣尺蠖、桃天蛾、枣黏虫、枣红蜘蛛等	冰雹预报；各果区极端气温≥30℃的日预报	如遇冰雹、高温、干旱，以及≥35℃高温，发送枣树气象灾害预警报告《林业发送《重大气象服务专报》	盛花期枣园放蜂，提高异花授粉率和坐果率，增产效果明显；如遇多、干旱天气，傍晚采取喷水措施提高坐果率，利于枣树冠通风透光，对生长旺势采取摘枝、拉枝缓势措施；环切、环割，提高坐果率；整修树盘、雨后保墒
7月	硬核期	人工防雹；蓄水保墒；病虫防治；防御高温热害	24~25℃	<18℃或≥30℃	冰雹、干旱、高温	桃小食心虫、枣黏虫、刺蛾、枣红蜘蛛等	冰雹预报；各果区极端气温≥30℃的日预报	如遇冰雹、高温、干旱，以及≥35℃高温，发送红枣气象灾害预警《林业报告》，酌情发送《重大气象服务专报》	深锄树盘以便降水后保墒；上旬追施磷、钾肥，促进幼果生长，预防因营养不足而导致的落果；酌情夏剪，疏除过多的枣头，萌蘖及根蘖，减少养分消耗，改善通风透光条件

续表

时间	物候期	管理要点	有利气象条件	不利气象条件	气象灾害及指标	主要病虫害	服务重点	服务产品	技术措施
8月	白熟期	抗旱保果，人工防雹，排水防涝，防治病虫害，防御高温热害	24~25℃	<18℃或≥30℃	干旱、高温热害（日灼）、冰雹	枣锈病、桃小食心虫等	冰雹警报；各果区极端气温≥30℃及日数（旬、月）预报	如遇冰雹、高温、干旱，发送枣树气象灾害预警《林业气象报告》，酌情发送《重大气象服务专报》	追施磷、钾肥，以促进果实膨大和糖分积累；中耕除草，减少杂草对水分、养分的消耗；立秋前后刨翻树盘，切断表层根系刺激萌生新根，促使根系向下发展，增强树体；下旬，树盘周围整地，整平拍光并形成内高外低约10°的坡度；铺设无色透明塑料膜，降低根系周围土壤水分和枣园湿度，防御裂果灾害
9月上旬	白熟期	预防裂果、落果	24~25℃	<18℃或≥30℃	低温、连阴雨	枣桃小食心虫等	低温连阴雨预报；着色指数预报	如遇连阴雨，发送连阴雨预警，《林业气象报告》，酌情发送《重大气象服务专报》	叶面喷施0.3%磷酸二氢钾；早施基肥，幼树可采用环状沟施法或条状沟施法，成龄大树可采用放射状沟施法或条状沟施法，施肥深度30~50厘米
9月中下旬	脆熟期	预防裂果、落果	20~22℃	<16℃或≥26℃	低温、连阴雨	枣桃小食心虫等	低温连阴雨预报；着色指数预报	着色指数预报；连阴雨预警，或发布《林业气象报告》，酌情发送《重大气象服务专报》	鲜枣适时采收；早施基肥，幼树可采用环状沟施法或条状沟施法，成龄大树采用放射状沟施法或条状沟施法，施肥深度30~50厘米，酌情采取红枣防裂果、落果等措施

续表

时间	物候期	管理要点	有利气象条件	不利气象条件	气象灾害及指标	主要病虫害	服务重点	服务产品	技术措施
10 月	完熟期	预防裂果，落果；预防早霜冻	20~22℃	<16℃或≥26℃	低温，连阴雨，早霜冻	枣桃小食心虫，桃天蛾等	低温连阴雨预报；着色指数预报	如遇连阴雨，发送枣树连阴雨预警《林业气象预报告》；酌情发送《重大气象服务专报》	各品种均基本完熟，根据天气形势抓紧采收；未施基肥的及时追施基肥；采收完毕后，枣园清园及秋耕保墒
11 月	落叶期	彻底清园，消灭越冬病虫，刮除翘皮，树干涂白	8~15℃	<8℃或≥18℃	低温冻害	枣桃小食心虫，桃天蛾等	枣树低温冻害预报，全年气候评价	如遇低于−10℃低温，发送枣树低温冻害预警《林业气象服务报告》；酌情发送《重大气象服务专报》	全面，彻底清园，树干涂白
12	休眠期	低温冻害防御，清园，合理修剪冬剪	(−6)~2℃	<−10℃或≥8℃	低温冻害：<−30℃	枣锈病，枣炭疽病，枣红蜘蛛，枣黏虫，枣粉蚧等	枣树低温冻害预报	如遇低于−10℃低温，发送枣树低温冻害预警，《林业气象服务报告》，酌情发送《重大气象服务专报》	树冠下或全园覆盖厚度20~25厘米的杂草，绿肥或农作物碎秸秆等；枣园年度管理工作总结

参考文献

白会章.2011.佳县红枣产业发展现状及对策[J].现代农业科技,**13**:381-382.

白利如,雷江丽.2015.佳县红枣虫害防治存在的问题及对策[J].现代农业科技,**5**:162-165.

白文平.2007.红枣裂果原因及防治栽培技术[J].陕西林业科技,**1**:53-54.

蔡新玲,王繁强,吴素良.2007.陕北黄土高原近42年气候变化分析[J].气象科技,**35**(1):45-48.

曹海祥,高晓媚,宋晓斌.2014.清涧县枣树生物灾害调查与分析[J].西北林学院学报,**29**(6):141-144.

陈红萍,朱俊峰,李文辉,等.2007.红枣成熟期裂果与气象条件的关系[J].山西农业科学,**35**(6):71-73.

陈焕武,刘显龙,张凌云.2002.枣树害虫的防治与气候因子[J].陕西气象,**1**:21-23.

陈焕武,屈志成.2009.榆林黄河流域枣树虫害发生与气候因子的分析[J].陕西气象,**3**:35-36.

陈焕武,屈志成,徐钰.2010.榆林枣树锈病的发病规律及防治[J].陕西气象,(4):43-45.

陈焕武.2011.2010年佳县红枣减产的气候分析[J].现代农业科技,**1**:315.

陈敏鹏,林而达.2010.代表性浓度路径情景下的全球温室气体减排和对中国的挑战[J].气候变化研究进展,**6**(6):436-442.

陈兆波,董文,霍治国,等.2013.中国农业应对气候变化关键技术研究进展及发展方向[J].中国农业科学,**46**(15):3097-3104.

代姝玮,杨晓光,赵孟,等.2011.气候变化背景下中国农业气候资源变化Ⅱ.西南地区农业气候资源时空变化特征[J].应用生态学报,**22**(2):442-452.

党维勤.2008.黄土丘陵沟壑区红枣适宜性评价研究[J].林业资源管理,**8**:53-57,76.

杜巍,李新岗,王长柱,等.2012.枣裂果机制研究[J].果树学报,**29**(3):374-381.

邓振镛,王鹤龄,王润元,等.2008.气候变化对祁连山北坡农林牧业结构的影响与对策研究[J].中国沙漠,**28**(2):381-387.

董满宇,江源,任斐鹏,等.2010.近50a来北方农牧交错带气温变化趋势及突变分析[J].中国沙漠,**30**(4):926-932.

段建军,王小利,高照良,等.2009.黄土高原地区50年降水时空动态与趋势分析[J].水土保持学报,**23**(5):143-146.

段晓凤,戴小笠,张玉兰,等.2013.中宁县影响红枣产量的主要农业气象灾害分析[J].干旱地区农业研究,**31**(5):136-141,250.

方建刚,杜萌萌,白爱娟.2012.陕西近50年极端气温事件分析[J].成都信息工程学院学报,**27**(3):279-284.

封国林,龚志强,支蓉.2008.气候变化检测与诊断技术的若干新进展[J].气象学报,**66**(6):892-905.

冯忠明,杜秀梅,杜永琴.2010.陕北枣树桃小食心虫防治技术[J].现代农业科技,**24**:178-183.

符淙斌,王强.1992.气候突变的定义和检测方法[J].大气科学,**16**(4):482-493.

高祺,缪启龙,岳艳霞.2011.河北省木本植物物候变化特征及其对气候变暖的响应[J].中国农业气象,**32**(1):17-22.

高新一,马元忠,王玉英.2009.枣树高产栽培新技术[M].北京:金盾出版社.

郭海英,赵建萍,索安宁,等.2006.陇东黄土高原农业物候对全球气候变化的响应[J].自然资源学报,**21**(4):608-614.

郭建平.2015.气候变化对中国农业生产的影响研究进展[J].应用气象学报,**26**(1):1-11.

郭裕新,单云华,杨茂林.2002.我国枣树的区划栽培[J].中国果树,(4):44-46.

郭兆夏,李星敏,朱琳,等.2010.基于 GIS 的陕西省年降水量空间分布特征分析[J].中国农业气象,31(增1):121-123.

郭兆夏,符昱,王军,等.2008.陕西苹果主产区日最低(最高)气温的空间插值[J].陕西气象,5:24-26.

郭兆夏,郭新,屈振江,等.2011.GIS 支持下的陕北制干红枣气候区划[J].中国农学通报,27(6):400-404.

韩翠萍.2014.枣树主要病虫害防治[J].中国园艺文摘,3:193-216.

韩唐则,王荣.2010.吕梁红枣裂果原因分析及对策[J].中国园艺文摘,11:166-167,189.

郝文乾,马萌,伊河龙,等.2014.枣园桃小食心虫诱捕量与温、湿度的关系[J].山西农业科学,42(9):994-998.

郝永平,李淑华,王君娥,等.2003.临县红枣种植气象条件分析[J].山西气象,4:22-23,27.

黄嘉佑.2000.气象统计分析与预报方法[M].北京:气象出版社,28-36.

霍治国,李茂松,王丽,等.2012.气候变暖对中国农作物病虫害的影响[J].中国农业科学,45(10):1926-1934.

胡永宁,王林和,张国盛,等.2013.毛乌素沙地 1969—2009 年主要气候因子时间序列小波分析[J].中国沙漠,33(2):390-395.

姜创业,魏娜,程肖侠,等.2011.1961—2008 年陕西省年际气温和降水区域性变化特征分析[J].水土保持研究,18(1):197-200.

雷文艳,韩唐则.2012.吕梁红枣产业发展现状、存在问题及措施[J].中国园艺文摘,5:46-48,63.

梁轶,李星敏,周辉,等.2013.陕西油菜生态气候适宜性分析与精细化区划[J].中国农业气象,34(1):50-57.

李海东,沈渭寿,佘光辉,等.2010.雅鲁藏布江中游河谷气温时序变化的小波分析[J].长江流域资源与环境,19(Z2):87-93.

李化龙,赵西社.2010.陕西黄土高原果业气候生态条件研究及应用[M].北京:气象出版社,217-226.

李克南,杨晓光,刘志娟,等.2010.全球气候变暖对中国种植制度的可能影响性分析Ⅲ.中国北方地区气候资源变化特征及其对种植制度界限的可能影响[J].中国农业科学,43(10):2088-2097.

李克南,杨晓光,慕臣英,等.2013.全球气候变暖对中国种植制度的可能影响性分析Ⅷ.气候变化对中国冬小麦冬春性品种种植界限的影响[J].中国农业科学,46(8):1583-1594.

李艳莉,王景红,张维敏,等.2013.基于 EOF 的陕西果区近 50 年降水分布特征研究[J].中国农学通报,29(32):326-329.

李振朝,韦志刚,文军,等.2008.近 50 年黄土高原气候变化特征分析[J].干旱地区资源与环境,22(3):57-62.

李新岗,黄建,高文海.2005.我国制干枣优生区研究[J].果树学报,22(6):620-625.

李新岗,黄建,宋世德,等.2004.影响陕北红枣产量和品质的因子分析[J].西北林学院学报,19(4):38-42.

李新岗,同金霞,王鸿哲,等.2000.陕北地区中阳木枣生态适应性研究[J].西北林学院学报,15(2):13-18.

李新岗.2003.陕北枣区的地位研究[J].西北林学院学报,18(1):80-83.

李勇,杨晓光,王文峰,等.2010.气候变化背景下中国农业气候资源变化Ⅰ.华南地区农业气候资源时空变化特征[J].应用生态学报,21(10):2605-2614.

林而达,刘颖杰.2008.温室气体排放和气候变化新情景研究的最新进展[J].中国农业科学,41(6):1700-1707.

林而达,许吟隆,蒋金荷,等.2006.气候变化国家评估报告(Ⅱ):气候变化的影响与适用[J].气候变化研究进展,2(2):51-56.

李志,赵西宁.2013.1961—2009 年黄土高原气象要素的时空变化分析[J].自然资源学报,28(2):287-299.

李瑞强.2007.枣树病虫害的主要种类和防治对策[J].科技信息,7:213-214.

李文爱,赵鹏,王培新.2007.陕西枣树主要病虫害及防治对策研究[J].西北林学院学报,22(5):120-132.

刘长海,王延峰,陈国良,等.2003.陕北枣树主要病害及其防治研究[J].陕西师范大学学报:自然科学版,31(专辑):114-116.

刘长海,王延峰,陈国良,等.2004.陕北枣树病虫害及其发生趋势[J].植物保护,30(6):85-87.

刘长海,阎锡海,王延峰,等.2002.陕北枣区发现红缘天牛危害枣树[J].植物保护,28(6):58.

刘光生,陈红凤,韩惠娟,等.2009.吕梁冷凉山区红枣早熟矮干低冠栽培试验[J],山西农业科学,37(11):13-14.

柳晶,郑有飞,赵国强,等.2007.郑州植物物候对气候变化的响应[J].生态学报,27(4):1471-1479.

刘庆龙,黄延安,高晓媚,等.2011.清涧县红枣产业发展存在的问题及对策[J].陕西林业科技,1:71-73,79.

刘晓梅,闵锦忠,刘天龙.2009.新疆叶尔羌河流域温度与降水序列的小波分析[J].中国沙漠,29(3):566-570.

陆伟婷,于欢,曹胜男,等.2015.近20年黄淮海地区气候变暖对夏玉米生育进程及产量的影响[J].中国农业科学,48(16):3132-3145.

苗爱梅,武捷,贾利冬.2010.1958—2008年山西气温变化的特征及趋势研究[J].地球科学进展,25(3):264-272.

马树庆.1994.吉林省农业气候研究[M].北京:气象出版社,141-143.

么枕生,丁裕国.1990.气候统计[M].北京:气象出版社,52-58.

南娟,汪有科,李晓彬,等.2011.陕北不同品种红枣裂果比较及抗裂剂研究[J].西北农林科技大学学报(自然科学版),39(3):181-187,180.

潘根兴,高民,胡国华,等.2011.气候变化对中国农业生产的影响[J].农业环境科学学报,30(9):1698-1706.

潘青华,张玉平.2009.枣[M].北京:北京科学技术出版社.

曲泽洲,王永蕙.1993.中国果树志(枣卷)[M].北京:中国林业出版社.

屈振江,柏秦凤,梁轶,等.2015.气候变化对陕西猕猴桃主要气象灾害风险的影响预估[J].果树学报,31(5):873-878.

屈振江,鲁渊平,雷向杰.2010.陕西近45a各季气温和降水异常时空特征分析[J].干旱区资源与环境,24(7):110-114.

屈志成.2008.陕北有机红枣园主要病虫害及综合防治[J].陕西林业科技,4:91-93.

任志艳,延军平,张立伟.2013.黄土高原地区年极端气温的变化特征[J].中国农业气象,(34)(3):289-293.

陕西省统计局.2014年陕西省果业发展统计公报[OL].陕西省统计局门户网站,2015年4月20日,http://www.shaanxitj.gov.cn/site/1/html/126/132/141/10697.htm

陕西省统计局,国家统计局陕西调查总队.陕西省统计年鉴[M].北京:中国统计出版社,2013:240-245.

盛晓婷.2014.山西省红枣产业提质增效对策[J].山西林业,5(232):18-21.

孙兰东,刘德祥.2008.西北地区热量资源对气候变化的响应特征[J].干旱气象,26(1):8-12.

同金侠,李新岗,郭鹏,等.2001.中阳木枣的优树选择研究[J].西北植物学报,21(6):1233-1236.

王长柱,高京草.2013.陕西枣业发展面临的困境与思考[J].北方园艺,(12):181-184.

王海燕,殷淑燕,朱俊杰,等.2009.近50年来晋西北地区气候变化分析[J].干旱区资源与环境,23(12):71-75.

王建利.2012.佳县红枣产业发展存在的问题及对策[J].陕西林业科技,(2):81-83.

王麒翔,范晓辉,王孟本.2011.近50年黄土高原地区降水时空变化特征[J].生态学报,31(19):5512-5523.

王景红,梁轶,柏秦凤,等.2012.陕西主要果树气候适宜性与气象灾害风险区划图集[M].西安:陕西省科学技术出版社,190-203.

王景红,李艳莉,刘璐,等.2010.果树气象服务基础[M].北京:气象出版社,292.

王培娟,张佳华,谢东辉,等.2011.A2和B2情景下冀鲁豫冬小麦气象产量估算[J].应用气象学报,22(5):5498-557.

王石立,庄立伟,王馥棠.2003.近20年气候变暖对东北农业生产水热条件影响的研究[J].应用气象学报,14(2):152-164.

汪星,朱德兰,权金娥,等.2010.红枣裂果的药剂防治效果研究初报[J].干旱地区农业研究,28(6):142-146,176.

汪星,朱德兰,杨荣慧,等.2011.陕北山地红枣抗裂性研究[J].果树学报,28(1):82-85.

王延峰,闫锡海,刘长海,等.2002.陕北枣树主要虫害及其防治[J].中国果树,(2):43-46.

王毅荣,吕世华.2008.黄土高原降水对气候变化响应的敏感性研究[J].冰川冻土,**30**(1):43-49.

王毅荣.2006.中国黄土高原地区典型旱涝年降水特征[J].水土保持通报,**26**(2):17-20.

王兆富,王锦肖,王锦艳,等.2002.枣园病虫害无公害防治技术[J].陕西林业科技,**1**:87-89.

王智,吴友均,梁凤超,等.2011.新疆地区年降水量的空间插值方法研究[J].中国农业气象,**32**(3):331-337.

万明波,程智,王文.2006.青藏铁路沿线气温和降水的小波分析[J].干旱气象,**24**(4):35-39.

万相均,任志远,张翀.2013.陕西省气温与降水变化时空分布研究[J].干旱区资源与环境,**27**(6):140-146.

万仲武,芮长春,张治业.2013.灵武长枣物候与气温和地温的关系研究[J].北方园艺,**15**:47-50.

魏凤英.2007.现代气候统计诊断与预测技术[M].北京:气象出版社,58-60,63-66.

吴国林,杨俊强,王小原.2008.红枣优良品种(系)抗裂性鉴定[J].山西农业科学,**36**(11):86-89.

谢云峰,张树文.2007.基于数字高程模型的复杂地形下的黑龙江平均气温空间插值[J].中国农业气象,**28**(2):205-211.

邢素丽,李会龙,刘慧涛,等.2004.华北平原极端气候条件对小麦产量影响研究[J].天津农学院学报,**11**(1):14-17.

熊伟,杨婕,林而达,等.2008.未来不同气候情景下我国玉米产量初步预测[J].地球科学进展,**23**(10):1092-1101.

徐斌,辛晓平,唐华俊,等.1999.气候变化对我国农业地理分布的影响及对策[J].地理科学进展,**18**(4):316-321.

徐超,杨晓光,李勇,等.2011.气候变化背景下中国农业气候资源变化Ⅲ.西北干旱区农业气候资源时空变化特征[J].应用生态学报,**22**(3):763-772.

杨晓光,李勇,代姝玮,等.2011.气候变化背景下中国农业气候资源变化Ⅸ.中国农业气候资源时空变化特征[J].应用生态学报,**22**(12):3177-3188.

杨晓光,刘志娟,陈阜.2010.全球气候变暖对中国种植制度可能影响Ⅰ.气候变暖对中国种植制度北界和粮食产量可能影响的分析[J].中国农业科学,**43**(2):329-336.

杨小利,江广胜.2010.陇东黄土高原典型站苹果生长对气候变化的响应[J].中国农业气象,**31**(1):74-77.

尹云鹤,吴绍洪,陈刚.2009.1961—2006年我国气候变化趋势与突变的区域差异[J].自然资源学报,**24**(12):2147-2157.

袁松,程华,王东勇,等.2012.模式再分析与实际探空资料的对比分析[J].气象科学,**32**(1):62-67.

余卫东,赵国强,陈怀亮.2007.气候变化对河南省主要农作物生育期的影响[J].中国农业气象,**28**(1):9-12.

张春林,赵景波,牛俊杰.2008.山西黄土高原近50年来气候暖干化研究[J].干旱区资源与环境,**22**(2):70-74.

张峰.2008.陕西枣树缩果病流行因素研究[J].植物保护科学,**24**(11):384-387.

张卉,郭慕萍,赵双巧,等.2012.1960—2008年山西省气温变化特征[J].气象与环境学报,**28**(2):16-21.

张建兴,马孝义,赵文举,等.2008.黄土高原地区干旱长期变化趋势及预测[J].干旱地区农业研究,**26**(3):16-22.

张磊,潘婕,陶生才.2013.1961—2011年临沂市气温变化特征分析[J].中国农学通报,**29**(5):204-210.

张凌云.2009.秋季连阴雨对红枣裂果影响及对策[J].陕西气象,**2**:46-48.

张世延.2012.延川县红枣产业发展现状及对策[J].陕西林业科技,**3**:70-71,77.

张永领,何桐,高全洲.2006.西江流域气温变化的气候特征分析[J].资源科学,**28**(3):30-36.

张宇.1995.近40年我国粮食产量变化特征初步分析[J].中国农业气象,**16**(3):1-4.

张玉兰,戴小笠,段晓凤,等.2011.宁夏红枣干热风气象等级预报[J].农业灾害研究,**1**(2):74-76.

张志善.2006.枣树良种引种指导[M].北京:金盾出版社.

赵桂香,赵彩萍,李新生,等.2006.近47a来山西省气候变化分析[J].干旱区研究,**23**(3):501-505.

赵俊芳,郭建平,张艳红,等.2010.中国农业气象,**31**(2):200-205.

程德瑜,高安,古建泉.1994.农业气候学[M].北京:气象出版社,220-223.

郑国光.科学认知气候变化 高度重视气候安全[OL].2014-11-24[2015-09-09].http://www.cma.gov.cn/
　　2011xwzx/2011xqxxw/2011xqxyw/201411/t20141124_267744.html.

郑景云,葛全胜,赵会霞.2003.近40年中国植物物候对气候变化的响应研究[J].中国农业气象,**24**(1):
　　28-32.

中国农林作物气候区划协作组.1987.中国农林作物气候区划[M].北京:气象出版社,174-184.

郑祚芳,张秀丽,曹鸿兴,等.2007.气候模拟数据的订正与应用——以北京为例[J].气候变化研究进展,**3**
　　(5):299-302.

周丽,杨伟志,王长柱,等.2015.新疆红枣优生区研究[J].果树学报,**32**(3):453-459.

周晓红,赵景波.2005.黄土高原气候变化与植被恢复[J].干旱区研究,**22**(1):116-119.

周运刚,张静,郑新疆.2012.红枣裂果的研究进展[J].江西农业学报,**24**(7):25-27.

IPCC. Climate change 2013: The Physical Science Basis. Contribution of Working Group I to the Fifth As-
　　sessment Report of the Intergovernmental Panel on Climate Change[M]. Cambridge: Cambridge Univer-
　　sity Press, 2013:1-1552.

Piani C, Weedon G P, Best M, *et al*. Statistical bias correction of global simulated daily precipitation and tem-
　　perature for the application of hydrological models[J]. *Journal of Hydrology*, 2010,**395**(3-4):199-215.